はじめに

江戸時代の〝お城〟はどのように見たらいいのだろう。戦国時代の〝山城〟はどんな具合に歩いたらいいのかな。そして、歩いて見たことからもっとリアルに歴史の臨場感がわかるにはどうしたら…。さらには歴史像をどう描けばいいのか？　こんな思いから本書の企画がスタートしました。

身のまわりに無数にある日本の古城址。その遺跡に対する視線は近年とみに強くなったのではないでしょうか。二〇一五年、平成修理完了後の姫路城は大勢の人を引き付けました。また曳家で移動した弘前城天守はかなりの話題を集めました。現存一二天守のような近世の城だけではありません。「土塁だ！」「空堀だ！」と草深い中世の城跡の中で、女性の声が聞こえるようになったのは、ごく近年のことでしょう。それだけ日本の〝城跡〟が注目を浴びているのはまちがいないです。しかし、ただ城跡に行くだけでなく、城の構造や歴史が読み取れたら、さらに楽しいだろうに。そしてその観察の仕方が、学問の範疇で歴史像を描く重要な方法論だと知ったら、ますます魅力が高まるのに。ところが、それを具体的に知らせる書籍はほとんどありませんでした。

では城の構造を読み取るとはどういうことなのでしょうか。ここに堀があるのはどのような意図によるのかを考えたり、虎口と呼ばれる城の出入口がどのように守られているかを解明したりすることです。城の構造の背景には、当時の設計者の意図があります。設計者は攻め手の攻撃を予想し、自らをどのように守るかを考えます。城の構造は、設計者の思考が大地への普請となって表現されたものです。だから、その行為を逆にたどればいいのです。普請された遺構から、具体的な構造が明らかになると、そこから守り手が何を考えていたのか、攻め手がどのような行動をとるのかが浮かび上がってきます。こうして紐解いていけば、臨場感ある歴史像はすぐそこにあるのです。

ところで、城を観察する学問はまだまだ若々しいジャンルです。著者である中井さんも私も、城跡に赴き、図面を描き、そして論文にまで結びつけるという作業を三〇年以上にわたって続けてきました。そのなかで力量は少しずつ積み上げられ、城を見ることに対して、さまざまな思いを持つようになりました。そのことをつぶさに現場で語りあえば、城に接する楽しさが、さらにはどのように城を歩けば歴史像を描くことができるのかが、より多くの人に伝わるのではないか。このように思い立ちました。

このように思い至るには一つの背景がありました。豊臣家の大坂城落城から四百年という日本の城館研究のひとつの節目を目前に、高志書院から二冊の城に関する本が出版されました。

萩原三雄・中井均編『中世城館の考古学』(二〇一四)と、齋藤慎一編『城館と中世史料―機能論の探求』(二〇一五)です。この二書には、考古学と文献史学の立場から、城館研究の現状を再点検するねらいがありました。そして次ぎには、縄張り論と呼ばれる方法論(城跡の調べ方や見方・考え方)からの一書が望まれたのです。実際に城跡を観察し、構造を把握し、歴史像を描くという分野です。大きくは考古学の一部分ですが、その方法論にはすこぶる独自性があり、二〇世紀の終わりから広く注目されていた分野です。

ところが現在、その縄張り論をめぐって、複雑な様相を呈してしまいました。容易には歴史を語れない状況、大きな壁に突き当たっているのです。幸いにして先の二書の編者である中井さんと私は、ともに縄張り研究の素地の中から、考古学と文献史学の研究にたずさわらせていただいています。それぞれの分野から縄張り論という方法論を相対化して、そのメリット・デメリットを議論しあい、学問としての縄張り論の方向性を語り、整理してみたいという思いが、中井さんと私に生まれてきました。加えて中世城館の研究に期待を寄せ、先の二書を〝画策〟した高志書院の濱久年さんも忘れられません。その三人のなかで一つの企画が生まれて来たのも自然のことでした(あるいは〝画策〟にまたもや〝ハマまって〟しまったかもしれませんが…)。

城跡に立って、いかにして城を観察するかを示し、そこからどのような歴史像を描くか。このことを具体的に対談で語りあってはどうかという提案でした。初めての方でも理解できるような城の見方を語ろうと考えました。その営みのなかから縄張り論の方向性が見出せるのではないか、という淡い期待が生まれました。二〇一四年八月二三日のことです。

提案の具体化はとても早かったです。その後、一一月二五日に釜山・成田の国際線の機中で濱さんと私の間で企画会議?がもたれ、原案が作成されました。その原案に中井さんが意見を加え、全体の構成が調いました。決められた構成にのっとって、二〇一五年四月四・五日に兵庫県の三木城陣城および置塩城を見学し、討論をかさねました。そして二週間後の同月一八・一九日に東京都の滝山城・由井(浄福寺)城を舞台に、議論が深められたのです。本書の骨子ができあがりました。さらに対談の原稿化が終わった九月四日に意見調整をおこない、書名もその日に定まりました。

対談では城の見方やそこからの歴史像の描き方に至るまで、十分に議論できました。その内容は丁寧に文章化もされたと思います。校正ゲラを読んだ学生から、本になるのかと期待の声があったとも聞きました。当初の思いがどれだけ実現できたかは読者の判断に委ねたいと思いますが、できるだけ多くの方の目に触れ、城を見て歴史を考えるという方法論を実感し、そして身につけていただければと願っております。城跡の地表面観察をおこない、客観的な歴史像を描く。中世の城館研究はこのことを実践できる。誰でもできるのです。今は主観性をできる限り取り除くための、訓練の時期なのかもしれません。

齋藤　慎一

二〇一六年二月

目次

Ⅲ 成果と課題

歴史家の城歩き

菅原城縄張り図下書き（群馬県妙義町．作図：齋藤慎一）

序　城歩きの心得

中井　均
齋藤慎一

1　縄張り図のススメ

城ブームでたくさん本は出て、若い女性も城跡を訪ねるようになった。お城の好きな人が自分でホームページを作って、戦国の城を訪ねては土塁や空堀を見つけたぞ！　という話がよくアップされています。城跡を歩いて自分たちで楽しみ、その喜びをもつのはとても大事なのですが、より一歩進んで楽しむために、ぜひ、縄張り図を描くことを私たちは勧めたいのです。

図を描きながら城を歩くと、城の構造の面白さが少しずつわかってきて、山城を歩くのが楽しくなります。すでに公刊されている図を見ながら歩くだけでなく、自ら描いて欲しいのです。自分で描いた縄張り図をもとに何が言えるのかを考えるのが城歩きの本当の醍醐味です。

縄張り図を描くことでわかることがたくさんあります。薮を掻き分け、郭の縁を歩き、一つ一つを見ていくのです。なぜここで堀が曲がっているのか、なぜこの土塁は真っ直ぐなのか、土塁や郭の縁が切れたところ、郭の縁でへこんでいるところ、なぜ、そこが切れているのか、へこんでいるのかを見ます。この切れ目・へこみから人が出入りしていたのではないかと考えるのです。大きな地形がどのように流れているかを目で見て把握し、地図を見て理解して、見落としがないように全ての地形を歩いていく。その繰り返しによって、城がわかってきて、終には歴史も見えてくるようになります。

あの城に行こうと決めて、図を描いていくと、「こんな城だったんだ」とわかった気になって、まず一回楽しい。

次に大きな城に行くと、二度、三度と通うけど、歩き終わってから城の構造はどうなっているかを考えます。二度目に行くと、予想通りだったり、予想に反していたりするから、こうした考察を繰り返して城の全体構造がイメージできたとき、「なるほど、わかった」と深みにハマる。その喜びがまた別にあるのです。また、一つの城に一年後とか二年後に行くと、見方が変わって、新たな発見もあります。「こんなところからも、実は虎口が見えたんだ！」という発見は、最初に気づかなくても、何度も通っているうちにわかってくるものです。

縄張り図とは、城の構造を自分なりに記録するメモなのです。図を描かずに行った城と、描いた城では記憶力が全然違ってきます。ですから、こうした再発見もできるのです。

でも縄張り図は、図を描いたことがない人からすると、いろいろとルールがあって面倒臭そうだとか、ヘタクソだって言われるのを気にします。そんなことはないのです。自分がこの城をどのように「読んだか」「見たか」を表現するだけのことだから、頭の中で組み立てるためのメモだと思って描いてください。きれいに描けるか、描けないかは場数ですが、仮に汚い図であっても、本人がどう理解したかということが一番大事なのです。自分が城をどう理解したか、それが図に表現されていればよいのですから、ぜひチャレンジして欲しいです。

図を描くようになると、普通の山にしか見えなかったのに、ある日突然、切岸・堀切・土塁や郭が見えてくるときがきます。「山」から「城」に見る目が変わってくるのですが、大切なことは、見たことを図にきちんと落とせるようになるかどうかです。

たとえば、自然地形と人工の構築物をどう見分けるのか、後世の改変痕をどうやって見定めるのか。廃城から時間を経ていますので、当時の遺構面が土で埋まっているため、単純に遺構だけを見たって、なかなかわからないかもしれません。やはり縄張り全体を読んで、防御はどうか、正面はどこか、どんな設計で城造りをしているのか、縄張りの大筋をつかむしかないのです。その流れで説明がつかない遺構について、検討してみるのです。近代の開発だと説明がつけば落ち着くし、わからないものはわからない。縄張りの大筋をつかまず、単に城の遺構を個別に見て歩くだけでは、自然地形か人工構築物か、はたまた後世の改変かは判断できません。壁面の切り方がいかにも新しいのは別ですが、そうでないとわからないものです。

土塁は比較的わかりやすいですが、切岸と堀切の判断は特に注意が必要です。堀と合わせて切岸は城にとって大事な施設ですが、切岸の場合、最下部が人工的に切られていることがあります。切岸は自然地形の崖面を利用しますから、壁面の下端を削り込んだ跡が犬走状になっているケースもあるのです。下から登れないようにしているのです。また、縄張り調査の限界でもあるのですが、谷底はわかりません。谷底にもたまに階段状の遺構はありますが、近代以降の水田の耕作跡などの場合があります。それを全て描き込む図もみかけますが、中世の遺構であると判断するには、やはり縄張り全体の大筋から読み解くしかないのです。

そもそも中世の人だって、同じ人間です。空から舞い降りて城を使ったり、瞬間移動で次の場所に移動できません。当然ながら城内を歩いているのです。ですから当時の人が歩いた道を見つけ、その道をたどって、城の構造を考えるのです。虎口があれば、出入り口ですので「ここを通過しろ！」です。堀があれば、「ここから中には入るな！」です。土橋や木橋の痕跡があれば、「ここを歩け！」です。土塁があれば、「外側から見透かされないように」です。このようなメッセージを遺構から読み込んでください。そして図化することによって、いくつものメッセージを積み重ねると、全体の構造が見えるようになるのです。

図化する際に難しいのは、切岸のように高低差のある遺構です。高いところから低いところの斜面だけならケバで表記できますが、その高低差はうまく表現できません。高さ一〇メートルなのか、五メートルなのか、縄張り図で表わすことはできないのです。切岸の高低差が甘いと思えば破線で補うなど、個々人によって工夫すればよいのです。

図はしょせん図なので、伝えられないところがあると思ってください。竪土塁は現地でよくわかっても、図で表現するのは難しいし、縄張り図で陣城だろうとわかっても、スケール感はどうしても出ない。図だけ見て小さな城だと思っても、現場に行くとすごい切岸があって驚くことも多々あります。図を描いたから全てがわかるわけではありません。だからこそ現地に行く楽しみはあるのです。城のダイナミックスさは現地で体感してもらうしかないのです。

2　山城は山頂から降りながら見る

城の構造は基本的にディフェンスから考えますから、山城を歩くときは、守り手の立場になります。堀や土塁、切岸、虎口の造り、塁線も、敵勢が攻めてきたとき、どう守るかを想像しながら歩くのです。ところが、図を描かないで普通に山城を歩いていると、攻め手の立場になる。

どうしてこうなるかというと、単に山城を歩くときは、山の下から上に向かって攻め手が歩こうとしている道を進んでしまうからです。でも縄張り図を描いているときは全然違います。地形をみながら、この場所をどのように工夫しているかを見ます。だから城攻めのポイントは、図を描いた後にわかるのです。

つまり、守り手の立場で山城を歩くためには、まず山のトップまで登りきるのです。途中の遺構は横目に見るだけにします。全ての遺構は山を降りながら見るのです。山城を見学するときはもちろん、とくに縄張り図を描くときは、山の上から始めないとダメです。これが山城歩きの鉄則です。正直なところ、下からだと描きにくいということもあるのですが。

山の下から見ても動線はわからないし、平場のへこみを見つけるのも、上からでないとわかりません。中世人も必ずどこかの尾根を歩いているので、その道・動線を探すのです。郭の出入口はどこかを常に意識して郭の縁を歩き、遺構の欠損部分や、土塁の飛び出たところ、へこんだところを見ます。これが本当に遺構なのか、そうではないのかを見ながら歩き、記録していくのです。郭と郭の連絡はどうなのか、麓との連絡はどうかを念頭に置いて山城を歩き、図を描くのです。

最初は、郭の形を取ることに一生懸命になって、卵形の主郭が四角になるとか、一直線になった経験もあります（図1）。最初は形を取るのが難しい。形が取れるようになったら、郭間の連絡、尾根の中をどう歩いたか、その歩き方を図に表現していくことを心がければ、城の構造がわかりやすくなる。とにかく、道・登城路が描ければ、城の構造把握が一段と進むのです。

虎口や土橋があれば必ず道はあります。全部が一筆書きのように道が通るとは限らないですが、郭と郭の間をどう通っていたのかを把握し、できるだけ全体をつなげていく

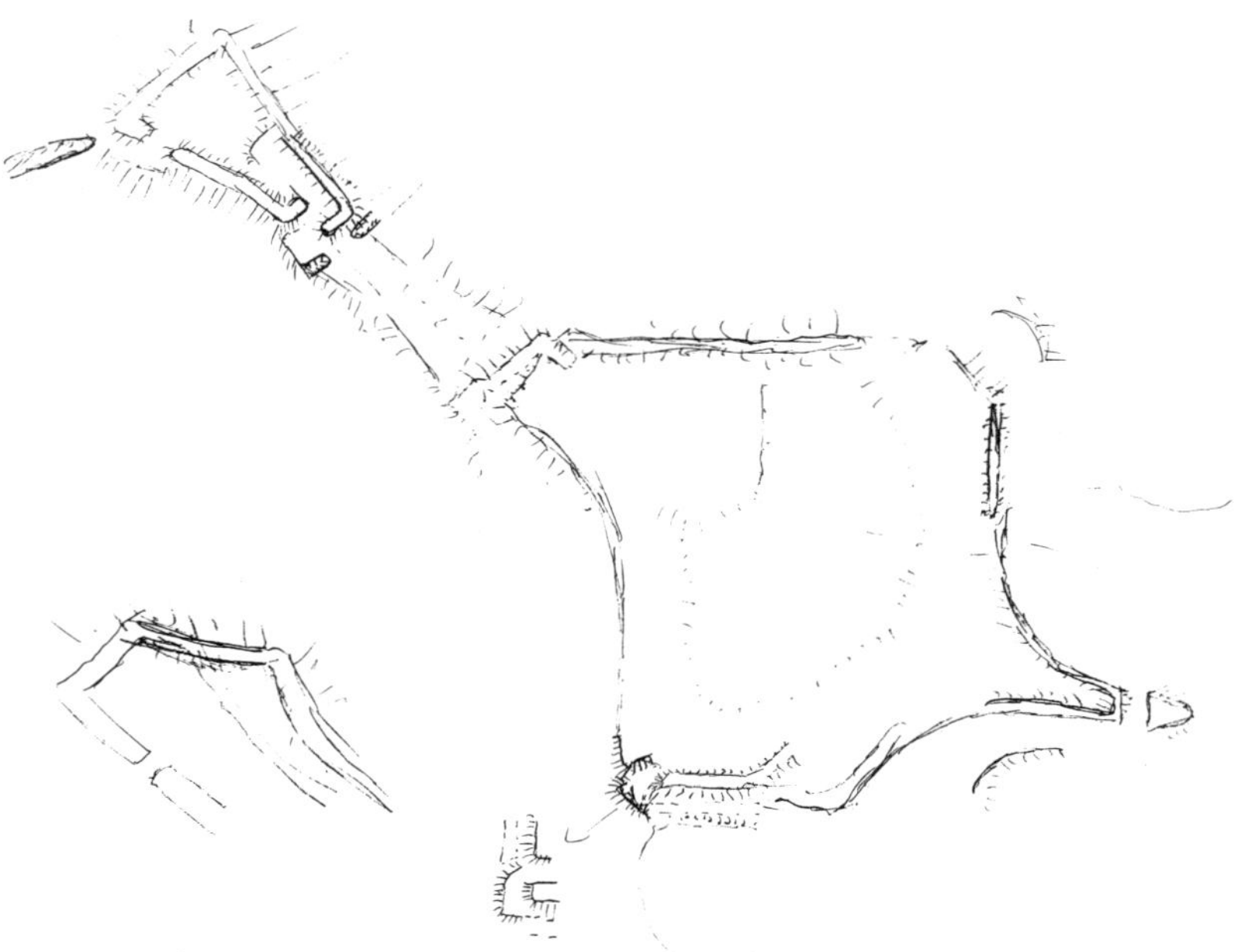

図１　郭の形どりに失敗した縄張り図(長比城跡・作図：中井均)

ようにする。登城路が全て把握できれば、縄張りが理解できたかなと思います。もちろん、虎口の構造も考えて描くのですが、道を探してどう歩いていたのかを考えます。たとえば虎口が斜面に向かって開いていて、その先に道がなさそうなら、かけ橋(桟橋)を補うことで、次の展開がみえてきます(ここまで理解できるのは相当の上級者ですが)。そうして理解しないと、城の構造が持つ意味は見えてきません。一つの郭の中でも、どこで出入りするかを見て、道との接続を考えていくと、山下の村や町、寺院などといった周辺の情報とリンクできるものが見えてくるのです。

さらに、その城がどのような機能を持っていたのか、支配のための城なのか、陣城なのか、境目の城なのか、城は各々特徴的な機能をもつから、その実態をあぶりだすために、道を復元して山城が周辺環境とどのようにアクセスするのかを考えるのです。縄張りの構造から浮かびあがる空間は、こうした作業の繰り返しから導き出すものなのですが、その結果、本拠の城か、陣城か、境目の城なのかも、わかるようになるのです。単に城の分布を地図に落とすだけでは、縄張りからの空間復元にはなりません。

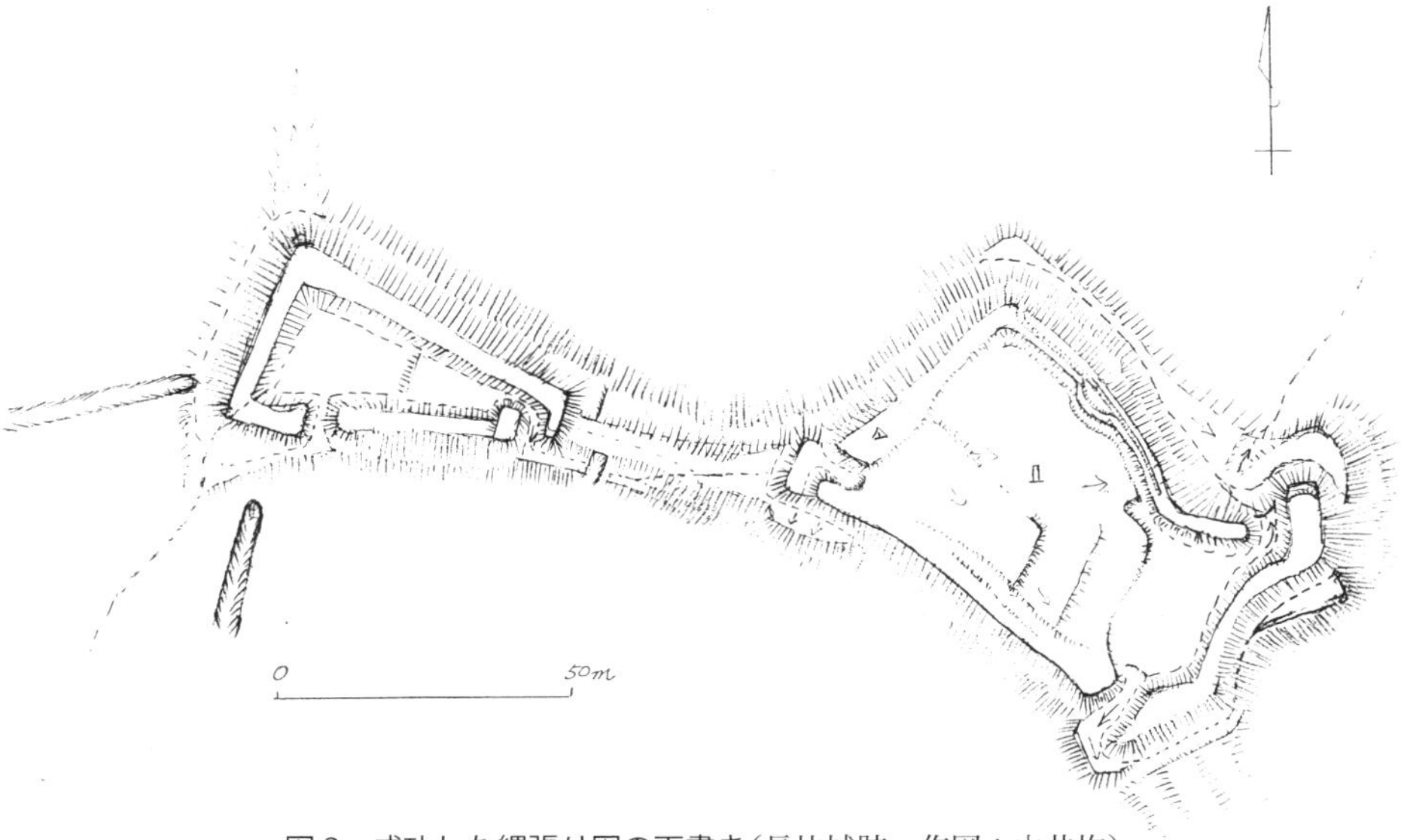

図２　成功した縄張り図の下書き（長比城跡・作図：中井均）

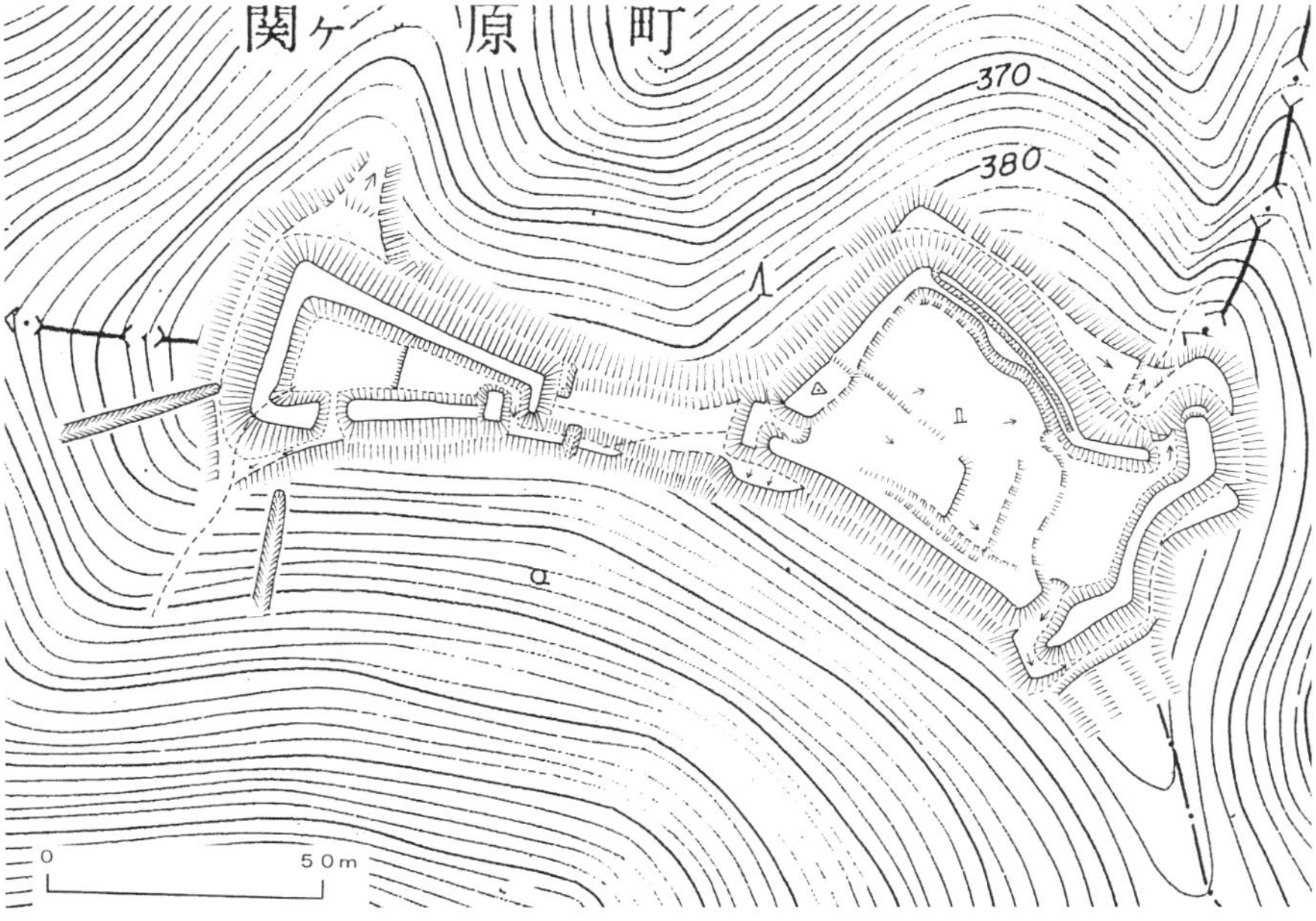

図３　完成した縄張り図（長比城跡・作図：中井均）

3　歩測で十分

縄張り図を描くときは、五〇〇〇分の一、二五〇〇〇分の一の地形図を備え、尾根の一本一本を歩きます。一度しか行かないときは、普通は二万五〇〇〇分の一の地図を見て歩くルートを考えますが、先行の縄張り図があれば、ガイダンスとして使うとよいのです。まずは最低限、尾根を全部歩く。見つけた竪堀は全て下りきる。図を描くときはスケッチブックが四枚、五枚、六枚とわたりますが、それをつなぎあわせると、城の全体が見えてきます。

縄張り図を描けるようになりたいと思ったら、ぜひ、図を描ける人と一緒に歩いて、自分で描いた図と比較して、どうやって描くのかを覚えていけばいいのです。一度経験すれば、二度目から一人でも歩けるようになります(個人差はあります)。縄張り図の描き方は、本を読んでわかるものではないのです。参考になるテキスト本は、西股総生さんの『土の城』、松岡進さんの『中世城郭の縄張と空間』、本田昇さんの「中世城郭の調査と図面表現」[一九八六]でしょう。最近は、ネット上でも縄張り図の描き方や必要な道具などはアップされているので、検索してみてください。これが正しい描き方だというものは確立されていないので、初めは人マネをしてみてください。

縄張り図の描き方は、やはり現地で遺構を見て歩いて、歩測で計って、描いていくことで身につけるのです。何度も描いていけば、上手くなっていくものです。初めは下手でもいいのです。縄張り図を描く道具は、人によって距離計、巻尺を使いますが、基本は磁石と歩測です。歩測は正確さに欠けるから信用できないという人もいますが、歩測でも城の構造がわかれば十分なのです。縄張り図は概念図であって測量図ではないのだから、遺構を見る目を養うほうが大事です。縄張り図には同じ城でも描き手によって別の城に見えることがありますが、それは遺構をどう見ているかの違いです。

だから公表された縄張り図を見て、その人が遺構をきちんと見ることができているかどうかもわかります。評価が違えば描きようも違ってくるし、本人のクセもわかります。縄張り図はそれでいいのだと思います。私たちも遺構であると解釈できたときには、鉛筆の線でスケッチする際にその部分だけ少し強調します。要するに解釈した形を描くから、決して正確な測量図にはならないのです。ただし、強調するといっても、想定による復原ではなく現状のままを描きます。たとえば、郭の端に落盤があって、本来の遺構が壊されていても、その状態通りに描きます。

遺構の方位や位置を自分の解釈で勝手に変えるとか、デフォルメして倍に描くことはタブーです。絶対にやってはいけません。ありのままを記録するのですが、清書した図より現地で描いた下図のタッチのほうが確かにリアルな図になります(図2)。製図のロットリングを使うと機械的な線になるのですが(図3)、鉛筆でなぞるように描いた下図のほうが迫力はあります。

考古学の測量図面は二〇分の一や一〇〇分の一を使いますが、縄張り図の図面は一〇〇〇分の一か一二五〇分の一です。ここまで縮尺すると、測量も歩測もあまり変わりません。さらに製図するときは、二五〇〇分の一の地図に載せるのですから、歩測も測量図もほとんど変わらなくなるのです。

最近ではGPSの機材を使って、ポイントを全部落として図化するようになりましたが、測量屋さんは二〜三センチの誤差だと言います。その誤差を一〇〇〇分の一に図化するのだから誤差なしです。二〜三メートルでも誤差の範囲です。城郭の分布調査でGPSを駆使する自治体もありますが、経費がかかる上に、一つの城のポイントを落とし終わるのに何日もかかることがありますから、まずは歩測で図化して、重要と思われる城をGPSで正確さを高めれば、経費と時間の無駄は省けます。

むしろ、GPSのポイント設定が問われます。虎口とみるか、竪堀とみるか、自然地形の崩落とみるかです。技術的には微細なところまで図化されるようになるけど、やはり遺構をどう認識するかが重要なのです。人間がどれだけ正確に遺構を見る目をもっているかどうかです。

4　縄張り図の効用

ただ、これからは縄張り図を描くだけでなくて、縄張り構造から何が言えるかを考えることが大事です。縄張り研究者といわれる人たちは、戦国の城にある構造的なテクニカルさと、合戦をシュミレーションするのが縄張り研究なのだといいます。城単体の構造理解が縄張り研究だというのですが、もはやそこに留まっている時代ではありません。

これからは歴史資料として城をどのように活かしていくのかを考えなければダメです。三〇年の蓄積がある縄張り研究は、次のステージに上がる時なのです。同じ方法を繰り返しても方向性は見えないし、昔と変わらないやり方を続けても、若い人は縄張りに興味を持たないだろうと危惧しています。近ごろは城郭研究を志す若い人でも、自分で縄張り図を描かない人が増えています。縄張り研究は危機的な状況にあるといえます。松岡進さんは近著［松岡 二〇一五］で縄張り研究のあり方を模索していますが、まだまだ方向性は見えてきません。

しかしながら、城の全体を把握するには、この縄張り図を描くことによって達成されています。文化財指定をおこなうにも、まず縄張り調査をおこない、全体を把握し、測量、発掘調査へと進んでいきます。まず全体を把握するには縄張り調査、すなわち縄張り図を作成するという作業は必須なのです。

考古学からの研究でも、文献からの研究でも、城の全体像を把握しなければ研究にはなりません。そのために縄張り図が必要となるのです。決して城郭研究者だけの研究法ではないのです。さらには山城を歩くためにも縄張り図は必須です。たとえば歩くだけでも城の構造を理解するためには縄張り図を持参して、その図面と現地を見比べながら歩くと城の構造がより理解できますし、実際に縄張り図を描けるようになれば、城跡歩きの楽しさは倍増します。自ら描くことによってそれまで見えなかった城跡の構造が鮮明に見えてくるからです。また、縄張り図は城跡の全てを見なければ描くことはできません。縄張り図を描くことによって城跡の細部に至るまで歩くことができるのです。

しかし、縄張り図を描くためには城の縄張りを読み解かねばなりません。縄張りとは城の設計図です。とりわけ戦国時代の城は、普請という土木工事そのものと言っても過言ではありません。つまり縄張りは設計図であるとともに城そのものでもあるのです。本書で読者のみなさんにお伝えしたいのは、縄張り図を上手に描くためのテクニックではなく、戦国の人たちがどう考えて城を築いたのか、さらには縄張りに込められた思いに近づいてもらうためのヒントなのです。いくつかのテーマを設定しましたが、その中からみなさんの興味関心に合うヒントが見つかれば、さっそく城跡を訪ねてみてください。これまで無言であった城跡がきっと語り出してくれるはずです。

Ⅰ　実践　城の見方と考え方

由井城で議論を交わす二人（左：齋藤慎一氏、右：中井均氏）

1章　山に住む城　置塩《おじお》城

兵庫県姫路市夢前町宮置

置塩城の見所

1　置塩城の見方

案内者：中井　均　聞き手：齋藤慎一

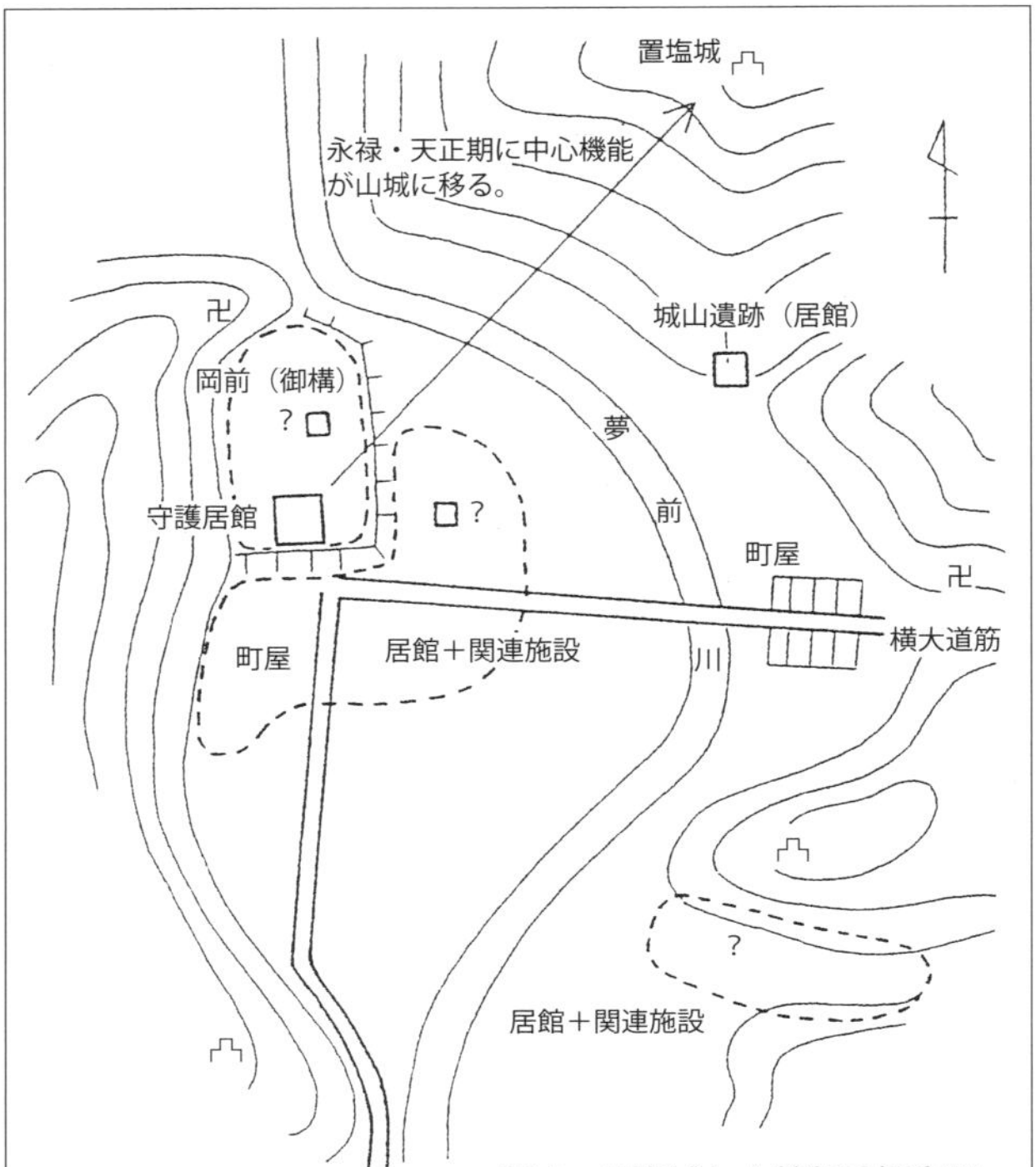

図１　置塩城と山麓部の概念図
（夢前町教委 2002。図版は以下同）

●置塩城とは（図1・2）

置塩城の特徴は、山の上に屋敷地が広がって、瓦葺きの礎石建物や石垣があることです。城主の屋敷・館は山下にあり、山城は立て籠もるための詰め城だとする根小屋＋詰城のセットではちょっと説明しきれないタイプです。

置塩城の築城者は播磨の守護職をつとめた赤松氏で、守護所は書写の坂本です。その後、赤松政則が文明元年（一四六九）に置塩城を築城したと赤松家の後世の記録「播備作城記」にはあるけど、同時代史料ではない。置塩城が赤松氏の城として登場するのは、赤松義村が守護職を解かれ、播磨守護所の書写坂本が停止した後、永正年間初頭（一五〇〇年初め頃）の説が有力ですが、それは山城ではなく、置塩城の川向いにある宮置の平場に屋敷が置かれたと理解されています（①）。山城自体は天文年間（一五三二〜一五五五）頃の築城と考えますが、同時代史料の根拠はなく、城の構造と発掘調査などからの想定です。

廃絶時期は、赤松則房が阿波に移された段階です。天正九年（一五八一）に秀吉の播磨破城が命じられ、天正一三年（一五八五）の四国攻めの結果、赤松氏は四国に移される。といっても、今の置塩城は天正年間に改修を受けた形跡が

①．置塩城と宮置

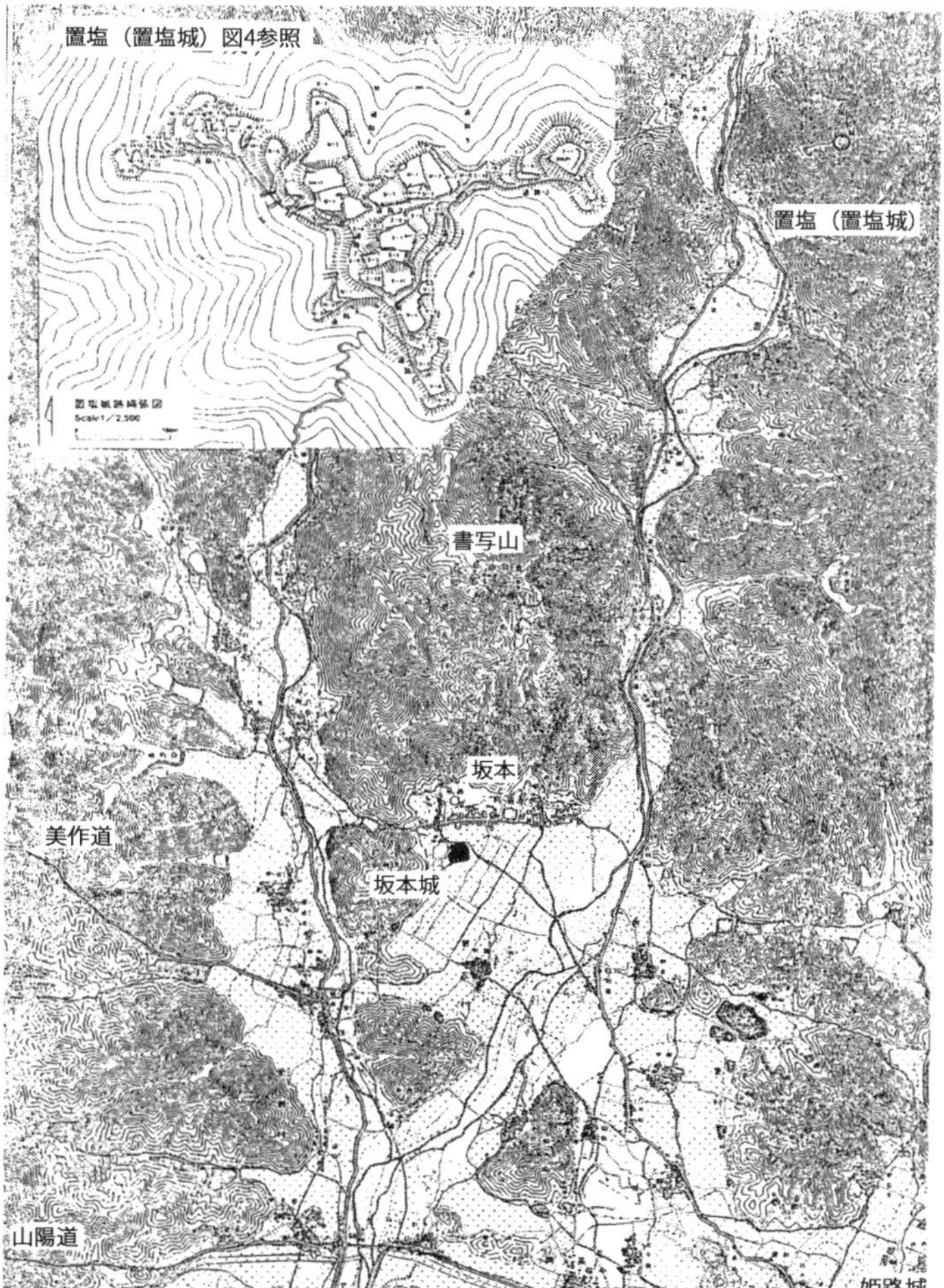

図２　坂本と置塩城の位置関係

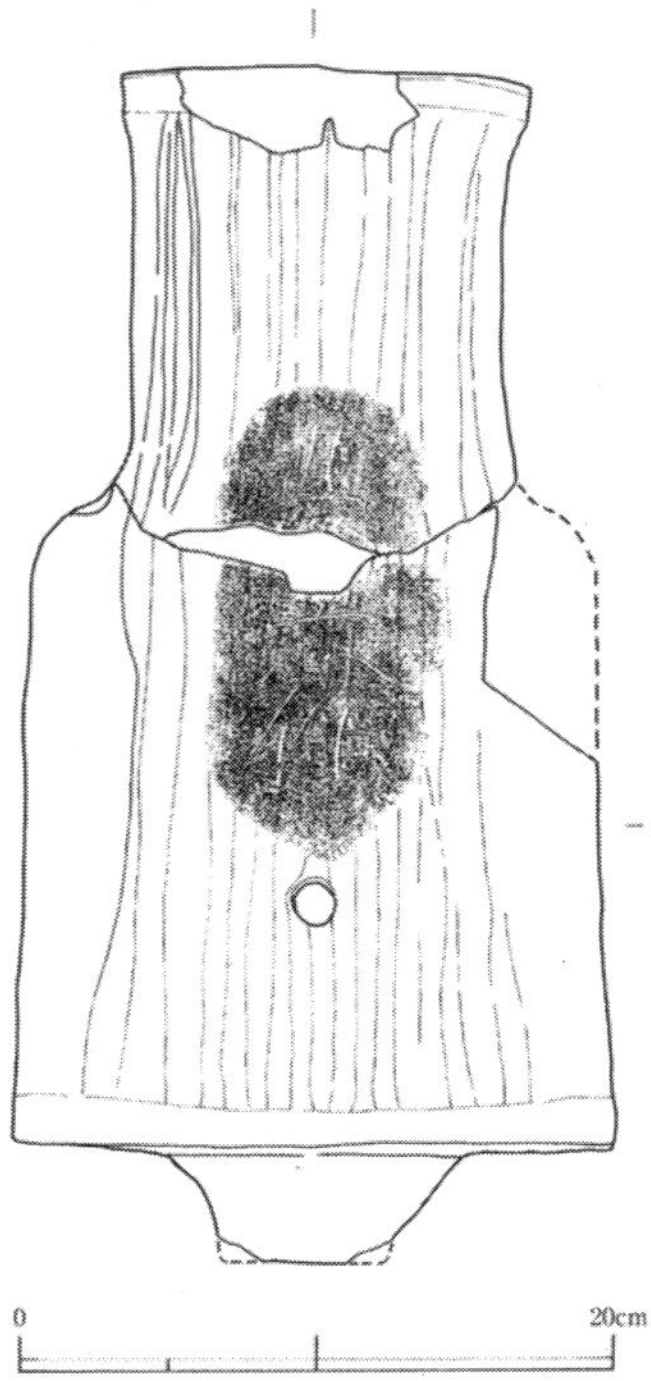

図3　「甚六」銘瓦

なく、一六世紀半ば頃とする天文年間の築城はいい線です。

――「遺物で年代のわかるものはある？」

置塩城から出土した瓦に「甚六」（図3）と瓦師の名前がヘラ書きされていて（郭I出土）、彼は永禄年間（一五五八〜一五七〇）に活躍するので置塩城が永禄期に使われていたことは確実です。まだ織田氏が播磨に侵攻する前で、赤松氏の最後の頃になる。信長以前に播磨の姫路には大和の瓦師が移住するので、そうした職人を積極的に使って瓦や石垣を山上でも使ったのでしょう。ただ、置塩城の縄張りをみると、瓦葺きの礎石建物と石垣は使うけど、織豊系の城郭と違って塁線に折れやひずみがない。

関西の山城はほとんどそうですが、置塩城の遺構も山頂だけにしかなく、途中には何もないので、約三〇〇メートルの山を四、五〇分かけて一気に登ります。登山道は直登気味の山道なので本来の城道ではないでしょう（図4）。

●山頂の郭（図5）

登山道は屋敷群に取り付きますが、山城歩きの基本に従って、山頂の郭Iまで向かいます。城道Aは山頂に向かう半間（九〇センチ）にも満たない山裾に沿う細い道で、屋敷群を通りません。

山頂の郭Iまで登りきると、書写山や麓の宮置集落が眺望できるのは見所の一つです。郭I群は自然地形のまま郭を配して、方形区画はありません。郭Iはやや広めで本丸といわれていますが、詰めの郭にあたると思います。

置塩城の発掘では瓦がたくさん出ていて、出土量が最も多いのは郭Iです。郭Iの切岸面周辺には石が貼られ、出入口に取り付く坂道にも石段の痕跡②が残ります。この坂虎口状の出入口の脇には発掘によって礎石建物跡も見つかっていて、郭Iには礎石が点々としているから、他にも瓦葺の礎石建物が建っていたと思う。発掘調査では中心部分で敷石遺構も見つかっている。

瓦にはコビキAの痕跡がわかるものや布目が残る瓦（図

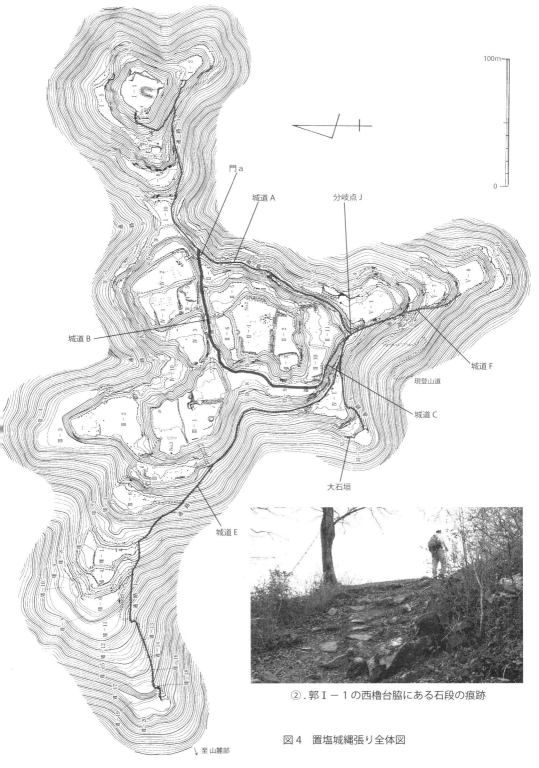

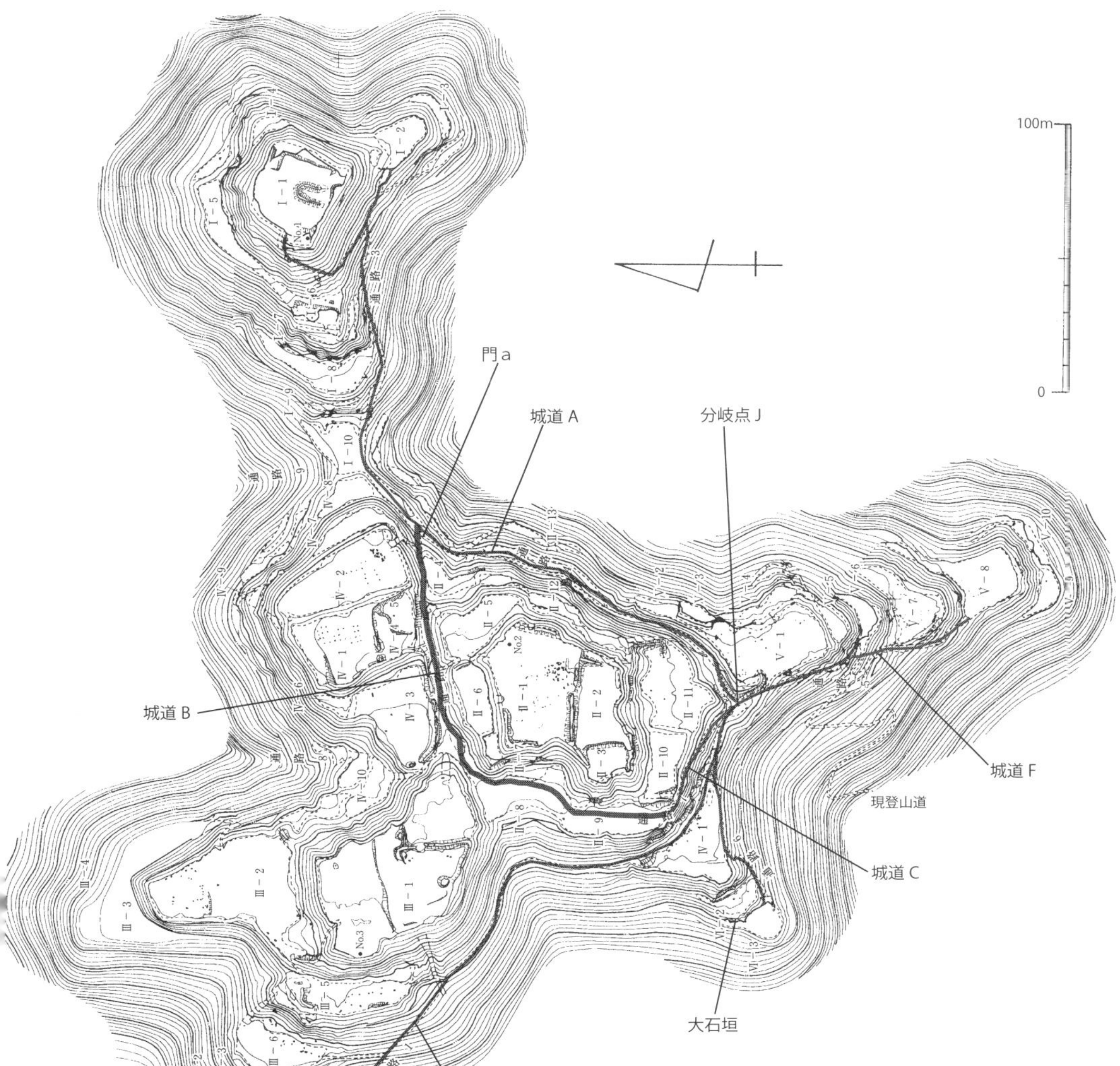

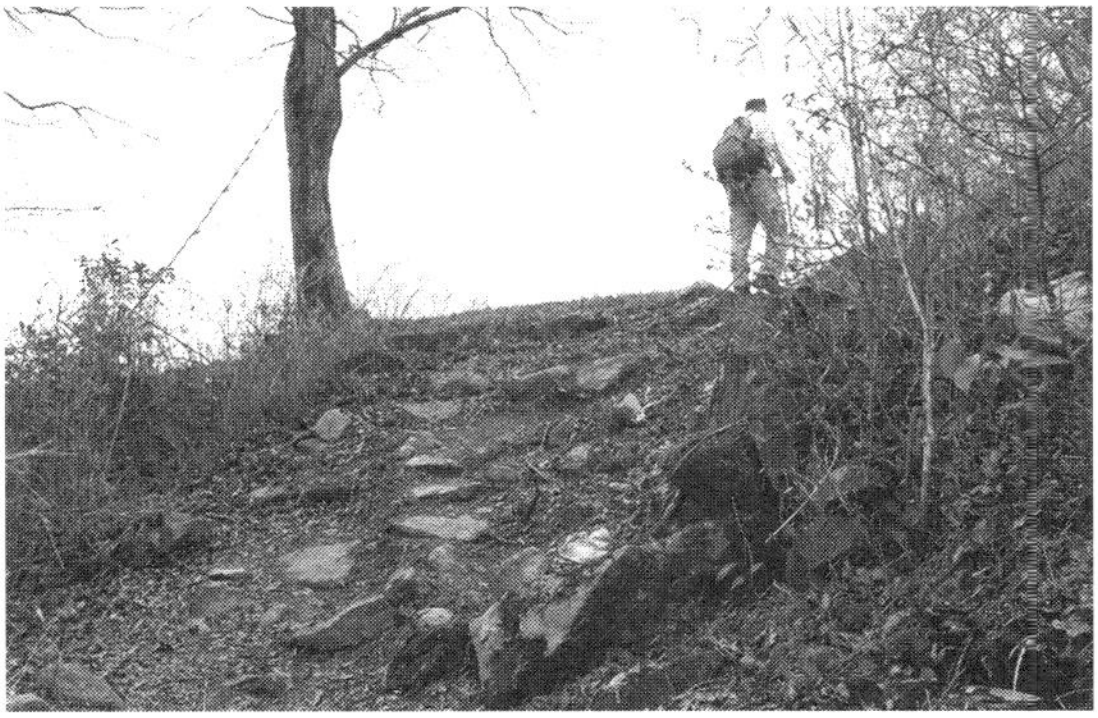

②．郭Ⅰ－１の西櫓台脇にある石段の痕跡

図４　置塩城縄張り全体図

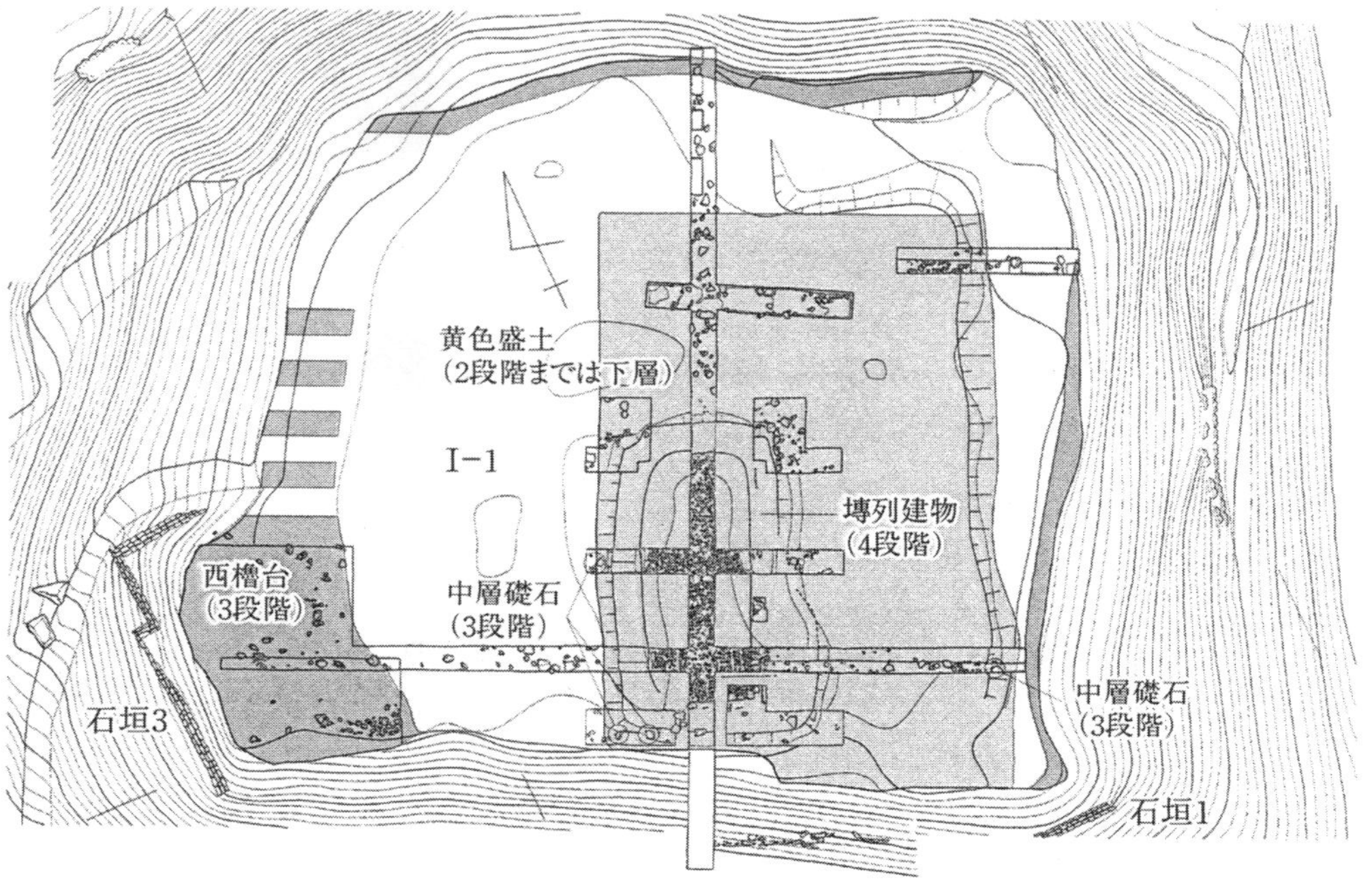

図５　郭Ⅰ－１遺構配置図

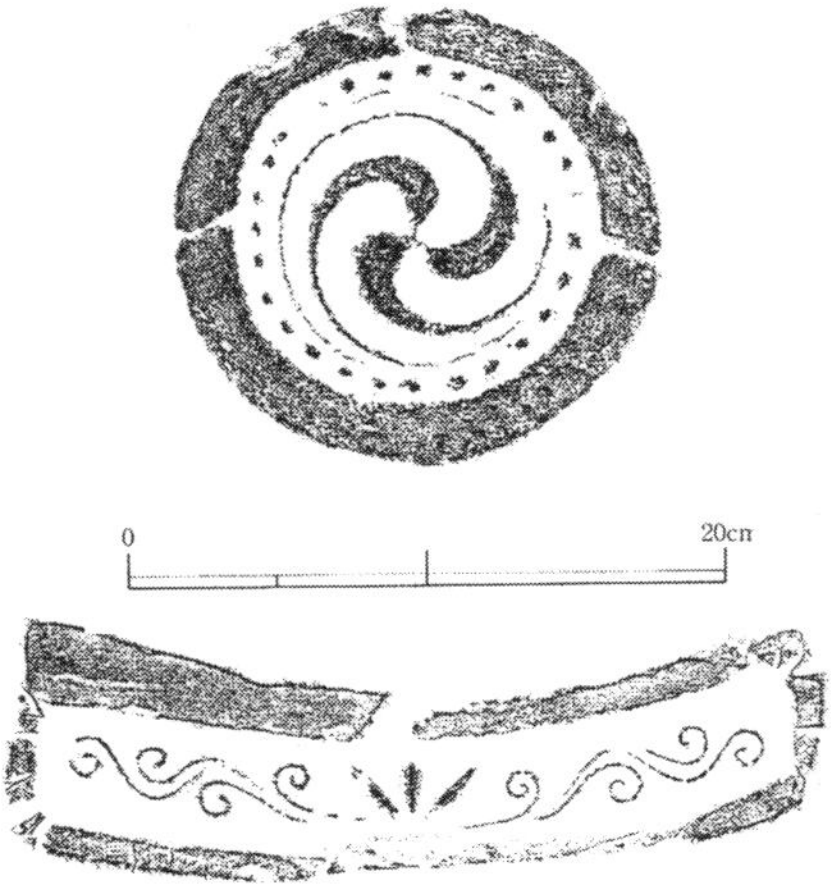

図６　郭Ⅰ－１出土瓦

6)もありますが、時期は同じと見ていいと思うし、瓦の年代から天正以前の築城は確実です。これほど瓦を用いている戦国期の山城は珍しい。

―「郭Ⅰは、何に使うの？」

山城の一番上は居住エリアでなく、一段か二段下がった郭に居住域があると思う。防御的には礎石建物の櫓があってもいいと思いますが、平場の真ん中を何に使ったかはわからない。最後の最後の詰めなのかな。

―「お堂みたいな象徴的な施設ではないの？」

宗教的な施設ね。これだけ瓦が落ちているからおかしくはない。観音寺城で瓦の出るエリアは一間堂の礎石建物があるところだけで、持仏堂だと考えられています。置塩城ではその場所以外に瓦は全く出ないのに、観音寺城では郭Ⅰ以外にも、屋敷地群で瓦がたくさん出る。

礎石建物の櫓跡も出入口に向かう城道に対して横矢がか

③．郭Ⅰ－10に散乱した石材

かっていて、郭Ⅰの見所はこの場所でしょう。仮に郭Ⅰにお堂があったとしても、出入口の近くに番所のような管理施設があってもいいと思う。

郭Ⅰから屋敷群に向かう城道Aの坂を降りきったところが、堀切状の郭Ⅰ―10です。この場所は尾根の鞍部を人工的に掘り切って少し広めの平場を造り、山上の郭Ⅰと屋敷地群とを分けているようです。散らばっている石は、切岸面に貼られていた石垣が落下したものでしょう(③)。

●屋敷地群　郭Ⅳ―1・2、7と城道B(図7)

堀切の底からゆるい坂を登って行くと、幅二メートル近い直線の城道Bが眼前に広がります。この城道が置塩城最大の見所ですが、変でしょう。普通の城ではない。

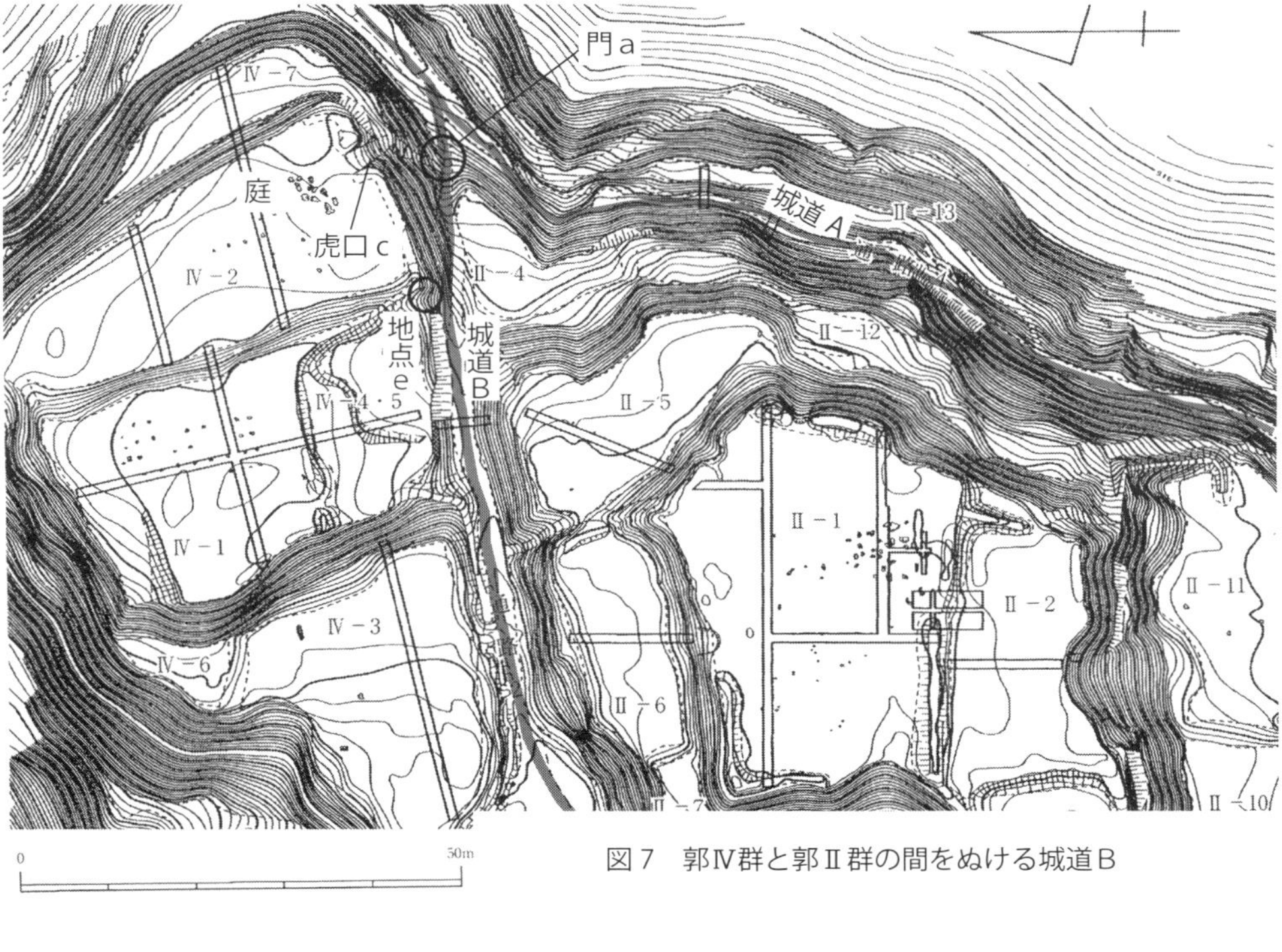

図7　郭Ⅳ群と郭Ⅱ群の間をぬける城道B

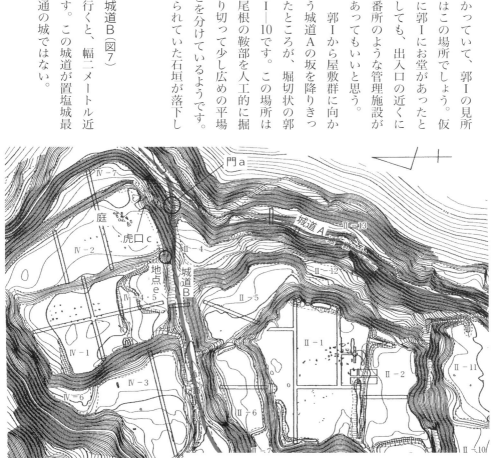

——「屋敷群に入るところには、門があったね。」

かなり石が散乱しているから、壁面には石垣があって、この場所に門(④)があって、門の脇を板塀か何かでふさいでいたかもね。門aのある地点から城道Bに入ると、道を挟んで両サイドに郭Ⅳ群と郭Ⅱ群の屋敷地が展開します(⑤)。郭Ⅳ群の屋敷地に入ると、郭Ⅳ—1と郭Ⅳ—2に分かれていて、その間を築地か土塀で区画している。

——「同じ平坦面にありながら、道の両側に空間を二分しているね。」

屋敷地区画としては、そうならざるを得ないのでしょう。防御空間としての郭という意識はほとんどない。Ⅳ—2の東南隅には石階段付きの虎口cがあって(図8)、石垣も積んでいる。この虎口cから郭Ⅳ—7に入るけど、下の堀切に降りる道がない。そのわりに手の込んだ虎口を造っている。虎口まわりの石積みは粗割(⑥)ですが、面を見せようとはしている。割った石を表側にしているのです。石材を

④. 門a付近に散らばる石材

⑤. 城道Bを歩く

⑥. 郭Ⅳ－2の虎口c石垣

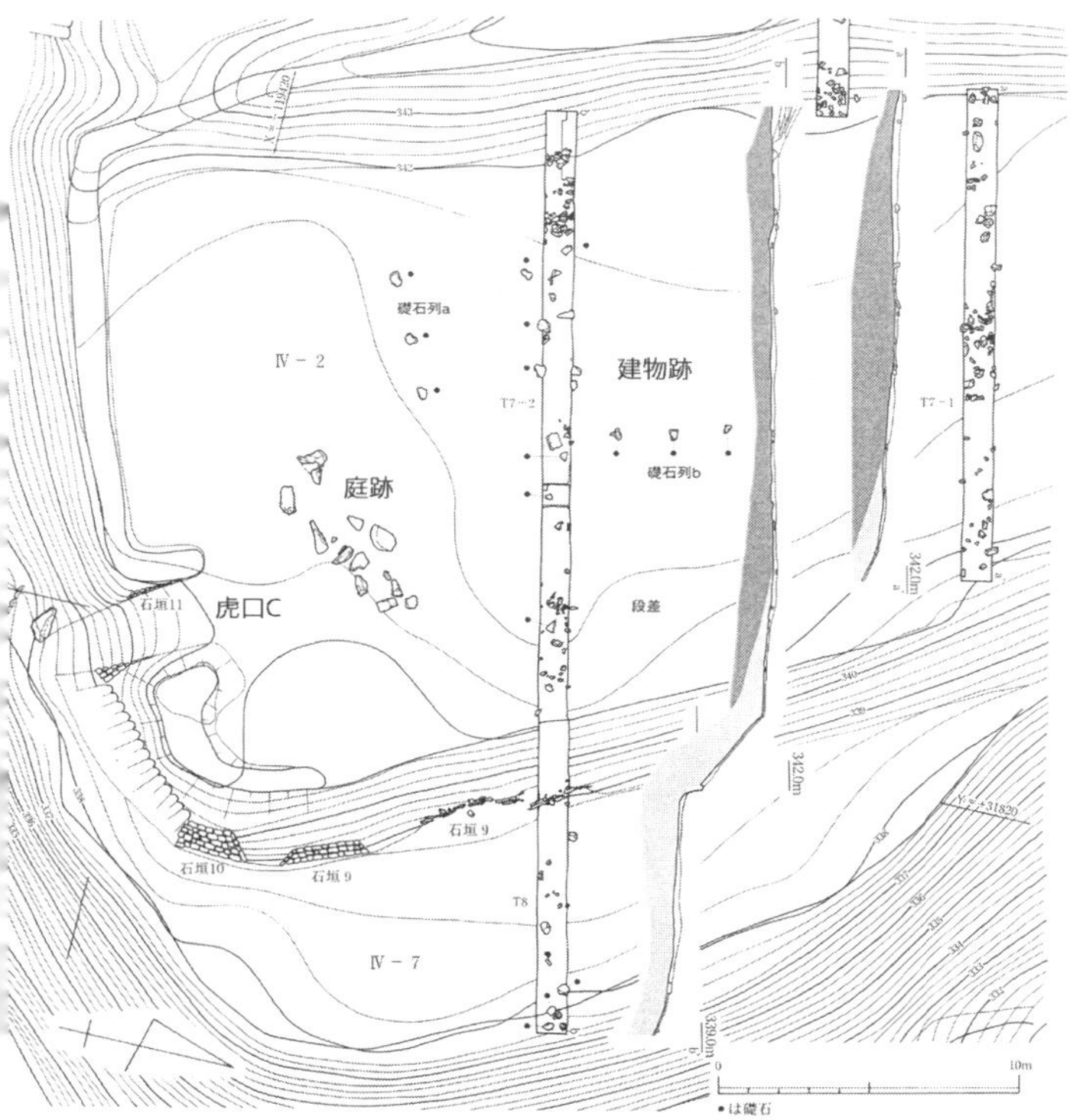

図８　郭Ⅳ－２・７拡大図

整えようとする意識もみえないし、栗石もほとんどない。だから崩れる。ただ貼っているだけです。一六世紀半ばの古手の石垣があちこちで堪能できるのも置塩城の見所ですが、それにしても、この郭Ⅳ―７は居住地になるのかどうか？

――「堀切から郭Ⅳ―７を見上げても、建物があったら虎口ｃは見えないね。」

この細長い郭は何に使うのか。屋敷地なのか、帯郭なのか。郭Ⅳ―７はどん詰まりの平場で、ここに何があったのかはわからない。郭Ⅳ―７には何もないかもね。

――「城道Ｂから入る郭Ⅳ―２の出入口⑦はどこになるの？」

虎口ｃではないの。発掘したら石段が出るかもしれないけど、勾配がきつすぎるかな。郭Ⅳ―２には立石のある枯

⑦.虎口ｃから郭Ⅳ－２に上がる

山水の庭園があって、会所の庭を愛でるには、虎口ｃは屋敷の裏にあたるから、城道Ｂの出入口にはならないかもね⑧。だとすると虎口ｃは郭Ⅳ―７に降りるだけの施設になる。

――「城道Ｂが間近に通るから、石垣のきれいな玄関を見せようとしているのでしょう。」

城道Ｂから郭Ⅳ―２への出入口がわからないな。出入口らしき施設は郭Ⅳ―２の北側にもないし、Ⅳ―２とⅣ―１の郭が一つの屋敷地なら、北側のスロープが出入口に使えるかもしれない。敷地内の主殿がⅣ―１で、庭跡のあるⅣ―２が会所なら、スロープ状通路もありうるかもしれない。

郭Ⅳ―１とⅣ―４・５の間には、立石を境に石築地状の土手が口を開けているから⑨、この地点ｄは出入口ですね(図9)。石築地の跡がよく残っているのも置塩城の見所ですが、郭Ⅳ―２への出入口は、区画境の地点ｅ⑩のところではないかな。地点ｅから城道Ｂを上がって郭Ⅳ―

⑧．郭Ⅳ－２の庭跡の景石を前にして

⑨．地点ｄの出入口

⑩．郭の縁がへこんでいる地点ｅ

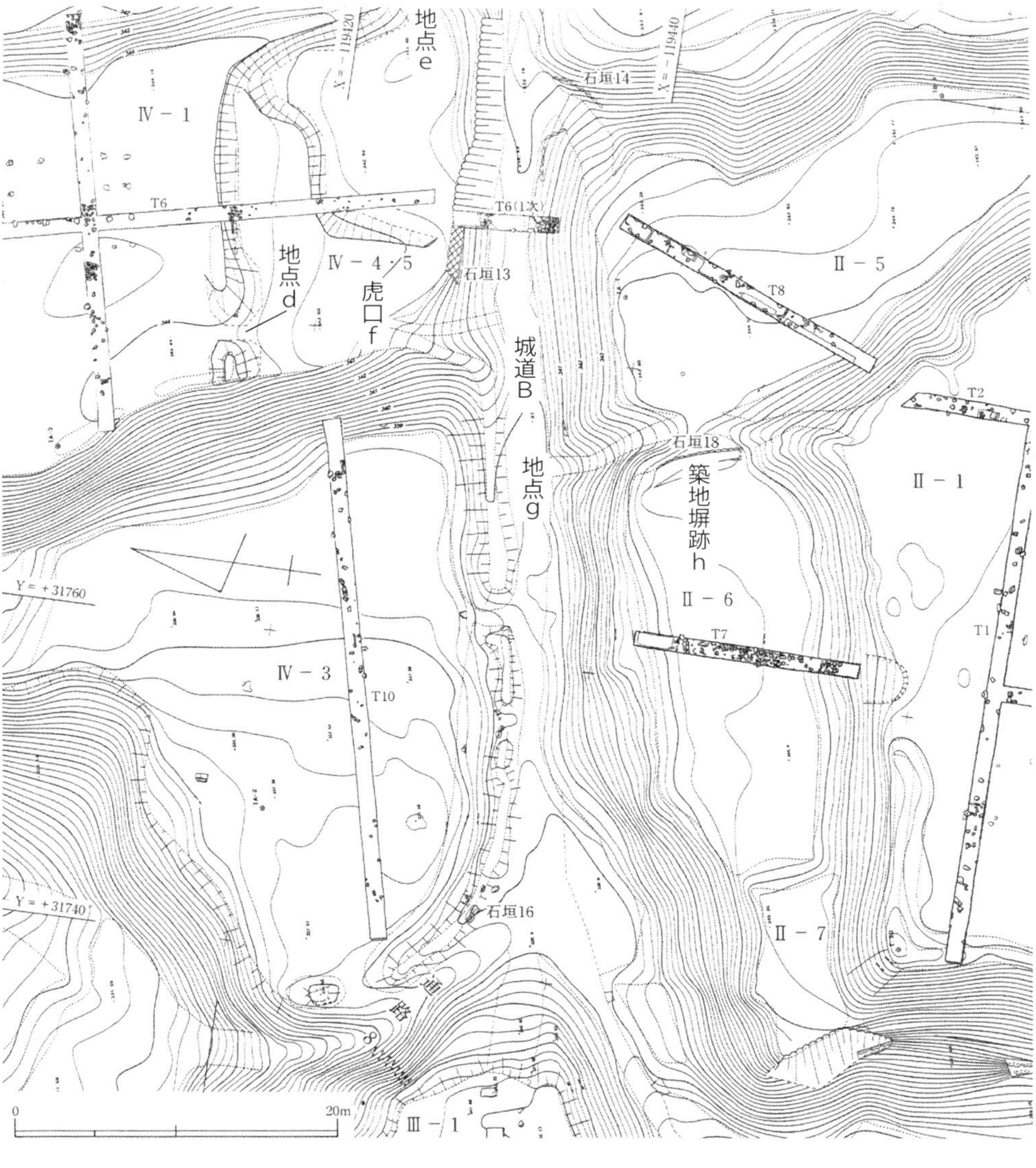
地点e
石垣14
Ⅳ－1
T6
T6(1次)
地点d
Ⅳ－4・5
虎口f
石垣13
Ⅱ－5
T8
城道B
T2
石垣18
地点g
築地塀跡h
Ⅱ－1
Y＝＋31760
Ⅱ－6
T7
T1
Ⅳ－3
T10
Y＝＋31740
石垣16
Ⅱ－7
通路
Ⅲ－1
0
20m

図９　郭Ⅳ－１拡大図

⑪．スロープ状の虎口f

4・5に入るルートと分かれていたのかもしれない。郭Ⅳ―4・5は築地に囲まれた郭Ⅳ―1より一段低くなっていて、その境に出入口dもあるので、厩か待合のような場所でしょう。

城道Bと屋敷地の出入口がはっきり残っているのは虎口f⑪です。石段で造られたスロープ状の通路を少し屈曲させながら屋敷地に入るように設計されています。屋敷地群の間を走る城道Bの両側にも、石塁がもう少し高く積まれていたはずで、今はその崩れた後の石材が散らばっています。まるで城というより都市設計で、京都の町を山の上にあげたようなイメージです。

●屋敷地群　郭Ⅱへ（図9・10）

郭Ⅱ群の出入口が地点gで、勾配はきついけど石段だったら上がれる。郭Ⅱ―5と6の間を区画する築地塀跡（h）がよく残っています⑫・⑬。郭Ⅱ―1から下を見ると、その築地塀がよくみえます。郭Ⅱ群も瓦が点々と落ちていて、丸瓦にはコビキよりも、布目瓦が多いようだから、やはり天正期以前です。郭Ⅱ―1にも立石付きの庭があるけど、屋敷の一隅にある小さなものです。庭の横には通路があって、きれいに石塁がめぐっている郭Ⅱ―2に降ります。この通路と庭の間には板塀か何かあって、郭Ⅱ―1もいくつかの屋敷地区画にわかれていたのでしょう。

郭Ⅱ―2から見下ろせるのは、山頂に向かって歩いた城道Aです。郭Ⅱ―2の東端に石塁が残っていて、立派な出入口⑭を造っています。石塁と門の痕跡が一番良く残っている場所ですが、ただ、その先はまたどん詰まりです。

――「普通の城なら郭の縁辺に石塁を造るのに、縁から一間分（約一・八メートル）、奥に引いているので、郭内の空間だけが意識されているね。」

郭全面を織豊期のように方形区画にはしないけど、自然地形を生かし、屋敷地だけは壁や築地で方形に囲もうとしているのです。

――「置塩城で政務をとるのかな？」

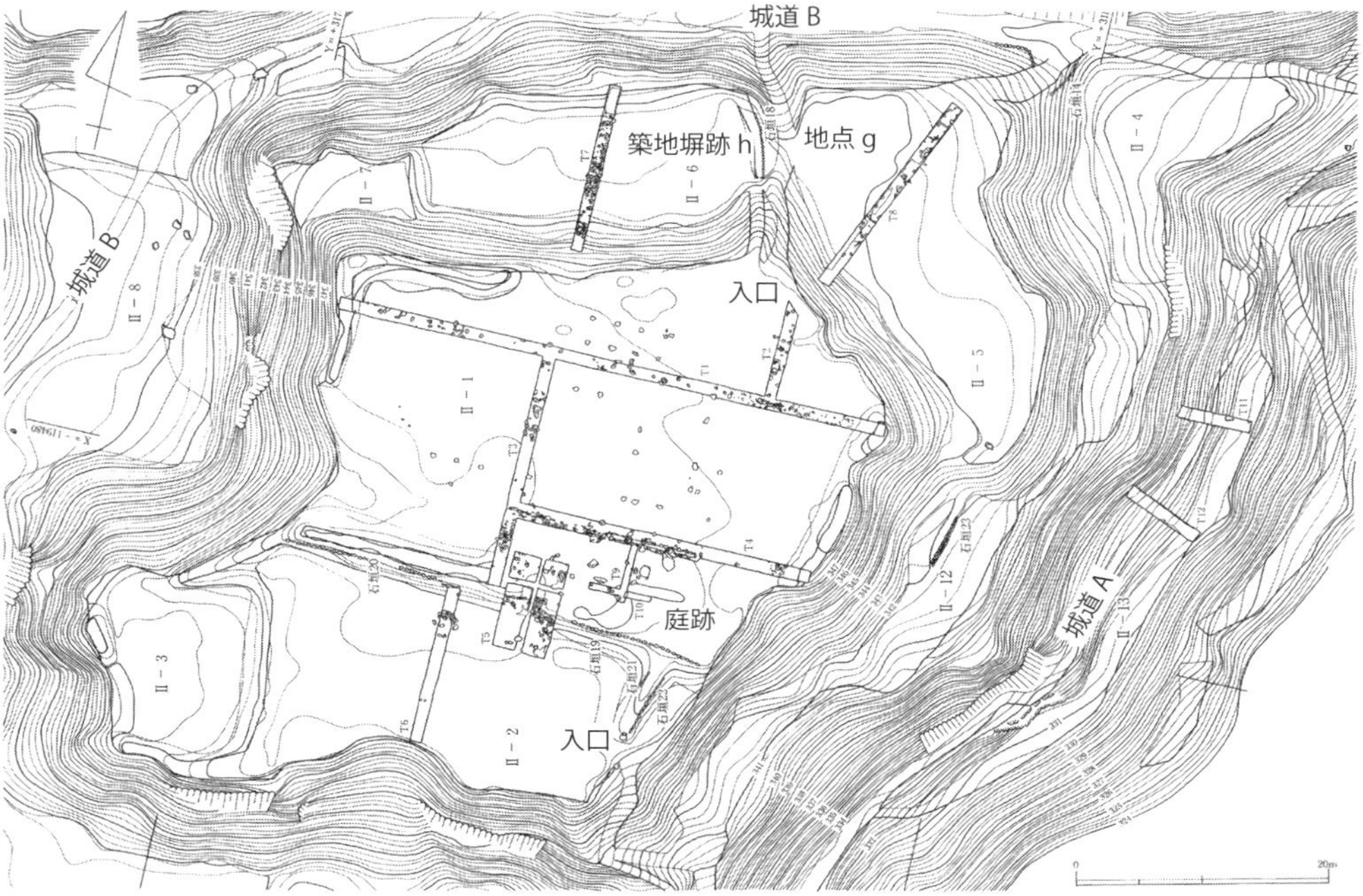

図 10　郭Ⅱ群拡大図

⑬. 郭Ⅱ－5・6を区画する築地塀跡 h

⑫. 築地塀跡 h

⑭．郭Ⅱ－２の石塁と門の跡

その可能性が高いです。時期的に置塩城と同じ頃の観音寺城も山上に屋敷をあげています。観音寺の石垣は弘治二年（一五五六）の記録が残されているので、一六世紀の半ば。観音寺では六角承禎が重臣の後藤親子を殺害したときに騒動が起きますが、山の上にいた家臣たちが自分の屋敷に火をつけて山を下りたと史料にあるから、山上に居住していたことはまちがいない。

なぜ、こんな山の上に居住空間を設けたのでしょうか。

図11　平泉寺南谷坊院跡（勝山市教委 2008）

近江小谷城も同じだと思うけど、山上居住は城主のプライベートな空間と考えているのですが、屋敷地まで山に上げてしまうのは、いったい何なのか。議論のしどころです。

――「京都の規範を山上に持ちこもうとしているのかな。まるで山寺を歩いているみたい。」

屋敷地の郭Ⅱ・Ⅳ・Ⅲ群は山寺の平泉寺（福井県、図11）と同じですね。郭Ⅴ・Ⅶあたりの尾根の先端には城らしい三角形の段切り状の平場はありますが、中心部分には城をほうふつとさせる意識は感じられない。普通の城で城道Bのような直線道は造らない。城道の左右に郭を配置して、郭ごとに出入口があるので、置塩城は屋敷地の群集です。また置塩城の特徴は堀切がないことですが、郭間の堀切も全くありません。

屋敷地（郭Ⅱ群）から帯郭状の郭Ⅱ—8・9を通り、少し急坂の城道Cを降りると、分岐点Jで城道Aに接続します。城道Cには石が積まれているし⑮、きちんとした石段状の道になっていたのでしょう。

——「帯郭状の郭Ⅱ—8・9から見上げる切岸⑯は見事だね。これほどの高さがある切岸は関東にはなかなかない。」

置塩城の切岸は関西でも別格のサイズだけど、関東では高崎城・宇都宮城・川越城などの近世以降に、こうした土塁の城が出現するね。

⑮．城道Ｃの石積み

⑯．郭Ⅱ－８と郭Ⅳ群を結ぶ城道Ｂと切岸

●大石垣　郭Ⅳ—1・2

城道Cと城道Aの分岐点近くには、かつての登城路である城道Eに降りる小さな坂があります。その先の郭Ⅳ—1には礎石が今も残っていて、塼貼りの建物があったことが発掘でわかりました⑰。中世港湾都市の堺の町屋跡で出土した倉庫と同じ構造で、建物の中には茶道具などが入っていたのかもしれません。この郭Ⅳ—1と城道Eの接点には小さな竪堀が一本あります。遮断のための施設でしょうが、城道Eの先にも段切り状の郭群が広がります。

⑰．郭Ⅳ―1の礎石跡

⑱．大石垣側面

めざす大石垣⑱は、郭Ⅳ―1の下にある郭Ⅳ―2にあります。郭間の通路も急勾配で石段なのでしょうか。いずれにしろ、なぜ、郭Ⅳ―2の一角だけに大きな石を積んだのか？ 裏込めはなく、ほとんどの石が割れていてボロボロです。大きな石を上にして、小さな石が下にあるけど、戦国期の石垣には、このタイプが多い。崩れている石垣をみても、鎌刃城や観音寺城も同じで、下に落ちている石は大きく、残っている石が小さい。つまり、上に大きな石を据えている。このほうが安定するのだといわれるけど、どうなのでしょう。

石は垂直に立てて、高さも上の郭から見ると、現状でめいっぱいです。麓から見えるといっても、但馬竹田城とは違う。見えるからといって威圧的な石垣かなと思うね。

――「当時の人にとってみれば、石を積んだという行為にインパクトがあった？」

累々ということね。地山の岩盤も露頭しているから麓から見ても壮観だったのかもしれない。

――「大石垣は大粒の石材だね。畿内の織豊期の造り方とは違う。」

大石垣の時期は天正ではなく、天文～永禄頃でしょう。基本的に鉢巻か腰巻石垣で、切岸全面を石垣にすることはあり得ない。大石垣は郭面の切岸が小さいから全面にあるのでしょうが、郭Ⅰ・Ⅱ・Ⅳ群あたりの石垣は鉢巻か腰巻だと思う。切岸の上か下だけが石垣だった。

●屋敷地群　郭Ⅴ―1・2・3・4（図12）

郭Ｖ―１は茶室跡と呼ばれています。郭Ｖ―３の構造は韮山城（静岡県）の塩蔵と同じですが、こちらはへこんだところに石塁を貼っていて、半地下式の建物があったのではないかと思う。郭Ｖ―４の境目にも石積みで区画した門跡があるけど、この平場もどん詰まりです。

――「またどん詰まりのための門？」

郭Ｖ―５の先は高い切岸になって、下の郭に降りることができない。下の郭に行くには、郭Ｖ―１横にある城道を抜けていくのだけど、それぞれの郭は全てどん詰まりで他に出入口がない。サイドを出入口にして郭間の連絡がない。本来、郭間を直登することはないからね。

――「平井金山城（群馬県）と設計は同じでしょう。置塩城の中には水場がみあたらないね。」

水の手といわれている郭Ⅳ―３はジメジメしていたけど、溜め井戸があるわけでもないし、発掘しても井戸は出ていない。山城で井戸は溜め井だけでしょう。

――「置塩城の出土遺物はどうなっているの？」

ほとんどの郭にトレンチは入れていて、遺物は瓦とかわらけ、明代の染付や備前のすり鉢などですが、圧倒的に京都系のかわらけが多い（遺物全体の85％）。遺物の年代は一六世紀後半が主体ですが、かわらけで宴会でもしていたのでしょう。威信財的な遺物もほとんどなく、碗皿中心で壺・甕もあまりない。郭間の差もほとんどなさそうです。置塩城は出土遺物からも山上居住の山城であることがわかるのです。

瓦葺きの礎石建物、塼列建物の倉庫、石築地で囲まれた立派な門構えの主殿、坪庭をもつ会所風の建物などが建ち並び、屋敷まわりを石垣で化粧して、その真

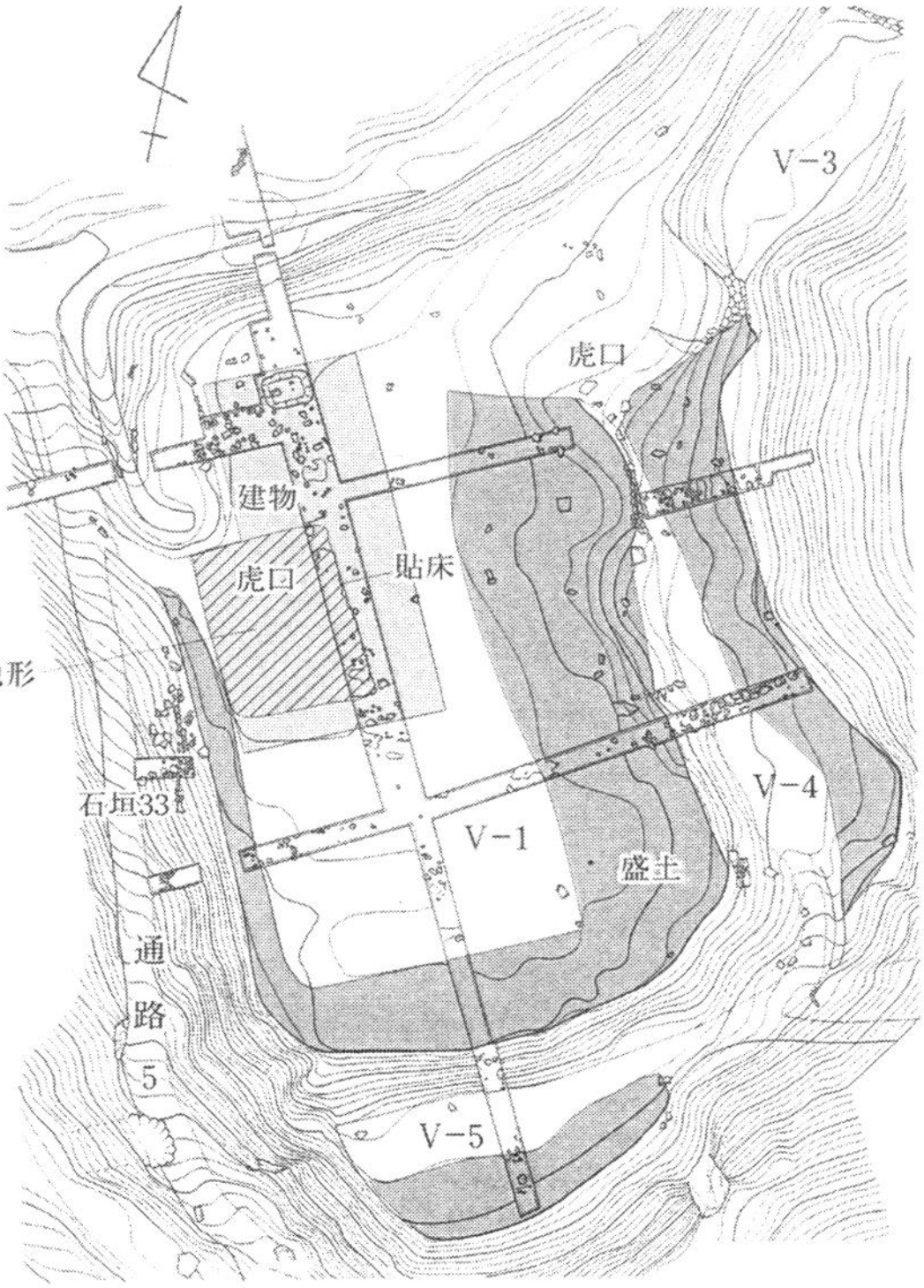

図12　郭Ｖ群拡大図

ん中に城道が貫通している。まさに置塩城は日本のマチュピチュです。

2　山城と聖地　置塩城の考え方

●設計の考え方

齋藤　置塩城は発掘調査された典型的な戦国期の山城で、時代の定点となる遺跡だというイメージだった。時期はおよそ一六世紀半ばですね。関東にある山城と同じレベルで考えられるだろうと思って見学したけど、全然違った。地域によって山城は違うのだと思わざるを得ない。関東の山城では郭の縁辺には柵がまわっていると考えられるけど、置塩城では郭の縁辺から一間《いっけん》分引いたところに、方形を意識した築地塀があって(郭II—2)、山城の設計に対する意識が関東とは全然違う。他の屋敷地群も同じです。堀切でもって要害堅固にして山城に籠ろうというのではなく、山の上に両側町か条坊制の町を造りたかった、そうした設計意図を感じる。この意識の差は、西と東の地域相だね。

置塩城と同じような城が全国にどれだけあるのか実はわかっていなくて、東北地方の群郭の城は地域性として措くにしても、西日本から関東平野くらいまで含めても多くはない。山上居住の事例として、群馬県の真田氏の城といわれている岩櫃城(図13)は参考になるのかもしれない。武田信玄が上野に侵攻して沼田まで領国を伸ばしていく中で、武田氏の配下として真田氏が送り込まれ、吾妻郡のセンターとして岩櫃城が造られるけど、あくまで真田氏は侵略者です。真田氏も配下の家臣や商人を連れていって、町場が山の上に造られたのです。町場は上町・下町の上町部分だけだと思うけど、山に登ったのは、侵略地であるが故の孤立感、恐怖心が要因ではないかと考えたのです［齋藤 二〇〇二］。

置塩城にも恐怖感みたいなものを感じます。もっと低いところに住めばいいのに、比高差三〇〇メートル以上もある高い山に住むのは、戦国時代ならではの恐怖感、近隣との対立関係が背景にあるのかもしれない。そうした緊張感が見て取れるのが置塩城の面白さで、戦国時代の社会的背景が置塩城の構造に表現されているのではないかな。同じ視点で探せば、他に類例があってもおかしくはない。

中井　観音寺城には近江守護六角氏の被官や在地の領主たちが山に集められているけど、置塩城はたぶん違うと思

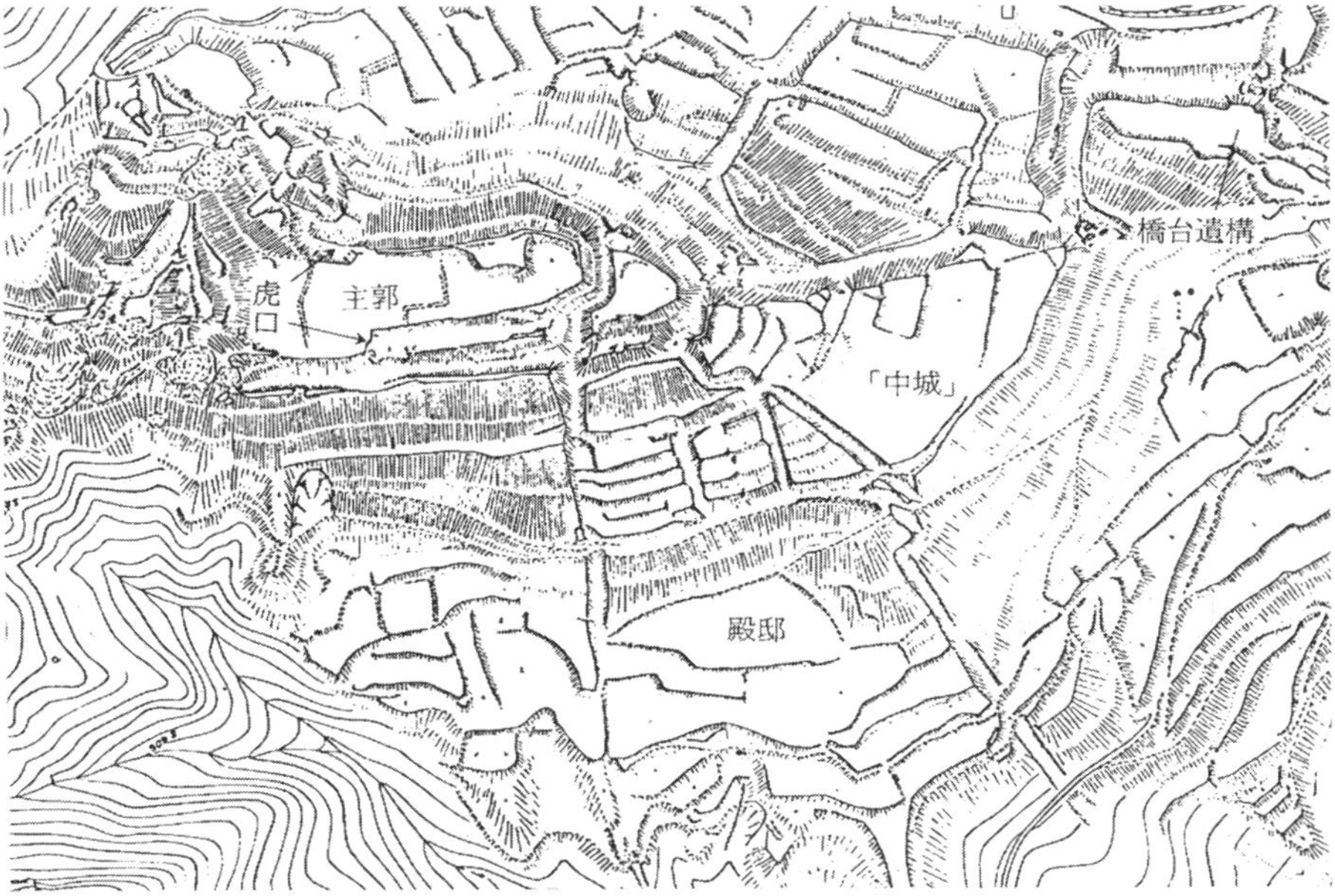

図13　岩櫃城縄張り図要害部分（作図：齋藤慎一）

う。赤松氏一族か身内の人たちの屋敷地群で、初めは宮置の麓に住んでいた人たちが、戦国の時代状況に対応しきれなくなり、麓をあきらめて山の上に移り住んだのではないのかな。置塩城の築城は織田政権にくみする前の天文年間とすれば、赤松氏の政権は織田氏にくみすることで天正期まで何とか維持できたのではないかな。

――「その状況で防ぐ・籠るという城造りにしないのは、なぜ？」

中井　山の持つ要害性を頼りにしたのでしょう。山上居住の城は小谷城、観音寺城、一乗谷の城山など数例は確認されていますが、天文・永禄頃から城主の身内だけが山上に住むようになるのではないかと思うのです。だけど置塩城では、一族全員や家族だけでなく、直属被官の一族は山上に住んでいる感じです。山上居住は、麓では守り切れないから家族や身内、直属被官を山に上げたのではないかと思うのです。だから山麓部分の館も残る。一乗谷の館も同じです。公的には一乗谷の館を使うけど、山上にもプライベートな居住空間があって、常御殿として使用していたのではないか。

齋藤　赤松氏の情報がまだ十分ではないので一族だけな

のか、領主権力の基盤が簡単に移動できる状況にあったのかどうか、考える余地はまだある。縄張りが語っているのは、山に移住した人間の関係性がどうだったかはさておき、何らかの活動基盤があって、要害性の高い山の上に居住空間があるのはまちがいない。とにかく郭が広い。普通の山城なら要害性を求めて郭が狭くなり、戦うための城だと思わせるものが多い。にもかかわらず、置塩城にこれだけ広い屋敷空間があるのは、単に戦うだけではないと感じる。

置塩城の特徴は堀切がないことで、戦闘的な城を造る発想が読めない。大きな空間のど真ん中にメインストリートを造るのも、戦闘的な城では考えにくいし、城内道はどれもわかりやすいけど、門はあっても横矢を効かせたような虎口がないのも特徴です。

中井　観音寺城にも堀切がない。戦国時代の山城は、郭ではなく、堀切が重要な防御施設だと思うのですが、置塩城のように大きな城ですら堀切がない。

齋藤　城の設計意識としては、山麓から上がって来て、城道Aを通して郭Iに向かわせている。城道Aと城道Bは分岐して、城道Aは屋敷地群を通さない、屋敷地群は見せない発想で設計されていて、城の構造がピラミッド構造ではない城の造り方です。

――「城道Bは赤松氏の主従関係の世界。」

齋藤　と言いたくなるね。なにより門aが郭Iに向かって造られていて、屋敷地群の世界は開かれているけど、郭Iは別の世界だという感じを受けた。置塩城の構造的な特徴はメインルートの城道Bで、メインストリートをどう造るかという設計意識は町づくりにつながります。もちろん、城道Bも城道Aも郭Iに向かう道だけど、城道Bを軸に屋敷地の空間をどのように設計するかという意識で、城は造られている。

中心的な屋敷地群の間を通り抜けている城道Bの両脇に居住地が広がって、各郭で居住地をどのように区画していくか、居住地をぬう道をどのように造るかという設計です。大きな郭群を先に造って、郭の間をどう連絡させるかという設計ではない。最初に一本の城道Bを引き、その両脇に屋敷を造ることが考えられている。

――「置塩城の正面はどの方向ですか？」

齋藤　正面を感じるのは門aです。城道のルートを意識した郭配置で、城道A・Bがともに郭Iに向かって伸びている。城道Aは郭Iに直接向かう道だけど、その途中に象徴的なものは何も感じなかった。本当なら城道AとBが分岐する場所（分岐点J）に門が欲しいけどない。山麓から城道Eを登ってくると、郭Iに直接向かう城道Aと、屋敷群内に入る城道Bに分かれている。山城に登る論理でいえば、郭Iに向かう二本のルートは求められている性格が違うのでしょう。

――「城道Bは、屋敷群に住まう人のためのルート？」

齋藤　日常的にはそうでしょう。正面性は、郭Iの方向から入るルートです。城内の屋敷地群に入るには、分岐点Jの城道Cではなく、城道Aを通ったあとに門aから入る感じです。郭Iが特殊な空間ならば、聖なる城道Aと俗なる城道Bの境界が門aになる。

中井　城道A→城道Bとぐるっとまわしていくのね。

齋藤　分岐点Jから屋敷地群に向かう城道Cは屋敷群の住人が使う通用口ではないだろうか。とにかく考えれば考えるほど、特異性が出てくる城だね。やはり門aが山頂の郭Iに対して開いていることがポイントになるのでしょう。

●城の聖性

中井　郭Iを僕らは本丸と言うけど、当時の城の住人に本丸だという認識があったのかな。当時の人は屋敷地群を本丸と認識して、郭Iはあくまで城外で、敵が攻めてきたときだけの最後の詰めの郭だったと思うけど。

――「郭Iの狭い場所に籠って、どうするの？」

中井　そこが城郭研究の最大の課題です。籠っても仕方のないようなものをなぜ造るのか…

齋藤　軍事的に説明しようとすれば、郭Iは詰めの郭になるけど、もっと幅の広い視野で、空間の持っている意味を考えないといけない。もちろん、軍事的に最後に籠る場所とみるのは、その通りかもしれないけど、本当にそれだけなのか。

中井　籠って自害する時間くらいは稼げたでしょうが…

齋藤　置塩城の屋敷地群は大名当主と家臣団の一揆構造だと評価できるけど、郭Iをどう理解するか。郭Iは宗教的な機能をも持った象徴的な空間ではないのか。

中井　郭Iだけで瓦が出るのであれば宗教施設と考えるけど、屋敷地群の全部で瓦が出るので、区別化・差別化ができないね。

――「山頂部に宗教施設がある事例は他にどこかある？」

齋藤　岐阜城（図14）は宗教施設が山上にある事例として

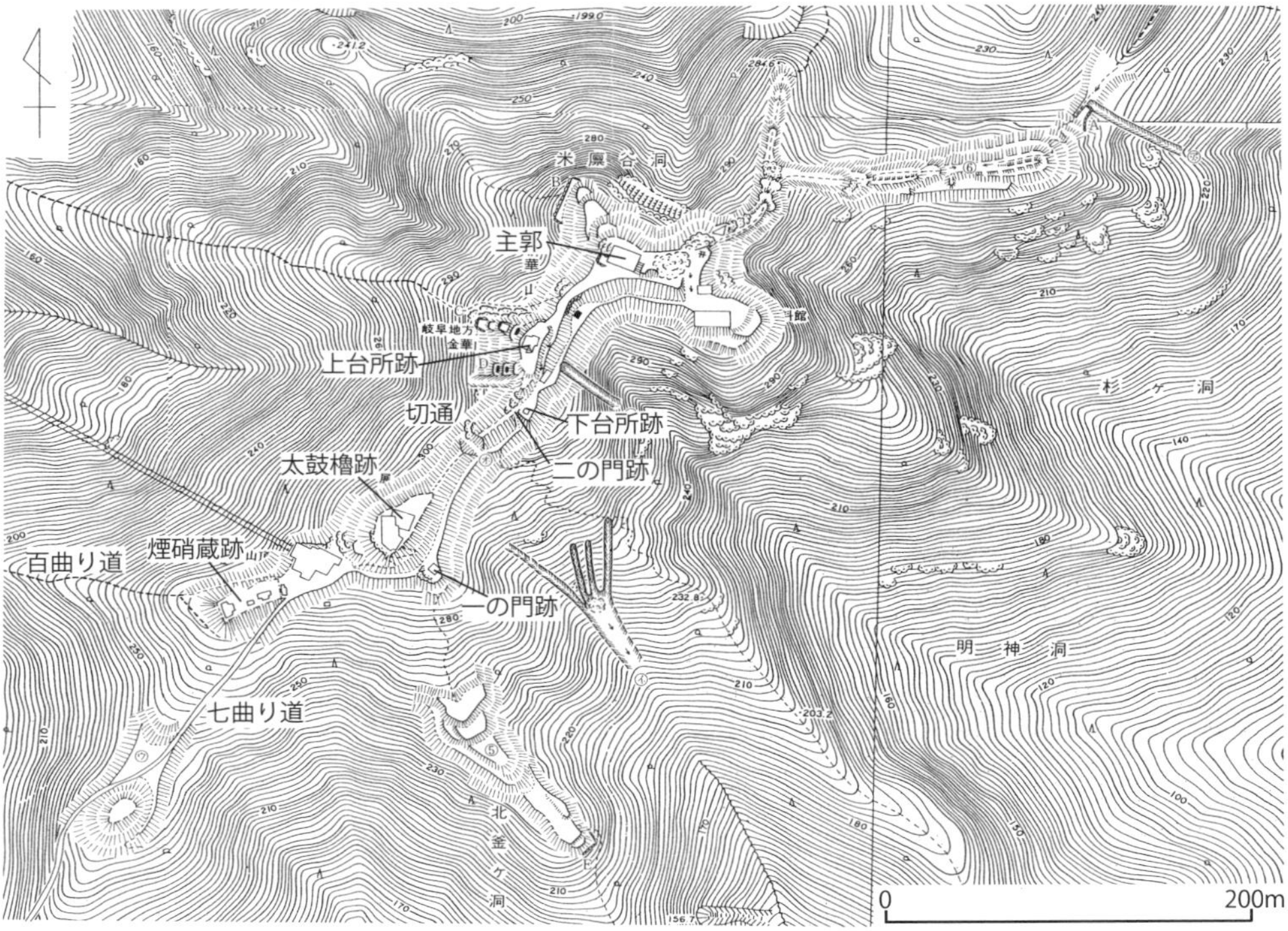

図14　岐阜城山頂部（作図：中井均）

指摘されています。山頂部には信長段階に伊奈波神社があって、少し下がったところに信長の山上の居館があったという。伊奈波神社が麓に下りるのは池田信輝段階（天正一一年）で、この時に今の形に近づいた。山上部に宗教施設があり、そこに寄り添っていく城の造り方です。縄張り研究は城の軍事性を追求するところがあるので、城に宗教性を読み解く視点はまだ欠落していますが、一九九〇年代に中澤克昭さんが城の聖地論を示されて軍事性だけではない視点で城を捉えるようになった［中澤 一九九九、安土城考古博物館 二〇一四］。縄張りの方法論として軍事に着目しながら、それ以外の要素も含めて縄張りを理解しようという姿勢は、九〇年代以来続いている。岩櫃城も古くから磐座がある信仰の山だけど、城は山頂になく、中腹に本丸を置いているのは、山に対する信仰の意識でしょう。置塩城の郭Ⅰに対する評価で、聖的な空間とみることは十分に可能です。

中井　赤松氏の城で石垣のある感状山城（図15）では、発掘の結果、各郭から礎石建物が検出されている。だけど記録も伝承もない。出土遺物は一六世紀前半頃で、明の染付や貿易陶磁が大半で、優品もあるから山上で生活していたのはまちがいない。一六世紀前半頃に西播磨で石垣の城を

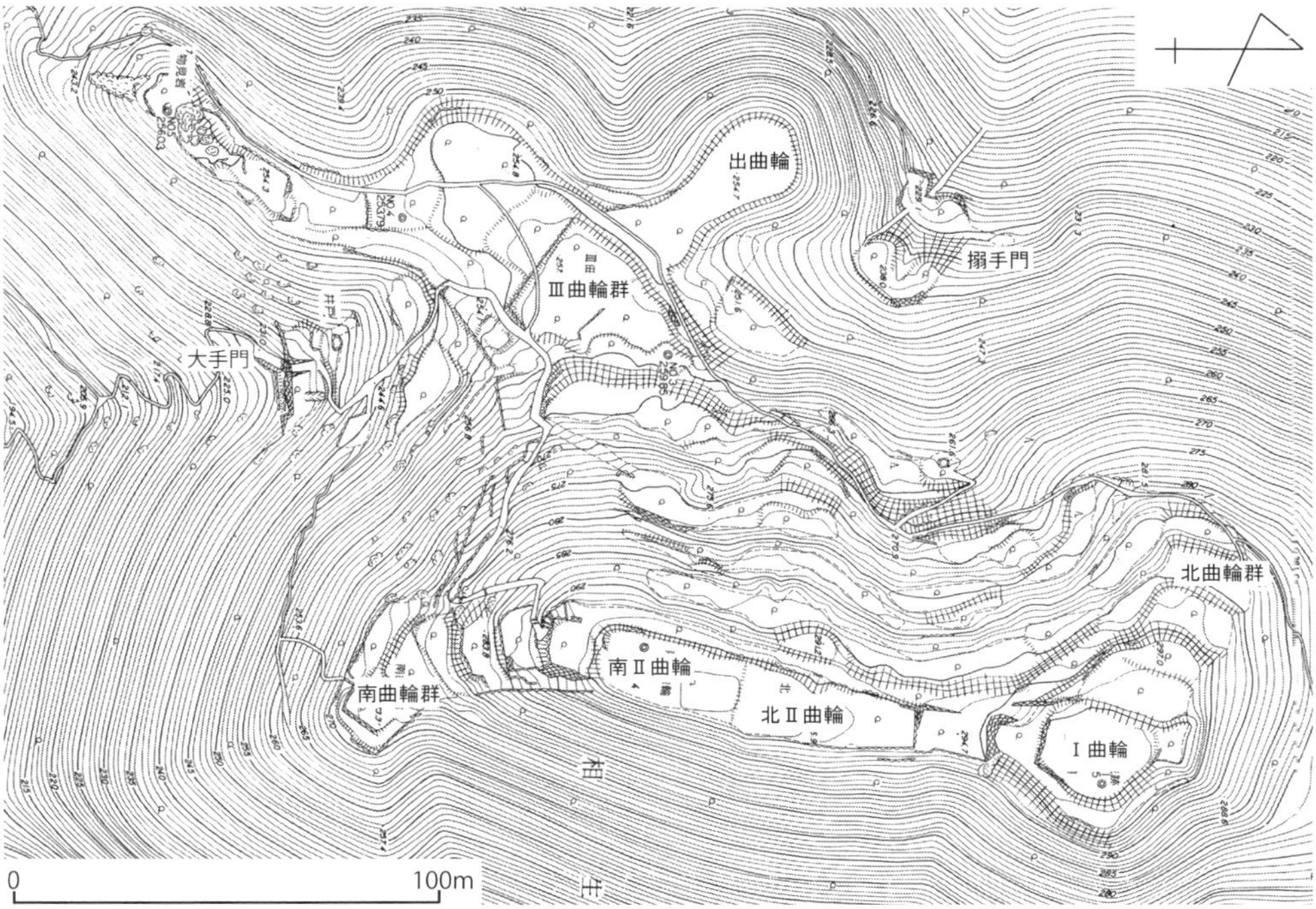

図 15　感状山城縄張り図(感状山城跡調査委員会 1989)

造るのは、宇喜多氏が想定されているけど、感状山城は山寺なのかもしれない。堀切があれば城か寺か区別できるけど、感状山城には堀切がなく、石垣を積んで礎石建物を建てていると、寺と城の明確な区別がつかなくなる。感状山城も宗教性を考えなかったら、不思議な城で終わっていたけど、寺である可能性を検討する価値はある。

――「山寺と山城が同居するような事例は他にもある?」

中井　毛利氏の吉田郡山城(図16)は山上に居住して、寺院もあってやや都市的にはなっている。比高差は置塩城ほどではないけど、毛利氏が最初に吉田郡山に入ったときの時期は、比高の低いところに屋敷地があって、堀切の外側に小さな城があった。城の最盛期は置塩城と同規模です。

齋藤　吉田郡山城の中に寺院があって、千手観音を祀ったようです[毛利元就展図録]。吉田郡山城の寺院配置は、城を設計するときに宗教施設をどう造るかを意識しているようです。

中井　置塩城と吉田郡山城は似ているかもしれないけど、吉田郡山の山麓部には、居館や寺院が機能しているので、そこは置塩城と違います。

齋藤　置塩城も同じではないの?

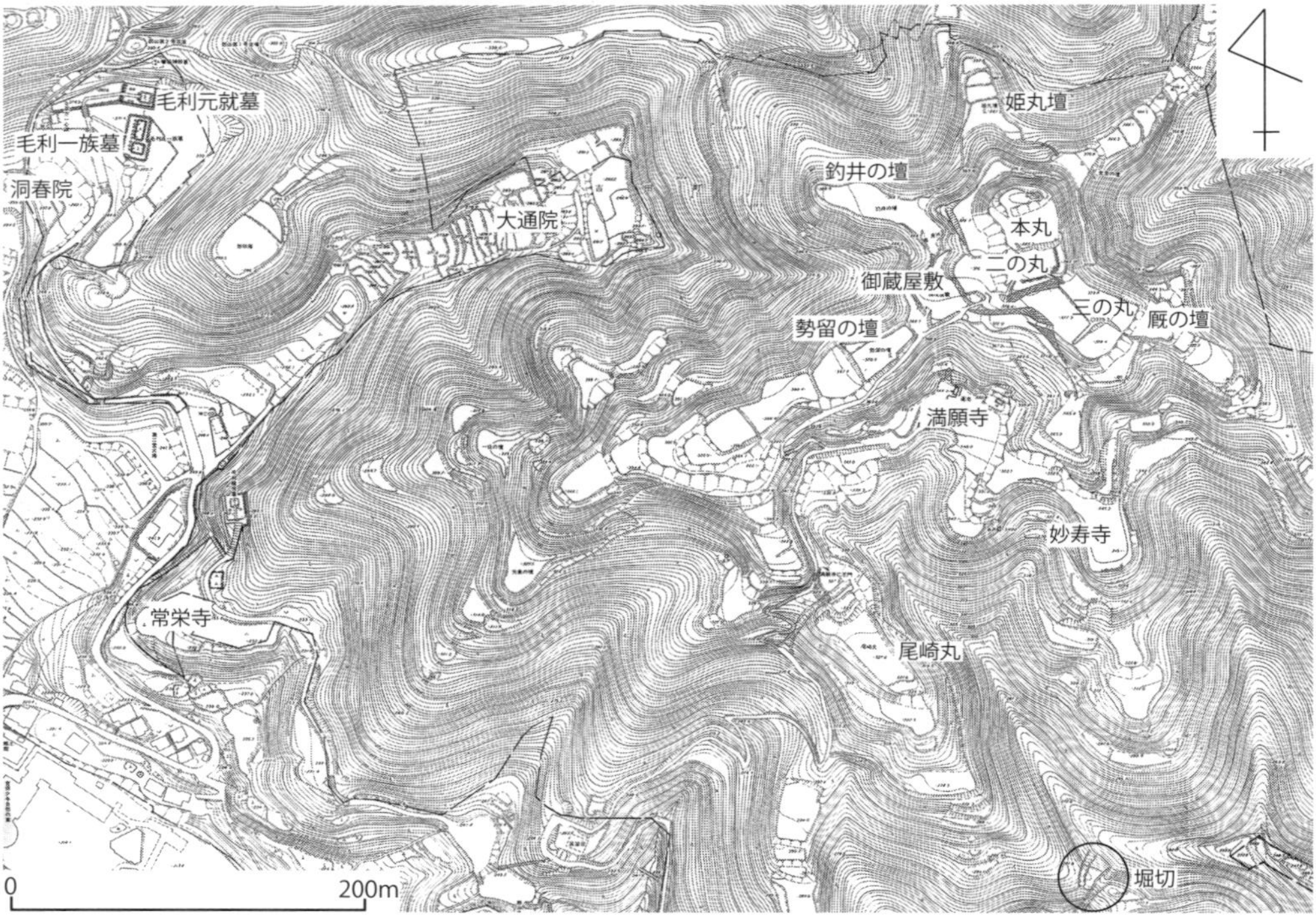

図16　吉田郡山城縄張り図（吉田町教委 1988）

中井　置塩城の場合、山麓は川を隔てた宮置にあって、同時並行していたのかどうか。山麓部が古くて、新しい段階で山上部に移ったかもしれない。二元的構造なのか時期差なのか、山麓を発掘していないからわからない。常識から考えれば山上と山麓は併存と考えますが。

齋藤　山上に住んだとしても、幹線道路は押さえられない。幹線道路を押さえてこそ領主は地域支配ができ、地域の領主たりえると考えれば、麓の平地には施設を造る。

中井　観音寺城も同じですが、安全保障として道を押さえるとか、軍事的に高い山に籠るというより、置塩城は高い山に逃げているように感じる。山上に居れば安全だろうという意識はないですか。

齋藤　文書ではわからないけど、縄張りからみると、山麓に基盤があったように思うよ。

中井　山麓にも町屋があって、山麓には代官なりがいて物資を山上に運ばせていたのでしょう。

――「山城の山頂部に宗教施設があるという視点は面白いね。」

中井　置塩城に宗教ゾーンがあると言っても、多くの縄張り研究者は、どこに証拠があるのだと必ず反論する。置塩城の郭Ⅰは軍事的な詰めの郭に決まっているとしか見ないのです。でも軍事の証拠はあるのかと問い詰められると、二の句が継げない。宗教ゾーンが面白いと感じることが大事で、軍事で全てを理解しようとするのが、これまでの縄張り研究です。

城から軍事性をとったら寺か村かわからなくなるという村田先生の視点［村田 一九八七］も重要ですが、だからといって一〇〇％軍事ではない。城だから軍事を抜いて語ることはできないけど、一〇〇％軍事で説明しようとすると、中世社会は理解できない。

山城の信仰の世界を松岡さんは「研究者の中には、こうした信仰の対象を城に取り込むことで民心の支配を容易にしようとした、と考える向きもあるが、私はそこに近代的すぎる軽快な合理化を感じ、納得できないでいる」と言っている［松岡 二〇一五］。でもなぜ、近代的なのか理解できない。

山への信仰や山の持つ姿は、大事なことだと思うのです。なぜそこに城を造るのかです。近隣にいくらでも似たような山はあるはずなのに、なぜそこに城を造るのか。それは、その山に必須の条件があるからです。交通の要衝に城は築かれるとよく言うけど、それもあいまいな言い方で、道路を見下ろすだけの山ならほかにいくらでもあるのに、なぜその山を選ぶのか。その山だけが交通の要衝ではなくて、山の持つ聖性は絶対にあると思う。山の聖性や中世人の信仰を忘れ去った山城の見方こそが近代的だと思います。

僕自身も一五年前くらいに置塩城の総合調査をしたときには、城は戦争のエリアだと思っていましたから、山の上で詰め（郭Ⅰ）と居館（屋敷地群）があって、山の上で山城と居館のセット関係になると思っていた。非常に不思議な縄張りだと思ったのですが、山城に宗教空間が指摘され始めたのは、九〇年代以降で、山寺の研究はその後だから、一五年前に宗教空間の考え方は全くなかった。

齋藤　昔は松岡さんのような見方が主流だった。だけど、それでは観音寺城や岐阜城のあり方、宗教施設と並存するあり方は理解できない。最近の研究成果で縄張りの見方は変わってきたし、時代とともに城の見方も変わってくる。

中井　ようやく中世人の意識に近づけたのかもしれない。

2章　山に籠る城　由井《ゆい》城

東京都八王子市下恩方

由井城の見所

1　由井城の見方

案内者：齋藤慎一　聞き手：中井　均

●由井城とは（図1）

　由井城には浄福寺城・松竹城等の異称もありますが、北条氏照が養子に入った大石家の本城が由井城である、とするのが齋藤説です［齋藤 二〇一〇］。異説もありますが、氏照が大石家の娘婿となった永禄二年（一五五九）頃、すでに由井に大石氏の拠点があったことは、いくつかの史料で想定できます。一つは永正年間前半（一五〇三〜一一）、現在のＪＲ高尾駅南側にあった長井家の椚田城を、山内上杉家が落とすのですが、山内上杉家が椚田の管理ができず、北条早雲が乗っ取り、山内上杉家は椚田にいた人たちを由井に移転させた文書［北区史二七二］があります。さらに、大永五年（一五二五）銘の浄福寺棟札［『武蔵史料銘記集』］で大石氏が浄福寺を修理していることがわかるのです。つまり、永正年間頃に椚田界隈の拠点が由井に移り、大永年間頃に由井を大きく整備している状況が文書から見えるのです。

　周辺にも大石氏ゆかりの寺院があります。浄福寺はその一つですが、観音堂に納められていた室町末期の御厨子（都重文）があって、本尊の千手観音をお祀りしています。由井城のある山も千手山といって、浄福寺の山号にもなっています。

　その他、北条氏照のもとには帰属する下原鍛冶という刀鍛冶の集団がいました。この集団には康重・照重の二系統があって、照は氏照、康は氏康の偏諱なのですが、どうや

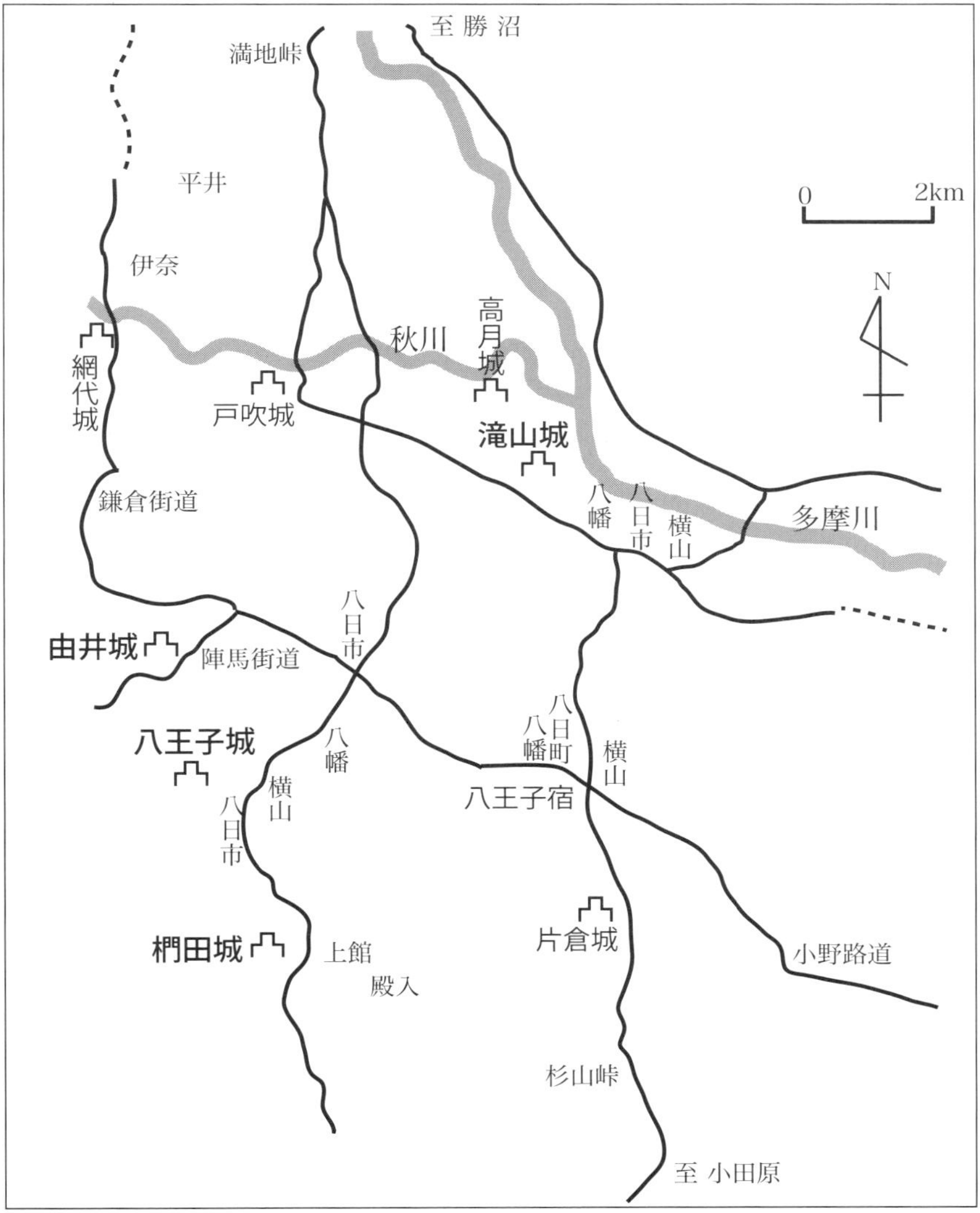

図１　戦国期八王子概念図

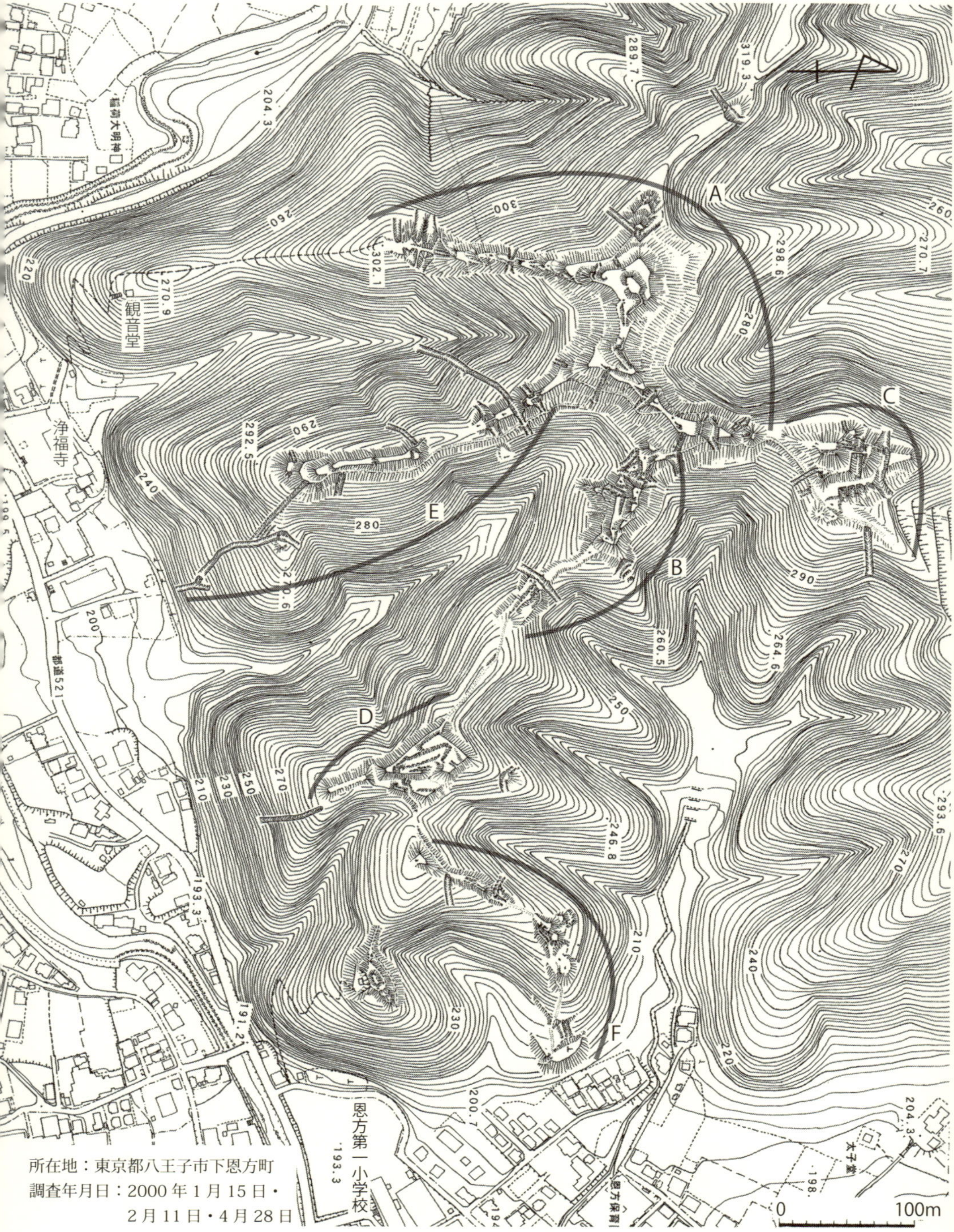

図２　由井城縄張り図（作図：齋藤慎一）

ら相州系の鍛冶らしい。この下原鍛冶の出身地が由井城の北にあるのです。

　こうした状況証拠を固めていくと、由井城の場所は甲斐国に抜ける幹線道路を押さえるところにあって、一六世紀前半代には大石氏がもともとこの地を本拠としていて、氏照が大石氏の養子に入ったと考えられるのです。

　由井城の縄張り（図2）は、大きく六つのブロックに分かれますが、縄張りの特徴は派生した尾根を堀切で遮断していくことです。

図3　Dブロック

●由井城の表玄関　Dブロック（図3）

　今は恩方第一小学校の対面にある民家脇から城に入りますが、この道が当時の登城路であったかどうかは疑問です。登り切ったところに祠のある小さな平場はありますが、城の遺構かどうか悩ましい。今日は行かないけど、Fブロックの下には一六世紀の五輪塔が三、四基あって、造りの大きな平場もあるから、大手筋はFブロックを通っていたのではないかと思います。この大手筋を登っていく途中にDブロックがあって、ここが由井城の玄関に当たるのではないかと思います。

　――「形は当初のままではないだろうけど、道のルート①はしっかりあるね。」

　由井城は細尾根の上を歩かせるように造られていて、当初の城道のルートが明確なところが大きな見所なのです。Dブロックに向かうルートも当初から変わっていないと思いますが、緩やかな道を登っていくと、立ちふさがるように櫓台（a）が現われます。城道は不明確ですが、今は櫓台の裾を迂回させるような急勾配な坂道を登ります。

①．Dブロックに向かう城道

②．Dブロック　坂虎口d

③．Dブロック　門跡

――「櫓台から見ると、城道がよく見通せるように造られているね。」

城道と櫓台の配置もよく考えられていますが、Dブロックのもう一つの見所は大きな坂虎口(b)と門です(②)。城道を登りつめると左→右→左と屈折させながら虎口・門を通すようにしている(③)。ここを抜けると、左に向かって進むのですが、その先が崖面になって九〇度左折して、また右折させるといった調子で、虎口空間を巧みに利用した道がレイアウトされています。

このDブロックはほかのエリアと違って、広い空間をとっているのも特徴です。僕はDのエリアは、山頂の城域と時期差があるのではないかと考えているのです。

――「大石氏段階と北条氏照段階ですか?」

明言はできませんが、Dブロックの大きさ、虎口空間の造り方からして、新しいのではないかと思うのです。北条氏照が由井城から滝山城に移るのが永禄一〇年(一五六七)

頃だとすれば、それに近い時期なのかなと想像していま
す。

　それはさておいて、Dブロックの尾根筋を遮断している堀切（c）を見に行きましょう④。由井城の見所は、尾根を断ち切る堀切なのです。高低差は目算で四メートルを優に越えている切岸です。

——「これだけ勾配がきついと、這い上がってくることはできないね。」

　同じような切り立った堀切が由井城には尾根筋ごとに配置されているのが最大の特徴です。堀切（c）の手前には小さな平場があるけど、ここに何があったかはわかりません。非常時には監視する人が置かれたのかもしれません。

　山頂部のBブロックまでの道も、同じように細尾根を歩く道になっていて、途中に堀切が一本入っています⑤。道のサイズは変わっているでしょうが、かつての城道は半間（約九〇センチ）程度だったのではないかと思うのです。この道幅の狭さが時代を表していると思いませんか。由井城の道のサイズは滝山城に比べても明らかに狭い。

——「一六世紀半ば頃の山城の道は狭い。それはありでしょう。」

　そう思いますよね。尾根筋ごとに遮断の堀切を入れて、大きな郭を配置しないのは由井城の特性だけど、細めの城道と組み合わさって城造りしているところが実に面白い。

④．Dブロック　堀切C

⑤．D・Bブロックの間を走る城道と堀

●虎口空間　Bブロック（図4）

この城道を登って行くと、ほぼ垂直に立ち上がる切岸にぶつかって、また右・左に折れた城道になる。このBブロックは主郭から東に伸びる尾根筋にあって、虎口（a）・木橋（b）・虎口（c）と連結させた造りになっています。虎口（a）と道の取りつき方がとてもよく出来ていて、スロープ状の道⑥・⑦を登らせてから、右に九〇度折れるのです。曲がらずに真っ直ぐ行っても、竪堀が入っているから先には行けないように工夫されています。

さらに虎口（a）のスロープを上った正面には、門が構えられていたのではないかと思うのです。門のスタイルはわかりませんが、二本の掘立柱で控えを備えて横に貫を一本通したような簡易な冠木門かな。この門は虎口空間の造り方からして、権威を表象するための門の一つではないかと

図4　Bブロック

⑥．Bブロック　スロープ道から虎口aに向かう

思うのです。由井城内には門が想定できる場所が、この他にもいくつかあります。

――「門をくぐった先にも少し広めの空間があるね。まさに権威を見せつける城門。」

門を抜けた先の小さな平場は正面が斜面で、左に向かって歩いて行くと、堀切(b)があって、この場所には木橋⑧が架かっていたのではないかと思うのです。Dブロックでみた堀切よりサイズは小さいけど、虎口づくりの工夫の跡がはっきり読み取れます。

――「この堀切に架かる木橋なら主郭方向を仰ぎ見るような造りになるね。」

工夫の跡が読み取れますよね。この木橋を渡った先を右に折れて坂を登りきると、そこにまた虎口(c)がある。Bブロックはスロープ状の登城道↓虎口(a)↓木橋(堀切b)↓虎口(c)と実に丁寧な造りをしていて、ブロック全体が権威の表象として造り込まれているのだと思うのです。縄張り研究者がよく使う「技巧的な造り」ですが、Dブロックに比べると明らかに狭いでしょう。

――「確かに時期差を感じるね。」

遺構がよく残っているから、Bブロックは由井城の見所ですよ。関東でもこれほどウブな状態で残っているのは珍しい。一六世紀半ばの山城を歩きたいなら、由井城は絶対にオススメです。

⑦. Bブロック　虎口aに向かうスロープ状の道

⑧. Bブロック　堀切bの木橋跡

⑨．Aブロック　堀底門

⑩．Cブロックに向かう細い城道

●堀底門　Aブロック（図6参照）

Bブロックの虎口（c）を抜けてからまた細い城道を登って行くと、AブロックとCブロックの境を区切る堀切（a）に取りつきます。ここも由井城の見所で、やや幅の広い二メートルほどの堀底に城道が連絡するのだから、僕はここにも門（⑨）があってもいいと思う。堀切（a）は、郭Ⅰ（主郭）の東に配置された郭Ⅱと郭Ⅲの間を遮断するだけでなく、Bブロックの虎口空間と主郭をつなぐ城道が通るのです。

――「堀底は広いから四脚門であってもいい感じだね。」

四脚門くらいの門構えがあってもよいと思うね。ここは主郭に入る重要な門ですよ。残念ながら郭Ⅲと繋がる道も、郭Ⅱとの連絡路も不明瞭ですが、たぶん、郭Ⅱに行くには北裾の脇を通るのだと思う。Aブロックの郭Ⅱはあとで確認するとして、先に北端のCブロックに行きましょう。堀切（a）から郭Ⅲへの出入口は、郭Ⅲの南西端にある薄いわずかなくぼみ辺りが怪しいけど、城道は郭Ⅲの中を通らないのです。

――「どん詰まりで番兵小屋でもあったかな。」

そうかもしれない。郭Ⅲはすごく狭くて、建物が建つかどうか微妙な広さです。平場も整地した形跡がはっきりしないし、城道が通らないのだから、Cブロックとの間に設けられた管理施設があっても不思議ではない。

●北端の二重堀切　Cブロック（図5）

――「Cブロックに向かう城道⑩も、また細尾根を使った道だね。」

よく残っているでしょう。他にルートの取りようはないから、道は生きています。戦国の山城の道が存分に体感できる、なんとも楽しい山城でしょう。

Cブロックの見所の一つが堀切を二重に構えているところです⑪。郭になるような平場を造らずに、堀切でもって尾根を遮断している。堀底に降りる道が今は付いているけど、これが当初のものかどうか、検討の余地はありそうです。城道はわかりにくいけど、堀底に降りてみると、その先は少しダラっとした平場があるだけで、これ以上、北に行っても遺構はないのです。この場所が由井城の北端にあたります。

――「北尾根から人が進入してくるのをCブロックの二重堀切で断ち切っているのね。」

そうでしょう。さらに面白いのは、堀底から東側を迂回すると、三本の畝堀（b）があるのです⑫。

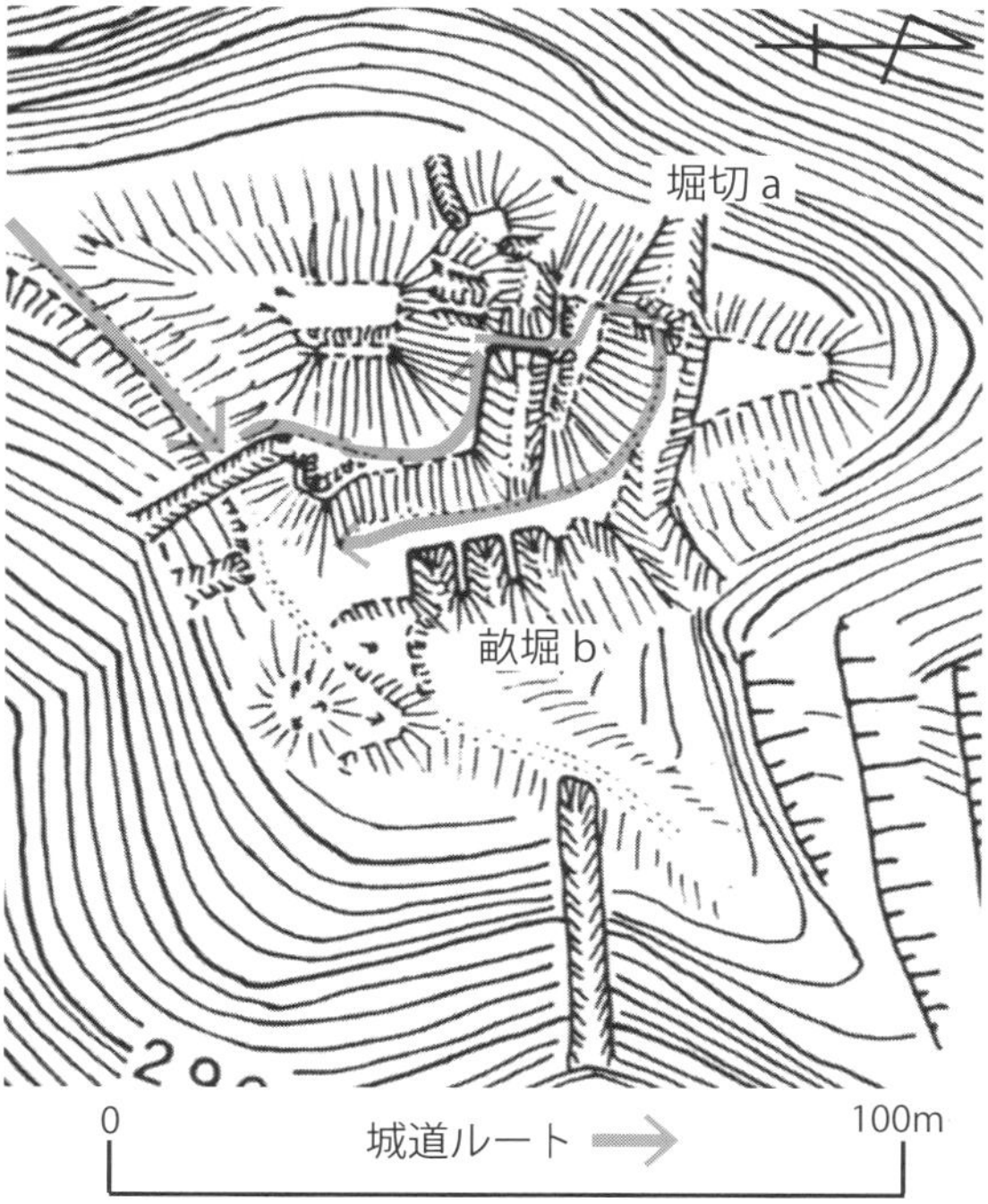

図5　Cブロック

⑪. Cブロックの二重堀切

⑫．Ｃブロックの畝堀ｂ

⑬．Ａブロックの郭Ⅱの出入口

——「ひぇ～　これまた見事な！　これだと走って通り抜けることができない。」

深さはそれほどではないけど、連続して三本の竪堀を入れていて、西側の壁面との間にわずかな通路を設けるといった工夫をこらしています。畝堀の先には竪堀が一本あるけど、それ以外には遺構がないので、やはりＣブロックは由井城北端の守りを固める機能があったのでしょう。

畝堀(b)からAブロックに向かう城道は非常にわかりにくいけど、山裾をはうように細い道を取り付けているのだと思うのです。

●主郭を守る郭Ⅱ　Aブロック(図6)

小さな郭Ⅲと郭Ⅱの堀底道に戻ってきたら、本当なら城道を歩きたいところですが、残念ながら崩落して道がよくわからなくなっているのです。堀底道から郭Ⅱの北西側におそらくかつては道がついていて、その先は栈橋状の道で行き来していたのではないかと思うのだけどね。

——「郭Ⅱに登ってみると、郭の縁辺に少しへこんだ地形があるね(⑬)。」

そのへこみのところがたぶん、出入口になっていると思う。そこから崖の下をのぞくと、わずかに道の跡らしいものが見えるでしょう。僕はそこを栈橋状の道で通していたのではないかと思うのです。

——「なるほど。出入口に違いないね。」

この栈橋状の道が郭Ⅱの南西端にある堀切(b)まで続いていて、堀底道を通ってから主郭に行くと思うのだけどね。

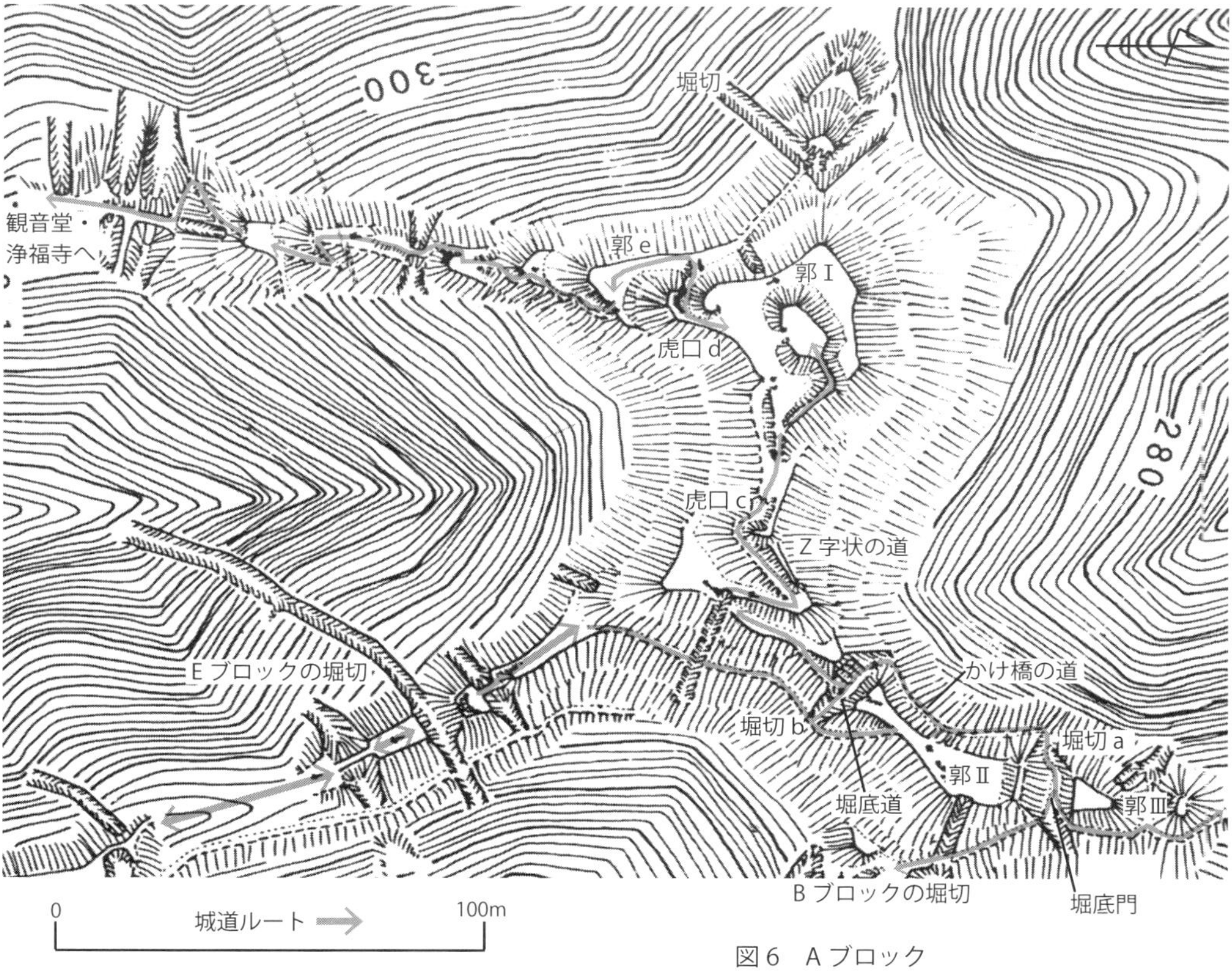

図6　Aブロック

今は崩れてしまって歩けないから、郭Ⅱの南東端近くに道がついているので、そこから一端堀切（b）に降りて主郭Ⅰに向います。このルートが当初のものかどうか微妙ですが、どう思います？

――「いい感じの道だと思うけど、ちょっときついかな。」

そうですよね。とにかく郭Ⅱは、主郭の郭Ⅰに次ぐ広さがあって、ここに何がしかの建物があってもおかしくはない。別に建物はなくてもいいのだけど、ここに立て籠もるような事態が起これば、郭Ⅱには人員を配して守りを固めるのでしょう。

――「長細い郭だけど、主郭を守る郭だろうね。」

堀切（b）は壁面が切り立っているから遮断の役目を果たしつつも、郭Ⅰ（主郭）と郭Ⅱとの連絡通路にもなっている。この道を通る人は、郭Ⅱの上から丸見えなので、遮断しつつ通路としても利用しているのでしょう。郭Ⅱの堀切（a）にあった堀底門と同じ使い方です。郭Ⅱを南北で遮断する二つの堀切（a・b）は、見所ですよ。

――「ずいぶん手の込んだ造りだ。」

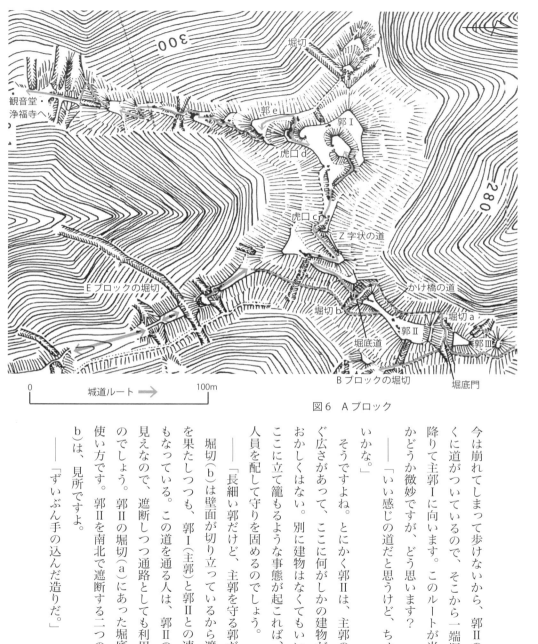

もっと手の込んだ造りが郭IIと主郭(I)を結ぶ道なのです。由井城の大きな見所でZ字状に城道がレイアウトされている。主郭Iに入る最後の城道だから、念には念を入れたということなのでしょうか。主郭Iに行く前に、由井城最大の特徴でもある堀切を見に行きましょう。Eブロックの連続堀切です。

●南端の遮断施設　Eブロック(図7)

堀切(b)からEブロックに通じる道も、これまた細尾根で三本の堀切を連続して入れています。この尾根の遮断は徹底しています。

――「ここもまたすごい堀切だな。これだと人は絶対登れない。」

今日は尾根の先までは行きませんが、この三本の堀切の先にもまだ竪堀があって、南側のこの尾根はとくに厳重です。

――「本当に堀切だけで、郭が一つもない。遮断することだけを志向しているのがよくわかる。」

そうなのです。尾根から登ってくることを完全に拒否している造り方です。由井城の特徴は郭を配して山上に住むことを想定していないことです。とにかく堀切で遮断してしまい、郭を造らない。郭はあっても非常に狭くて、とても住めるような状態にはない。主郭に行けば、少し広めの平坦面はあるけど、水場は全くないから、住むには無理がある。

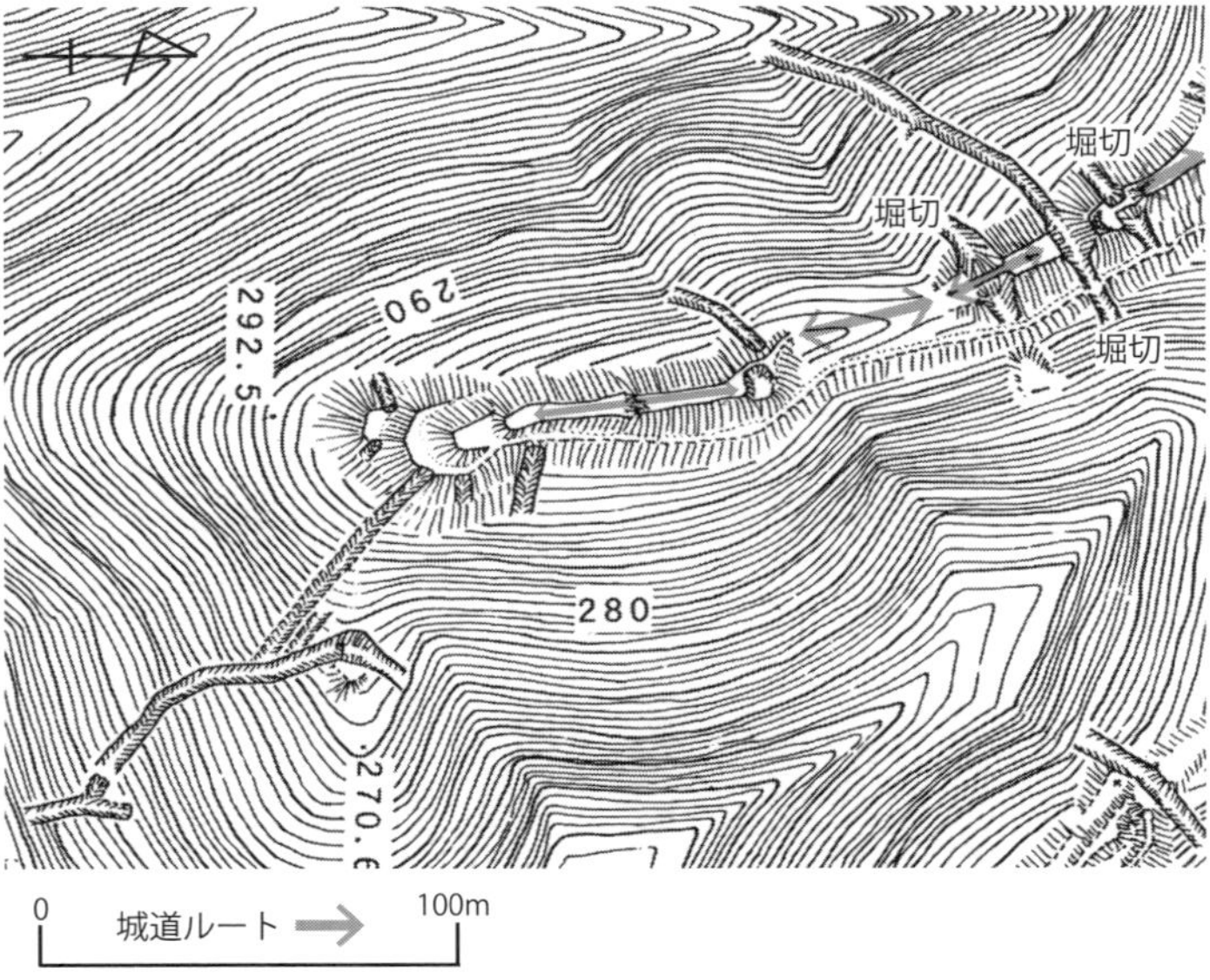

図7　Eブロック

あとで議論になると思うけど、こうした山城は、関東には比較的多いのです。住むことを想定しない山城です。

――「置塩城との差は如実だね。」

●主　郭（図6参照）

ここで話し込んでもしょうがないので、主郭に向かいましょう。Z字状のつづら折れの城道を堪能して下さい。

――「しかし、齋藤さん、よくこの道を見つけたね。」

主郭Ⅰに登るとわかりますが、郭の東側に土塁で囲まれた枡形の虎口（c）があって、枡形の間を東北端から尾根上に降りるようになっているけど、同じ場所の南側にわずかにへこんだところがあるのを発見したのです⑮。今はブッシュをかき分けるように歩かないといけないけど、このZ字状の道は確実だと思います。縄張り調査で城の道を見つけるのはとても重要なので、郭の上に登ってから郭の縁を歩いて、微妙なへこみや窪みを見落とさないように注意すれば、城道は発見できますよ。

――「城道を見つけるのは至難だけど、縄張り調査では大事なことだね。」

主郭Ⅰの虎口（c）を出ると、さっと開けた平坦面が目に飛び込んできます。でも面白いのは、郭Ⅰの北端にスロープ状の道が設定されていることです。もちろん、郭の中も歩いたでしょうが、意図的にスロープ道が取り付けてあって、なんとその先は、郭Ⅰ内部で一段高くなった平場⑯に通じているのです。

――「まるで詰めの最上段に行くために

⑮．郭Ⅰの虎口ｃ　Ｚ字状通路に通じる

⑯．郭Ⅰの一段高くなった平場

⑰．虎口ｄ南端から郭ｅを見下ろす

⑱．郭Ⅰの虎口ｄ

⑲．帯状の郭ｅと虎口ｄのある櫓台

造られた道だ。」

軍事的に説明しようとすると、詰めの段と言ってしまうけど、どうだろうな。

――「昔の縄張り研究者なら主郭の最上段の遺構をみたら、天守台だ、櫓台だって言い立てるね。」

そうでしょうね。でも置塩城の山頂にあった郭も宗教ゾーンの可能性があるのだから、この遺構も軍事性以外の性格を読み解いたほうがいいかもしれない。

主郭の縁まわりを歩いてみると、南端に虎口（ｄ）が開いているのがわかります。郭の端に立つと、切り立った切岸⑰が造作されていて、虎口を見下ろす櫓台状の遺構もあるのです。虎口（ｄ）は西側の尾根から登ってくる浄福寺に通じる道につながっています。西の尾根から登ってくると、スロープ状の上り道のついた坂虎口⑱になっていて、とてもよく遺構が残っています。

スロープの上り道は直進させず、九〇度曲げて主郭に入

⑳．浄福寺に向かう急坂の道

㉑．浄福寺所蔵　室町期の厨子

るように工夫されているし、虎口の西の端は土塁と壁面に挟まれたところにレイアウトされていて、ここに門があったことを想定させます。虎口に接する主郭Ｉの南端は、まさに監視と威嚇の機能を果たした櫓台に当たる場所なのです。浄福寺につながる道ではっきりした虎口はここしかないのですが、この場所に虎口を設けるということは、浄福寺側との連絡通路も、当初の縄張り設計で意識されていたのではないかと思うのです。

――「それはそうでしょう。虎口を降りると帯郭状の郭(ｅ)があって、左右に道がわかれているね。」

虎口を降りて右に行くと、その先は竪堀が切られていて、通行止めになっています。浄福寺には郭(ｅ)の南東端から降りる道を使っているようです。

――「郭(ｅ)に面した主郭Ｉの切岸もまた垂直に近い、見事な造りだね。」

浄福寺から上がってくる道も細いから、主郭に監視する人がいたら見落としはないでしょう⑲。さすがに主郭まわりの守りは厳重です。郭ｅから浄福寺への道は少し趣が変わっていて、真っ直ぐな急坂を転げ落ちるように降りていくのです⑳。一般の方で由井城を尋ねる人は、このルートを登ることが多いけど、とてもしんどい急坂です。

――「途中には何もないの？」

竪堀が数本あり、連続堀切も普請されていますが、これまで見てきたような厳重な堀切で遮断することはないのです。

――「急坂を降りて行くと観音堂跡があるね。」

浄福寺にある千手観音と都指定文化財の厨子㉑は近年までこの場所に祀られていたものです。あとで議論しましょう。

2　城造りの東西差　由井城の考え方

●詰め城の主郭

齋藤　由井城は堀切と虎口が要所にあるけど広い郭が少ない。関西の山城は面を広くとる例が多いですね。

中井　関西の山城は、尾根の先端部分を堀切で遮断して城域を設定し、堀切から山頂に向かって階段状に郭を造るけど、由井城のように郭と郭の間に自然地形を残しながら、なおかつ堀切を入れるパターンは、まずない。

齋藤　由井城は居住空間がなく、置塩城と違って、本当に戦う、立て籠もる城です。郭がないので由井城は八王子城の裏を固める支城、陣馬街道を押さえる支城と言われていたのです。ところが、文書を読んで地理環境を考え、景観復元をおこなってみると、由井城が大石氏の本城であって、北条氏照が大石氏の養子に入ったのも由井だと考察できたのです。そうしたら、住むところがないと批判を受けたのです。関東には由井城のような城は多くて、本城にしては住むところがない、面積がない山城はよく見られます。

中井　城は何を守るのかを考えさせられる。主郭に行くまでの間の時間稼ぎか、どこかで食い止められればいいということか。城道を屈曲させながら、どこかで敵勢を撃退できればよいという城でしょう。由井城は城を守りたいのか、領域・地域を守りたいのか。

齋藤　最終的に城が生き残れば地域は守れるね。置塩城で議論したように由井城も山頂部は宗教空間かもしれない。八王子城の本丸も牛頭天王がいたと思うし、神様と一緒に城は見ないといけない。

中井　由井城の主郭Iの真中にポツンと高くなっている台状の遺構が面白いね。虎口に向かった縁辺にせり出していれば櫓台と認識するけど、郭の真ん中にあるのは近世で言えば天守台で、すごく象徴的なものだと思うのです。鈎型のスロープ道もついていたし、その象徴性からしても櫓台ではない。

齋藤　由井城のある山は、千手山と言われていて、信仰の山だったのです。山麓の浄福寺に保存されている室町時代の御厨子に千手観音が祀られていて、その観音堂が山の中腹よりに、今も存在している。もしかしたら、この山頂部に千手観音が祀られていたのかもしれない。あるいは山頂には地主神が依り憑く磐座のような宗教施設があったのかもしれない。
いずれにしても、由井の領民たちから崇められていた山だと思うのです。その場所に大石氏が山城を築いたとすれば、置塩城の山頂トップにあった郭と同じように、この郭Iの最上段は詰めの段といった軍事的な説明ではなく、宗教施設として考えたほうがよいのかもしれません。城を構えて合戦に備えるのはもちろん大事だけど、地域住人の信仰を庇護するのは領主たるものの務めでしょう。

中井　その可能性は高いね。郭の真ん中に段を造って櫓台にしても、ものの役に立たないから、一段高い基壇に堂塔を建てるのと似たような造り方だね。

●虎口と堀切の利用

齋藤　Dブロックの特徴は、堀切はないけど壁がしっかりしていることです。

中井　僕は大手の玄関でよいと思う。だからこそ堀切を必要としなかった。両側に堀を切っているけど、このルート上に堀は切らない。

齋藤　このルートには遮断の堀切はないけど、大手筋の道は生きていると思う。山頂に近いBブロックに比べて、Dブロックは虎口を中心に広い空間で造作していて、この差は設計の単位が違うので、時期差だという印象を持つ。Dブロックの見所は、坂虎口にある門を見せているところです。

由井城はルートの城で、要所を堀切で切って、門を構え、どこの空間で何かするというものではなく、とにかく山頂まで行かせようとしている。山頂には狭い聖域があって、そこさえ守れば領域が全て確保できる、そうした感じがする。

――「関西に由井城と似たような山城はあるの？」

中井　あまりないのではないかな。鎌刃城（滋賀県）にも道はあるけど、平場はしっかりしているし、郭の城です。由井城のような線の城は関西にはないのではないかな。僕が知っているラインでもって郭空間をつくらない城は丸子城（静岡県、図8）だけです。郭の少し下の段に城道を造っていて、大きいのは主郭だけです。

齋藤　丸子城は府中の西を横堀のラインで守ろうとする発想がみえますが、関東では由井城のような城は多いと思う。面積のある郭を造ろうとせず、尾根に三角形の段々の平坦面を造っていく。ただ、由井城ほどルートが見える城

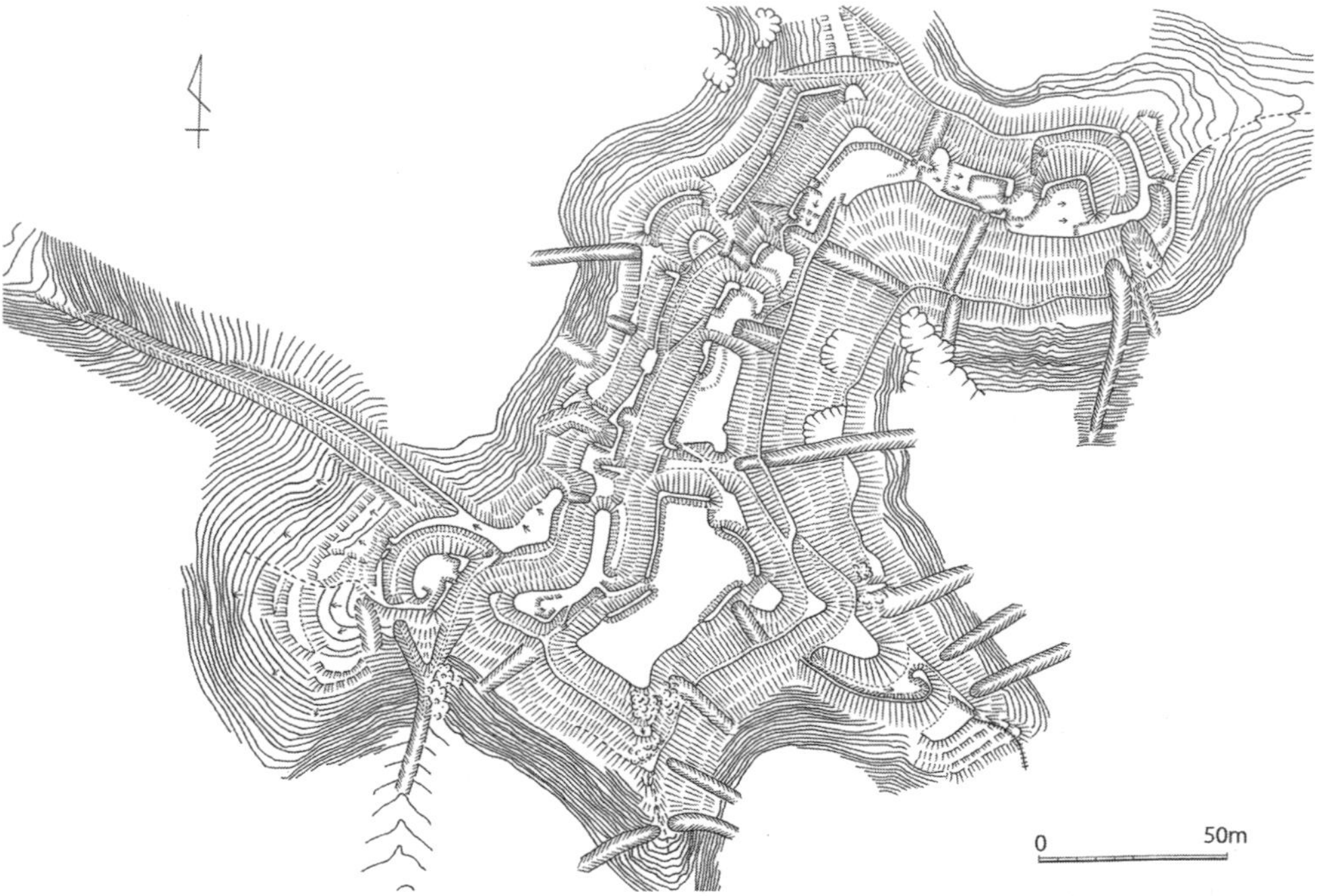

図８　丸子城縄張り図（作図：中井均）

はない。由井城は城全体に虎口を造る籠城向けの戦う城です。だけど、一六世紀半ば過ぎの滝山城段階で氏照が城を築くとき、由井城の造り方では耐え切れないと思ったのでしょう。滝山城とは全く縄張りが違います。

中井　大手筋のFブロックから敵勢が攻めてきたら、まずDブロックで守る。そこを抜かれたら引き下がっていってBブロックで守る。

齋藤　そうした設計だと思う。敵が攻めてくれば、当主は主郭1に居て、各ブロックに人員を配置するのだろうけど、D・Bを破られたら一歩引いて、Aブロックで守ろうという造りです。細尾根を使った城道で、虎口も小さいし、少人数で戦をしようとしている。

中井　攻める方も半間道なら縦列でしか進めない。由井城の切岸は急勾配で登ることはできないから、動線としての城道しか使えない。となれば、縦列に進む敵勢を迎えるには守り手としても少人数でいいね。

齋藤　由井城では少人数と少人数の戦いを想定している。滝山城段階になると大軍勢の想定です。戦争の仕方が変わっているから、由井城ではもたないというのが現実だと思うけどね。

中井　由井城で数千の軍勢が来たら守れない。城に入れる人数は多くて一〇〇人程度でしょうから、一〇〇対一〇〇の戦しか想定していないと思う。

齋藤　籠城の際には山上に水場はないから、麓から持って上がるのでしょう。戦国時代前半に由井の史料はあるので、この時期の城をイメージするには良い城です。同じ氏照の築城で由井城と滝山城のスケール差は、一六世紀の中でも戦国時代中頃と戦国時代末期の差として見えてくる。

●根小屋・詰城論

――「由井城は大石氏の頃に造ったのですね。」

齋藤　大永五年（一五二五）の棟札があるので由井に城はあった。永正期に椚田から由井に移ると文書にあるので、最初の段階は永正年間頃、大永年間頃まで整備していたという評価になる。一六世紀第1・2四半期です。

中井　年代観に違和感はないな。山頂に人が住めないということは、屋敷は下にある。由井城は住む城ではなく、戦いだけの城なら、山下に館や町場があって、山城はその詰めになる。

齋藤　と同時に、山の信仰も設定されて、日常的にも象徴的な山であった。残念ながら屋敷の場所はわからないけど、山麓には上宿・川原宿といった地名もあるからね。

中井　由井城は本城とみて全くおかしくない。本城でないと見る人は山城部分だけみている。城の規模とは何か。平坦面なのか、城全体の規模なのか。やはり山麓の館や町場、山城全体を見通して把握しないといけない。由井城の山上部は、規模的にはかなり大きい。伊勢の北畠氏の霧山城では郭がたった三つしか築かれていない。

齋藤　根小屋・詰め城論で説明できる話です。

●城造りの東西差

――「機能的に鎌刃城は由井城に近いの？」

中井　鎌刃城（図9）には郭があって、郭Ⅳに礎石建物があり、枡形虎口（A・B）も二つある。でも規模が関東とはまるで違う。関西では山の下に至るまで城にする例はほとんどなくて、山頂部だけに遺構がある。京都の鹿背山城（図10）は一五世紀に興福寺によって築かれ、現存する遺構は永禄年間のものと考えられており、由井城に近い時期ですが、尾根の先端に堀切を全部入れても、郭間に堀切はない。鹿背山には山麓に館の伝承がなく、山上に住んでいます。松永久秀が奈良に多聞城を造ったとき、木津川の渡河点を監視するために改修された城と考えられます。

齋藤　鹿背山城は峠道を押さえていて、峠に宿場町があって、馬借・車借を調達するのでしょう。何段にも郭を重ねているけど、関東のような小さな郭を重ねるのではなく、大きな郭です。細かな段を重ねて造ろうとする発想はあるのですが、住もうとしているのかな。そこは西と東の違いでしょう。

中井　関東の城は一つずつの郭が本当に小さいね。

齋藤　関東の山城には小さな郭をたくさん造る例がけっこうある。村人が山に逃げ込むための村の城だといわれているけど、ことごとく小さい城ばかりです。緊急避難的に

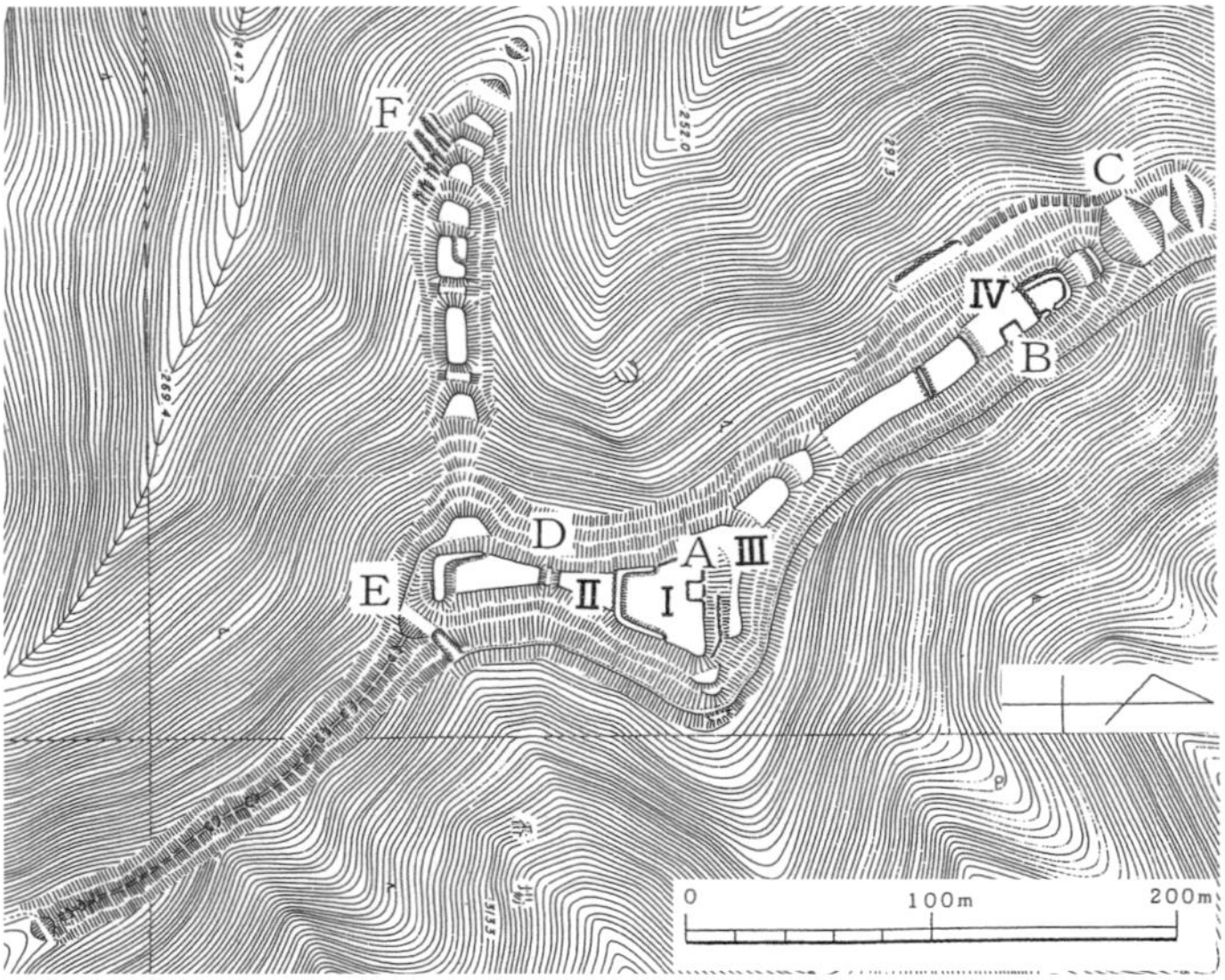

図９　鎌刃城縄張り図（作図：中井均）

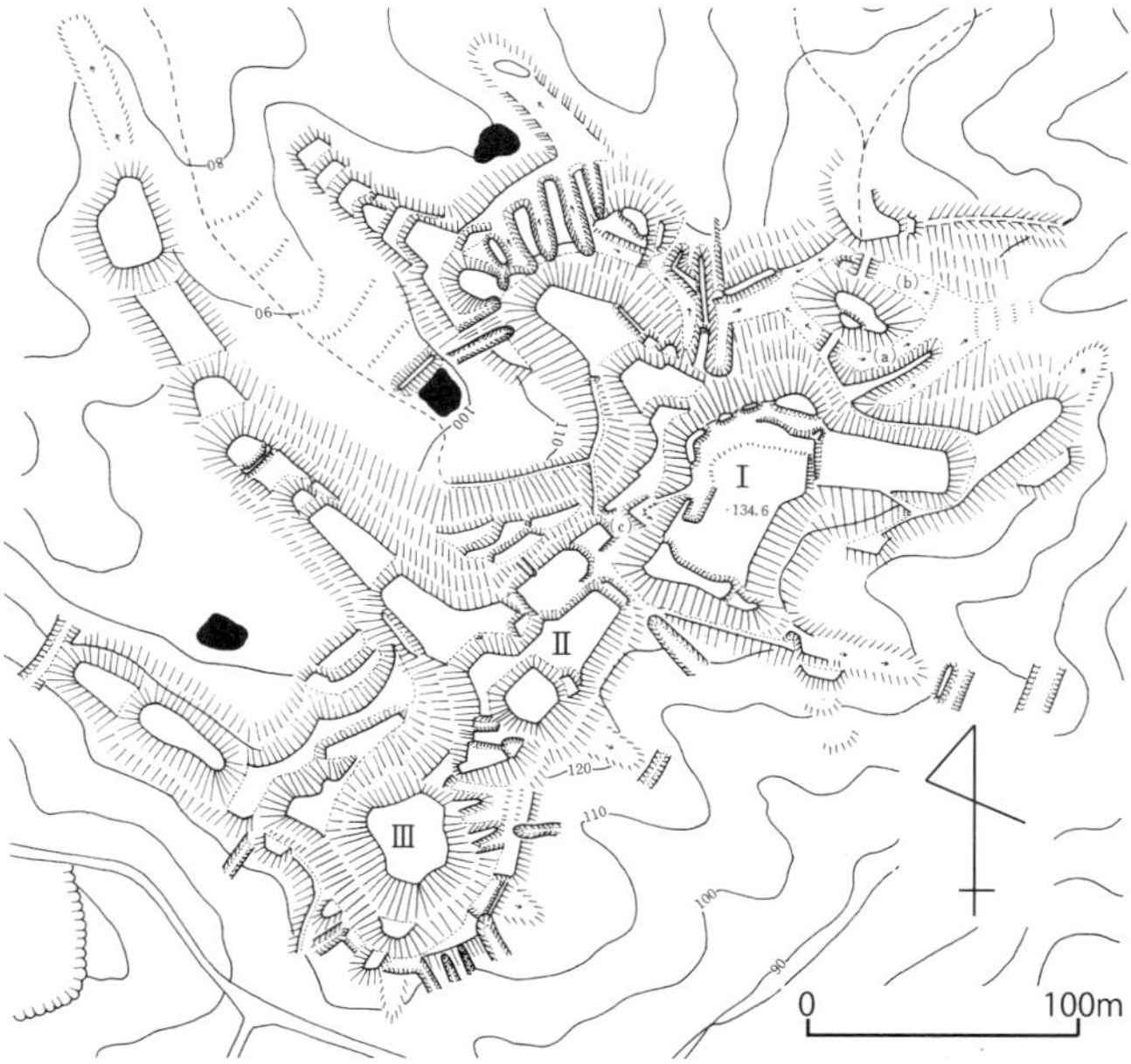

図10　鹿背山城 縄張り図（作図：中井均）

使われる城が関東には多いという気がします。これまで共通の土壌で関東と関西を比較する議論はなかったけど、今回、城の造り方が東と西で違うことがわかったのは大きい。

――「関西はなぜ山に住もうとするの？」

齋藤　山に籠るという発想が鎌倉末期以来から引き継がれている。逃散も含めて、臨時に取り立てる城にしても山の中に造る。

――「東にはないの？」

齋藤　文書に出てくるのは、東は屋敷を要害化せよとある。西は山に行けとあるから、発想が違うと思う。

中井　由井城のような線的な城は関西にほとんどない。必ず郭をもつ。

齋藤　北関東の五覧田城（群馬県・図11）では、北と西には遮断の堀切があるのに、東に虎口を造っている。人の出入りがはっきり意識されている。主郭の東側にコの字型に土塁が回っていて、山側が切れている（図の矢印）。そこからかけ橋（桟道）で外に出る造り方です。コの字型の土塁の根本が切れて、堀を渡ったところの斜面に橋の受けがあるから、かけ橋だと思うのです。五覧田城は堀切を使って虎口を造るから、堀切で遮断しながら中心部分だけ守ろうとしている。五覧田城は対上杉氏の境界の城です。中井さんからすれば線にみえるでしょう。

中井　少しだけ郭はありそうだけど。

齋藤　五覧田城の規模は小さい。イメージとしては由井城のDブロック程度のサイズです。だから、住んでいると

図11　五覧田城縄張り図（作図：齋藤慎一）

は思えない。尾根を使って平場を造るけど、関西のような居住空間の城ではない。五覧田城の年代はそれ以後に確認できないので、天正一〇年代で良いと思う。由井城は虎口

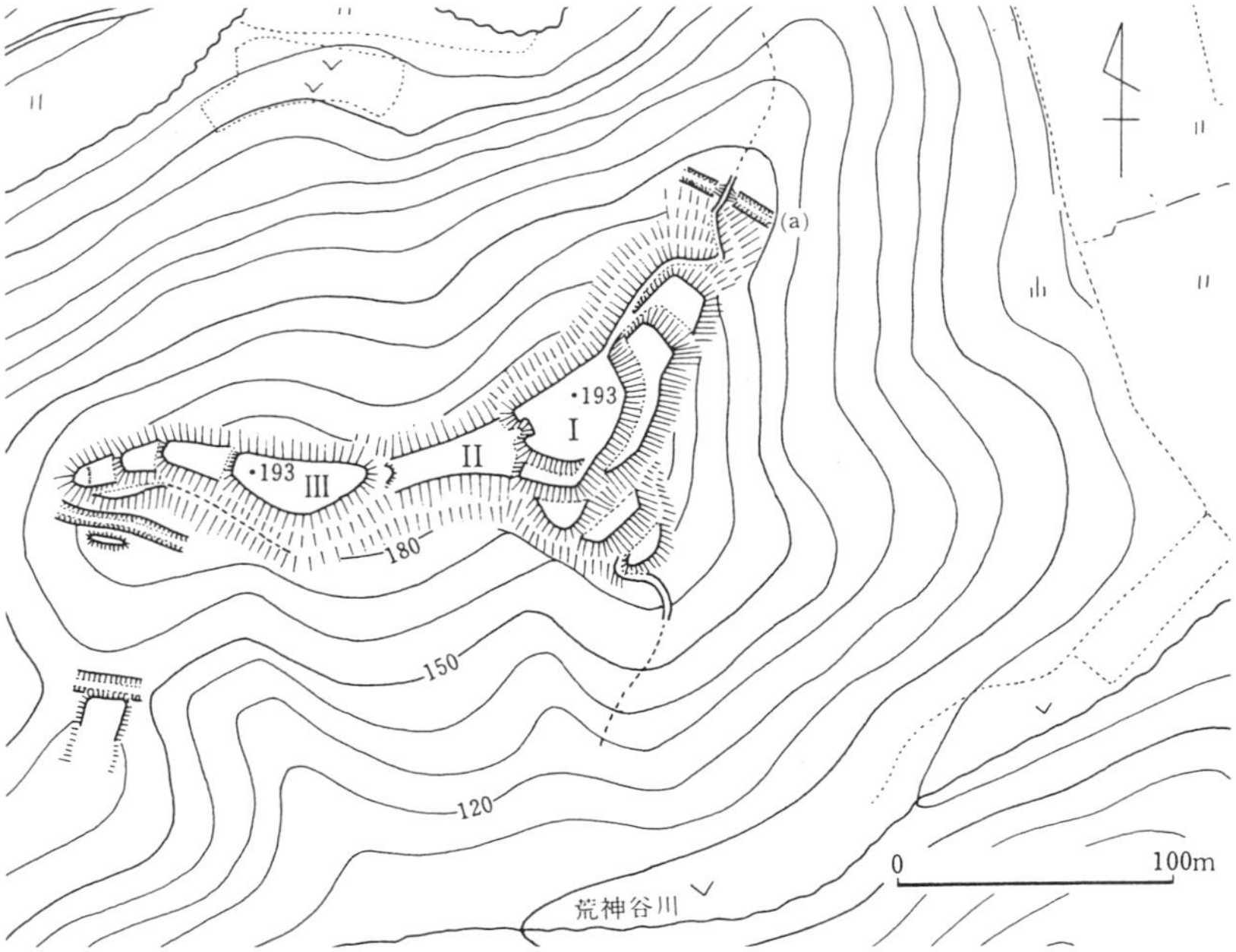

図12　上月城縄張り図(作図：中井均)

が立派になっている感じがするけど、造り方はそれほど変わらない。やはり、関西とは城の造り方が違うのです。関東の城郭研究者は、由井城や五覧田城の小さな平場も「郭」と言っている。中井さんたちが言う郭は、鹿背山城のような広い郭です。郭という言葉で整理されるから、郭が持っている性格の差が議論されていなかった。

中井　播磨の上月城(図12)は、北からの尾根に対してa地点で堀を切り、階段状に郭が配され、長い郭があって、西の端でまた堀を切って終わる。堀切の間に遮断の堀はない。両端を堀切で遮断したら、あとは郭をダラダラ重ねている。五覧田城のように郭の間を堀切で区画することはない。関西の城は、堀切で遮断するのではなくて、城域を設定するのです。関西の城は郭の平坦面をつぶして堀切を造ることはしない。関東の城は平場を使えなくしている。『近畿城郭事典』で似ている城を探しても、城域の端に堀を切る城ばかりです。

此隅山城(兵庫県・図13)を見ると郭しかない。この違いは何だろう。西は近畿周辺だけに限らず、備前の城も郭面はもっている。

齋藤　関東の城には堀切を多用する傾向がある。たと

えば、七沢城（神奈川県・図14）は扇谷上杉家の要害ですが、中心部近くに堀切を使った事例で、一五世紀後半のイメージにあう城でしょう。

中井　僕には上杉氏の政治力や軍事力がよくわからない。

齋藤　西国でいえば細川家です。細川家も細川晴元の時代になると、三好元長が登場する時代で、細川氏は衰退しながら三好氏が実権を握っていく。三好氏の城が関東の中では七沢城や平井金山城のような城になってくるという、そんな時代感覚だと思うのです。平井金山城と飯盛城を比較していくといいのかもしれない。平井金山城も「技

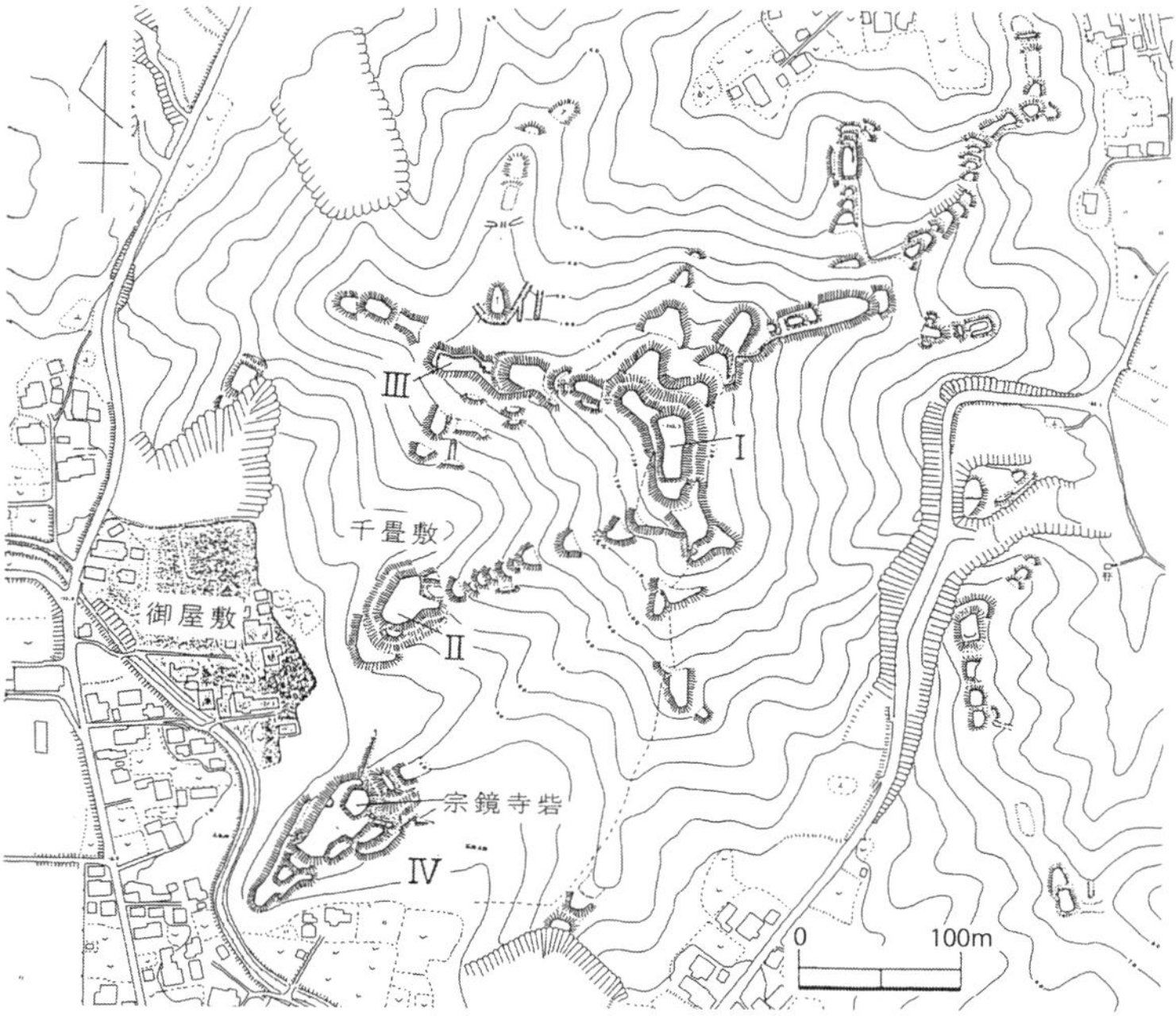

図13　此隅山城縄張り図（作図：西尾孝昌）

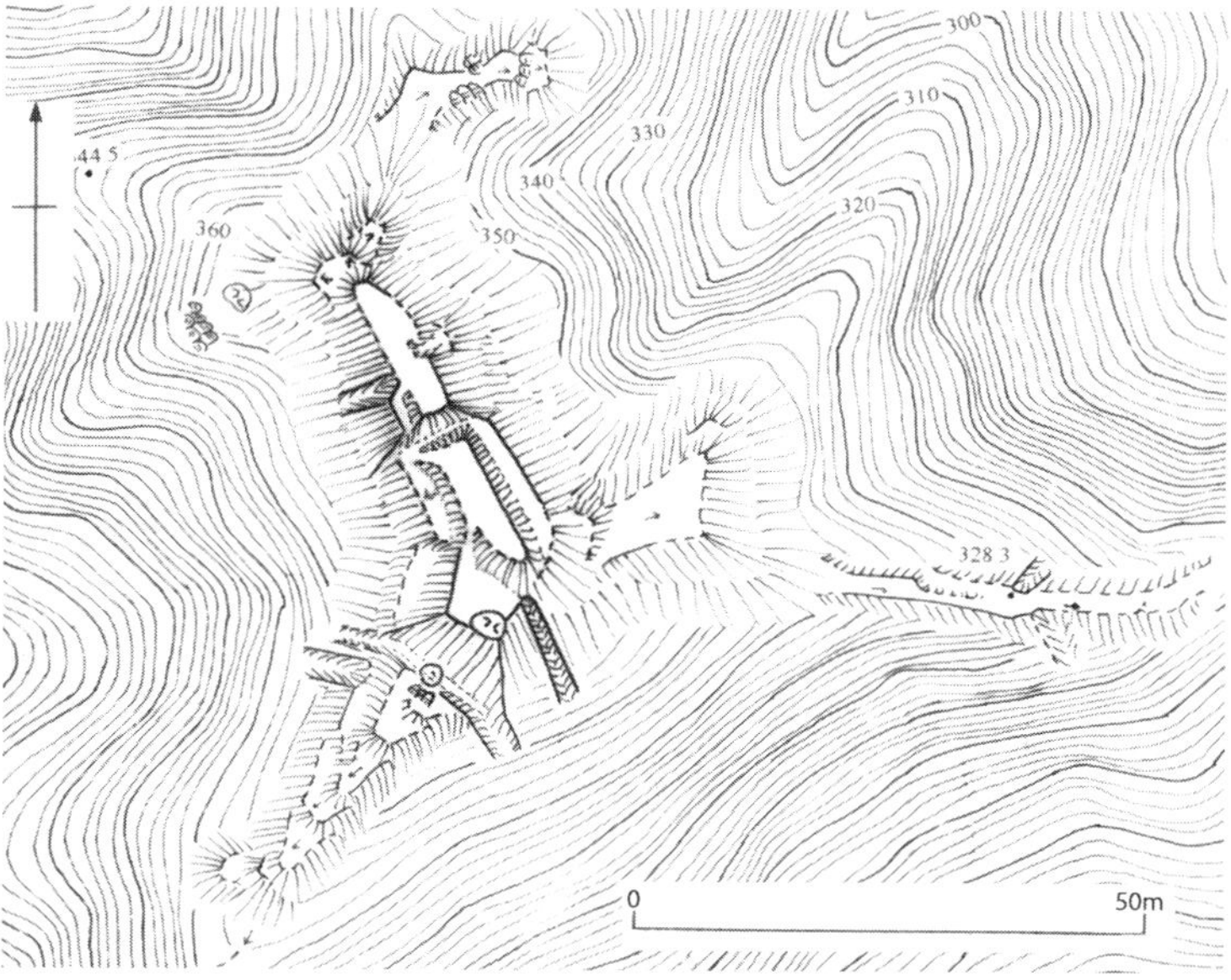

図14　七沢城縄張り図（作図：齋藤慎一）

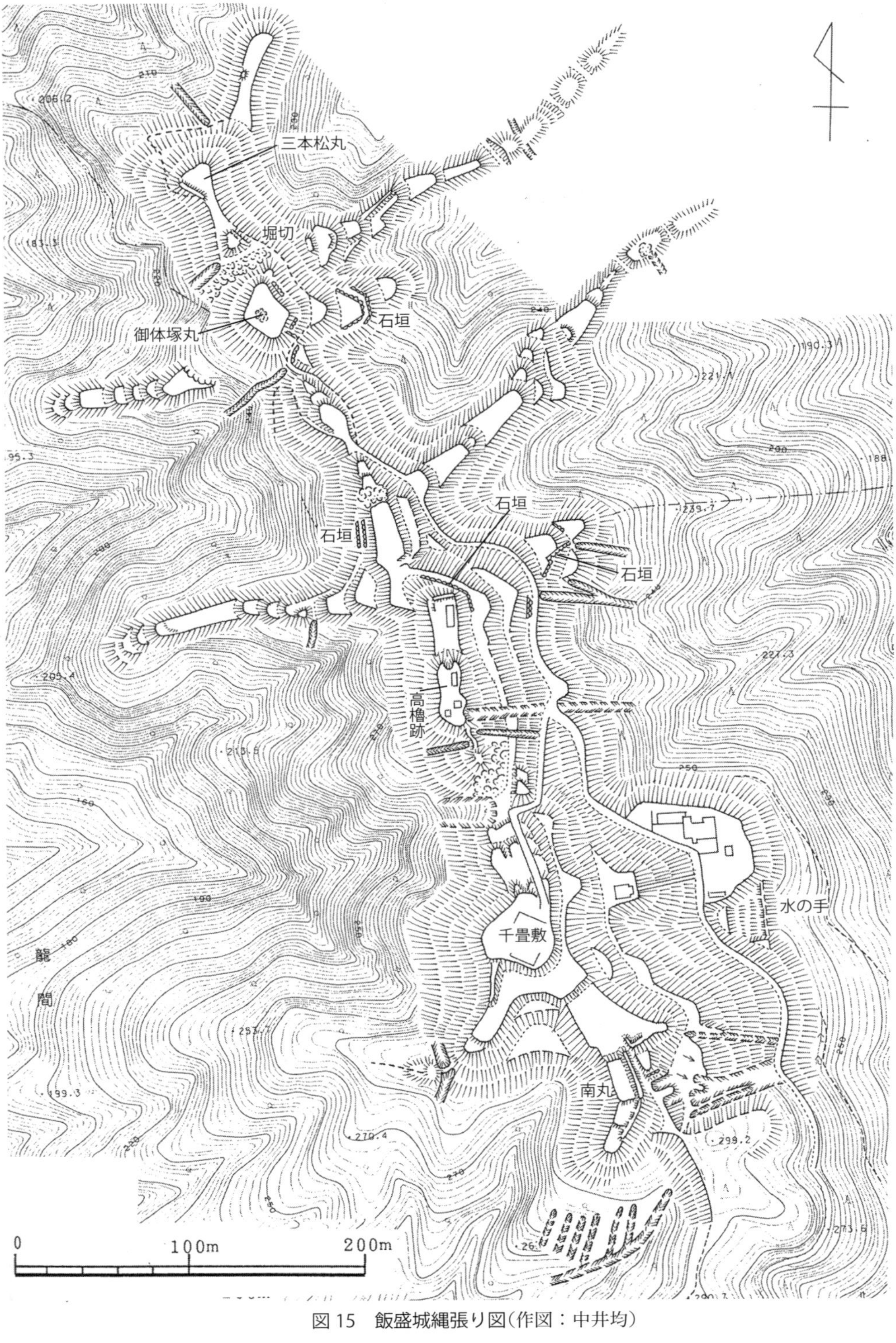

図 15　飯盛城縄張り図（作図：中井均）

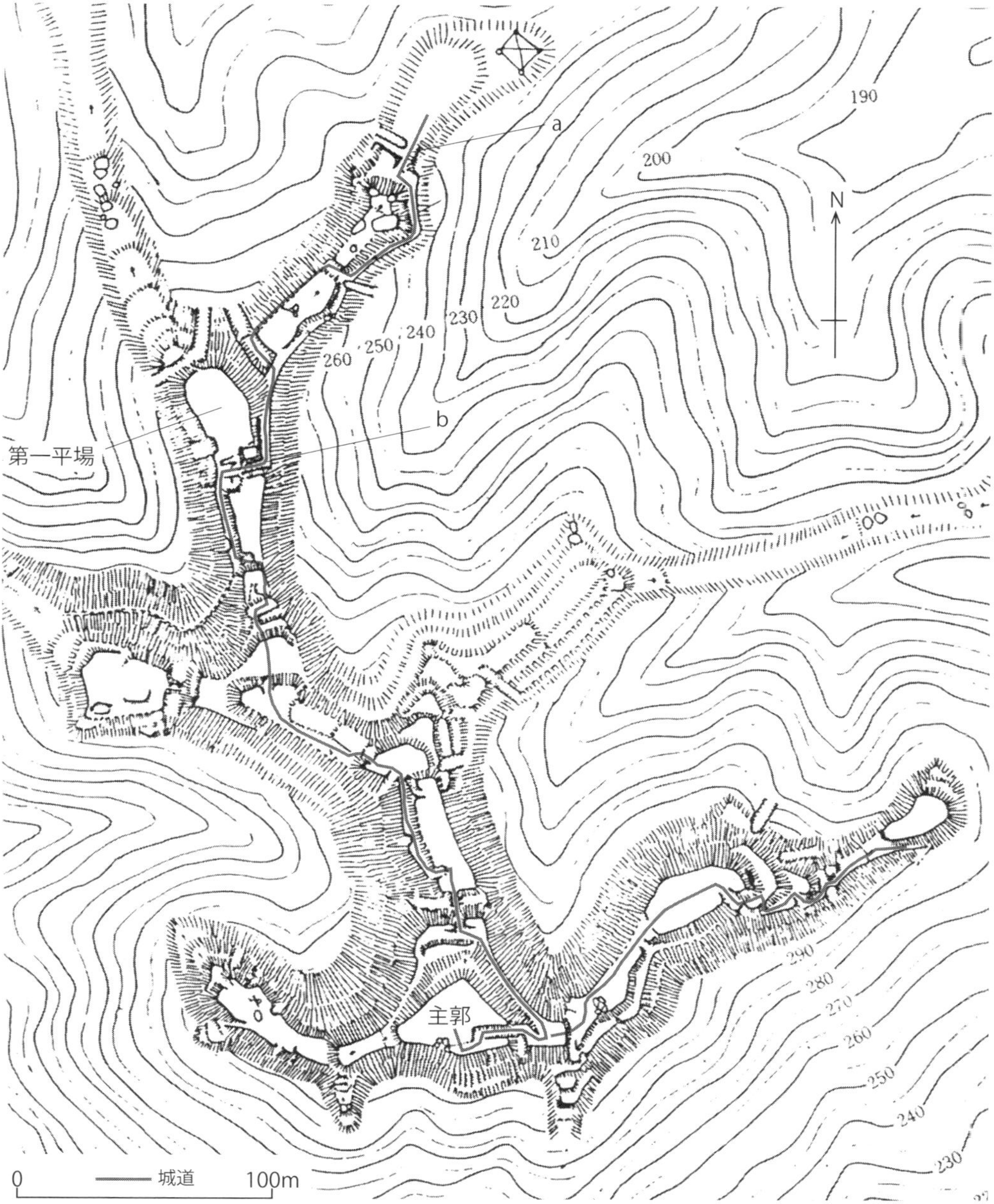

図 16　平井金山城縄張り図(作図：松岡進。一部加筆)

巧的」といわれる造りだけど郭は狭い。平井金山城の麓に山内上杉家は住んでいたと思いたいな。

中井　飯盛城は永禄三年（一五六〇）に三好長慶によって築かれた山城です（図15）。河内平野の東端に屏風のように聳える生駒山地の一支脈に構えられています。その立地は明らかに河内から見上げられることを意識しています。

この飯盛城の構造は大きく北側エリアと、南側エリアの二つの空間から構成されています。北側エリアの郭群はいずれも極めて面積が狭く、さらに東西に延びる支尾根上にも必ず郭を構えています。これに対して南側エリアは、通称千畳敷と呼ばれる広大な面積をもつ郭となっていて、明らかに南北の郭群に機能差があったことがわかります。おそらく北側が軍事的な防御空間で、南側が居住空間であったと考えられます。

飯盛城では山麓に居館伝承地がなく、永禄八年にこの城を訪れた宣教師アルメイダが駕籠に乗って山を登っていることからも山上に居住空間が存在したことはまちがいなさそうです。

さらに飯盛城に移る前に長慶が居城としていた芥川山城では、発掘調査の結果、山頂部の主郭から、縁の廻る主殿と想定される礎石建物が検出されており、やはり山上に住まいしていたことが明らかです。

齋藤　三好家は阿波の勢力だから、侵略地のなかでの緊張感はあったのでしょう。

中井　三好家は阿波では高度に発達した縄張りの城を造っていないのに、畿内ですごい城を造る。

●関東管領の本城

齋藤　三好氏の飯盛城と比較できる平井金山城（図16）は、山内上杉家の本城です。遺跡名称は平井金山城だけど、古文書に出てくる平井です。山内上杉家の詰めの城で、住んでいるかというと住んでないと思う。麓に屋敷空間があって町場がある。いざ戦が起こると山に逃げ込む。籠る城にしてはかなり手の込んだ城造りをしているけど、飯盛城とは造り方が違う。

中井　平井金山城の郭も狭いね。建物は確認されているの？

齋藤　番所のような建物はあるかもしれない。aから入って曲がって堀切虎口みたいなものをつけて、そこを行き過ぎたところの反対側の斜面上に道を付けている。由井城と全く同じ造りです。bの付近の郭を発掘したときに建物が出ています(図17)。平井金山城は比較的広い城なのだけど、住んでいるのではなくて、番所や櫓みたいな建物が出

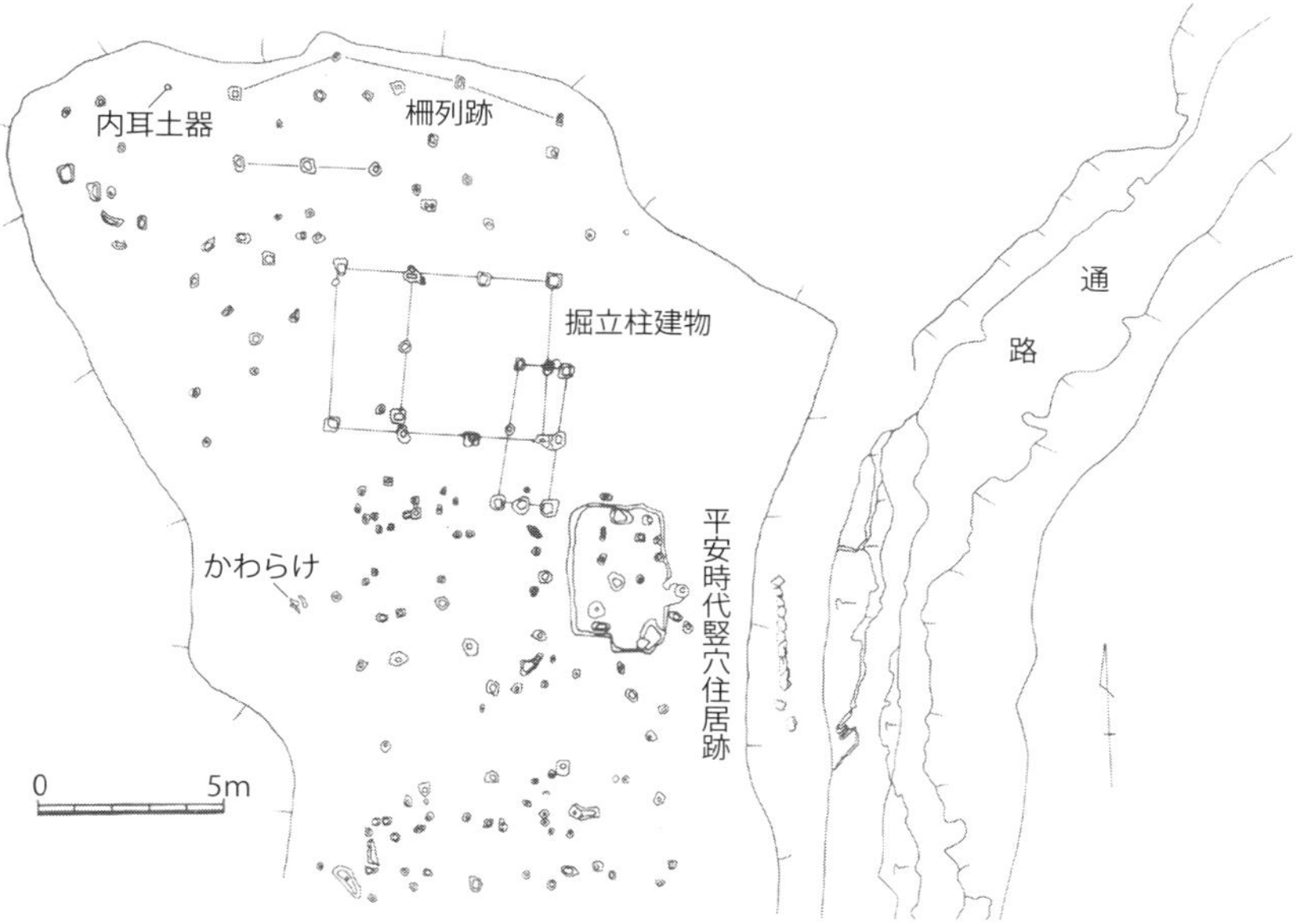

図17　平井金山城　第一平場跡(藤岡市史編さん委員会1993)

ている。関東の人間からみれば、平井金山城のような郭の使い方はごく普通ですが、置塩城と比べると、明らかに西と東は城の造り方が違う。城と表現するから同じ感覚で見てしまうけど、城造りの考え方は全然違う。

——「中井さんは平井金山城のbの上にある平場を郭と言われても違和感はない?」

中井　そうだね。

齋藤　だけど櫓のような建物です。平井金山城も堀切の城で、堀切を繰り返し入れて、堀切を渡ることで中心部分に近づいていく。最終的に守りたいのは主郭でしょう。東日本で見ると、ある種のピラミッド構造を持った山城は当たり前と見えるのですが、群郭構造の城造りに違和感があった。でも置塩城は群郭ですよね。

中井　そうです。群郭です。置塩城の郭配置は特異だけど、面としての郭に特異さは感じない。防御空間なのか屋敷空間なのかという違いはあるのだけどね。

齋藤　山頂にある主郭を中心に、障害物である堀切をいくつもハードルのように配置していくのが、東日本のピラミッド構造の山城。山の上に団地を構えるように屋敷空間を群で構えるのが置塩城だとすると、同じ山城だと言って

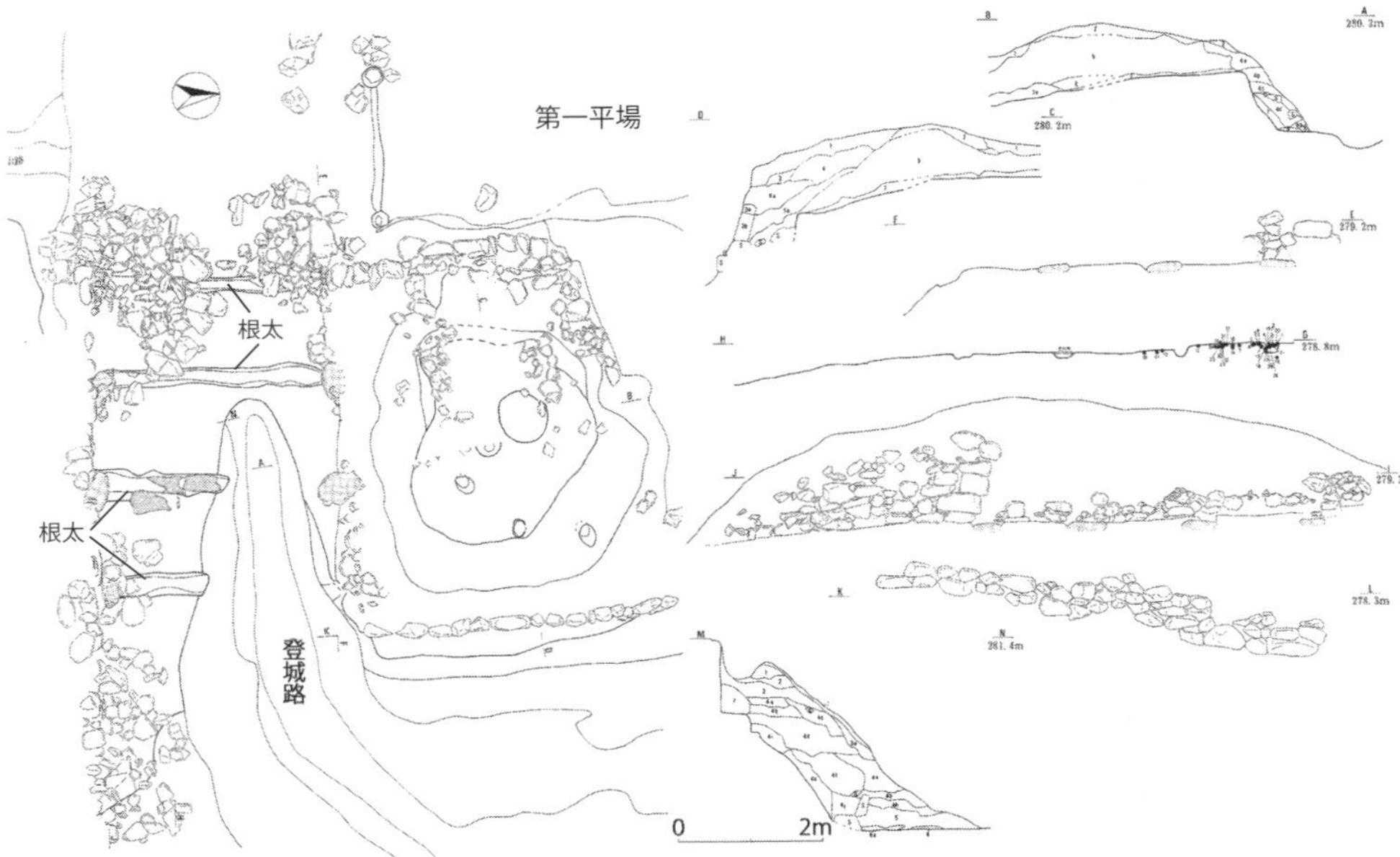

図18　平井金山城虎口（藤岡市教委2005）

◀平井金山城　発掘調査時の虎口状況

も全く構造が異なる。

——「平井金山城に普段は管理人がいるくらい？」

齋藤　それは難しい。虎口（図16のb地点）の発掘成果をみると、壁面に石垣があって、水平材の根太が四本あるのです。礎石で両側を固めて、八本の柱が立ちあがっている（図18）。その脇に脇板材があって炭化物として検出されているのです。虎口構造としては、正面に石垣をぶつけて八本の柱の間を抜けて、左に曲がって尾根を行き過ぎたところでもって中心に向かっていく。

中井　その遺構は何なの？　櫓門なの？

齋藤　そう、この門だけが焼けているのです。廃城のときか落城かどうか知らないけど、天守を燃やすのと同じことをしている。象徴的に門だけが燃えている。それだけ重要な門ということになりますね。平井金山城のbの虎口構造は、由井城のBブロックにあった虎口と全く同じです。平井金山城も天文年間までしか使っていないから、由井城の年代観とも合うのです。

関東の城は、とにかく堀切でもって遮断する発想が共通しているように見える。唐沢山城も山上に住んでいると思うけど、堀切で遮断しようとする発想が如実です。階段状の郭も付いている。こうした城の造り方は、関西とは違うのでしょうね。

この違いは「城郭文化」の違いとしか言いようがない。これまでは地域性を意識していなかったので、これから意識すべきだと気付いたのは今回の成果でしょう。大雑把にいうと、関東の城は丘陵を意識して造る場合は、横堀を効果的に使う城を指向するけど、関西は山の要害性を頼りにした城造りを指向する。

中井　地形的な制約もあるのかもしれない。千葉や茨城に行くと、山ではなくて河川や湖沼の台地を使う場合が多い。そもそもそうした台地地形が西日本には少ない。そのせいか西日本に比べて、戦国末期の関東の城は大規模です。甲賀でも村の後ろの丘陵先端に方形の城を造りますが、極めて小規模なものです。また堀切は設けますが、その背後の方が高い。ところで関東の郭は、段切り状の小さな三角形も郭と言うけど、僕らは郭と聞けば、広い面積のある郭だと思う。この段切りは昇り降りができないようになっているので、堀切と同じように遮断の施設だと思う。堀切は西日本にもあるけど、その配置状況や規模は関東と全然違う。

齋藤　郭の持っている機能とは何かです。考古学は郭を発掘して居住空間がある、番所がある、何もないと判断するのだけど、実は郭の機能の問題を考えるところまで研究状況が到達していない。

中井　由井城の郭面を発掘しても、何も出ないよ。主郭からは出るかもしれないけど。

齋藤　そうでしょうね。堀切で尾根を遮断するのが関東の特徴で、関東は平地の城でも横堀をよく造る。それに対して西日本には横堀がみえない。さらに西日本は山のてっぺんだけに城を造るのに、関東は山の全域に城を造る。こうした志向性の違いはあると思う。西日本は山林寺院をよく使うのもそうだし、山の使い方が東日本と違うような気がする。

3章　本城と町づくり　滝山城

東京都八王子市滝山

1　滝山城の見方

案内者：齋藤慎一　聞き手：中井　均

●滝山城とは

滝山城の成立時期は、遡って永禄五年（一五六二）か六年で、永禄一〇年に近い段階だと考えています。永禄四年に小田原城を目指した上杉謙信が滝山を攻めた確証がないので、当時まだ滝山城はなかったと考えられます。北条氏照は永禄四年には由井城にいたのですが、謙信が一気に小田原まで行くので城の選地を変えて、滝山城を造ることになると思うのです。築城時期は永禄四年以降、六〜七年に氏照は北方にある幸垣城（青梅市）を攻めていますから、時期的にはそのあたりかなと思います。

――「大石氏がいた時代から滝山城はあったと想定できるのですか。」

かつての説では滝山城は大石氏の城で、その前は二宮城・高月城だったというのです。その根拠は近世の「大石氏系図」ですが、系図に錯簡が認められるから、系図に依拠しないで考察してみたら、由井城が北条氏照の養子先である大石氏の城でした。滝山城は古くからあったとしても小さな城で、氏照が来てから整備されたのでしょう。

滝山城の見所は、城本体だけでなく、周辺の町場や小田原城との幹線ルートが今でも確認できることです。

●滝山城と小田原城を結ぶ丘陵の道と町場（図1・2）

現在の16号線が左入で西側に折れるあたりを本来はまっ

滝山城の見所

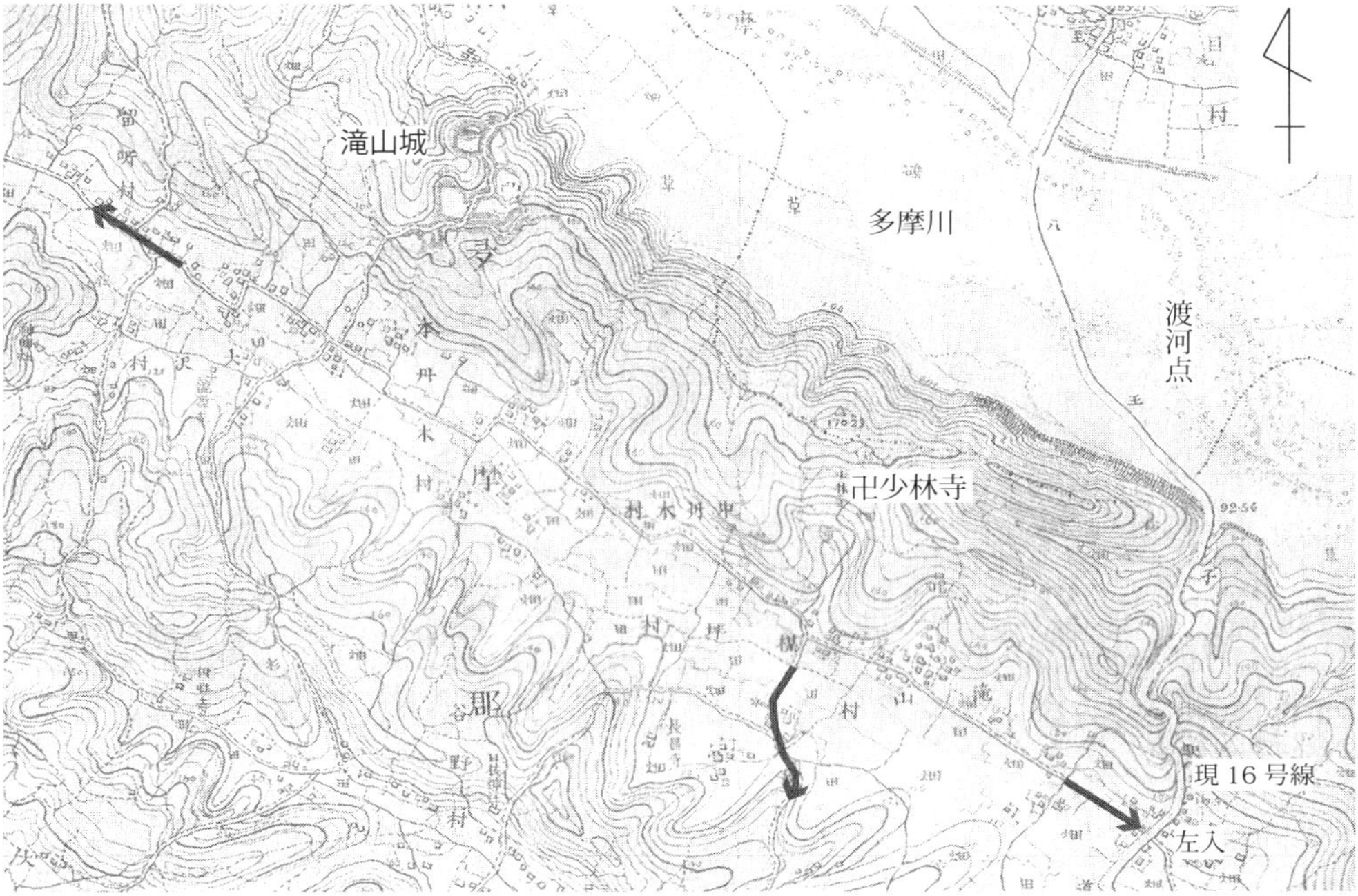

図１　滝山城周辺図（明治前期測量　２万分１フランス式彩色地図　東京都八王子市　昭島市　日野市周辺 537（3 班 6 号 7 測板）（財）日本地図センター発行）

すぐ上がって、丘陵上を越えていく。滝山城の南、谷地川を越えた南の丘陵です。道の痕跡はありますが、そのほかに遺構らしきものはない。

丘陵を北に降りると谷が一本入って、谷地川に降りていきます。この谷地川沿いに道が伸び、後に八王子の宿場に移動する商人地・町人地と同じ八幡・八日町・横山の地名が点在しています。この場所は城下の膝下にあたるので、城下町の中でも上宿・下宿のような身分編成上に分かれた形で、城下町が営まれていたかもしれません。

城下全体が谷地川の流れに沿った谷底地形で、その北側に滝山城があり、南側には山陵がある。道は谷地川沿いの東西方向に走り、谷の出口と入口あたりを道が通過している。南に向かうもう一本の道が小田原に続く幹線で、滝山の城下町空間の出入口は三か所になる。永禄一二年（一五六九）に武田信玄が攻めてきたとき、氏照は上杉氏への事後報告の中で「宿の三口に兵を送り」と書いているので［新潟県史四六六］、出入口に想定できるこの三か所を指しているのでしょう。

多摩川の渡河点は東側の道です。北から多摩川を渡河してくると、左入あたりで右折して城下町に入り、左折して

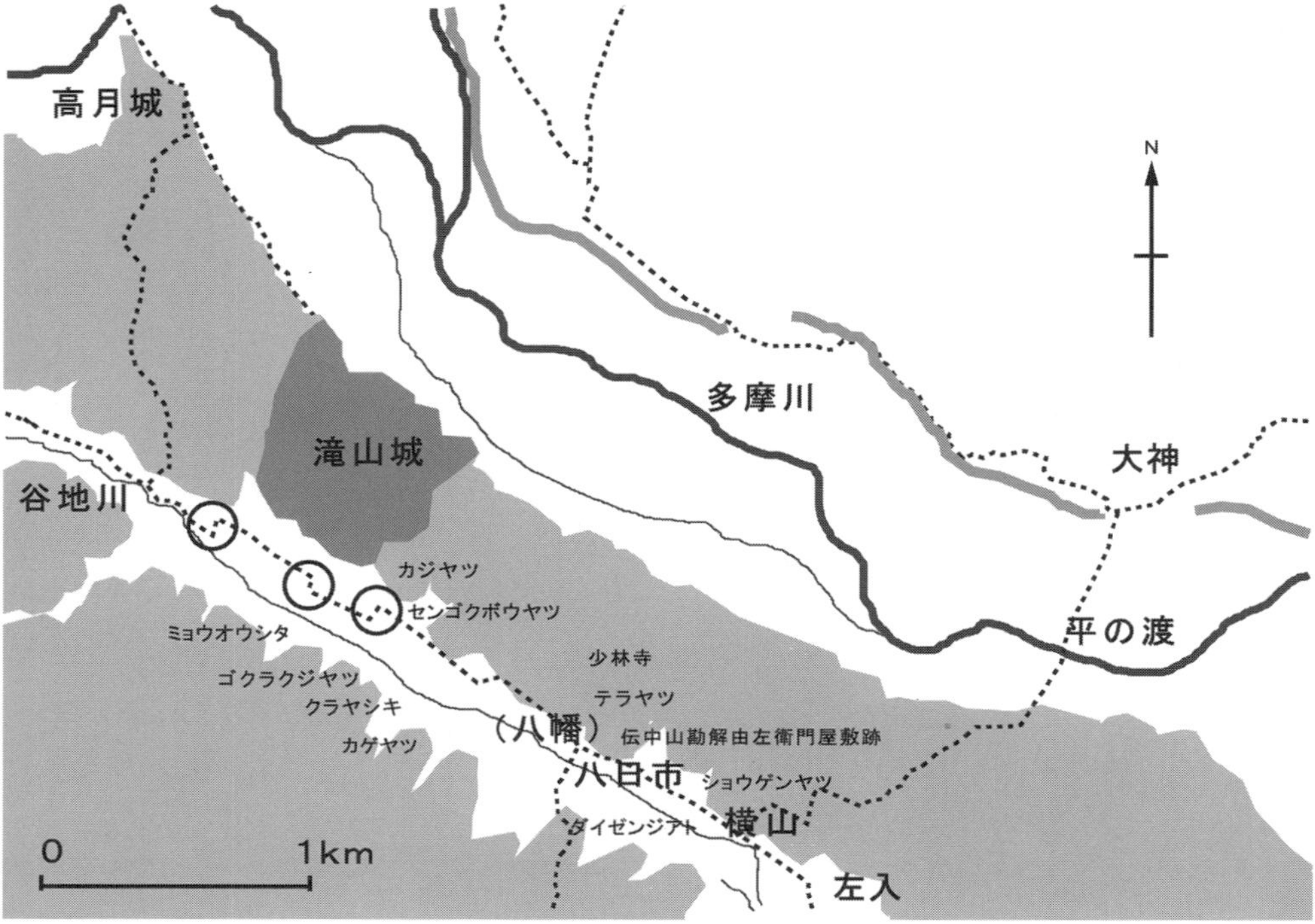

図2　滝山城下概念図

南に向かうのが小田原に行く幹線道です。今の16号線沿いですが、この先に御殿峠があって、今も中世の道の痕跡が残っています。道幅もほぼ同じですが、直線道路の掘割道①です。確証はないけど、これらの道は滝山城築城に伴って造った可能性が高いと考えられます。こうした街道と都市設計のセットで滝山城は成り立っています。

――「山の道ではなくて、平地を通るような道は造らないの？」

平地を走る道はよくわからないのです。八王子周辺の随所にある鎌倉道はかつての鎌倉街道だという人もいるけど、「古い道」と捉えるのが正しくて、具体的にはわからない。とりあえず丘陵を通る山の道が幹線でしょう。

――「丘陵をまわりこむ道があれば、山を越える道は必要ないと思いませんか？」

それは思います。実際、信玄も三日くらい滝山城を攻めたのですが、滝山の宿三口に兵を配置したら信玄は通り過ぎているから交戦はしていない。信玄は宿三口を経ることなく通過しているので、迂回していることは想定できる。でもどの道を使ったのかわからない。

●城下の橋
――「滝山の城下町は、道沿いの両側町になるの？」

道が谷地川の北側を通り、町は道沿いの両側町だと思います。谷地川には今も橋が三本架かっていて、それぞれ八幡・横山・八日市の宿名の橋(②)です。三つも町がある城下町で東西約二キロもあります。それぞれの町の起源は、この陣馬街道沿いに文書にも登場する由井八日町の地名[小田原市史八一三]があって、八日町の起源となる場所は決まりです。八幡は八王子城下の近い場所に、一五世紀には活躍していることがわかる梶原氏の梶原八幡周辺に比定できます。横山は横山荘の中心的な場所でしょう。今のＪＲ高尾駅周辺には甲州街道を押さえる位置に椚田城がありますが、横山荘の中心が椚田城下だとすれば、横山から由井に移動したことが史料で確実なので、高尾駅周辺にあった横山の町場が由井に移り、さらに滝山に移ったと考えられるのです。

椚田城→由井城→滝山城と城は移るのですが、城だけが移ることはない。城・町場・道の設計はセットです。城を椚田から由井に移すにあたって、町場も由井に集団移転したと考えるほうが良いのです。

関西の場合は、仁木宏さんたちが研究しているように城下町を持たない拠点城郭があるといいます[仁木他二〇〇六]。また、寺院や寺内町が先行してあって、小島道裕さんが言うように城が町を取りこむという視点が強い[小島二〇〇五]。ところが、滝山の場合、町場は領主との関係がかなり濃い

①．南側の丘陵に残る掘割道

②．八幡宿橋の前で

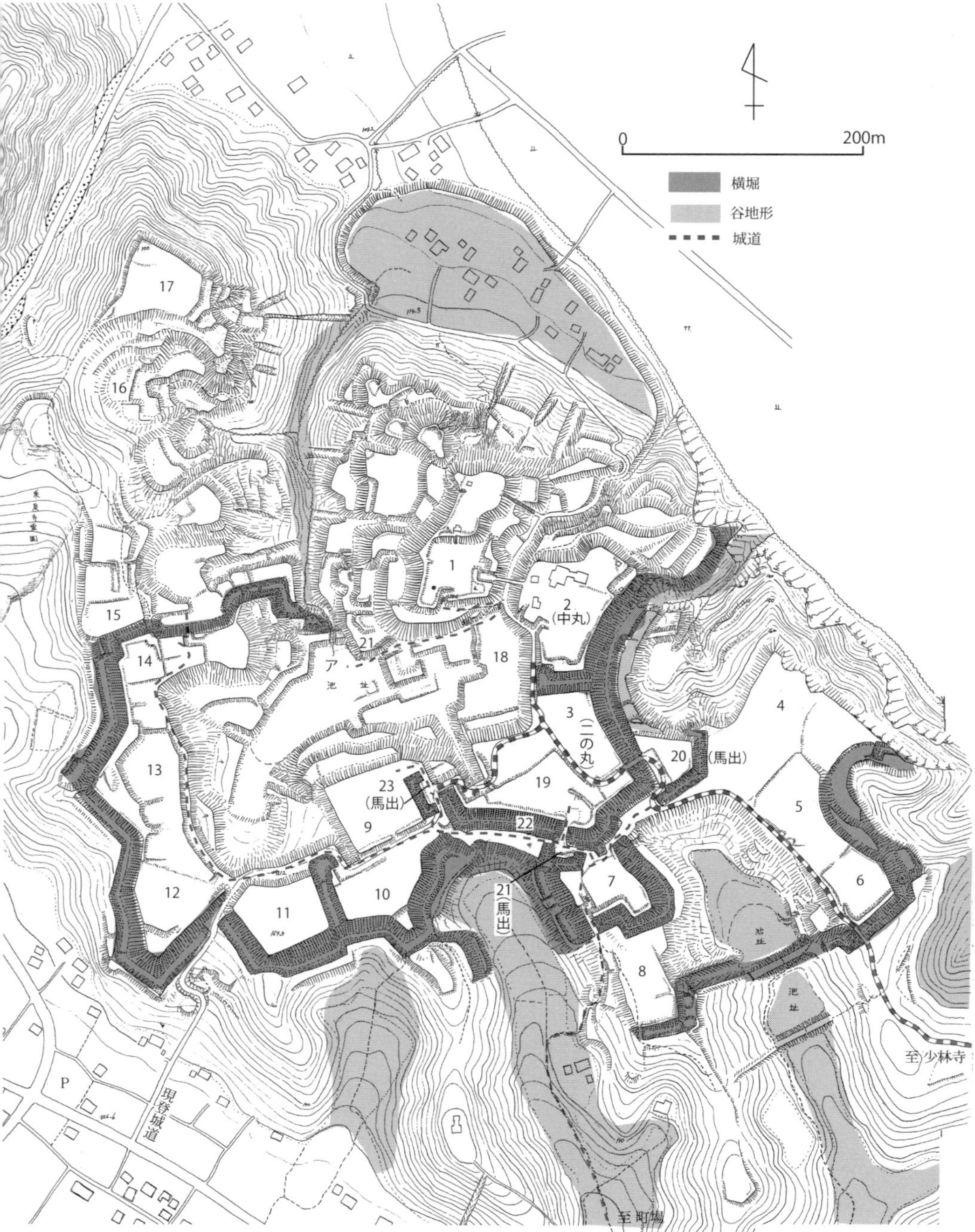

図3　滝山城縄張り図（作図：本田昇）　文字・横堀・谷地形・城道を加筆．以下同じ

③．大横堀の堀底から

のです。関東では関西のように領主の城が町場を取り込むことはなくて、領主との相互関係でしか町は成り立たない。領主の移転に付き添うのが関東の町場で、東と西の差は町場のあり方にも見えます。

――「関西で城に町場が取り込まれるのは織豊期になってからですが、町屋の人間は領主に従属しているの？」

従属しているかのように見えるけれど、町場の人間は彼らの生き方で、その施策にしたがっているのでしょう。領主と町場の利害の一致なのです。

――「寺院は城下に集まるの？」

八幡橋の南側に大善寺があり、谷の西には極楽寺谷（現創価大学）、極楽寺谷のさらに西側に明王の地名もある。浄福寺の麓から少し離れたところにある大幡宝生寺は不動明王を本尊としていますが、この宝生寺は永禄一〇年頃に滝山に移転しています。そのとき滝山の新造伽藍を造ったと文書にある〔福生市史一六二〕。ただ、寺は移転したけど塔頭と僧侶が来なくて相論になっています。氏照は僧侶に滝山へ来いと命令するのです。その後、経緯はわかりませんが、滝山から今の位置に戻っているようです。言ってみれば、寺院が川の南側に並んでいたのです。そうしたことが漠然と見えてくるのも滝山城の面白いところです（図2）。

●巨大な横堀

現在の滝山城へ入る車道は近代以降に国民宿舎を建てる時に造った道ですが、滝山城の見所は車道を上がったすぐのところにある、城の外側をぐるっとまわす巨大な横堀です。本丸（郭1）周辺は細かく堀を入れた造りなのに、この外郭線は城全体を人工的に囲い込んでいる。まるで近世の城ではないかと思わせるほどの壁面の高さがある。高いところで一〇メートルは越えているかな（③）。

――「箕輪城も同じ感じですね。」

現在見ることができる箕輪城の堀は、一五九〇年以降に井伊氏が造ったものですが、滝山城は天正一〇年代前半

（一五八二〜八七）に終わっている城で、北条氏がこれほどの横堀を造っているのです。

●屋敷地群と城外を結ぶ木橋（図4） 郭12・13・14

――「滝山城は郭の中に住んでいるのですか。」

郭12・13の間に段差があるのは、屋敷地区画の意識でしょう。東側尾根には信濃屋敷などの郭名もあって土塁・土手で区画された屋敷地が展開している。北東側は谷底のため池跡ですが、郭12〜14は広い空間で、多少の段差をつけて居住区域を確保している。その間に堀切がなく、郭14と郭15の間が横堀④になって、そのまま堀は谷に落ちていく。このあたりは尾根を堀切で遮断しています。

――「郭14から堀底に向かう道があるね？」

郭14から堀に向かう道は後世の遊歩道で当初の道ではありません。ここの見所は外郭ラインが谷に落ちていくところで、中心部分を区画する堀の末端にあることです。郭15の先にある郭16・17周辺に段はみえるけど、不明瞭な段で、城内の城の造り方とは発想が違う。自然地形か遺構か判断に迷う場所です。

――「横堀による城域設定と城外の郭15〜17の関係がわからない。郭17まで取り込めばいいのにね。」

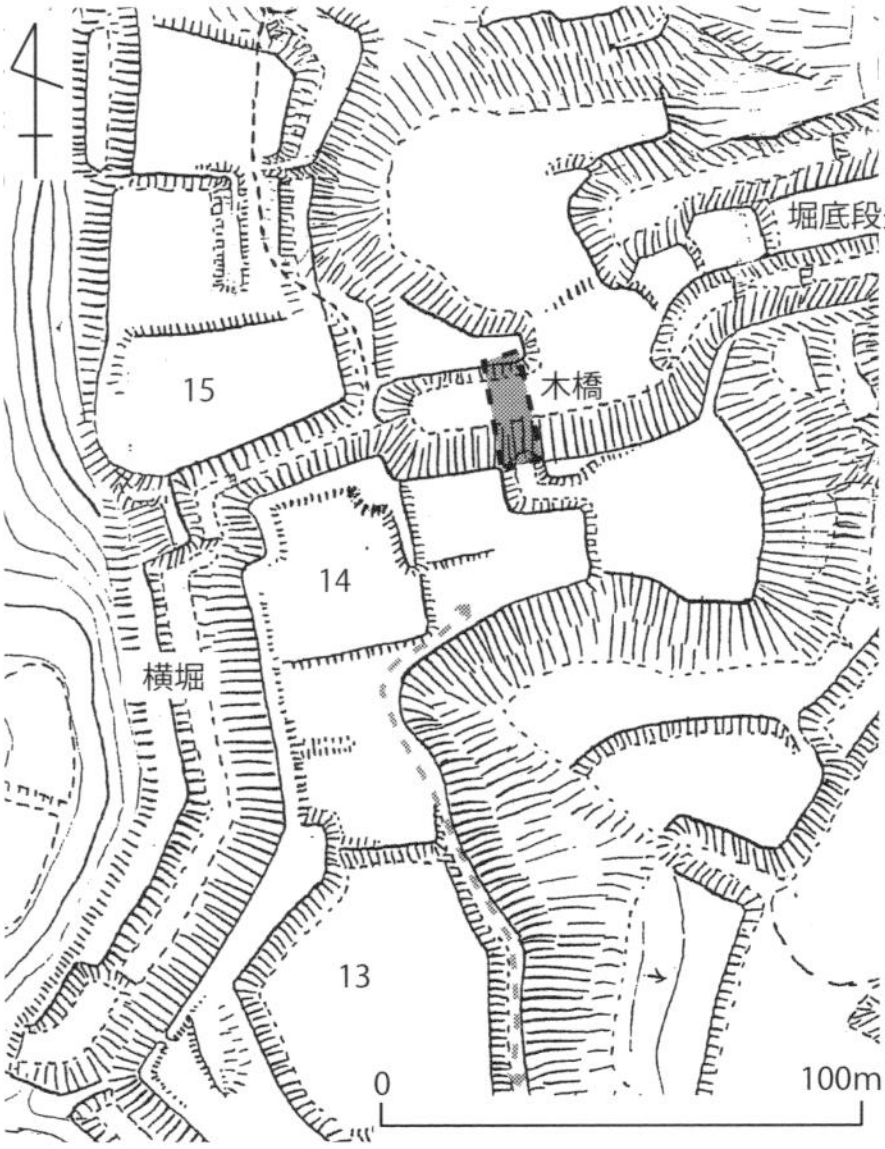

図4　郭14の木橋周辺図

この場所は謎です。郭16〜17の北と西は自然地形の急斜面で、東側は緩やかな斜面になり、城域かどうかわからない。

――「城内と城外を結ぶ道はないの？」

郭14の北縁を歩くと、少しだけ開いた場所⑤があって、その対面には舌状に土手が伸びている場所があるから、そこに向かって橋が架かっていたと思います（図4）。滝山城の外郭ラインを造る横堀は道ではなく、城域を区画する遮断施設ですから、この場所で城内と城外を橋で結んでいたのでしょう。

今の状態からすると木橋です。城外側の舌状に飛び出しているところに橋台があって、土盛しているようです。城内から橋を斜めに渡るようになっていると思います。

――「城内側が高くても不自然ではないね。斜めの橋でもいいな。」

あまり知られていないけど、ここは木橋を架けているので、滝山城の中でも考えて普請されている場所です。城内側にはきちんと壁を造っている。

横堀はため池跡のある湿地の谷底まで続いていて、地点アが谷を仕切る土手の遺構になる⑥。城外側は緩い造りだけど、城内側はしっかりした壁になっている(図5)。

――「二つの土手は当初から口を開けていたのですか。」

ため池とも言われている水源ですから、水を逃がすために開けていたでしょう。実際に池だったかは確認できないけど、地点アの平場にはいくつも階段状の郭⑦があって、

④．郭 14 と郭 15 の堀

⑤．郭 14 側の少し開いた場所

⑥．地点アの仕切り土手

土塁囲みの虎口もある。ため池周辺はぐるっと壁で囲まれているから、守ろうとする意図はみえる。人の出入りは主郭側から下りてくる通路を使うのでしょう。地点アの仕切り土手は正面ではないね。

――「地点アの上は主郭1になるね。搦め手というのかな。仕切り土手の先にある谷底や横堀は城道ではない。ただ、敵勢が谷から入ってきたら、主郭に上がられると城を落とされるので、階段状に何段にも土塁を付けている。」

主郭1の周辺は造りがすごく細かい。外側は大きな堀切でもって造るのに、主郭1の下には谷に向けて小さな郭をチマチマ造る。土塁の規模もそれほど大きくない。このあたりの設計の違いに年代差を見るのが従来の説です。要するに主郭1周辺だけが古く、大石氏の段階とみていたのです。

――「大石氏段階と氏照段階があるというのですね。でも、横堀の遮断線を造っても谷から敵勢が入ってくるのに備えて、主郭周辺に階段状の郭を造ったとみれば、同時期

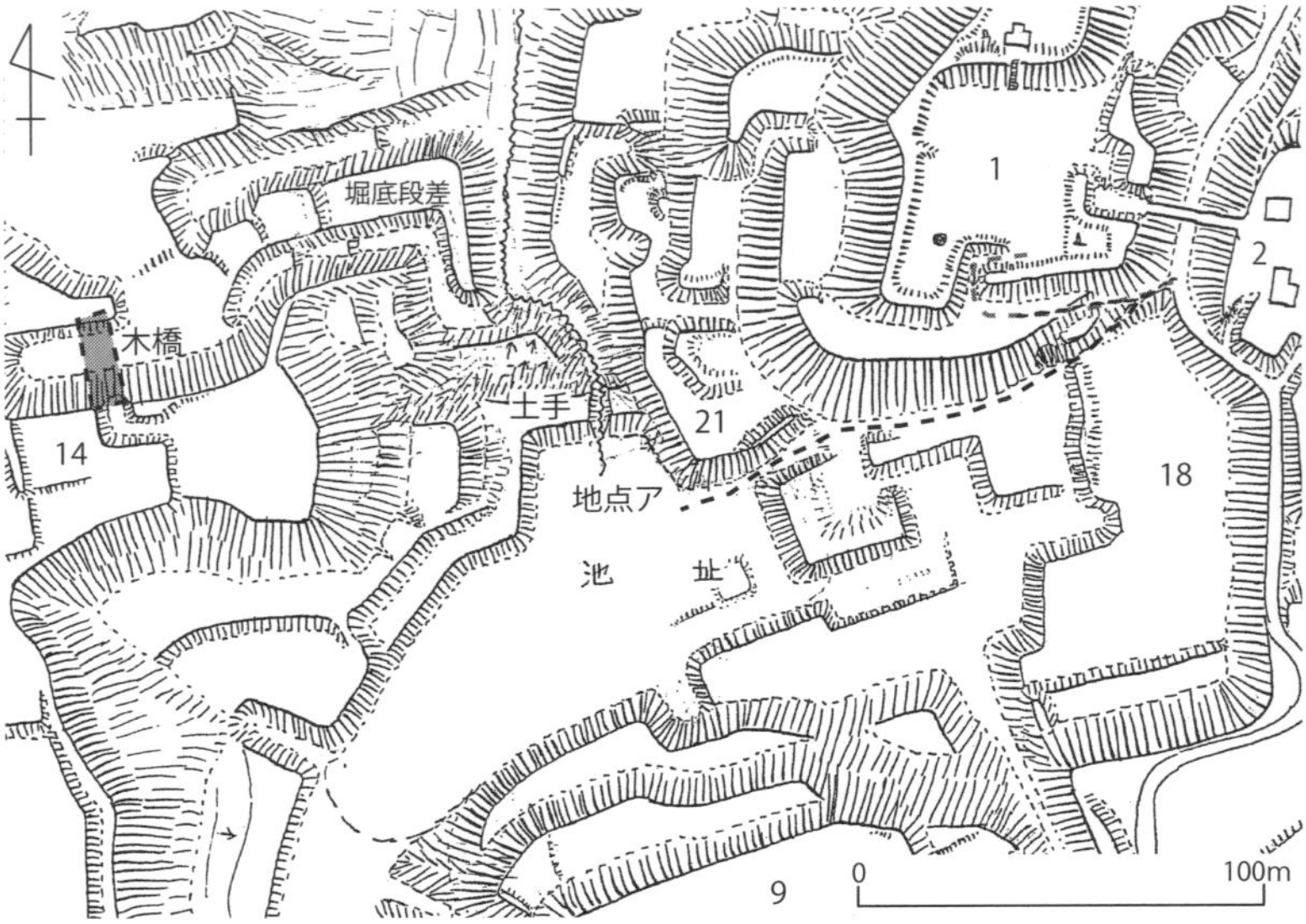

図5　地点アの周辺図

⑦. 地点アの階段状の郭から郭9方向を見上げる

と説明できるのではないですか。」

発掘していないからわからないけど、地点アの郭は階段状に防御しつつ、居住空間だった可能性もある。地点アの南に見えるのが千畳敷（郭9）で、北西面に横矢のかかる小さな虎口があって、地点アに下りることは考えられている。

地点アから郭18に向かう道筋にも虎口を造った郭がある。とくに郭21は土塁囲みになって、虎口が土塁を切っているので当初のままです。郭21の北西側は階段状の郭が連なっていますが、入口だけきちんと土塁を造っている。谷底の地点アから登る道は、千畳敷方面は不明ですが、郭21の横を抜ける道が当初の城道です。

――「郭21は土塁が削られているわけではなく、当初から郭面の途中までしか造られていないね。」

蔀土塁（⑧）の造りで、郭の中を見えないようにしている。有事の際には通路への侵入を防ぐ目的もあるでしょう。道をつける以上、何らかの防御措置が必要になる。地点アの谷底・水源に人を下ろしたくなければ、通路を造らずに堀切で遮断すればすむ。

郭21には一軒の家が入るだろうから、蔀土塁は表玄関の構えです。郭21の主人は横堀の中の主郭下に住むのだから、家臣団の有力な人物でしょう。

郭21横の通路を上がると、郭18に出ますが、この通路は当時のまま残っています。関東の城は、城道はけっこう見えるのです。郭1（主郭）・郭2（中の丸）の間は引橋の架かる堀底道ですが、郭2から郭3（二の丸）の方向にある城道は車道のために相当壊さ

⑧．郭21の蔀土塁

⑨．郭2の近代に作られた枡形虎口

れています。とくに現在の郭2の枡形虎口(⑨)は近代以降の造作です。虎口まわりの崩れ方が極めて新しく、壁面が垂直に切られているし、叩いていないところからも、近代以降であることがわかるのです。本来はこの場所は閉じていたと考えられるのですが、そうなると問題は郭2にどうやって出入りするのかです。

――「郭面のレベルからすると、車道を造るときに相当削り取ったことがわかる(⑩・⑪)。」

⑩. 郭2・郭3間の削平された箇所

⑪. 郭3・郭19間の削平された箇所

郭2から張り出した横矢は車道に向けて造られているから、道のラインは当初のままだろうけど、高低差が全然違う。郭3(二の丸)に行くと車道は地表面より約一メートル下に削り込まれているし、郭2側の車道も本来の高さレベルからすれば、約二メートルは削られている。この削られた部分はなかなか気づかないけど、郭2の虎口は横矢のかかる西側近くにあったと見てよいと思います。滝山城の遺構を理解するうえで、郭2の南西部は難しい地点です。

●引橋と郭1の枡形虎口(図6)

滝山城の見所の一つが引橋の架かる郭1の枡形虎口Aです。枡形内に敷石を貼って平らな面を出し、側溝には小さな石、真ん中は中型・大型の石と使い分けていました。全て川原石です。トレンチ調査の結果、平面だけに石を敷いて壁面に石垣がないことがわかりました。八王子城では割石の石垣があるのに、滝山城では川原石を敷くだけです。滝山城と八王子城の石に対する使い方のコントラストが面

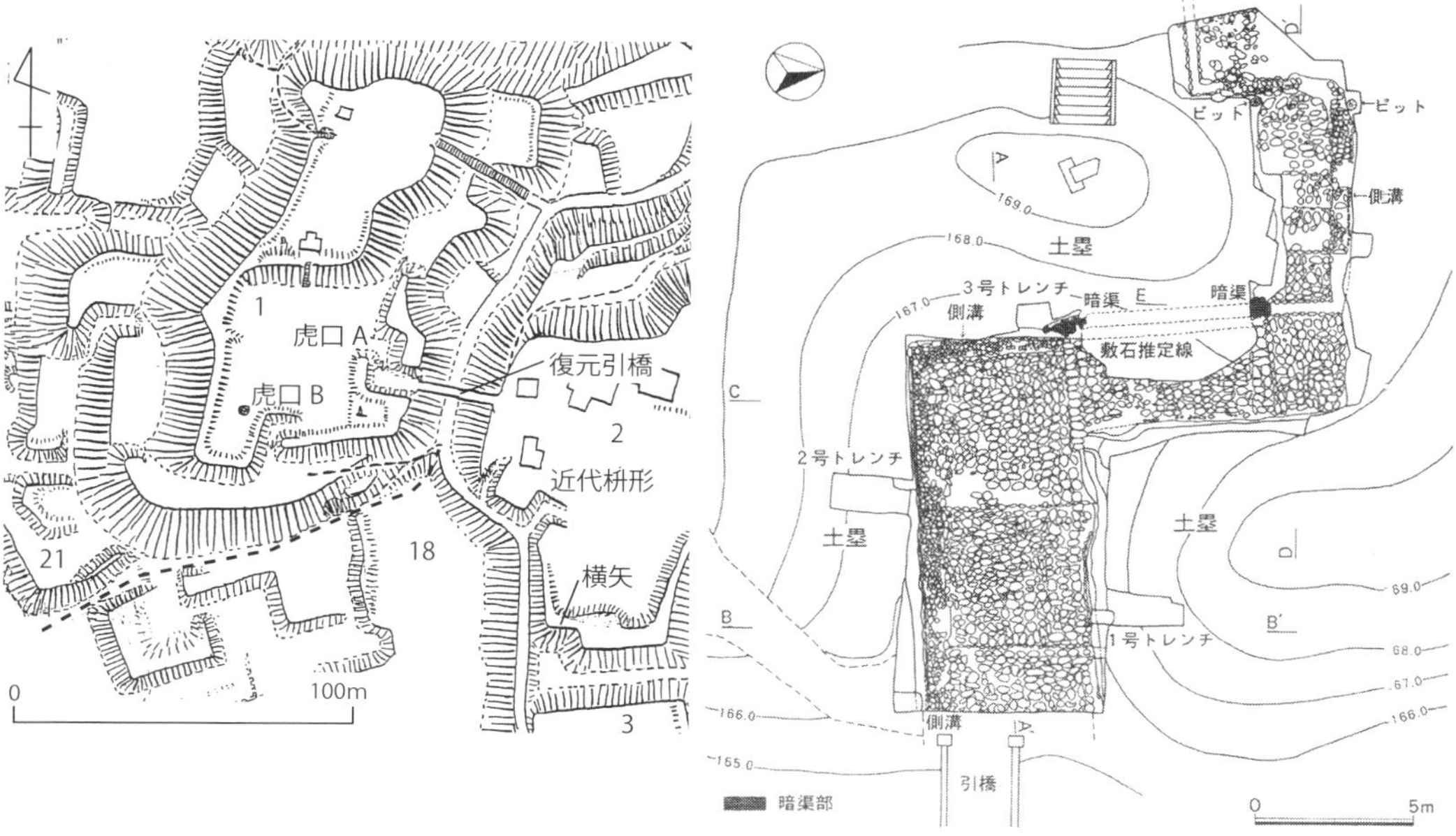

図6　郭1周辺拡大図と虎口A平面図(八王子市 1997)

⑫.郭1虎口Aの破城痕跡

白い。この枡形虎口Aは郭2から引橋を渡って正面に当たって右に曲がるのですが、曲がったところに土が盛られている(⑫)。この場所は虎口を埋めた破城の跡で、虎口をつぶそうとする意識が読み取れます。本来は、開口してまっすぐ入れたと思うのです。つまり破城によって出入りできなくしたのでしょう。破城の跡を少しこじ開けたので、今の道幅は狭くなっている。

破城された時期は不明ですが、徳川氏は滝山城を使わな

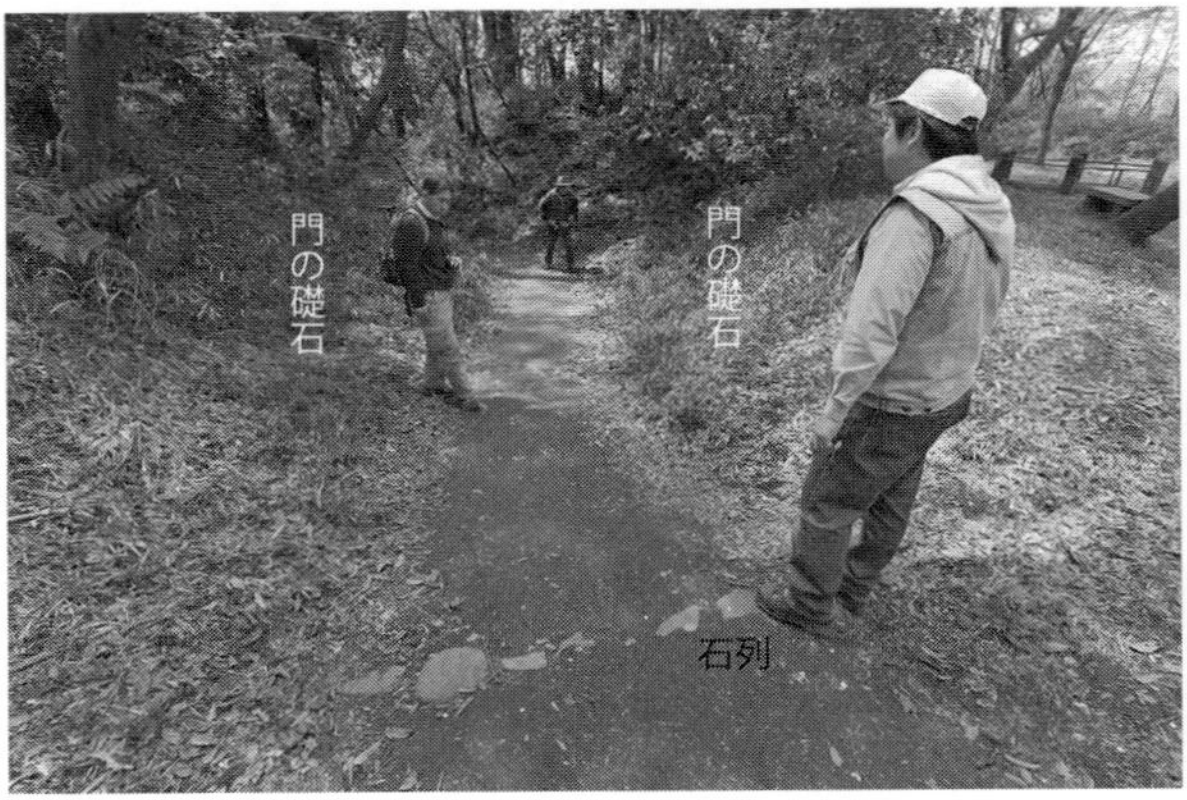

⑬．郭１虎口Ｂの石列

いから、氏照が八王子城に移る際と考えるのが妥当でしょう。虎口Ａは見るからに化粧しているので正面性の強い門です。郭1にはもう一つ別の枡形虎口Ｂ⑬が南側にあって、虎口のサイズを比べると虎口Ｂは虎口Ａより小さい。石垣を使わないのは同じですが、二つの虎口は時期差ではないかと考えさせます。

――「枡形虎口Ａの平面に川原石の敷石を使うなら壁面にも石を使ってもいいのに、頑なに使わない。」

石材で側溝を造ろうとする意識は近世に近いけど、関東にも発掘事例はあります。

――「関東の戦国期の城は基本的に石を使わない。関西では集落の側溝に石を使うのに、このあたりに東西の違いがある。」

一五世紀の山内上杉家の鎌倉の屋敷地には側溝に石を使っているから、石を使うには権威があるのでしょう。

●郭1の枡形虎口Ｂ（図6参照）

虎口Ｂも石敷きだと思うけど、虎口Ａとはスケールが全然違う。柱を立てる礎石も残っている。

――「正面は虎口Ａでしょう。虎口が二つあるのは軍事ではなく、正面性の問題かな？」

スケールの差を主・従で考えるか、年代差で考えるか。僕は年代差で捉えたいと思っているのです。滝山城が存続している中で、古い時期の正面が虎口Ｂで、新しく虎口Ａを造ったのではないか、というイメージです。

――「虎口Ｂは枡形から入ると礎石と石列が斜めで、門が斜めに開くのはおかしくない？」

江戸期のような規格化された枡形ではなく、地形に制約された斜めになっている坂虎口の枡形門だと理解してもいいと思う。虎口Ｂの斜めになっているところは枡形か、食違いか、厳密にいうと難しいけど、いずれであれ石を敷いて虎口を造るのは、中世の城としては新しい。でも虎口Ａと比べてかなりスケールダウンしているのはまちがいない。

「虎口Bは地点アの谷底から上がってくる動線を想定したものですか？」

そのようです。虎口Bから引橋の架かる堀底にむかってスロープ状に下りていく道があって石列も残っています。

「八王子城に移った後、滝山城は全く機能しないのですか。」

天正一五年（一三年説もある）に八王子城に移転しますが、滝山城は廃城記録がないのでわかりません。

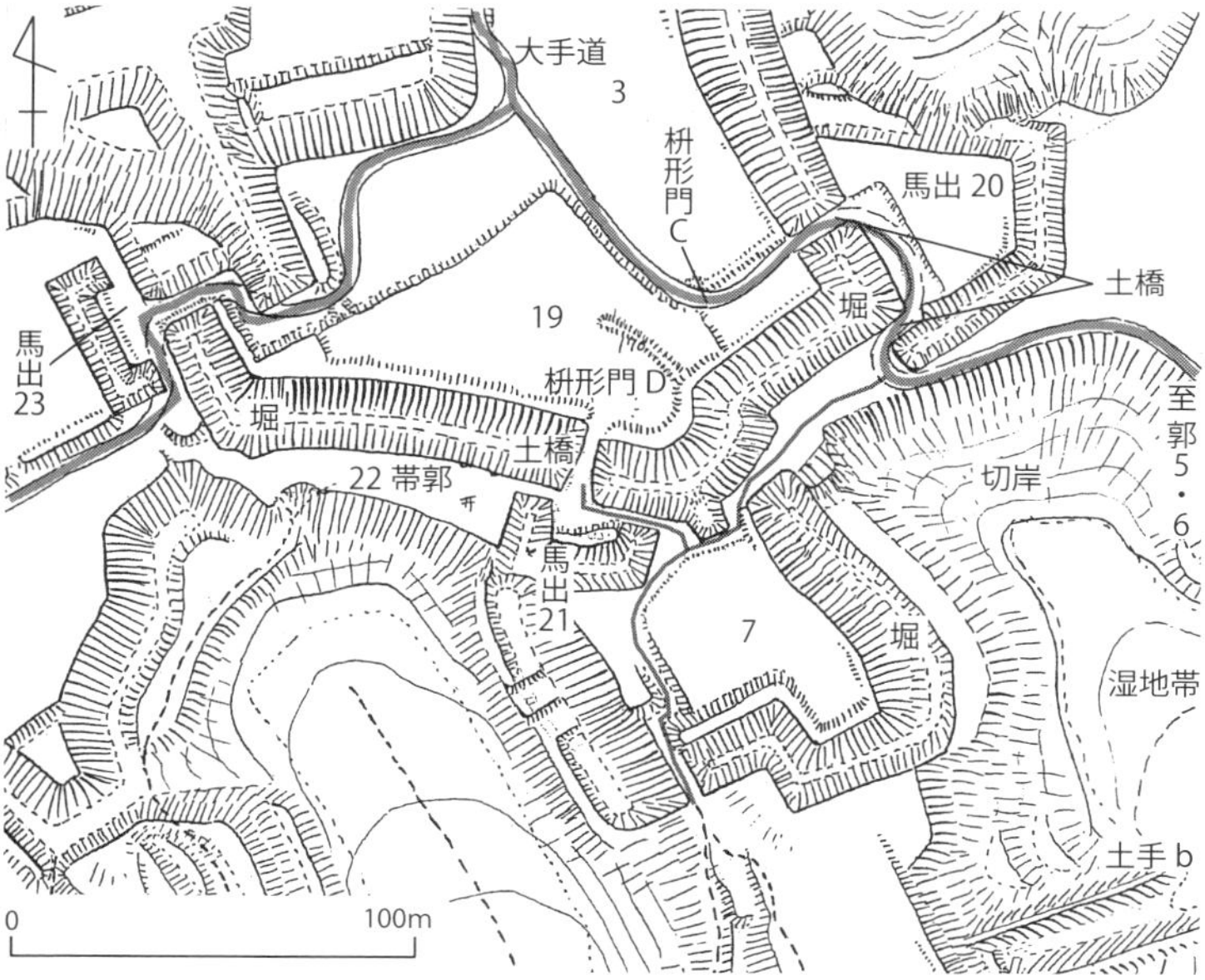

図7　馬出20・21・23周辺図

●滝山城の正門（図7）

堀底道を通って郭2・3の先に行くと滝山城最大の見所があります。この見所は二本の土塁が口を開けていて⑭、右手側に大きな横堀があるのですが、長細い長方形の虎口空間になっているのです。土塁の開口部に門があり、その先に枡形状の長細い空間があって、土橋があって、その外に大きな角馬出20がある。郭1の石敷きの虎口Aが大きなスケールで、そのスケール感に見合う二の丸（郭3）の門が枡形門Cです。

⑭．郭3の枡形門

大馬出20の前にある土橋を渡ると、郭5・6方

⑮．枡形門Ｃ内の広い空間

⑯．車も通れる土橋

⑰．土橋を抜けたところの切岸

向の道と郭7に向かう道に分岐します。大手筋は郭7に行く道も考えられるけど、大馬出20は大きいので、郭7に入って谷を下りていくと考えるよりも、素直に郭5・6に向かう道を大手と考えたほうがよい。その大手筋の先には氏照ゆかりの少林寺があって、その谷を下りていくと城下の町場に至るのです。

　大きく立派な虎口を並べて城の正面性をあぶりだし、大手筋を考えるという論理で復元していくのです。しかも枡形門Ｃがちんまりした空間ではなくて、これだけの大きさがあって⑮、土塁上を板塀で囲っているとすれば、江戸城の門と同じ意識があるとしか考えられない。

――「この空間をみると関西の城は貧弱だね。土橋は車の通れる幅があるし⑯。」

　横堀が外郭線のラインとすれば、滝山城の正面入口は枡形門Ｃになりますが、土橋を渡って郭7に向かう道の東側には切り立った切岸⑰があって、南に向かう尾根には横堀⑱を付けています。谷の奥は湿地帯で今から二五年前には谷底の土手bがよく見えたのです。

――「これはすばらしいとしか言いようがない。」

郭7の向いにあるのが小さな馬出21です。郭7の背後には谷底に降りる道もあって、横矢をかけていて、よく考えられた造りをしている。郭7周辺も重要なルートになることはまちがいない。ただ、馬出21は大角馬出20に比べると、小さな馬出になっているので、格としては落ちるでしょう。

⑱.郭7の横堀

⑲.馬出21の土橋からみた帯郭22

郭7の谷底に向かう道は城下町の方向に行きます。

小さな角馬出21を通って郭19の土橋を渡るのですが、そこから見えるのが帯郭22⑲で、両サイドともに切り立っているのがよくわかる。帯郭のイメージをつかみたい人は、この場所をみると一目瞭然です。

小さな角馬出21から入ると枡形門Dが構えられていますから、郭19北側にある枡形は後世の造作であることがわかります。郭19は枡形門Cと枡形門Dの両方を監視する城の中でも重要な場所になるのです。

郭3(二の丸)の城内に入る前面には、大馬出20・小馬出21・小馬出23が配置されています。城内から外に出る道は、枡形門Cと枡形門Dの二方向と西側尾根続きの三方向です。この道全てに馬出が配置されていることをどう考えるかです。基本的な設計思想は、聚楽第の構造と同じではないかと思うのですが、どうでしょうか。中心的な郭2・3に対して馬出で守ろうとする考え方が、永禄から天正頃の滝山城にあることを押さえておきたい。

──「聚楽第タイプが秀吉以前の関東にあった！　それは面白い。」（詳しくはⅡ─2章参照）

さらっと滝山城を見学したけど、他にも見所はたくさんあります。たとえば東側の郭6に堀切があって、中核部との境目にしている意識がはっきり読み取れます。そこから城下町に向かう道があるのだけど、今は橋が復元されています。大手筋に屋敷（郭6・5・4）が並んでいるのも城下町の景観です。

──「安土城も道の両側に屋敷を構えているから滝山城と同じだね。」

全体の城内道としては大手筋の道があって、郭7から城下町に下りていく道がある。この二つの道は、いずれも二の丸（郭3）の枡形門Cから城内に入るのですが、主郭に向かう道とは別に千畳敷（郭9）の横を抜けて、郭10・11から郭12・13・14の屋敷群に通じ、郭14に架かる木橋を渡って城外へと抜けていく道があるのです。

──「滝山城を見学するとき、横堀の底を歩くのは楽しいだろうな。見応え十分です。」

2　城と町づくり　滝山城の考え方

●滝山城の占地

中井　滝山城で気になったのは、城を造る地形としてどうもふさわしくないと思えたことです。滝山城のある地形は、ベタっとした丘で谷がいくつも入りこんでいて、城を造るには難しい地形です。地形条件よりも道や多摩川の渡河点、町場を優先した結果、無理して城を造っている感じがする。山城の占地は山頂の尖ったドーンとした山で、しかも信仰の山や、周囲全てが見通せる場所です。だけど滝山城は山容がダラっとして、複雑に谷が入りこんでいる。明らかに地形よりも、地勢が優先されている。

齋藤　前提条件として地勢を優先し、要害の場所を求め、道を設計していくという順序になるかな。

中井　こうした難しい地形だからこそ、テクニカルと言われるような城造りにならざるを得なかったのか。普通の山ならこれほどの施設は必要ないでしょう。そう考えれば、縄張りは単純に進化論的に説明するわけにはいかない。地形が大事になってくる。

齋藤　北条氏の場合は、小机城も鉢形城も同じだけど、横堀を駆使して虎口を造るのです。ある程度、築城の技術に自信があったので、滝山のような地形でも城を造れると考えたのでしょうか。

滝山城と由井城を比べて感じるのは、スケールの差です。由井城のような造りの城がなぜ、滝山城のような城に変わるのか、このコントラストです。滝山城の郭3(二の丸)の周辺に枡形門Cを配している造り方は、江戸城の枡形門を見るような感じがする。こうした先進性というのか、聚楽第と共通する造り方を持つという、この年代差をどう理解すればいいのか。まだ論理的に説明はできないけど、戦国時代の前半と後半は、城の造り方が変わるのだろうなと思わざるを得ない。

中井　滝山城は城下に延々二キロに及ぶような城下町も持っているしね。

齋藤　滝山城の成立を永禄一〇年(一五六七)、終末を天正一五年(一五八七)とすれば、機能していたのはわずか二〇年となります。由井城の成立は大永五年(一五二五)と仮定しても、滝山に移るまでの四〇年の城です。永禄から元亀・天正にかけての一六世紀半ばに画期的な変化が起きているのではないかな。

●横堀と馬出

――「滝山城の最大のポイントは？」

中井　一番の見所は長大な横堀のライン設定です。横堀は私有地も含めて見てもらいたいところだね。

齋藤　横堀を見ないと滝山のすごさは理解できない。滝山城の北は多摩川の段丘崖だから、中心部分の残る三方を横堀で囲んでいるのです。それに合わせて、郭6の東側にも谷を横断する横堀を入れる。大手筋の道を横堀で遮断し、橋で結んでいるのです。横堀のほかには、馬出を連ねるところも見所です。二の丸(郭3)の前の馬出20・21・23が配置されている。諏訪原城の設計も同じです。聚楽第といってしまうと飛躍感があるかもしれませんが、諏訪原城も同じと言えば親近感はある。言ってみれば、東国の滝山・諏訪原はまだ洗練されていないわけです。

――「馬出の機能は何ですか？」

中井　城は基本的に防御施設で守るのが目的ですが、江戸時代の兵学(軍学)で説明されているのは、馬出は守るだけでなくて、攻めるための拠点になると記されています。

馬出に類似する遺構は一五世紀からあって、定型化しない「くちばし状」のものなど、山城の中にも馬出的な機能を持っている施設はある。定型化された馬出のように、両サイドから入れて、真ん中に入るというスタイルではないものです。定型化した馬出は必ず堀が外に回るのですが、山城の場合、切岸で処理していることがある。

――「城を歩いてどれが馬出なの？　と思うね。」

齋藤　きれいな形は滝山城の馬出で、城内から外に向かって出る場所、虎口の前を固める空間で、その前面に四方を堀で囲まれていると馬出は説明できるけど、機能面としては似たようなものがある。

中井　本来、城の枡形虎口は城内側に造る。横矢を効かせたり、虎口自体を城内側から守ろうとする。それに対して馬出は、虎口の外に出すことで、虎口を守ろうとする。城内から出っ張るところが枡形とは違うのです。でも僕は、馬出が攻撃的なものかどうか疑問です。外に造ったから攻撃の拠点だと言われても、理解できない。出入口を外に突き出すことで虎口を守ろうとしている、そう理解したいね。

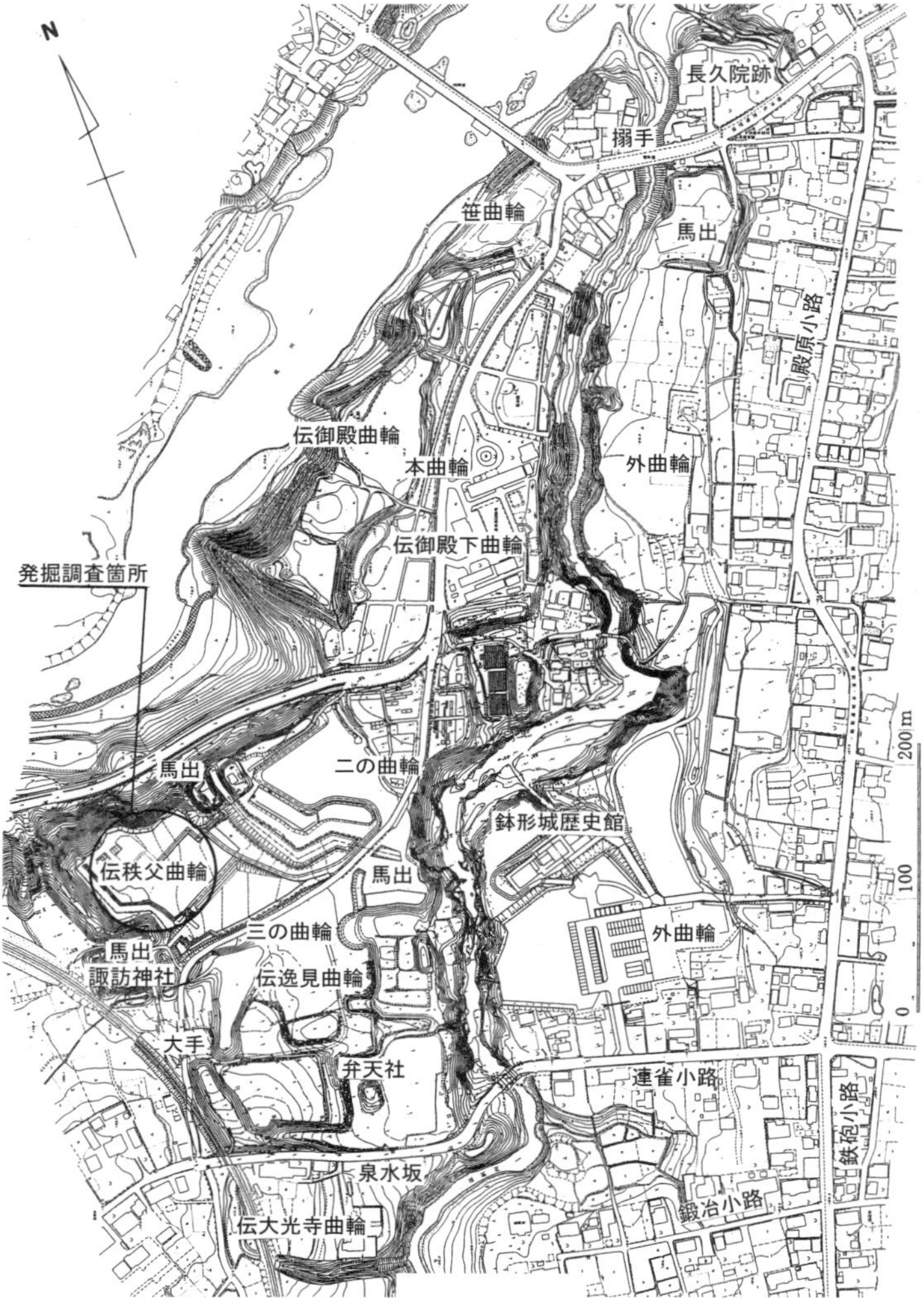

図8　鉢形城縄張り図（石塚 2005）

齋藤　ワンクッション置きたい、という感じはします。

滝山城の馬出は虎口前に設計されているし、鉢形城（図8）でも二の丸に馬出があり、今は埋没しているけど伝秩父曲輪のまわりにも馬出を配置しています。滝山城と鉢形城に共通点はあるのです。こうした発想が、西国に伝わっているのだろうな。

中井　井元城（東近江市・118頁の図19参照）は元亀四年（一五七三）に六角義治が鯰江城に立て籠もったときに造った信長方の付城といわれていますが、郭Ⅰの前面に角馬出がある。土山城（甲賀市・117頁の図18参照）は天正一二年（一五八四）の小牧・長久手合戦に際して改修された城ですが、郭Ⅱが馬出です。西日本に織田氏以前の馬出の例はないので、井元城・土山城の馬出は、おそらく西国のものでなく、

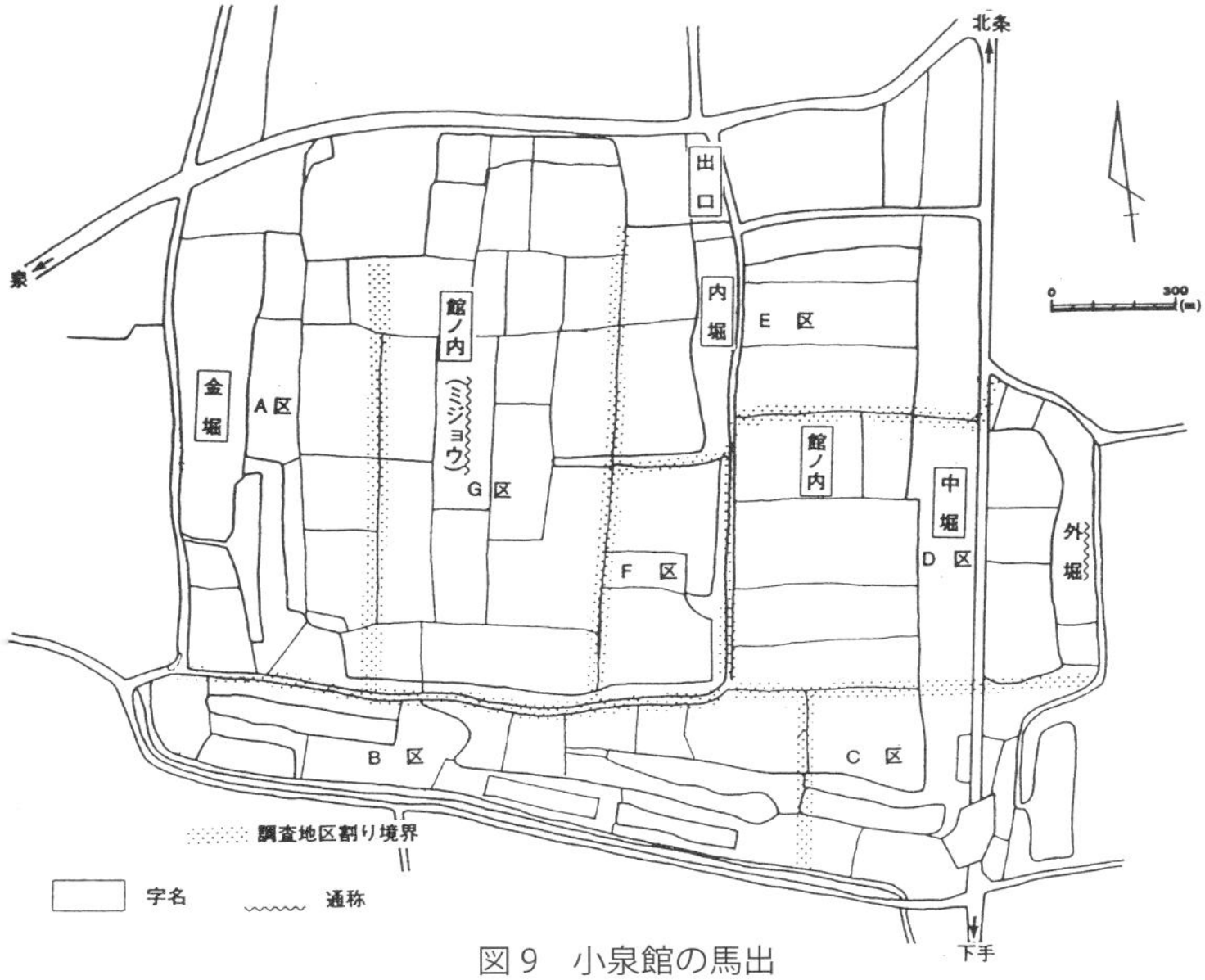

図9　小泉館の馬出
（つくば市教委ほか 1989）

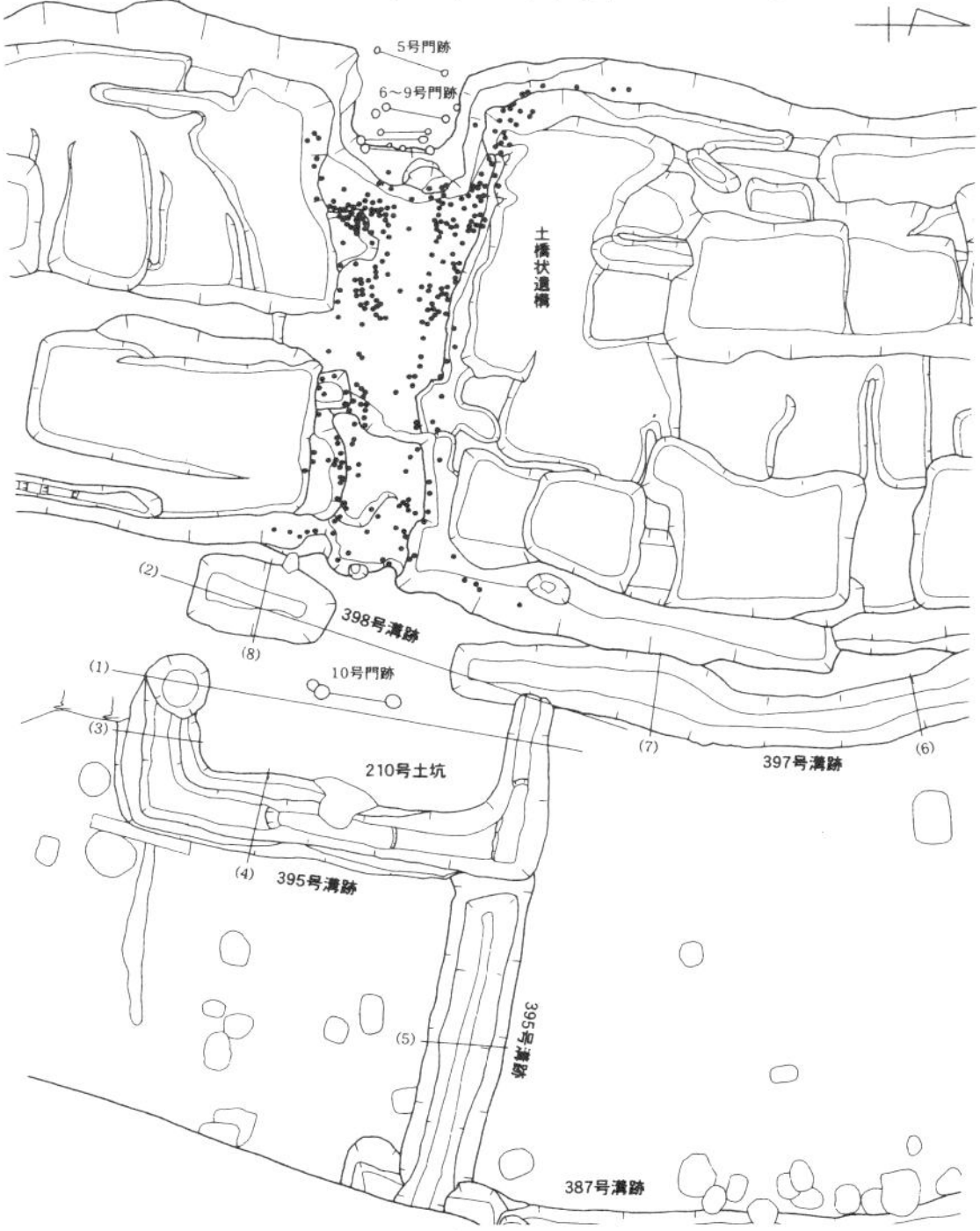

図10　荒井猫田遺跡の馬出（押山 2007）

信長や秀吉の築城技術を取り込んでいる。

――「発掘で馬出の一番古い事例はどこですか。」

齋藤　つくば市の小泉館（図9）と福島県の荒井猫田遺跡（図10）でしょう。一五世紀です。小田城（茨城県）にも馬出はありますが、佐竹氏の息がかかっているから、聚楽第を見てから造ったのではないかと思います。慶長期です。甲斐の躑躅が崎館も聚楽第を見てから角馬出を造ったと思う。

中井　織田段階の井元城や秀吉段階の土山城の馬出は、東国の技術を取り入れるけど、慶長期の佐竹氏は、西国から逆輸入している。

齋藤　聚楽第で洗練されるのです。出入口周囲はこう造るものだというスタイルを聚楽第が発信している。

中井　これまで近世の城しかチェックしていなかったけど、聚楽第タイプが各地に造られ始めるね。

齋藤　広島城は聚楽第を参考にして造るし、東国の箕輪城にも井伊氏が造ったであろう馬出がある。その原型に滝山城や鉢形城があると考えれば、技術交流を想定しないと説明できない。秀吉の時代になって東国発の馬出が洗練され、再び全国に広がっていく。

●屋敷地と城の設計

中井　馬出の議論はまた後でじっくりやるとして（II―2章参照）、滝山城の見所は、城内に屋敷地を取り込んでいることです。城下町の西側の空間は武家屋敷だろうけど、足軽などの中下級武士がいて、上級武士は山上に住むという住み分けがおこなわれている。

齋藤　畿内では身分制による兵農分離ができていない段階を混住と表現するけど、滝山城の空間構成を見る限り、上級武士と下級武士による住み分けはあるような気がする。

もう一つ、由井城から滝山城に移るのは、単に拠点が移動しているだけでなく、領国規模の幹線道路の設計が変わって、それに従属していかざるを得ない町場があるというのは、西国とは違う視点です。これまでの城館論は単体で城が移るという見方だったけど、領国規模全体で街道設計とリンクしていると見なくてはいけない。領国全体の経済政策が伴って由井城から滝山城へと移るのです。

中井　氏照が大石氏の養子に入ると、氏照付の家臣もたくさんついてきて、彼らの屋敷が由井城の下の町場のどこかにあった。それを滝山城の中に一気に集めた。

齋藤　そうだろうね。大石氏も家臣団は持っているし、大石氏自身が北条氏の家臣になるからね。

──「滝山城は設計図がなければ造れない城？」

中井　設計図がないと無理でしょう。東側と西側の両方から横堀を掘り進めてもズレたらどうにもならない。設計図や詳細な測量もしないとできないし、地形合わせの場当たり的な普請で、滝山城ができるとは考え難い。

──「城が造りにくい地形だと中井さんはいうけど、どういうこと？」

中井　谷が少なくとも六本入っている（図3参照）。図を見ると全体に大きそうだけど、尾根の上はそれほど使えないから、造りにくい。地形の悪さを克服してまでこの場所に城を造らなければならなかった理由があるのです。

齋藤　関東地図レベルで見れば、小田原から上野国まで行く道が必要です。だから多摩川を背にした丘陵上に城を造りなさい、と小田原からの指示があって、現場でがんばったのが滝山城だと思う。この地形で城造りをするには、横堀を掘る技術、測量する技術、全体を考える設計の知識が大前提にないと完成しない。

──「滝山城は由井城と違って、郭といわれても違和感がないね。」

齋藤　滝山城の屋敷が関西でいう郭で、滝山城主郭周辺の小さな段が関東で言うところの郭です。その違和感があって、従来は郭1周辺に古い段階の城があったといわれていた。平坦面が狭いチマチマした郭を造り、郭2・3のような大きな造りをしていない、堀もゴチャゴチャしたものしかない。

中井　大石氏の時代は郭1周辺だけで、氏照時代に現状のようになったと今までも認識している人は多いのではないの。

齋藤　根拠はないけど、説としては成り立つと思う。でも、論証しろといわれても困る。

中井　中心部分が小さい。堀もいたるところで合横矢をかけたり、横矢をかけたりしているのは、地形合わせではなく、意図的に屈曲させている。だけど、山の尾根を切る巨大な横堀の設計とは全然違う。

齋藤　北条氏は横堀でラインを造るのが結構好きで、これが発展したものが小田原城の惣構であって、下田城（図11）・山中城（図12）・太田金山城にも外郭ラインの横堀がある。特異な城の造り方です。

中井　外郭ラインを造るのが戦国大名北条氏の築城だと

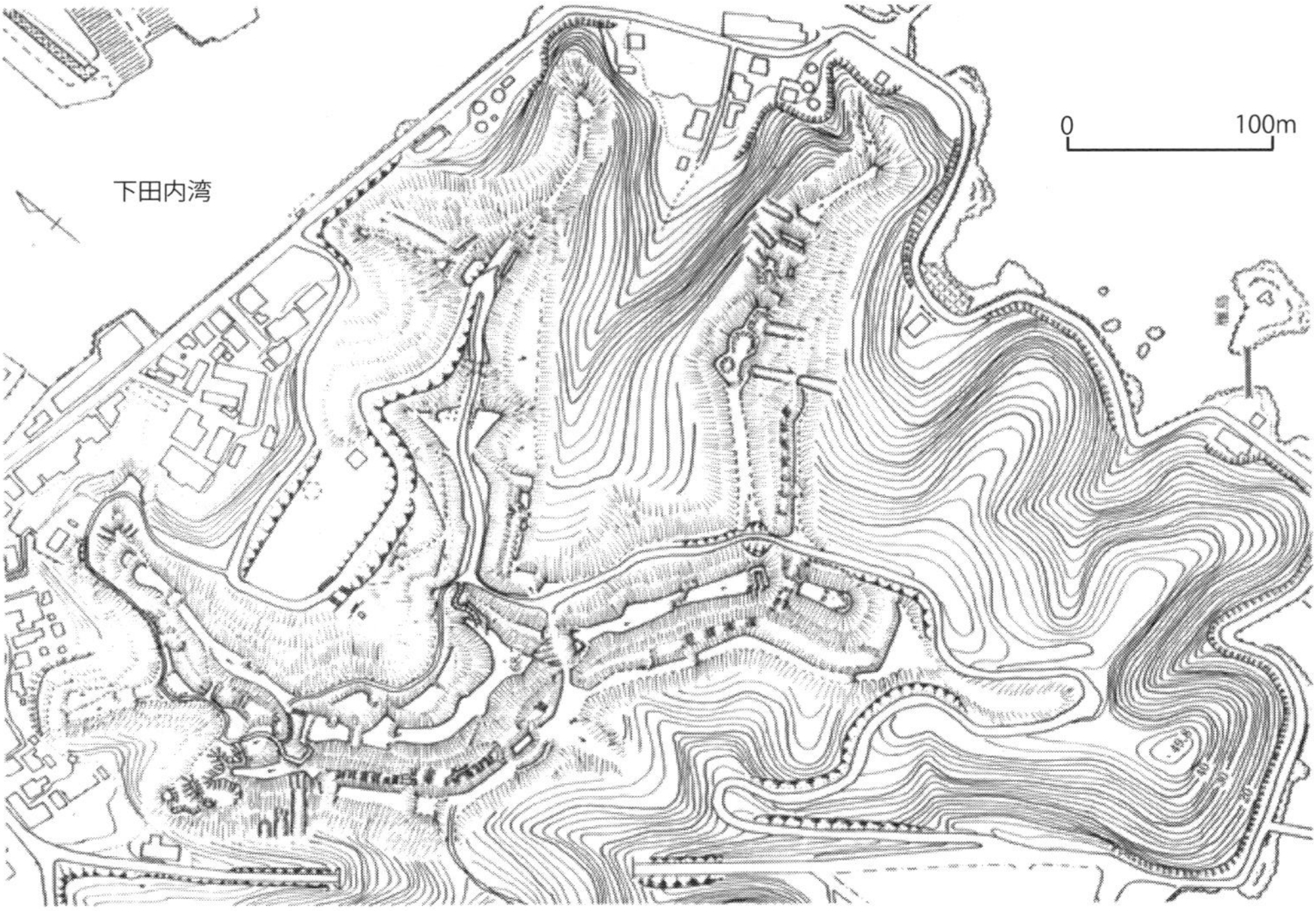

図 11　下田城縄張り図（作図：齋藤慎一）

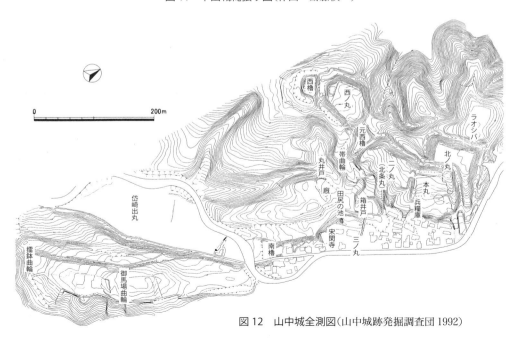

図 12　山中城全測図（山中城跡発掘調査団 1992）

言われると、どうなの？

齋藤　いいとは思うけど、武田氏も同じことをするから、専売特許ではない。戦国大名系城郭論と切り分けたいのは、外郭ラインの横堀があるから北条氏の築城だとラベル貼りの議論として使わないことです。縄張りに角馬出があるから北条氏だ、丸馬出があるから武田氏だという議論を僕が批判したのは、城造りに技術交流があるので成り立たないからです［齋藤 二〇一〇］。戦国大名が測量・設計の技術をもつ知識者層とコンタクトをとって独自の城を造ろうとすることはあっても、知識者層は自由に移動するから大名独自の築城にはならない。

中井　滝山の台地を守るには、堀切や郭配置ではなく、長大な遮断線を造らないといけない地形です。その前提で郭をどのように配置していくのか、設計者は計算したのでしょう。

齋藤　知識者の交流もあるし、大名家も知識を蓄積したいと考えている。知識を蓄積していく具体例が織豊系城郭につながる職人の家です。たとえば、大工職の中井家など近世に名前が見えてくる職人層も、戦国期の中に萌芽があるのです。

●堀の使い方・造り方

中井　縄張りの設計者は大問題だから、後でじっくり考えましょう（II―4章参照）。滝山城で僕が面白いと思ったのは、堀底に現状でも段差が多く認められることです。堀があった時代は段差があって、歩かせない場所だと思う。

齋藤　関東の横堀の城を見ると、城のルートと組み合っ

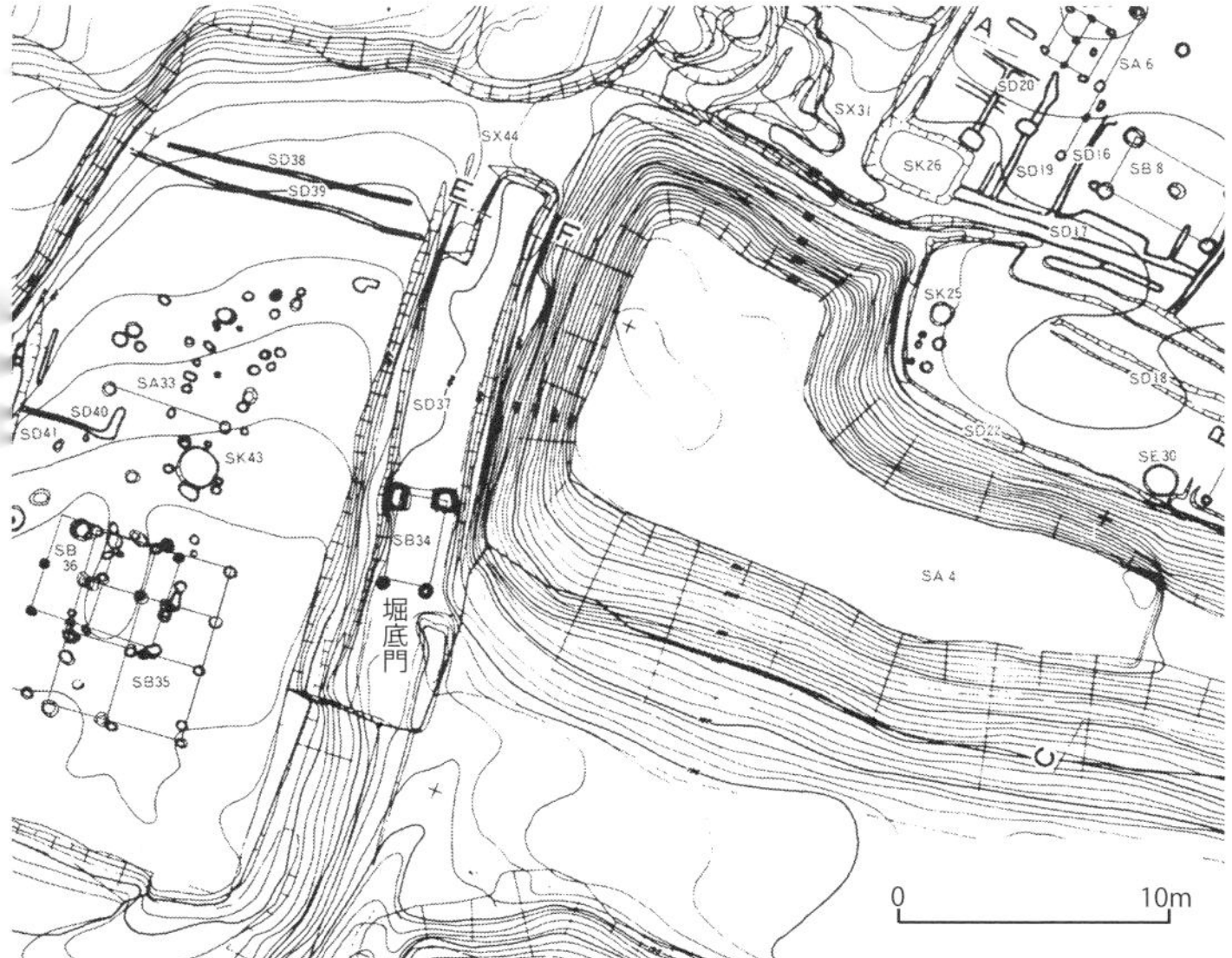

図13　菊永氏城の堀底門（阿山町教委 1987）

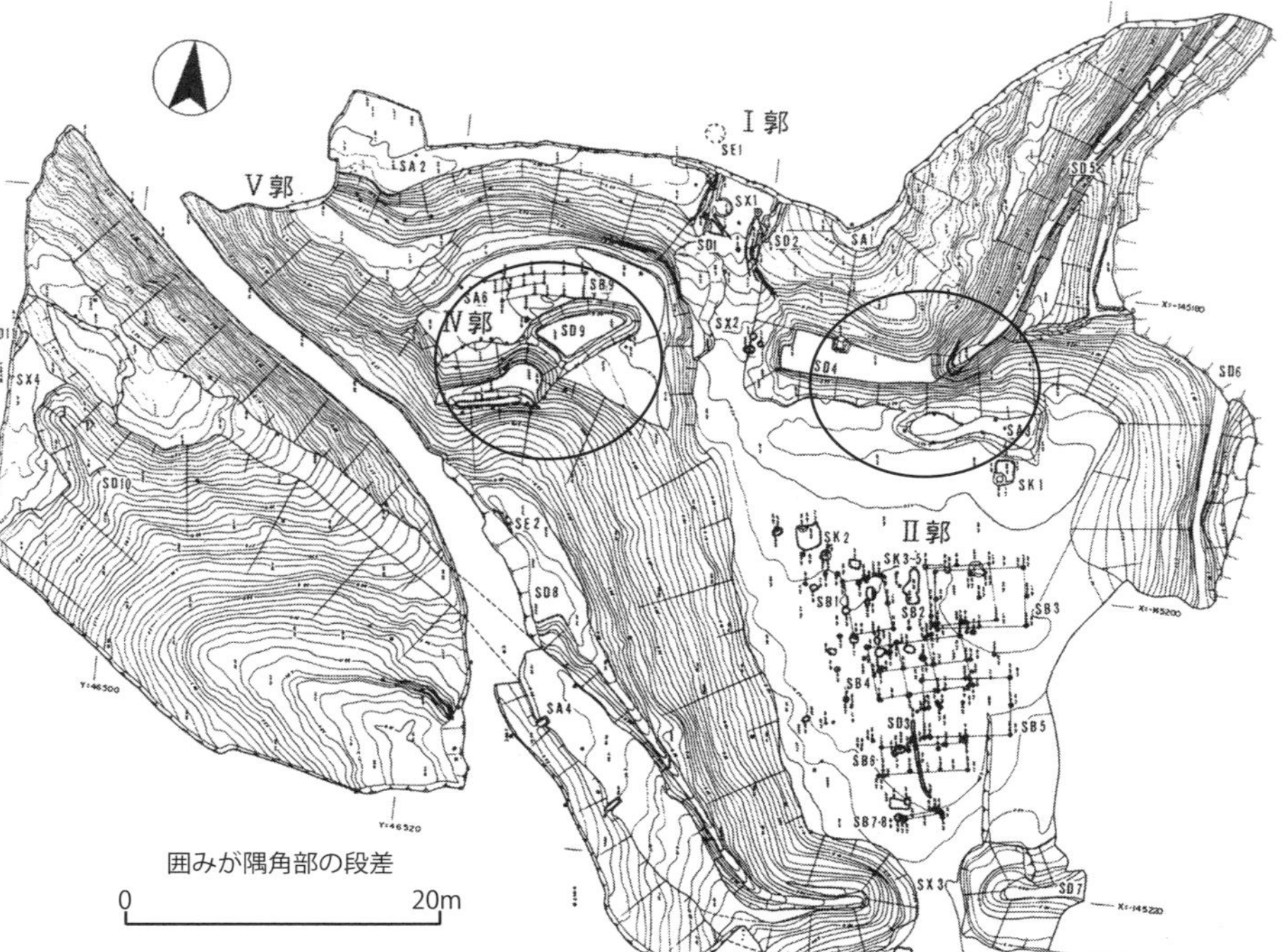

図 14　垂水城　堀内の段差（津市教委 2000）

て横堀の底を歩かせている城があります。ところが滝山城では、堀底を歩かせない。由井城は堀切の中に門があった。ほかでも横堀の底を歩かせている例がある。

中井　三重県の菊永氏城（図13）は堀底に大きな四本柱の門があった。一方で同じ三重県の方形タイプで津の垂水城（図14）や力尾城には、明らかに堀の中の隅角部に段差がある。堀底の中に段差を設けることで歩かせない城もあるし、堀底道として門を造る城もある。時代の変化なのかどうかはわからないけど、二つのタイプがあるのは確かです。

齋藤　彦根城の天秤櫓の堀切は歩かせるところですね。

中井　歩けるけど、両側から挟撃されるような造りです。彦根城（図15）は近世の城なのに、二本の堀切を持っているのは、関東の箕輪城に井伊氏が居たから、そこで学習して彦根城で堀を切ったのかなと思わせる。そんな縄張りなのです。石垣をはずせば戦国期の堀切のある城と同じです。基本的に近世の城に横堀はあるけど、堀切はほとんどないです。

――「中世と近世の遺構の差は、堀切なの？」

中井　近世の城で横堀は造るけど、堀切はほとんどない。横堀で遮断線を決めてしまう。但馬竹田城にも堀切はない。

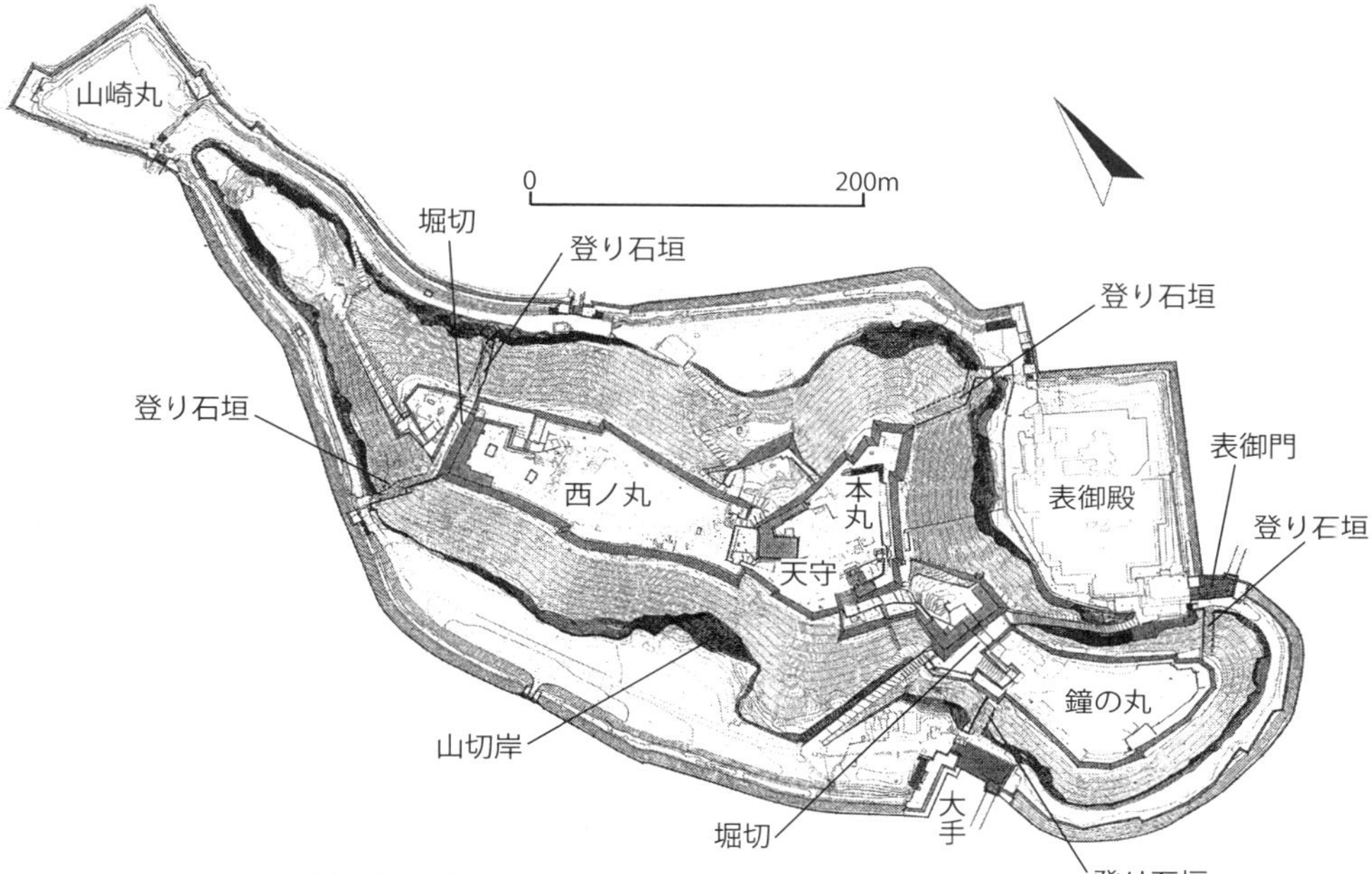

図15　彦根城第１郭(彦根市教委2014)

堀切はない代わり、石垣が遮断面になる。

齋藤　倭城も堀切は使わずに長大な登り石垣がある。堀切を造って尾根の端だけ遮断するのは西国の城の造り方なのです。

中井　大和の高取城や美濃の岩村城も、近世の城だから中心部分に堀切を造らないけど、尾根の先端に堀切がある。戦国の人間が生き残っていたからなのか、近世になっても尾根の端に堀切は必要だと思ったのか、それはわからないけど尾根の端には堀切がある。

齋藤　尾根の端に堀切を造るのは西国的なのでしょうか。堀切の使い方が東国と違う。これは面白いね。

●城と城下町

――「滝山城下の商人や職人、町人たちは北条氏に吸着しているの?」

齋藤　遍歴している人もいるし、寺社に属している人もいる。関東の場合、石垣の分布をみてみると、職人たちは生産地にも張り付いているのではないかな。職人の研究はまだ進んでいないから、よくわからない。

――「大石氏の上位権力にいる上杉氏は職人と関わらな

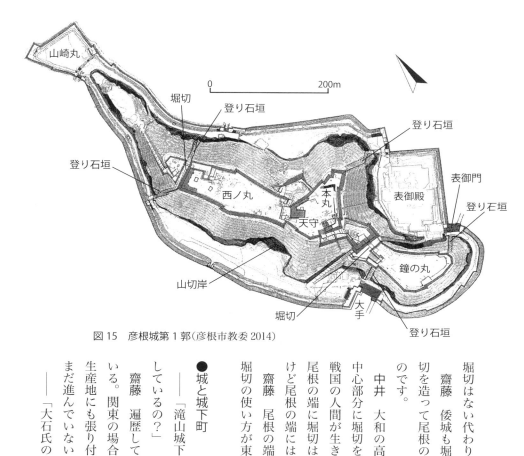

い？」

齋藤　そのあたりがわからない。都合の悪いことは伝承として残らないからね。刀剣の例ですが、武蔵の下原鍛冶にも康重がいるけど、氏康の偏諱だと思うのですが、系譜では家康の康だと言っている。

中井　関東管領の上杉氏に在地性はあるの。職人などを掌握するのかな。

齋藤　よくわからない。北条氏に関係する商人ですが、小田原外郎氏は有名ですね。名古屋よりも小田原が本家だと言っている外郎さんだけど、『異本塔寺長帳』という記録に天文五年（一五三六）に小田原に屋敷をもらったとあるから、この時期から関係があるのはまちがいない。

外郎の初代は南北朝時代から幕府に仕えている人で、伝承では北条早雲を頼って関東に来たと言われている。ところが、厳密にみると、今の外郎家が持っている文書の宛先は、外郎という苗字ではなく、全て宇野氏なのです［小田原市史一二六ほか］。

宇野氏については、市史などをみると、外郎家の庶子家か被官であろうと説明している。いつ頃から北条家との関係が文書にみえ始めるかというと、天文六年の河越城陥落以後なのです。河越を北条家が接収した後、宇野氏は河越の所領と代官職をもらっている。もともと河越城下には大手門前にアジアの人たちが交易に来る唐人小路があったので、宇野氏が河越で所領・代官職をもらうのは、何らかの権利の継承だと思う。

宇野氏は天正頃に北条家の紹介状をもって下野の日光山にういろうを売りたいと申し込んで許可されますが、そのときの文書には「小田原の紹介でもあるし認めよう。今後はあなた以外の人が外郎丸薬を売りに来ても認めない。あなたのところに認める」とあるのです［鹿沼市史三七二］。「あなた以外」にも外郎を売りに来ている商人がいることがわかります。

もう少し丹念に文書をみていると、永禄三年か四年に謙信が関東に来たとき、上杉憲政が一緒に来るのですが、そこに外郎氏が出仕している。そのとき憲政が外郎氏に与えた文書には「前々のように自分のところに出仕してくれてありがとう」と書いてある［群馬県史二一八五］。

このあたりの状況をみると、山内上杉氏に本家の外郎氏が出仕し、扇谷上杉氏に家来の宇野氏が出仕していた。北条氏が関東に入って次第にパワーバランスが変わると、扇谷上杉氏に仕えていた宇野氏が北条氏に付き、本家の外郎氏が山内上杉家に出仕して力を弱めてしまった。本家がもっていた日光山の商圏を北条家に仕えた宇野氏が奪ったという構図がみえてくる。

ということは、北条早雲の段階ではなく、山内上杉氏が関東管領だったときに外郎氏が関東に来て、山内上杉家の下で秩序を作っていた。おそらく、交通上のネットワークも外郎氏らがもっていた。北条家はそれを単に接収したにすぎないのではないかと思うのです。

山内上杉家や扇谷上杉家の在地性についてはまだ答えは出ないけど、前代以来の郡・郷レベルではなく、商人たちは関東全体の商圏のようなものを握っていたのは確かです。現代的な資本主義の論理が通じるような関係が戦国時代よりも前にあって、その商圏を継承した宇野氏が北条家に出仕したのではないか。職人の世界だって同じでしょう。

河越の城下町も唐人小路を中心として町場が形成されていて、永禄頃に北条家が城と城下町を接収したと思う。領主が上杉氏から北条氏に変わっても城が大きく変わることはないだろうし、町場も既存の商圏・経済圏を守っていかないと生活できないという関係だから、領主である大名家の独自性をどれだけ強く言えるのかです。

中井　町人は支配されるだけでなく、領主の庇護を受けながらも独自に城下町を経営している。領主が庇護しなければ、町人は寄り付いてこないし、城下町も成り立たない。

齋藤　支配する側の領主・大名家が変わるだけで地域構造は変化するのか？　その関係がどれほど城の構造に影響しているのか？　そこはまだ見えない。しかし、従来は無限定に大名系城郭や御家流といったイメージでもって、城造りに影響していたと思い込んでいた。でも、考古学的に城の増改築があることがわかっても、抜本的な城の改修は出ないい。大坂城のように全部埋めて造り変えるのは特異なケースです。

もちろん古い城がそのまま残っているというわけではありません。改修を加えて技巧的な城へ、そして大きな城へと変化するわけです。しかし基本的な構造は踏襲されていくようです。たとえば常陸国小田城では、最終的に複雑な城館になるのですが、当初の形は考察できるようになりつつあります。その意味で抜本的な改修はないのではないかと思われるのです。

4章　陣城と攻城戦　三木城攻めの陣城

兵庫県三木市

陣城の見所

1　陣城の見方

案内者：中井　均　聞き手：齋藤慎一

●三木城攻めの陣城（図1・2）

天正六年（一五七八）に織田信長は播磨の別所長治を攻めるために、秀吉を派遣しますが、別所氏が立て籠もった三木城を秀吉は兵糧攻めにします。秀吉は三木城を包囲するのに陣城と多重土塁を築くのですが、その一つが高木大塚遺跡です（三木市の確認で27か所の陣城遺跡がある）。築城者は織田信忠で彼が六か所作ったと伝わる陣城の一つと考えられますが、塁線の折れは多用しても虎口自体は単純です。横矢はかけても枡形虎口はない。

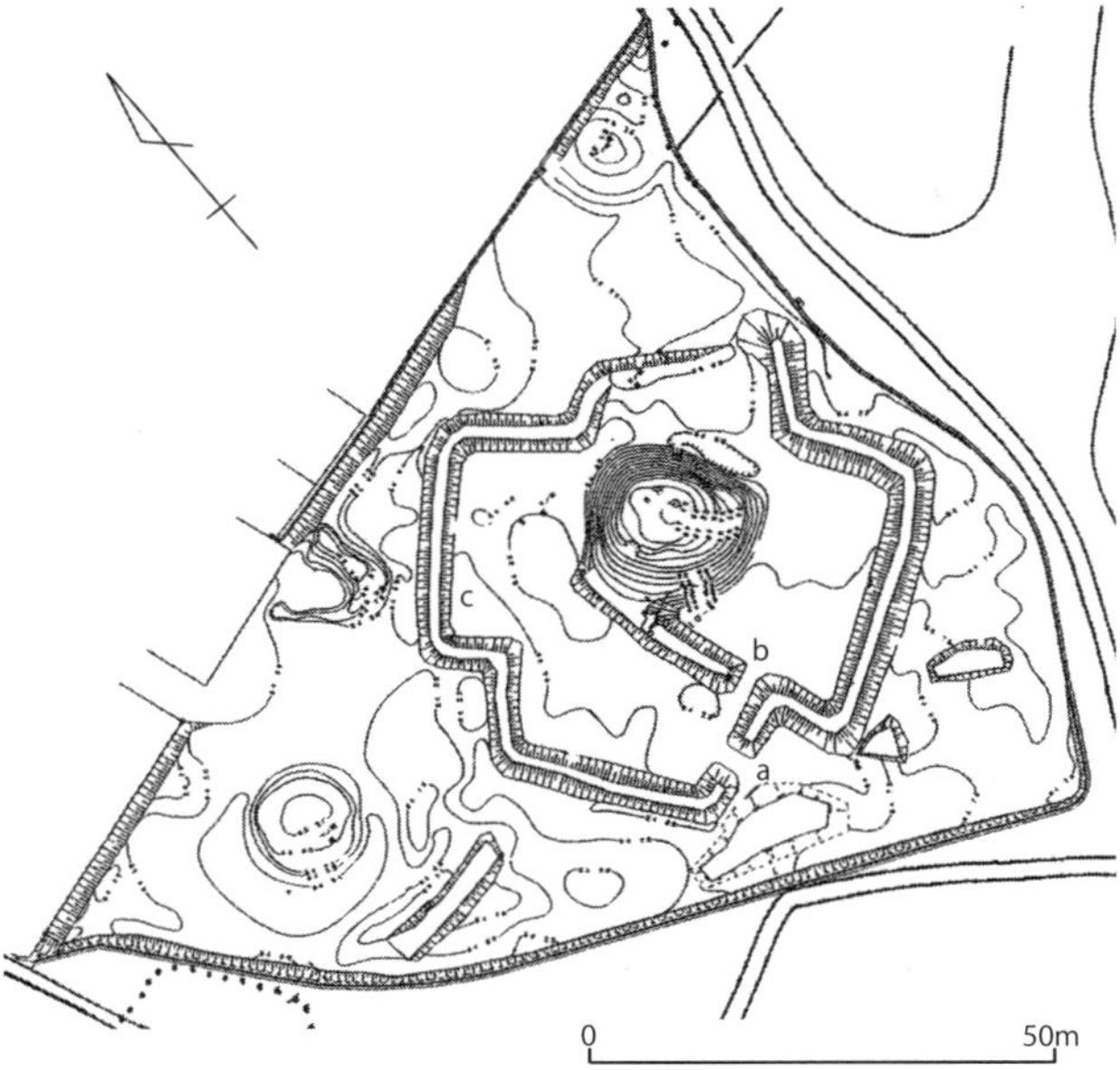

図1　高木大塚遺跡主要部（三木市教委 2014）

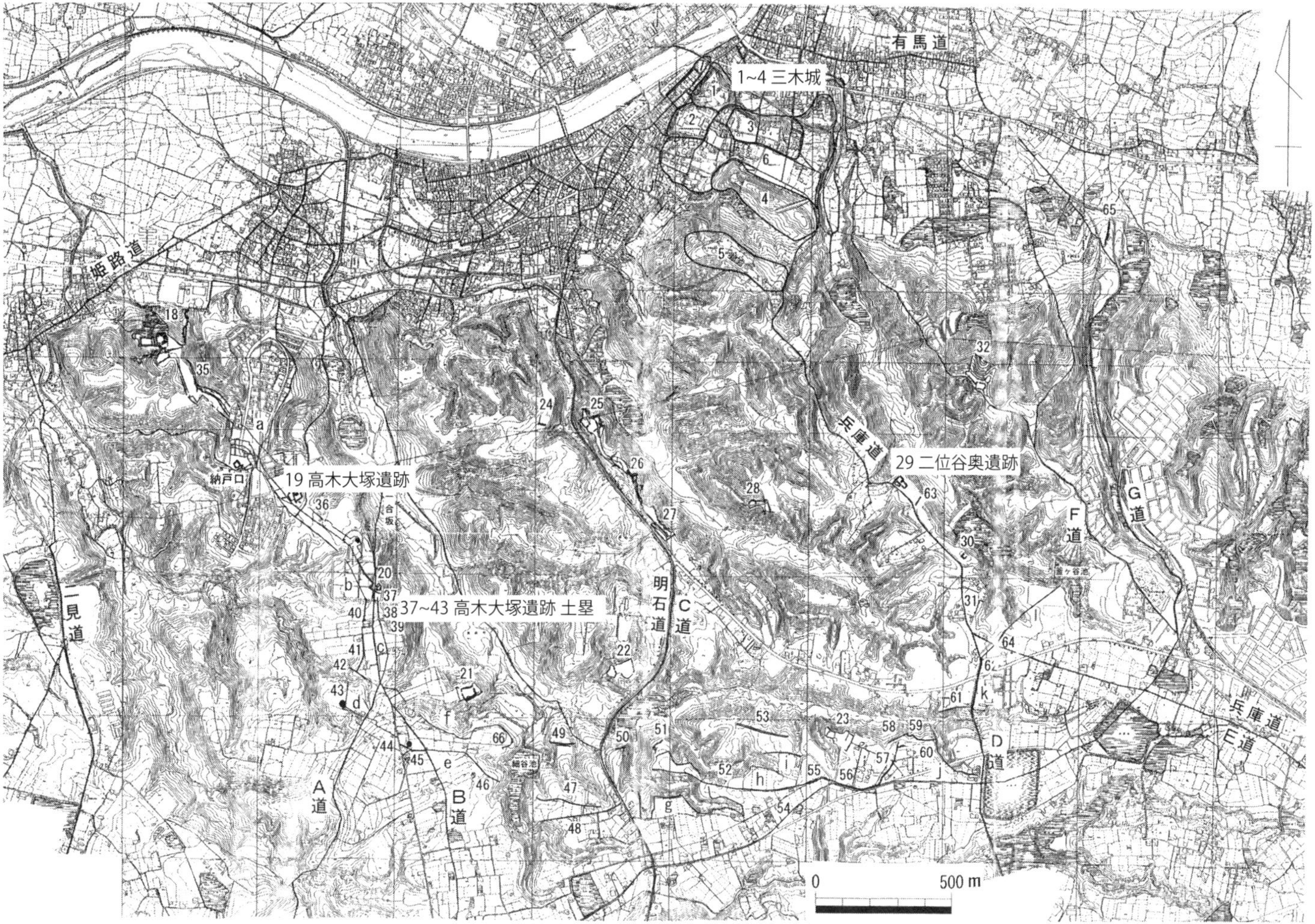

図２　三木城攻めの陣城配置図(三木市教委 2014)

横矢のかかる平虎口（a）から中に入ると右側にも虎口（b）があって、真ん中に円墳らしき跡を利用した高まりがあるけど、出入口ははっきりしない。わずかな面積だから、見所はこの部分ではなく、まわりの稜堡を思わせる一二〇度くらいに折れ曲がったきれいな土塁のラインです。

――「堀がよくわからないね。陣城の堀だから小さく浅いものなの？（①）」

高さ一メートル前後の土塁を盛れる程度の堀しか掘っていない（②）。外側に溝ほどの幅で横堀は残りますが、土塁は賤ヶ岳の陣城と同じで、飛び越えられる程度の高さしかない。高木大塚の規模は三木城攻めの陣城の中でも小規模ですが、構造的にはとても面白い（③）。

図1のcが横堀の痕跡で折り曲げてまた曲げるという造りです。この折れ曲がったラインは横矢でしょう。横矢を連続してかければ、稜堡のようになる。土塁の中にはわずかな平坦面しかなく、普通なら兵が駐屯できるのは土塁の

①．小さく浅い堀

②．高さ１メートル程の低い土塁

③．折れを繰り返す土塁線

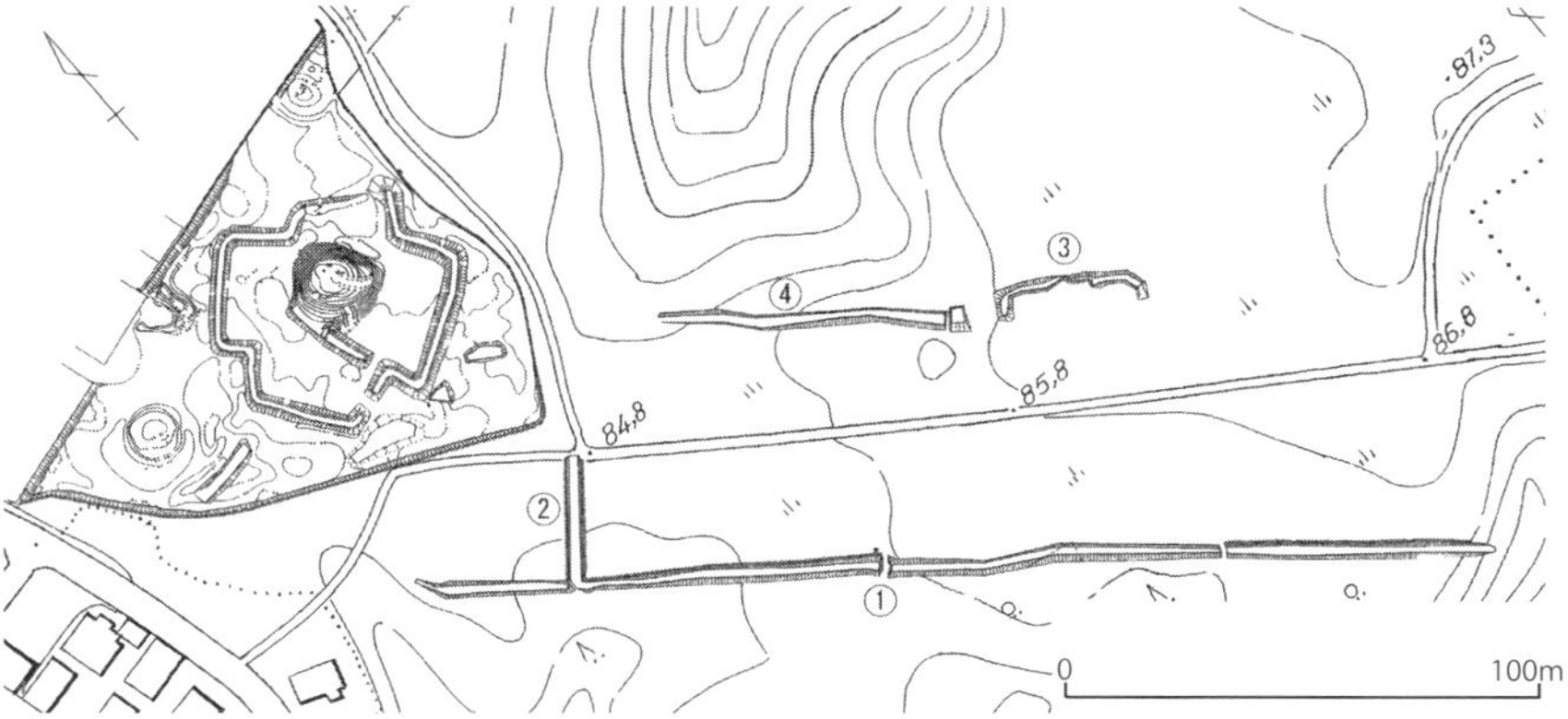

図3　高木大塚遺跡全体図（三木市教委2014）

中と考えますがあまりにも狭い。たぶん兵の駐屯地は塁線の外でしょう。

――「螺旋形にしながら空間をとっているね。」

　主郭の円墳の東側には空堀が巡らされていたようです。また、西側には南方に向かって土塁が築かれています。この主郭を取り巻くように土塁が矩形に巡らされています。土塁は凸凹に折り曲げられていますが、これは側面から射撃できるよう意識的に設けられた「折」と呼ばれる防御施設であり、この高木大塚の陣城の見どころです。特に南面に開口する虎口に対しては、右側に折が構えられ虎口に横矢がかかります。さらに虎口内部には主郭より南に構えられた土塁があり、土塁内へ敵が一気に進入するのを防ぐ仕切り土塁となっています。

　高木大塚の南側には多重土塁があります（図3①）。今は消滅していますが、三木城の南を封鎖する土塁で、土塁のあいだにはいくつか陣を造っています。多重土塁は先に伸びますが、三木城攻めの場合、完全に多重土塁をまわさないで、三木城の南側だけに構えます。魚住へ行くルートや明石道を封鎖するためでしょう（図2参照）。

――「多重土塁には何かの施設はあるの？」

　陣城の一つ二位谷奥遺跡では発掘調査の結果、土塁の基底部が検出されました。ただ、『播磨征伐記』に土塁上に築地を造って、中に石を入れて鉄砲除けにしたとあるから、土塁上に何かの構築物があったことはまちがいない。でもピットは検出されていないから柵ではない。二位谷奥遺跡でも君が峯遺跡の発掘でも、土塁上にピットはないので、陣自体も土塁上は楯か何かを並べていたと思います。とても簡易なものです。

　高木大塚は、陣城の典型例です。ただ、この場所で戦うつもりがあったのかといわれると非常に難しい。陣城とは

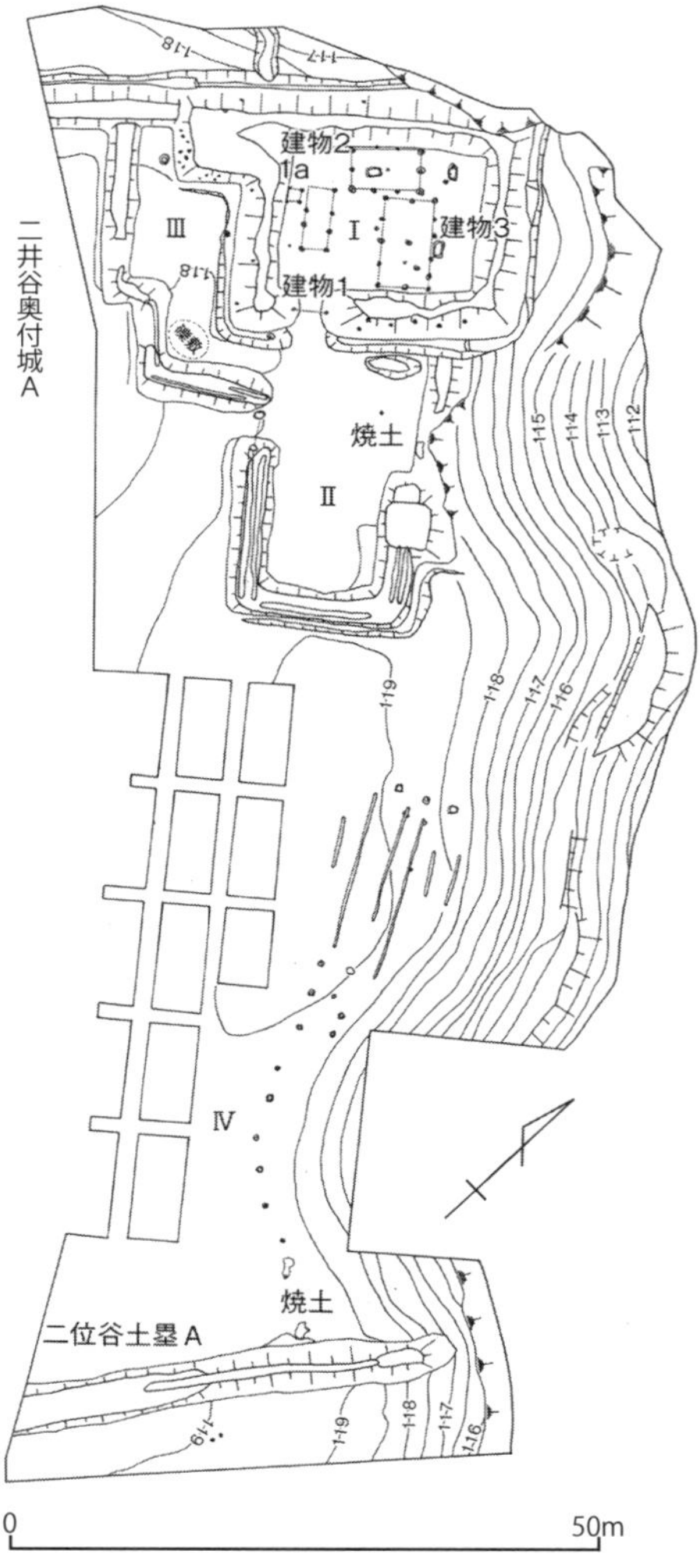

図4　二井谷奥遺跡(三木市教委 2010)

何かという議論になると思うのですが、ここまで塁線に折れを構える陣城を造って意味があるのか。高木大塚の時代は天正六年から同八年のあいだの構築だから、当時の武器の主力は鉄砲です。この造りで本当に守れるのかどうか。

――「高木大塚の造りを見ると大軍勢で合戦するというイメージはないね。」

三木城攻めは、陣城を造って三木城を包囲するけど、高木大塚の陣にどれだけの人数がいたのかかな。守将の信忠の与力がいて、陣に入るだけの軍勢で攻めるのではなく、大半の連中は、陣の中には入れずに外側にベースキャンプを持っているのでしょう。ここを大軍勢で攻められたらひとたまりもない。高木大塚には単に武将がいて、その権威を示すような「司令部」という役目だったのかな。もしそうなら、四角い方形の陣を造ればいいのに、なぜ塁線に折れを造るのか疑問です。

――「高木大塚に虎口の発想はなく、折れだけで造ろうとしている。建物はあったの？」

高木大塚は発掘していないからわかりませんが、二位谷奥遺跡は陣城の全面を発掘して掘立柱建物と礎石建物が見つかっている(図4)。隅には巨大な櫓台もありますが遺物は全くない。兵舎がずらっと並ぶイメージではなく、守将と幕僚だけが陣の中に入るのでしょう。

こうした陣城は、元亀から天正初頭の織田・豊臣の城攻めのセオリー・定石になる。どこでも同じような陣城を造るのです。なぜ、このタイプが定石になるのか、一つの問題です。

三木城攻めでは、三木城の北面に川が流れていて、その川を隔てた北側に秀吉軍は平井山の本陣を置いて対峙していた。その後、南に明石や魚住に抜ける道を使って毛利氏が物資を補給するので、物資搬入を遮断するために多重土塁や陣城を南側に造る。だから多重土塁は三木城の南側にしかない。通路の遮断ですね。ただ、ほとんどの陣は道と直接には接していなくて、遠目から監視しているだけです。

――「道路は、掘り切ったりして遮断されていた。」

そうでしょう。鳥取城攻めでは、完全に全周するような土塁を造ります。備中高松城攻めも同じで、水攻めといっても取り囲むための土手を築く。それが伊豆の韮山城や忍城攻めにもつながってくる。毛利氏が月山富田城を攻めるときの付城は、月山の対面に勝山城や京羅木山城といった点的な付城を造るだけです。ところが織田・豊臣段階は、陣城の点的な配置から線的に取り囲む発想がみえる。敵勢への完全封鎖です。

城攻めには時間をかけています。力攻めをすれば数日で終わるかもしれないのに、三木城攻めでは天正六年から八年までの二年をかけている。その間には兵の移動があったり、別方面に行かされたりするのでしょう。だけど三木城だけは完全に囲い込んで、三木勢を出さないことだけは貫徹している。陣城を二〇箇所も三〇箇所も造って、多重土塁を造るのは、時間も金もすごくかかる。織田・豊臣は、なぜそんな城攻めをするのか。少人数でなおかつ戦死者を出さないことが、陣城戦の効果として経済力や時間の問題よりも勝っていたとしか考えられないのです。三木城は日殺し、鳥取城攻めは飢え殺しといわれるけど、城内の兵には餓死者が出ても、攻める側の織田・豊臣側にはほぼ戦死者がいない。その点こそが織田・豊臣の陣城戦ではないのかと思うのです。

2　陣城と攻城戦の考え方

●関東の陣城と小田原攻めの陣城

齋藤　永禄・元亀・天正年間の関東の城攻めをみると、北条氏や武田氏の城は、ラインで囲い込むという発想はないにしろ、点で線を防ごうとする発想は少し見える。たとえば、甲斐・駿河の国境にある御坂城では、峠の上ではなくて、峠の道を遮断するように城を造る。上野の高山城も、永禄一二年頃に武田氏が上野から武蔵の間をラインで守ろうとした城です。点だけど線を交わらせる造り方は、関東

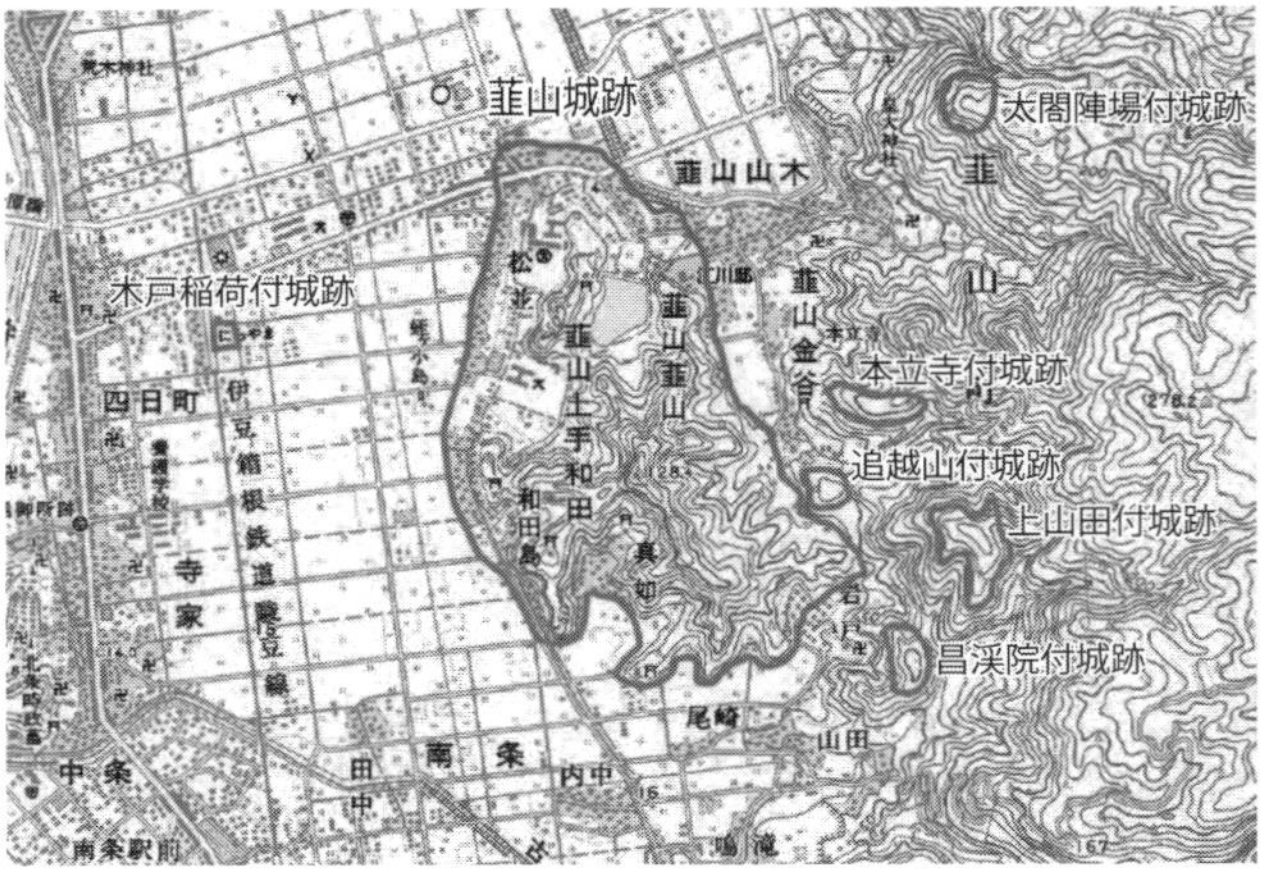

図5　韮山城と陣城配置図（伊豆の国市 2014）

にもありますが、その線が長く伸びてくるところが織田・豊臣との違いです。

天正一八年の小田原攻めでの韮山包囲戦の文書を分析すると、三月二六日に秀吉が沼津に着き、山中城と韮山城を一斉に攻めたけど、山中は落ちても韮山が落ちなかった。史料には攻め手に何千人投入するとあるけど、小田原の近くに来たとき、韮山城は取り囲むと決めながら、軍勢をふりわけるのです［静岡県史　中世四・二四〇〇］。一般に韮山城攻めは織田信雄が行くことになっているのですが、信雄は韮山に残らない。早々に信雄率いる軍勢は小田原攻めにまわされてしまう。韮山に残るのは福島正則らですが、彼らが囲みを続ける。つまり、小田原攻めでも囲みのための陣所を造り、韮山城周辺はラインで囲い込むのですが、そのまま最後まで軍勢は残るのではなく、半分ほどに減らされている（図5）。

少ない人数で人を殺さず、なおかつ攻めるのが攻城戦であって、その時に使われるのがこうした陣城なのでしょう。とは思っても、最初の人数から半分に減るのだから、現場の立場で考えれば、恐怖感はすごくあったのだと思う。

北条氏では、小田原城の外郭線として惣構を造るという発想に至ります。秀吉の段階には御土居はあっても、それ以前の段階にはまだ線で守るという発想は見えない。ラインを守る側が造るのか、攻める側が造るのか、その考え方は面白い。

●点から線へ

中井　攻城戦用の城は各地の戦国大名は造るのだけど、それを囲い込むという発想、点から線に持って行くのが織田・豊臣の大きな陣城の特徴です。図面だけを見るとすごくテクニカルな構造の陣城が賤ヶ岳合戦や鳥取城攻め（図6）、三木城攻めにあるけど、現地を見ると、城の構造からして本当に使えたのかと疑いたくなる。

齋藤　一四世紀の史料にある「向城」が陣城であること

は、呉座勇一さんも指摘［呉座二〇一四］しているけど、遺構として古いのは、どのあたりですか。確認されている遺跡はどうですか。

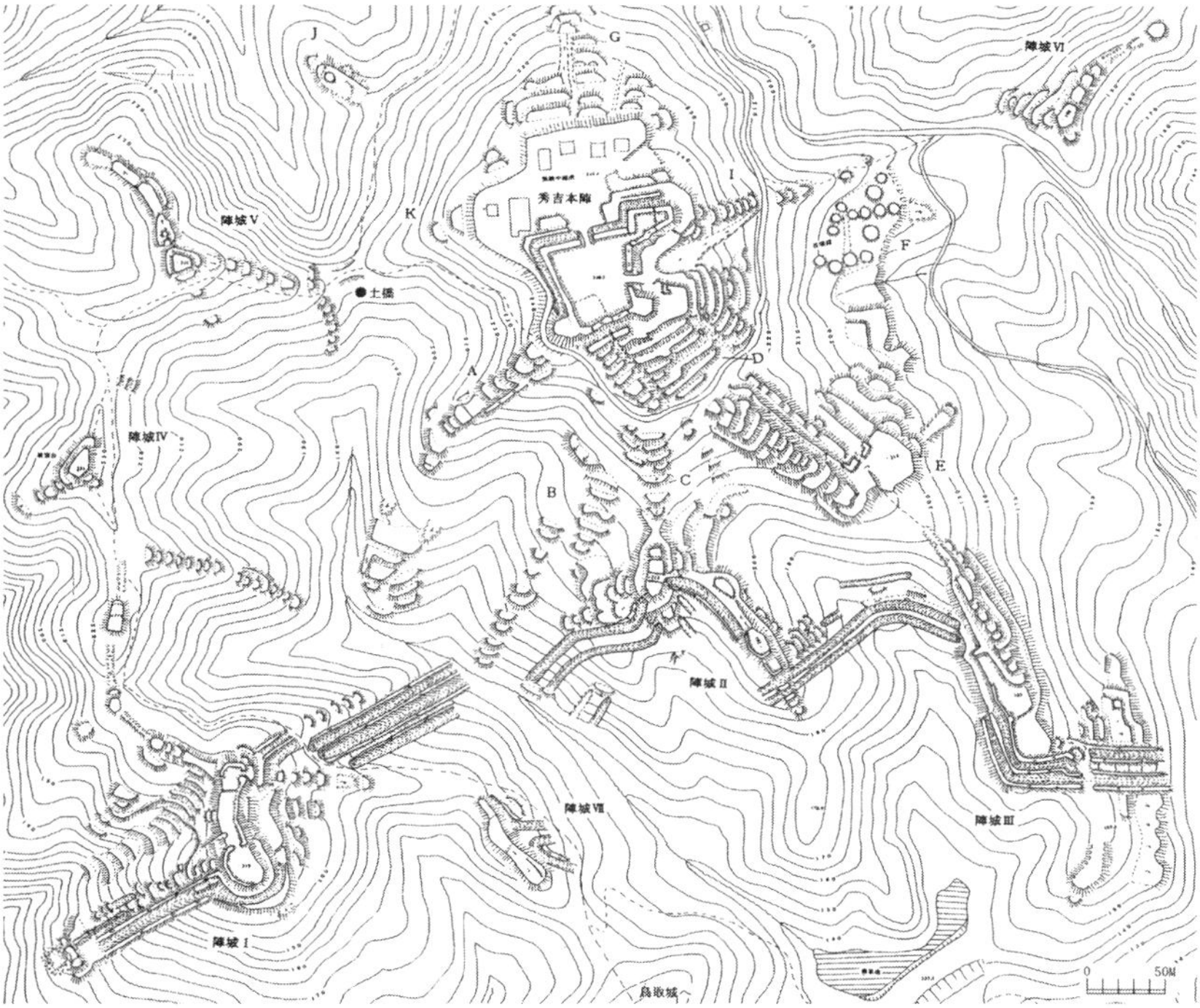

図6　鳥取城攻めの太閤ヶ平と本陣周辺の縄張り図（作図：西尾孝昌）

中井　南北朝期の陣の事例としては、三木の吉田住吉山遺跡（図7）で一例だけある。横堀を三重、四重に食い違いで入れて、動線を何回も屈曲させている。遺物は一四世紀で文献史料［越前島津家文書］では南朝軍が立て籠もる丹生山を攻めた島津忠兼が志染軍陣へ参陣しているので、その遺

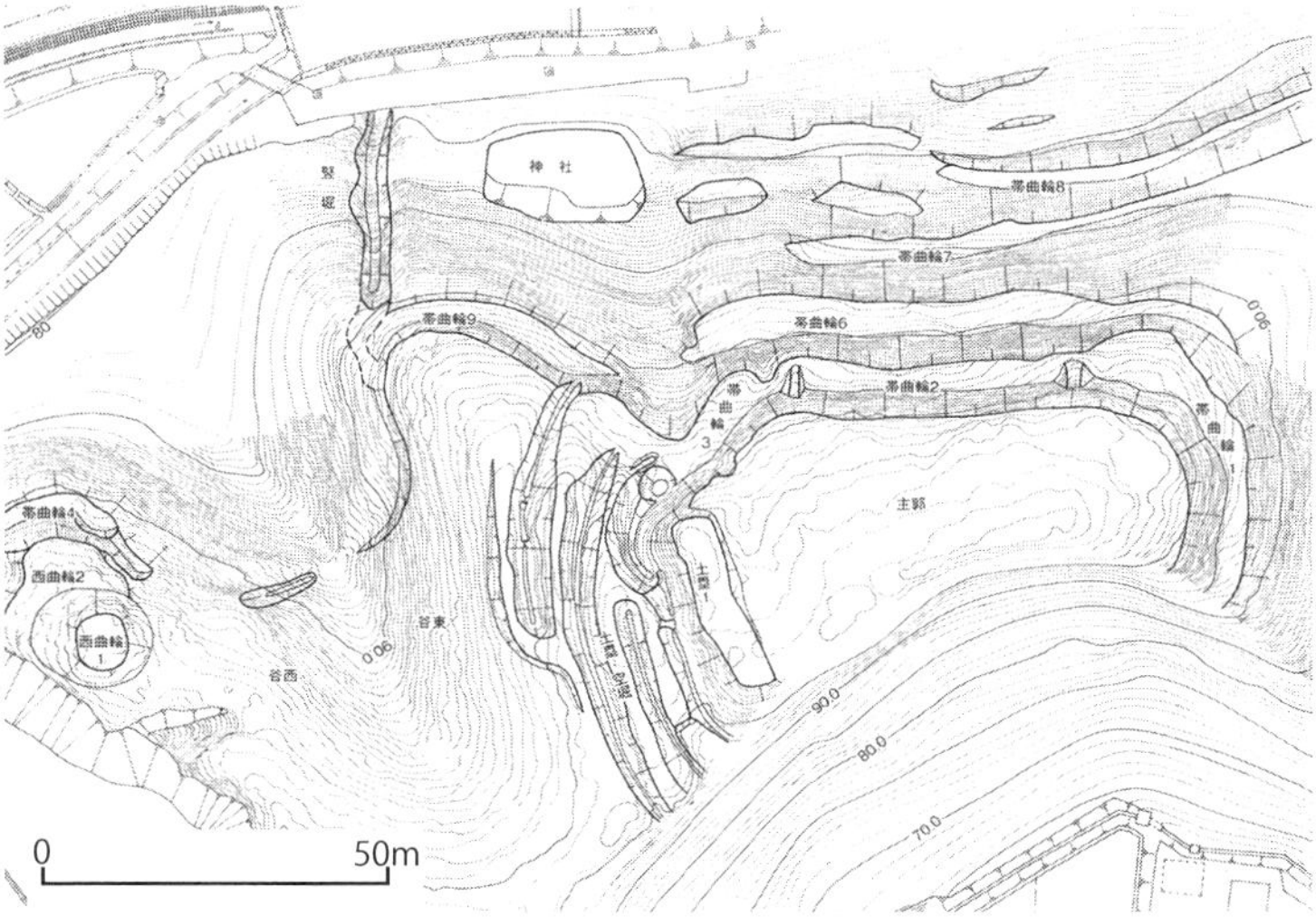

図7　吉田住吉山遺跡（兵庫県教委 2011）

跡ではないかといわれています。住吉山遺跡が南北朝期ではっきりしている例です。志染の陣には、数か月滞在しているので、それなりの施設を造るのだろうと思うのです。その他、一六世紀まで下りますが、島根県の美郷町で尼子陣所(図8)が発掘されています。尼子氏が天文一〇年(一五四一)に郡山城を攻めたとき、大内義隆の来援により敗れたのですが、そのときに敗走する軍勢の集結地として造った陣だとの伝承があって、ほぼ一山を発掘したのですが、とにかく階段状の郭が延々と続くだけで、本当に陣跡なのかといわれても、遺物は全くないし、人工的にカットしているのかと問い詰められると難しい。ただ、面白いのは郭と見られる平坦面にL字状やT字状の溝が検出されている。この溝に板か何かをはめたら折れにはなると思ったけど、それ以外は掘切もないし、建物も全くない。

齋藤　「太田道灌状」に石神井城・練馬城は、江戸攻めに対する「対の城を築く」と出てくる。一対の対だと評価する向きもあるけど、「対の城」と書くのだから距離感の問題ではなく、対抗的な城とみなすべきだと思うので、石

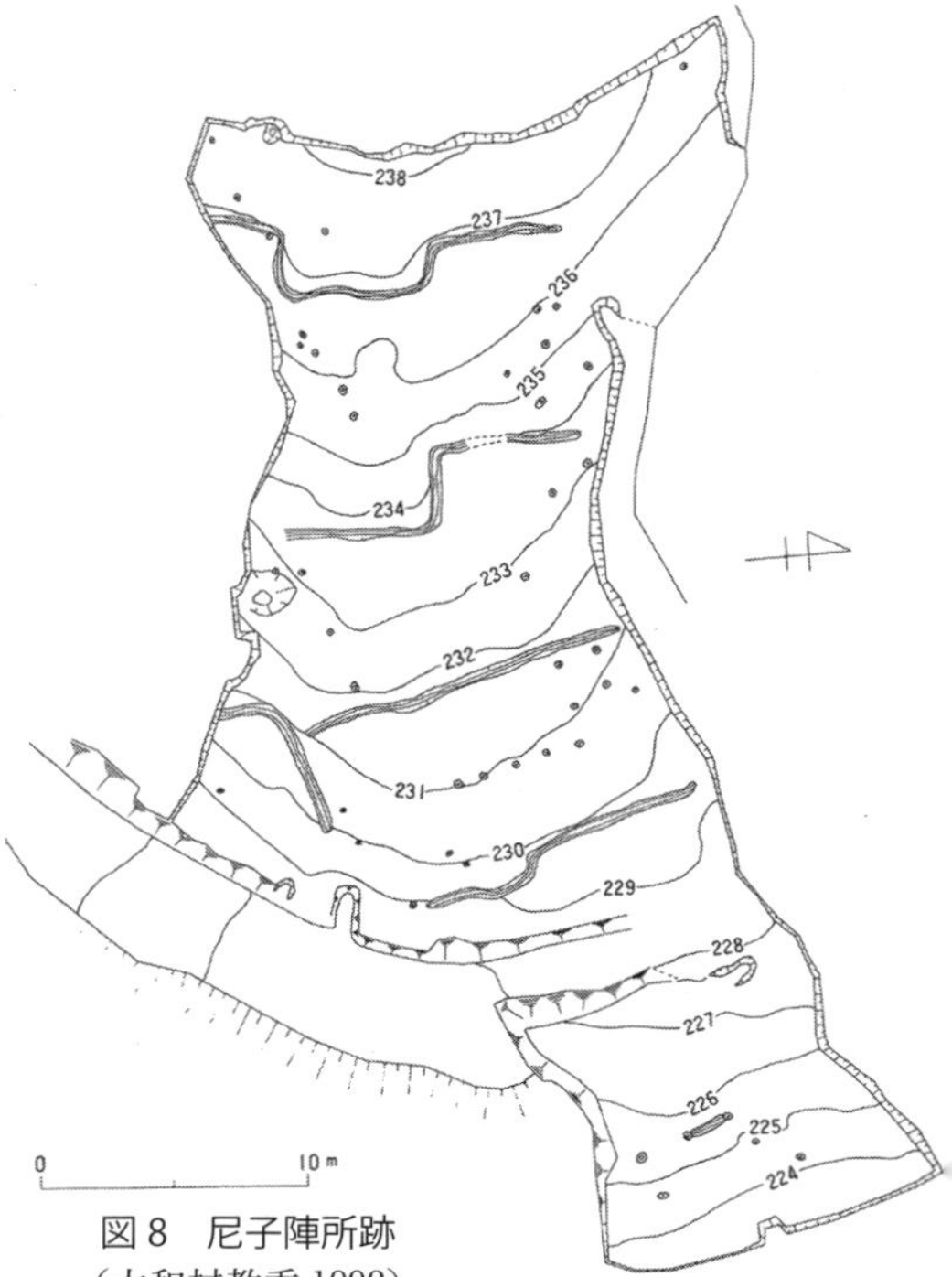

図8　尼子陣所跡
(大和村教委 1992)

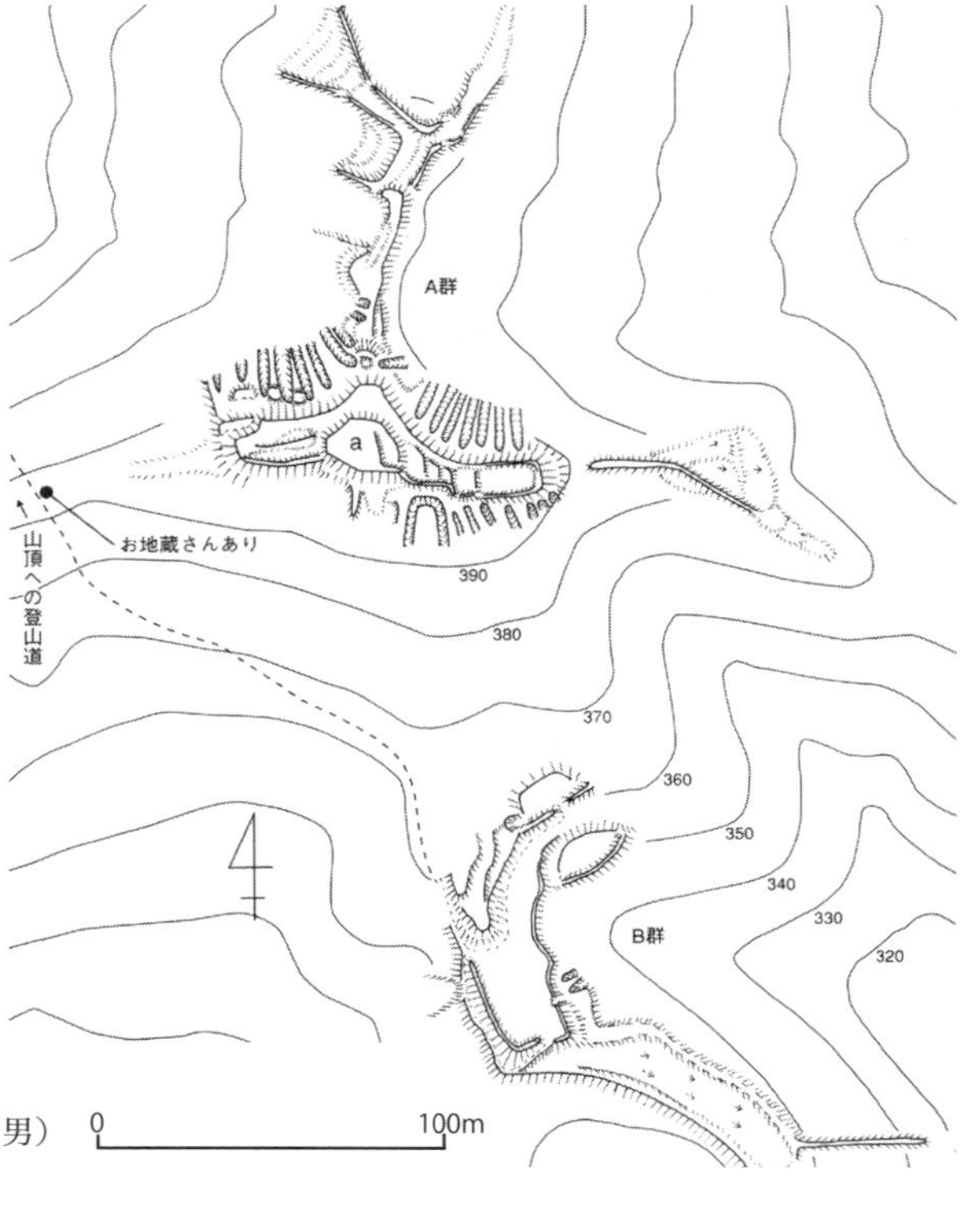

図9　京羅木山城(作図：高屋茂男)

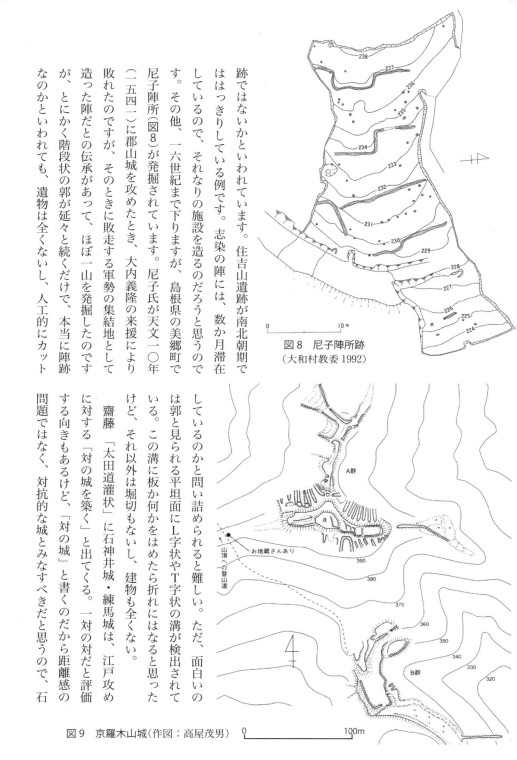

神井城や練馬城も陣城なのです。練馬城は消滅しているけど、織豊期の陣城に比べたら石神井城のほうは立派で、一つの城を造っている。

南北朝期の向城や道灌状の「対の城」をみると、点的ですね。点的に造った城が陣城かどうかはわからない。それが線になったときに戦略が見えて、攻城のイメージがわかってくるけど、その段階は織田・豊臣期でしょう。

中井　毛利氏が尼子氏の富田城を攻めたときの京羅木山

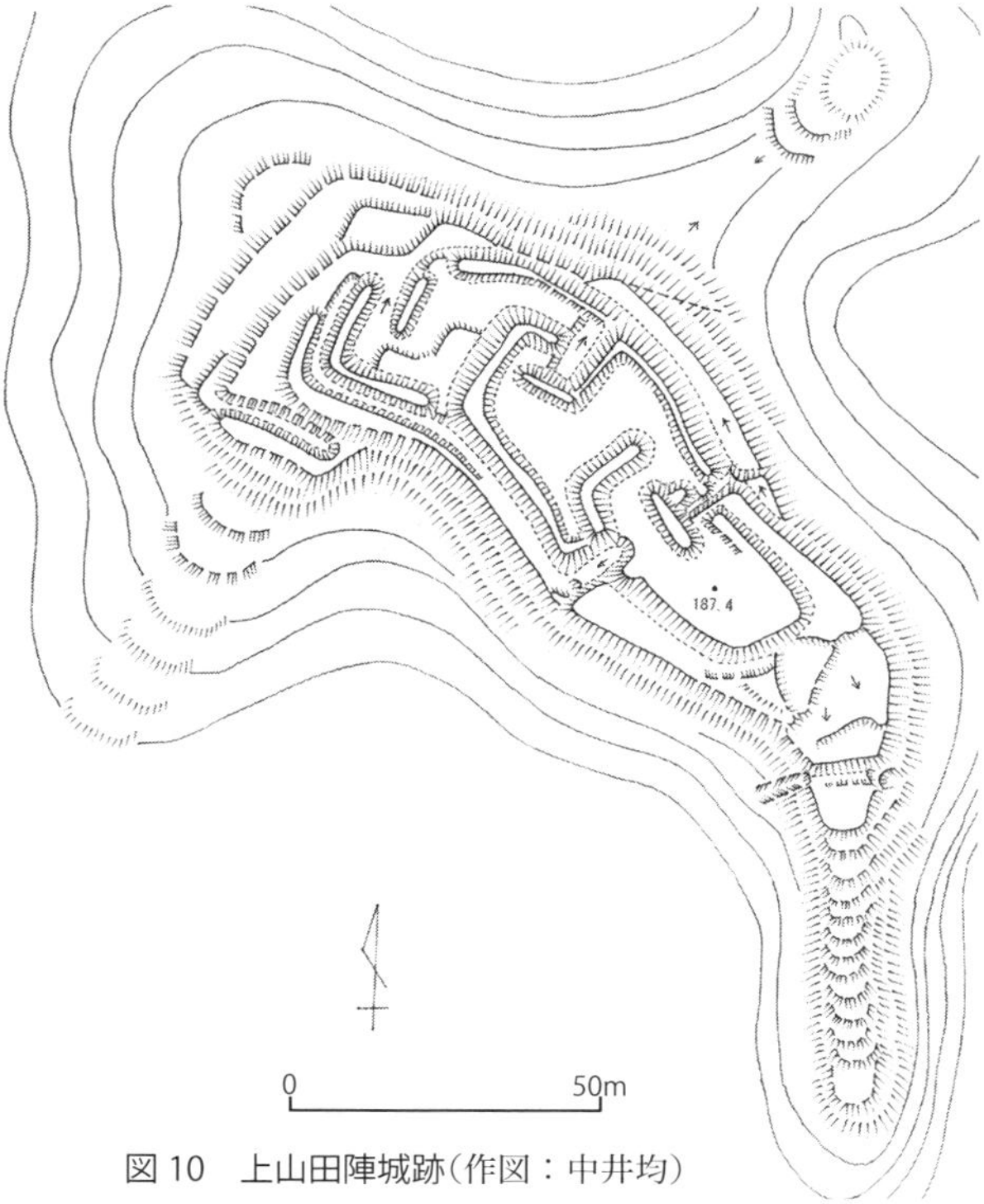

図10　上山田陣城跡（作図：中井均）

（図9）・勝山は、攻城の記録があって、城が遺跡としてあるから、陣城だといえるのだけど、どこか別の場所にあったら普通の城です。山城と陣城が明らかに違うといえる時期は織田・豊臣期です。他大名が造ったものは、陣城も山城も変わらない。その場所で戦争をしようと思ったら、土地に合わせた城造りをすると思うのです。高さ一メートル程度の土手みたいなもので陣城を造るといった特質が見え始めるのは織田・豊臣段階です。

●使えない陣城の縄張り

齋藤　高木大塚の陣城は使い物にならないと思うくらい低い土塁だけど、小田原合戦の時の豊臣方の陣城とされる三所山はもう少ししっかり造っているし、韮山の上山田城（静岡県・図10）もしっかり造っている。石垣山城（神奈川県）・肥前名護屋城（佐賀県）の例を出すまでもなく、しっかり造っている陣城はある。だけど肥前名護屋城の諸将の陣所をみると、ここで戦うつもりはないだろうなと感じさせる。倭城も釜山・西浦山城など、ここで戦うしかないという勢いを感じる反面、林浪浦城のように戦うつもりがあるのかを疑わせる城もある。陣城といっても織田・豊臣段階の中で両極に分かれている。

中井　賤ヶ岳合戦では、縄張り図を見れば、玄蕃尾城だけでなく、田上山砦（図11）や東野山砦など城はたくさんあるけども、現場に行くと玄蕃尾城（図12）の規模は全然違う。玄蕃尾城は城として使える陣城だけど、田上山砦や東野山砦は土塁の高さは一メートル程度で、戦う気があるのかと疑いたくなるし、同時に造っているのにこの差は何なのか、という疑問はあります。

この使い分けは何なのか。縄張りを技巧的にするのだっ

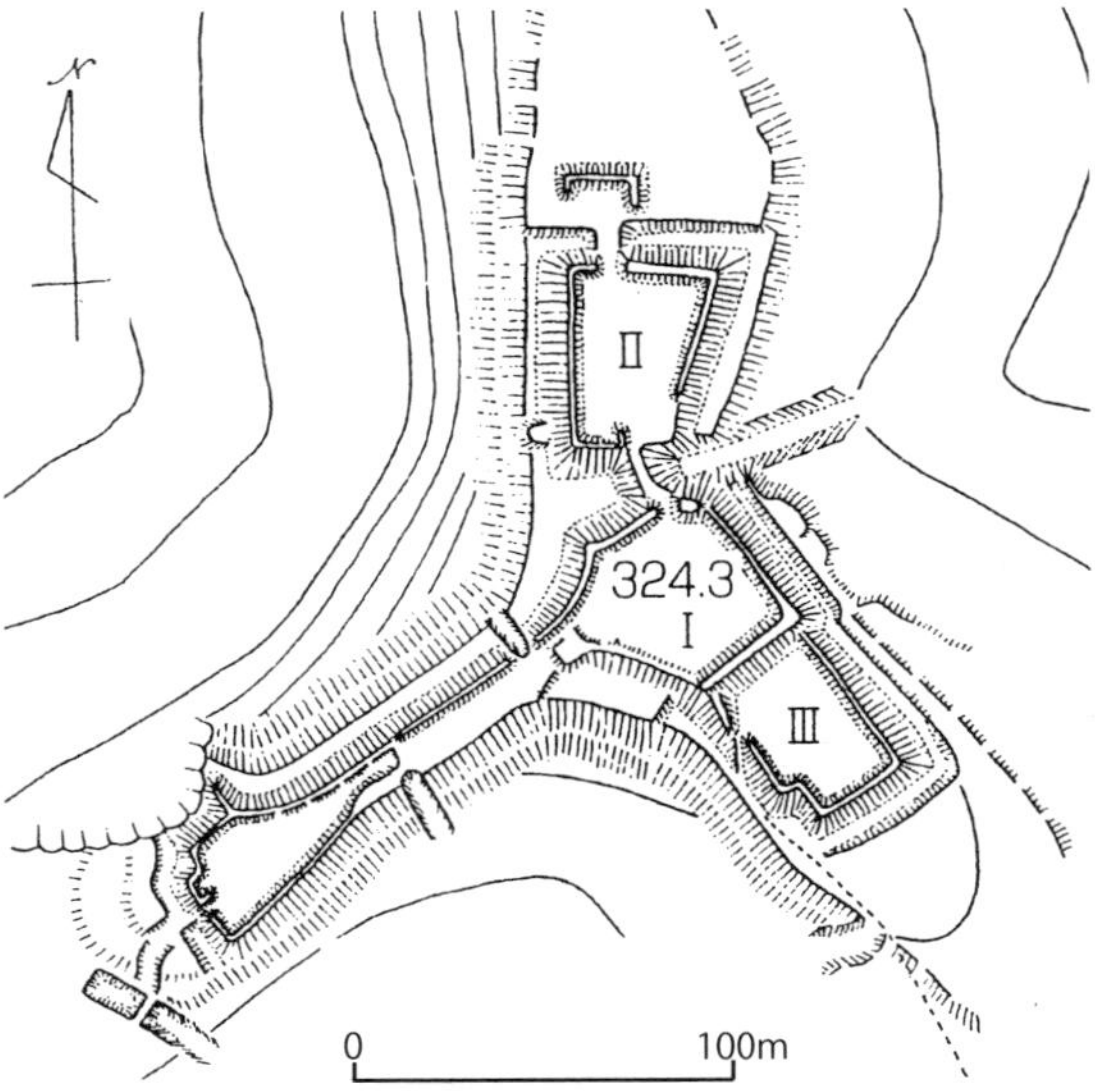

図11　田上山砦（作図：中井均）

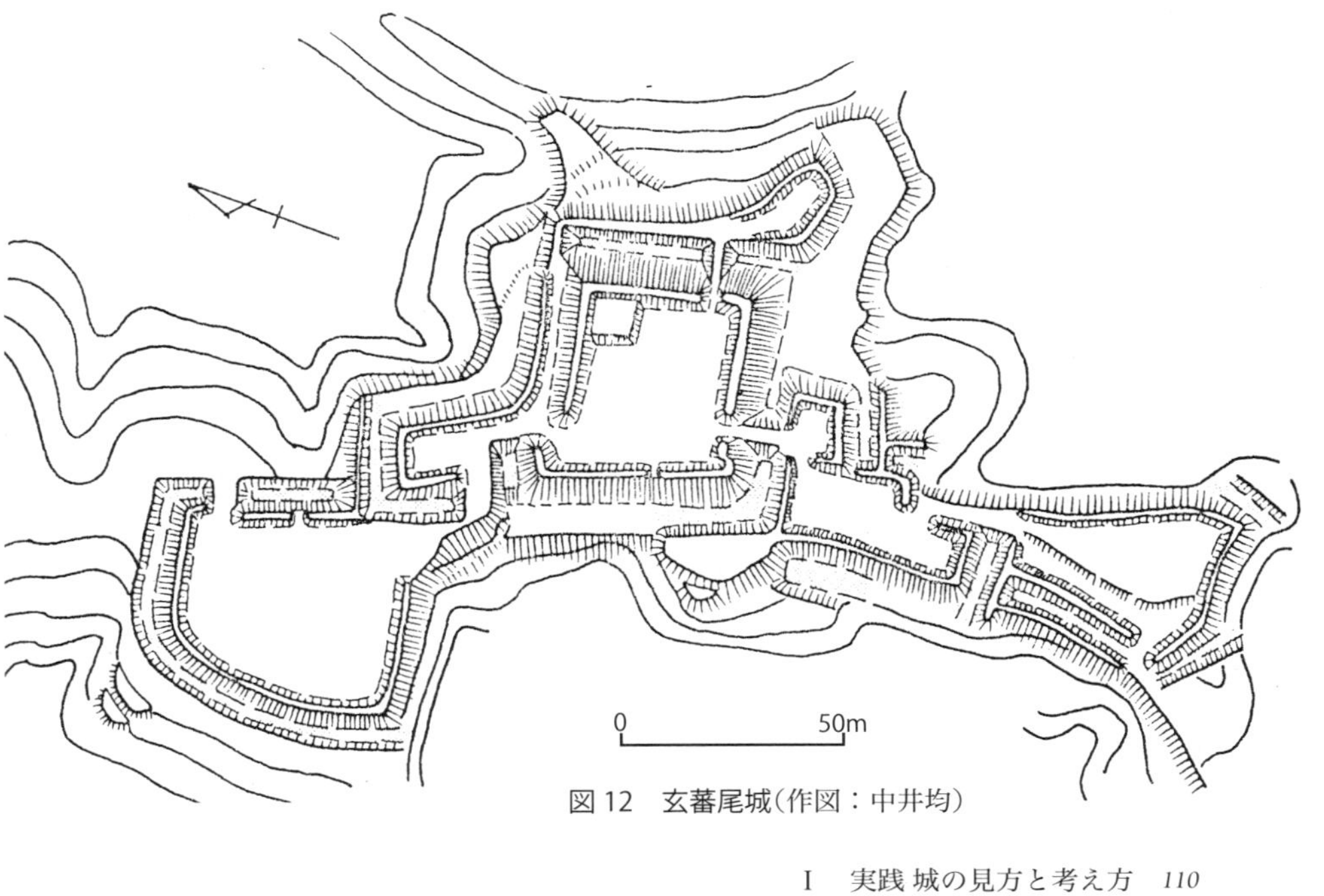

図12　玄蕃尾城（作図：中井均）

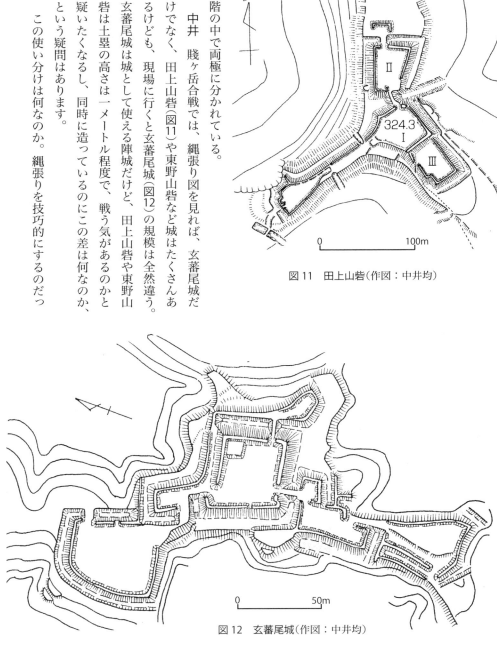

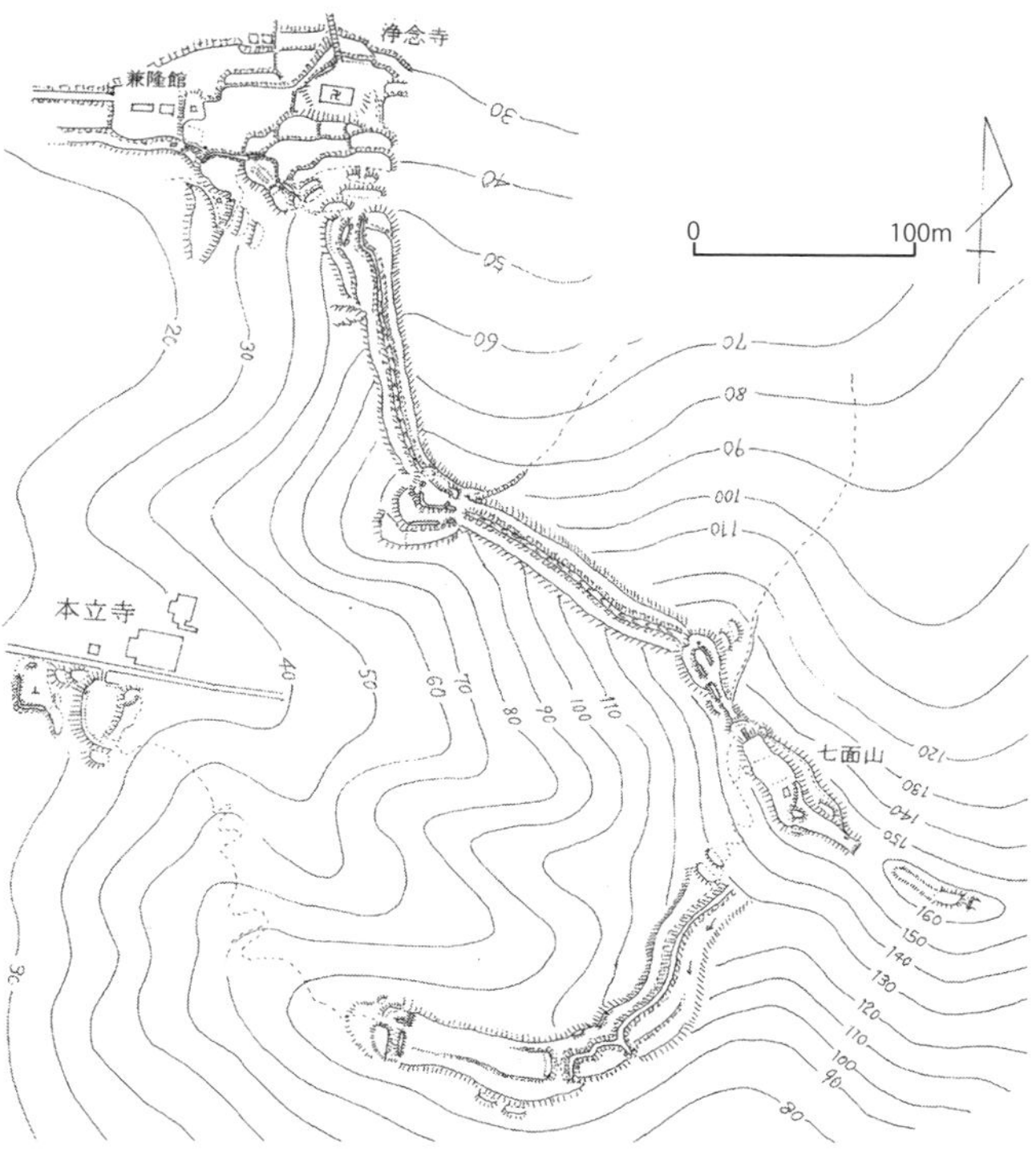

図 13　本立寺の陣城（作図：土屋比都司）

たら、もっとしっかり造ったほうがいいのに、なぜそうしないのか。これまでの縄張り研究はそこまで追求してこなかった。横矢がかかったテクニカルな城で、この時期に見合う城造りだという指摘だけで終わるので、本当に使えるのかどうかという議論はなかった。

飛び越えられる土塁を、なぜ造るのか？　侍大将クラスがいるのだから、権威の象徴として造ったのではないかと想像するけど、それなら技巧的に走らなくても方形の土塁でもいいのに、なぜこんな縄張りを造る必要があるのか。苦肉の案ですが、守り手もここまで相手が攻めてくるとは想定せず、数人の夜襲に備えるだけで、本気で敵と戦うつもりは毛頭ない、最低限の安全保障として造ったのではないかと思った。

齋藤　秀吉の小田原攻めの際に配置された韮山の陣城の取り巻き具合をみると、秀吉の命令で堀を掘り、土塁を造るのだけど、今の残っている山城部分だけをみても、本立寺の蜂須賀氏の陣城（図13）は危機感あふれる竪堀や土塁を造っているのに、少し外れると危機感が抜けているのではないかと勘ぐりたくなるような陣城が多い。最終的には陣城にいる人の生命の問題だから、危機意識を反映しているのでしょう。

――「攻められる心配もない、夜襲に備えるくらいだから高木大塚の陣城を造った？」

中井　敵が一人、二人くらいが来ても、この折れから鉄砲で撃てるだろう、という程度でしょう。高木大塚の陣城に五〇人で攻められたら守れないから、敵勢は数人しか考えていない。

●攻城戦の東西差

齋藤　籠城戦のとき、攻め手と守り手の間には圧倒的な人数差があるというけど、攻め手は圧倒的な人数で来るのに、高木大塚の陣城に入れる人数はすごく少ない。侍大将クラスの権威みたいな空間でしかなく、籠城戦として考えると、高木大塚はどれほど機能をするのか。本立寺の砦をみても、塁線を造る中で途中に郭らしきものがあって、そこだけ二重堀になっている場所もある。でも、その中に入れる人数は数人程度です。

中井　岡山県の津山に岩屋城という城があって、そこを攻めた宇喜多氏側の陣城群(図14)を見学したのですが、岩屋城の周囲三六〇度にぐるっと土塁をまわし、急斜面の尾根筋にも全て土塁と堀を入れていた。そして何百メートルか置きに、きれいに方形の横堀をめぐらす陣城を造っているのです。その陣城を見て思ったのは、方形の陣城だけで平場は一〇メートル程度で一〇人もいれば満杯です。この陣城で何がしたいのかを考えると、攻められる岩屋城の立場で見れば、三六〇度囲まれたという恐怖感を与えるために造ったのではないか。敵に見せるための陣城です。

攻められる岩屋城(図15)も一か所だけ斜面を方形に区画したところがあり、そこに一二本、幅五メートルほどの畝状竪堀を入れていて、それが設計したように真四角に収まっている。その畝状竪堀も攻め手の宇喜多氏に対して、畝状竪堀があるから攻められないぞと見せているのではないか。お互いに見せあいっこしているのではないかと思ったのです。

宇喜多氏がつくった土塁は、岩屋城からみると、延々とまわしている土塁が立ち上がってみえるけど、宇喜多側はダラっとしている。土塁というより尾根を切ったような感じです。岩屋城からすると、そそり立つような土塁が延々と見えるので、やはり心理戦のようなものがあるのかなと思うのです。三木城からどれくらいの数の陣城が目視できたかわかりませんが、まわりを囲まれている脅迫観念はあったと思うのです。

齋藤　囲んだことを見せることに意味があるわけですからね。

――「ならば方形でもよさそうだけど、なぜ塁線に折れひずみをもたせるの?」

中井　三木に限らず、たとえば有岡城攻めのときにも同じタイプの陣城を使いますし、どんな小さな城攻めでも造

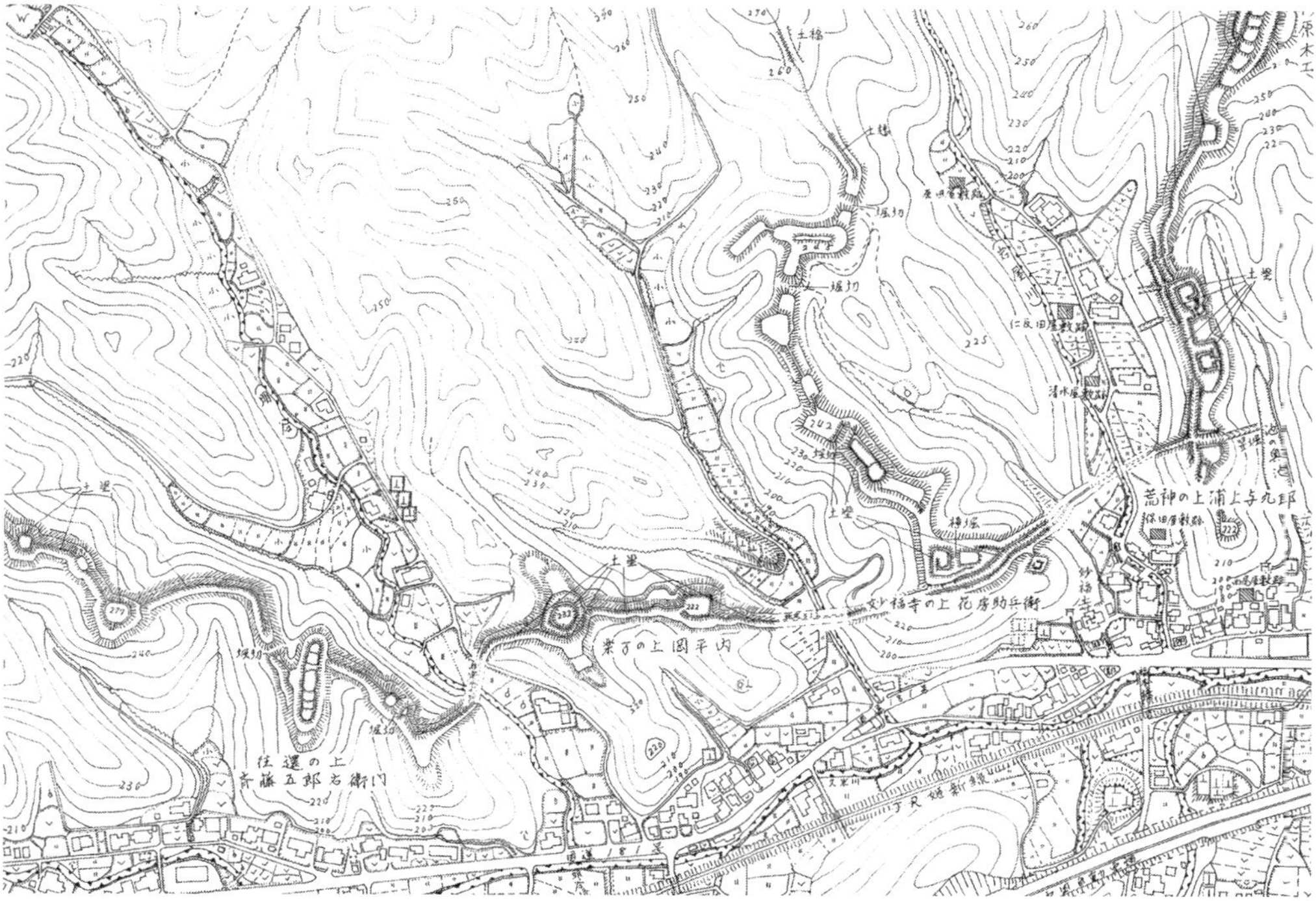

図 14　宇喜多氏の陣城群（作図：山方省吾）

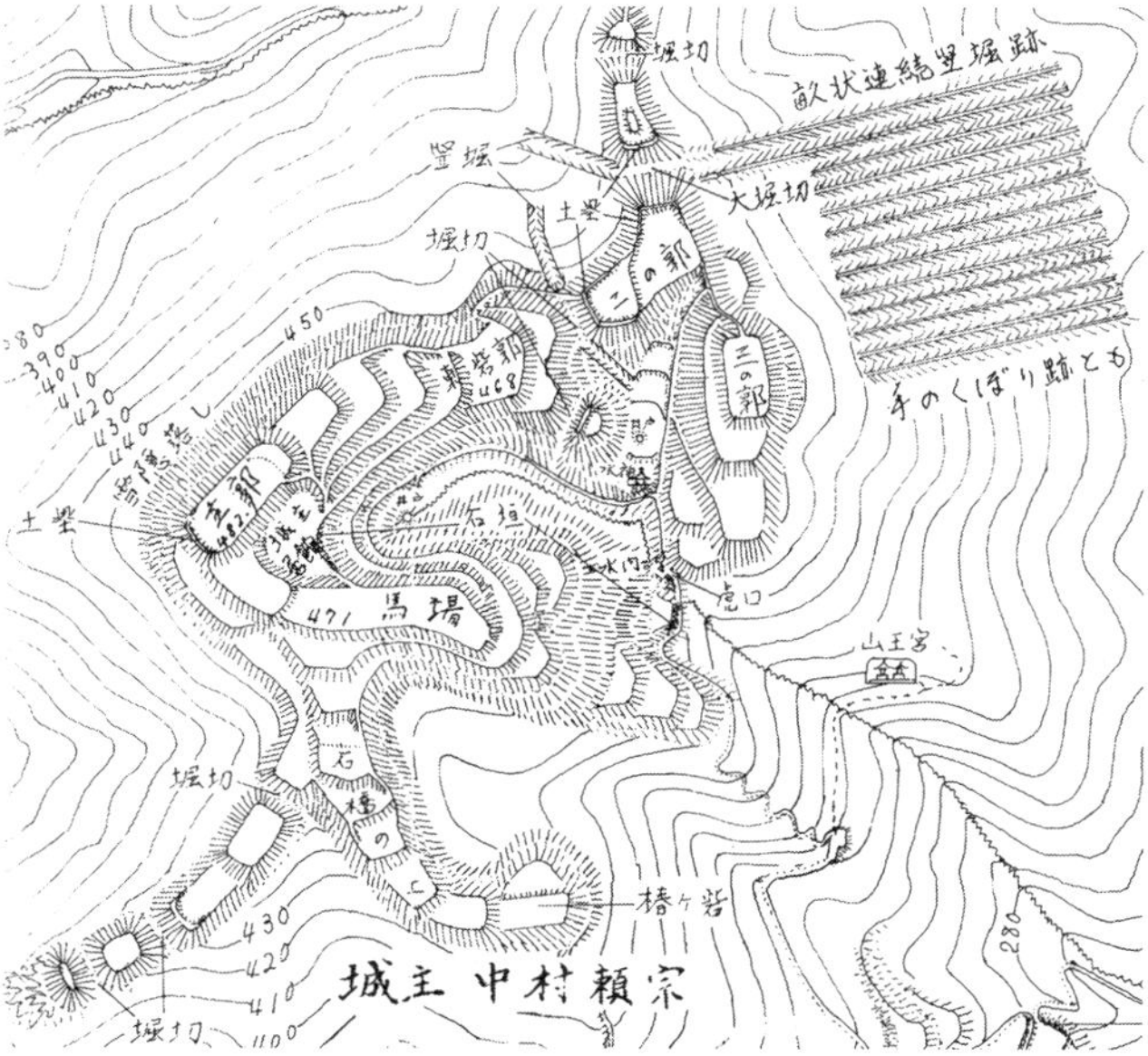

図 15　岩屋城（作図：山方省吾）

っているのです。その労力・時間を考えれば、なぜそこまでするのかわからない。

初現的な陣城は、元亀元年（一五七〇）の浅井氏方の佐和山城を織田方が攻めるときに、四つの取手（付城）を造ったと『信長公記』にあるけど、そのうち二つは残っているのですが、馬出を持つような城で、近江の在地の城とは全然違う。ただし、『信長公記』には「鹿垣を結わせた」とあるのです。遺構としては確認できないので、「鹿垣」は柵だったと思う。それがバージョンアップして三木では多重土塁になり、鳥取では土塁になるのだろうと思う。

齋藤　賤ヶ岳の陣城が注目された頃、北条氏はどんな陣城を造っているのかと思って文献史料に出てくる文言を拾ったことがあります。一つは永禄一二年の薩埵峠、もう一つは永禄一二年の関宿城攻めの山王の砦に北条氏照が籠って、越相交渉でその砦が話題になることがあった。天正一〇年には若神子の対陣で陣城が築かれました。天正一七年の足利城攻めのときに氏照が付城を造った史料もあるけど、織田や豊臣のような陣城がみつからない。

薩埵峠は比定地があるけど構造的によくわからない。山王砦は現在、寺院になっているのですが、方形に土塁があるらしい。正保絵図にも直線的な方形区画が描かれて、砦の場所なのかなという感じです。ほぼ同時期に織田・豊臣が陣城を造っているのに、北条氏に関しては若神子の対陣の折の陣城はいくつか確認できますが、陣城がよくわからない、関東に似たようなものが見えないのは不思議です。

中井　毛利氏にしても天正の初めころに、尼子氏再興を掲げて尼子勝久と山中鹿之助が籠った上月城をめぐって、織田軍と毛利軍が戦うわけですが、そのうち毛利氏の陣所がいくつかあるけど、普通の山城です。技巧的な築城技術が導入されることもない。高松城攻めの前哨戦となった毛

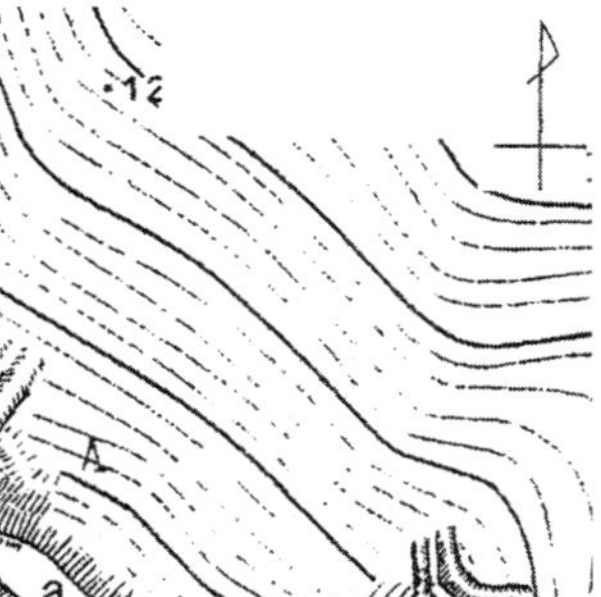

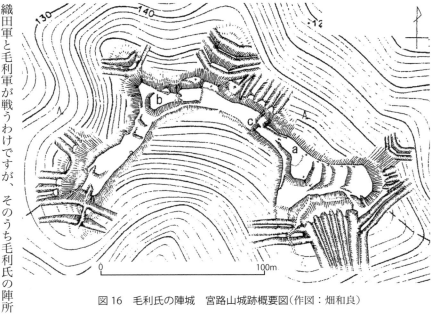

図 16　毛利氏の陣城　宮路山城跡概要図（作図：畑和良）

利軍の宮路山城(図16)も堀切と竪堀群を駆使した技巧的な縄張りの陣城だけど、織田・豊臣の陣城とは全然違う。毛利の陣城は、普通の小規模な山城で、別の地域にあれば、ただの山城としか認識できない。毛利氏は、陣城といっても使い分けができていない。

齋藤　織田・豊臣の陣城は別格です。

●陣城の内実

中井　元亀元年の佐和山城攻めのとき、織田信長が樋口直房という土豪と木下藤吉郎に宛てて、佐和山攻めの諸砦の道具を両人に預けるので、早々に小谷表の普請に使えと命じた史料があるのです。どうやら、織田氏の陣城には造り方のテキストがあって、陣城を造る材木や用材も最初からストックされている。城攻めが終わったら解体し、次のところに持って行く。いわばプレハブです。そうした工夫で経済的・時間的な不合理をカバーしているのではないかなと思うのです。

齋藤　賤ヶ岳でも柴田方の陣所が落ちて、秀吉が接収したときに、小屋掛けを全て片付けろと命じています[NHK大河ドラマ『軍師官兵衛展』図録86]。

中井　元亀争乱のときに信長が浅井・朝倉と和議を結びますが、『言継卿記』に信長が「陣払い小屋悉く陣払い放火」したことや、朝倉義景が「青山以下小屋悉く放火」とあるのです。お互いに小屋を焼いたのを認めたうえで、和議が成立することがあって、その意味でも陣城は重要視されていたと思うのです。

――「陣城の小屋はどんな施設でしょう。陣幕だけ張った吹きっぱなし？」

中井　賤ヶ岳の戦いは、一日の合戦ではなくて、両軍が長い場合は二か月くらいにらみあっている。陣城を構えていたというけど、大将も陣幕のところで楯をベット代わりにして寝ていただろうし、兵は陣所の外で伐った木を小屋組みしていたのではないか。

齋藤　沼尻合戦は天正一二年に小牧・長久手とセットで起こった合戦だけど、関東平野の台地を刻む谷をはさんで、佐竹氏と北条氏がにらみあうのです。場所はわかるけど、現地は開発されたせいもあって、北条側は地名すら残っていない。唯一、佐竹氏側だけに陣所の地名が残っているのです。佐竹氏は長い距離の谷に向かって陣を構えていて、史料でも両軍が沼に向けて城を構えているとある[栃木県史

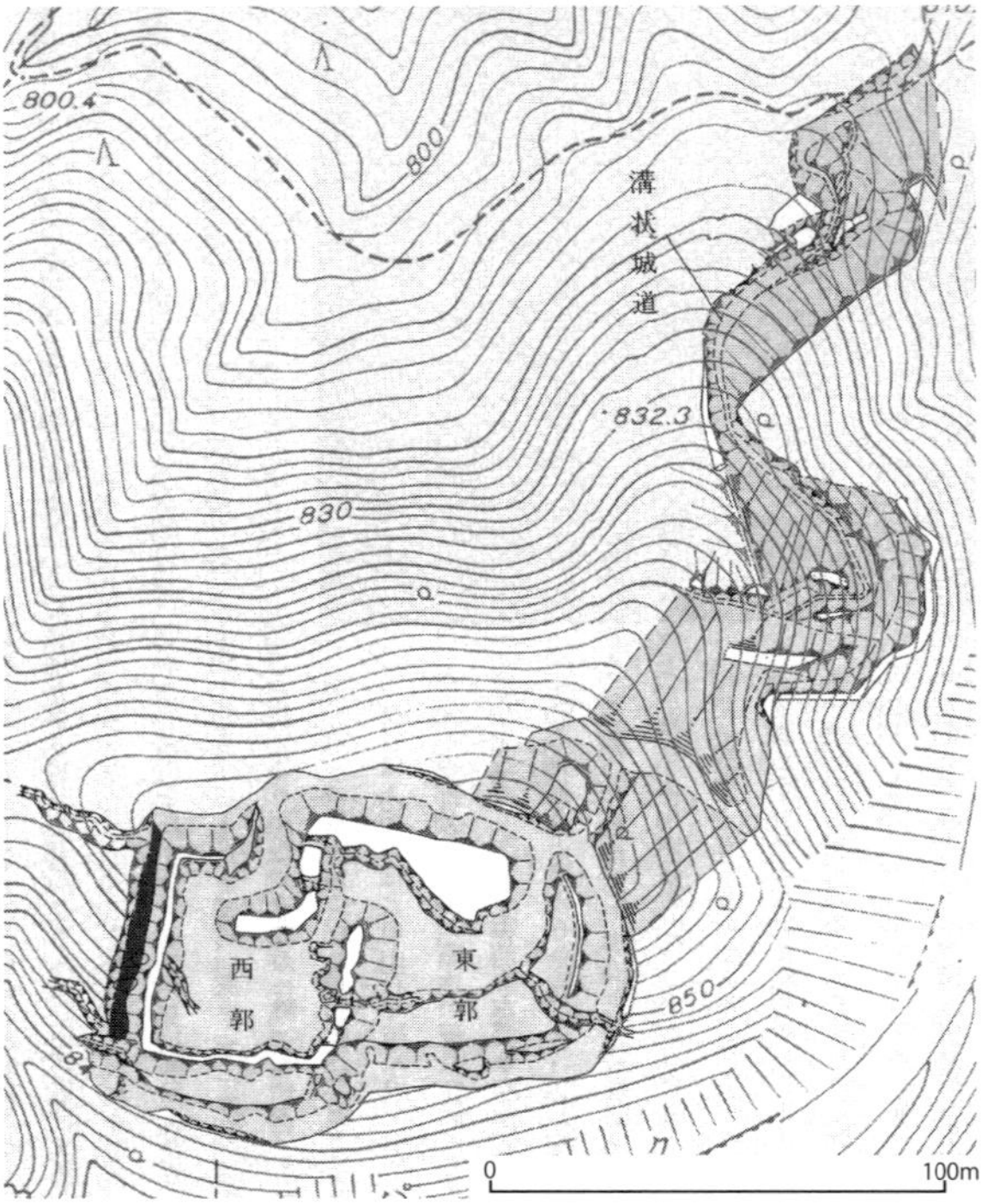

図 17　三所山遺構実測図（小田原市 1995）

三・歴代古案27」。普請した陣所は造ったと思うけど、佐竹側には溝のようなものがあるだけで形にならない。賤ヶ岳とほぼ同時期で、三か月の間対陣しているのに陣城のような施設がない。

溝がある場所は数か所あるので、何らかの構造物はあったと思う。地名は陣の他に木戸口の小字が二か所くらい残るから、陣所を構えていたのはまちがいない。おそらく表面観察では残らない形状の施設だった。北条氏側は地名すら残っていないのは不思議です。

――「遺構だけみて、これは陣城だ、付城だと判断することは不可能？」

中井　織田・豊臣の陣城はわかる。織田・豊臣が全く侵攻しなかった地域では、陣城だと判断できないかもしれない。だけど、その可能性のあるところで、外部の構造がいい加減で、規模が小さいのに、すごくテクニカルなものが使われている場合、近隣の軍事的な緊張関係を調べ、天正年間に秀吉軍が侵攻していることがわかれば、その遺跡は秀吉軍の陣城ではないか、といった当てはめ方は可能だと思う。

齋藤　小田原の三所山（図17）もそうです。石垣山と箱根の中間地点にあって、小田原城攻めとは無縁の場所だけど、テクニカルで小さくて、北条氏の城とは思えないという例もある。

――「小さいというイメージは、どの程度のサイズですか？」

中井　高木大塚は異常に小さい部類で、一辺三〇メートルくらい。

齋藤　小田原の三所山はもう少しあるかな。とにかく、

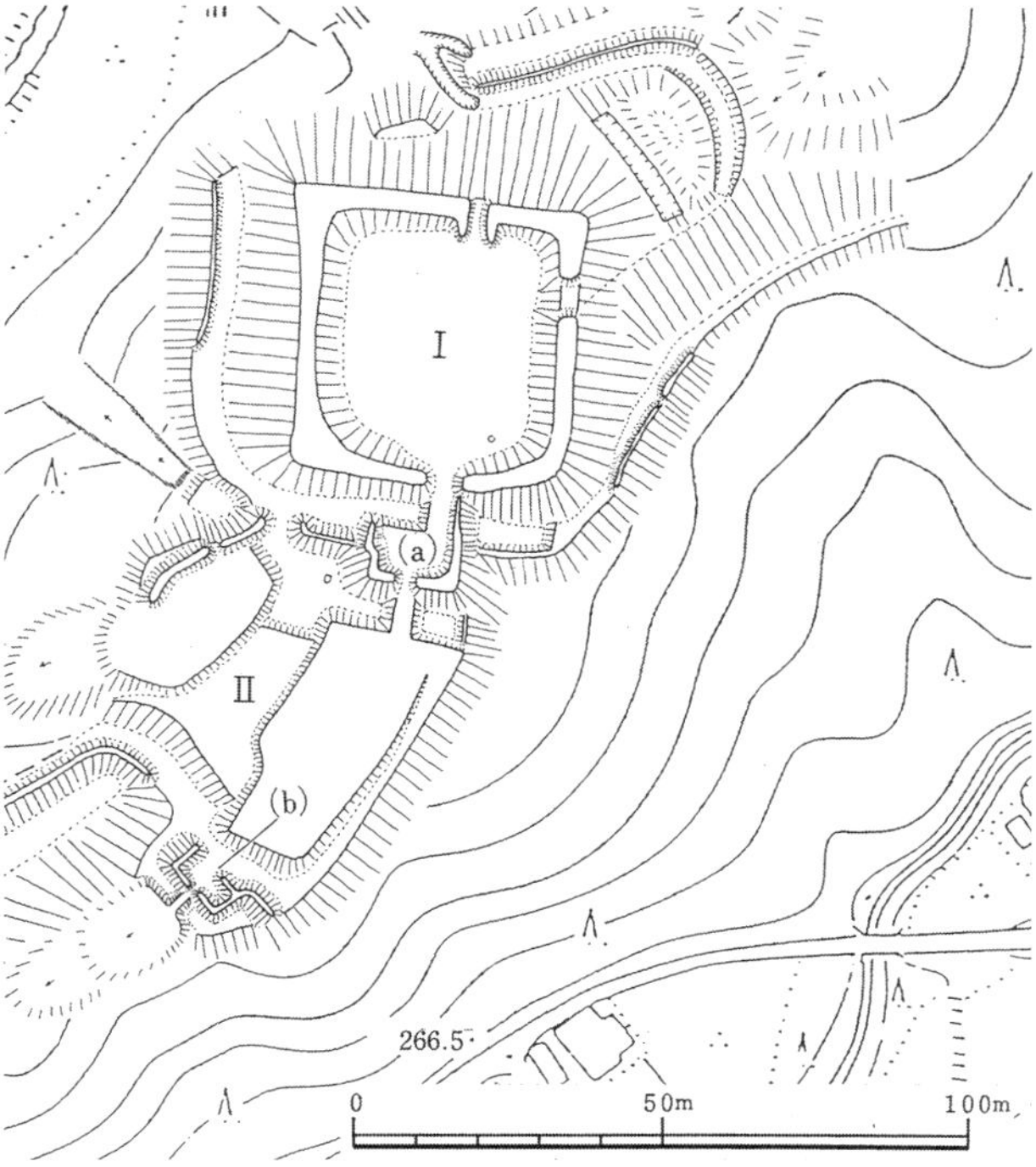

図18　土山城(作図：中井均)

いけど。

誰もが豊臣方の陣城だと疑っていない。もちろん記録はないけど。

中井　西日本で縄張り研究をしている人は、豊臣の陣城ではないかという城をいくつも発見しています。単に城攻めだけでなくて、部隊が移動していく中で秀吉が陣を敷いたのではないかという場所もある。

――「それは単郭なの?」

中井　甲賀の例では単郭に馬出がつきます。近江の甲賀郡に土山城(甲賀市・図18)があるのですが、地元の伝承では在地土豪の土山氏が築いたものだと言われていた。ところが、現場を見ると方形単郭の甲賀型に馬出をつけて、さらにその前に枡形虎口もついている。甲賀に三〇〇例ある単郭の事例に、馬出と枡形をもつのは土山城しかないから、甲賀の在地勢力では造り得ないとみて、僕は織田信長軍が元亀元年(一五七〇)に甲賀に入ったときに造ったのではないかとひとまず考えたのです。つまり、在地の甲賀型の虎口に馬出と枡形をつけたのは甲賀の技術ではなく、織田・豊臣の技術だと漠然とした年代観を与えたのです。その後、『長久手町史』で「小牧・長久手合戦史料集」が刊行され、小牧・長久手合戦のときに秀吉が大坂から土山に陣所を造って逗留し、伊勢に抜けて北上するルート上にあたっていたことがわかった。縄張りからみた年代観に近い史料の裏づけがとれたので、土山城は天正一二年の小牧・長久手合戦に伴う秀吉の陣所であることはまちがいないだろうという、導き出し方は可能だと思う。

――「周辺地域に類例がないのが大きかった。」

中井　関西で織豊期以前の馬出はあり得ない。同じように井元城(東近江市・図19)でも重ね馬出が見つかった。元亀四年に甲賀に逃げていった六角義治が比叡山と浅井・朝倉氏と同時多発的に信長をかく乱しようと鯰江城で蜂起します。『信長公記』に「鯰江の城に佐々木右衛門督楯籠ら

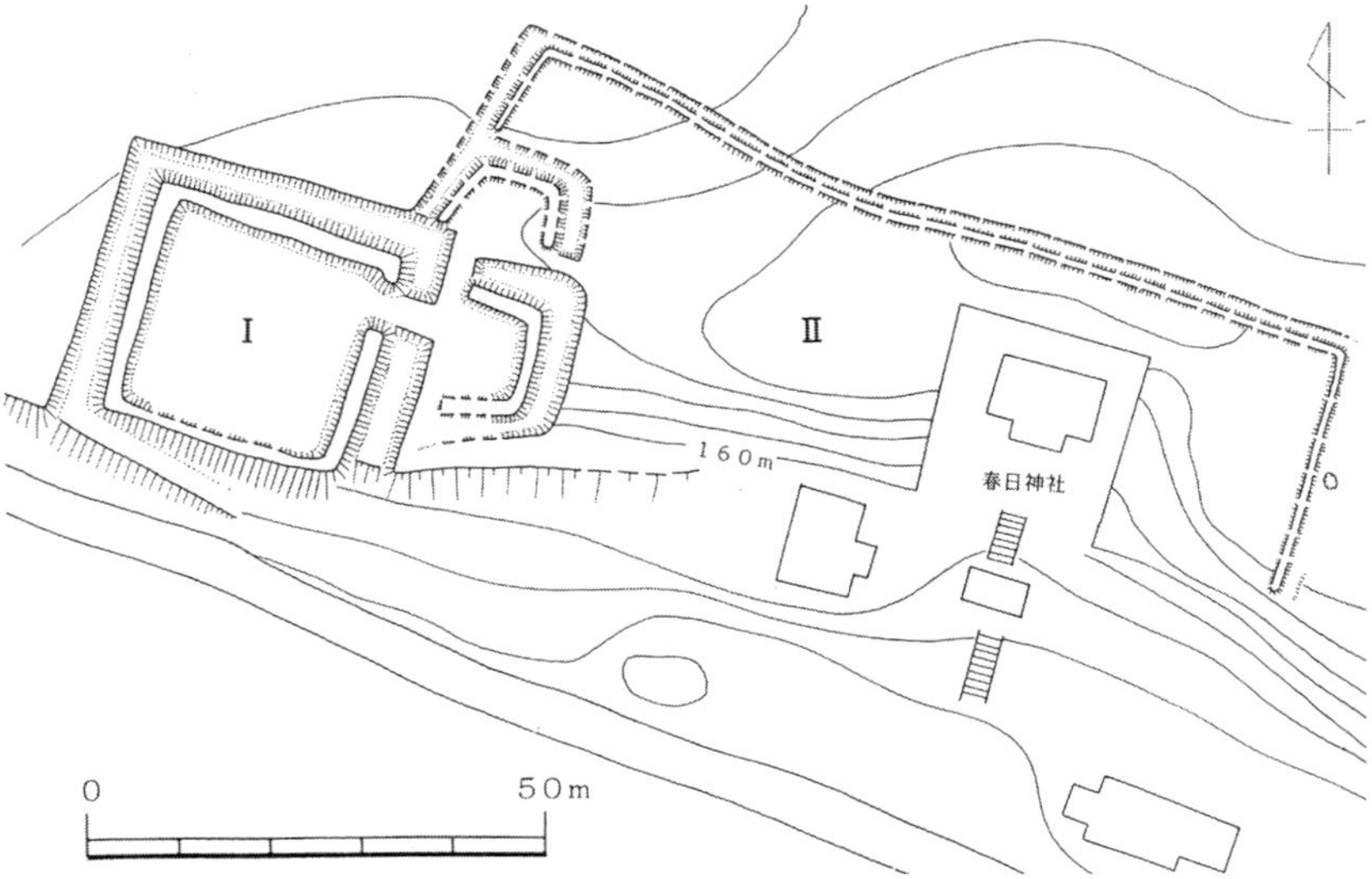

図19　井元城（作図：中井均）

る。攻衆人数、佐久間右衛門尉・蒲生右衛門大輔・丹羽五郎左衛門尉・柴田修理亮、仰付けられ、四方より取詰め付城させられ候」とあるように、柴田勝家や丹羽長秀らが鯰江城のまわりに四ヶ所に付城を造っているので、井元城はその一つではないかと想定されている。地元では造り得ないような遺構があれば、織豊期ではないかと想定できる。その次に織豊権力が本当にそのあたりで軍事行動に出ていたかどうかを史料で探して、もし近場にあれば織豊期の城と想定することは可能です。

齋藤　その方法で厳密性を求められると、考古学データが気になるけど、発掘しても何も出ないから、学問的な検証手順としては、中井さんの言った方法が限界だね。

中井　三木城攻めの陣城群でも発掘の結果、遺物は出土していない。三木城攻めの陣城ではないと指摘されてもおかしくないけど、反論はなくて歴史的事実だとして認めている。考古学的に年代を決定する遺物がないので、考古学では時期不明としか言えないのですが、このケースでは縄張りの構造論は年代比定に適用できるのではないですか。

齋藤　縄張りの構造と文献史料のコラボレーションです。複数の条件がそろった時には、それが優先されると考えた

ほうがいい。

中井　陣城から遺物が出ないのも面白いね。片づけて撤収するのでしょう。

――「陣城の特性が遺構から読めるのは、織田・豊臣ですね。」

中井　僕はそう思う。他の大名は普通の城を造って陣城にする。陣城だけの機能に分化するのが織田・豊臣の特徴でしょう。

●陣城の社会的役割

中井　織田・豊臣の城攻めには、点を線にするという攻城のあり方もある。なぜそうした城攻めばかりをするのか。力攻めをすれば、自軍にも戦死者が出るけど、取り囲むことによって敵勢を降伏させ、戦死者をゼロにする戦争をしたかったのではないかと思うのです。脅して降伏させる。小谷城攻めのとき、「小谷は高山節所の地のため一旦に攻上り候事なり難く思食され」と『信長公記』にある。このため小谷城攻めも三年かけて、虎後前山に陣を造ったり、宮部村と虎後前山の間は路次(道)が悪いので三間幅(約五メートル)の軍用道路を造ったりしている。高山節所だから力攻めすると戦死者がたくさん出て自軍のリスクが大きいので、取り囲んでしまえということになると思う。織田・豊臣の攻城戦は、自軍の戦死者をとにかく少なくしたいというやり方で、時間と労働力を気にしない包囲戦をするのだろうと思うのです。

齋藤　たとえば囲い込んで降伏させるのが織田・豊臣の戦略だとして、数年の間、包囲している期間の年貢収取や流通行為を考えないといけない。敵勢が降伏して戦争が終われば、織田・豊臣は接収して新しい領主として入るのです。三木城攻めでは二年間、別所氏を包囲して城中に閉じ込めるわけだから、別所氏には年貢収取ができない。織田・豊臣は戦争しながら侵略地に新しい支配体制をつくろうとしたと考えられないかな。

そのための役所として陣城が必要だったとすると、塁線をクランクさせるのは、まさに権威の表象だよ。典型的なケースでは、禁制発給が陣城でおこなわれるわけだから、陣城が禁制発行役所のような役割を果たしていたことになる。もちろん、禁制発給だけでなく、商人の出入りもある。包囲されている三木城に行けなくなった商人が、代わりに行く場所が新たに造られた。包囲している以上、通行できない状態にしているのだから、通行免許は当然、必要になってくる。通行免許をもらうために出入りする役所が必要になる。

中井　領民にしてみたら三木城にはいけないね。

齋藤　もともとは別所氏が管理していた道を往来していたのに、別所氏が閉じ込められていた。通行しようとすると豊臣軍に殺される。だから「通っても良いですか」と免許をもらう。そうした関係になるのではないかな。

とても理不尽に感じるけど、戦争で地元に災害をもたらしながら、さらに禁制でもって村から礼銭をとる。たぶん交通も同じです。戦争する資金をその土地から巻き上げる。逆にそうしないと、戦争は続けられない。旧領主が課していた収取も取り上げる。

関ヶ原合戦でも八月二二日に池田と福島が木曽川を渡河して岐阜城に向かうのですが、その前の八月日付でもって岐阜側にあった養教寺に対して、織田秀信は安堵状と禁制を出しているのです。安堵状は権利を保障して敵側に行かないように引き止めるものだし、保護のために禁制を出すのだけど、池田と福島が入ってくると、養教寺はすぐさま両氏に禁制をもらっている。ということは、養教寺は池田と福島にも礼銭を払っている。戦争が起こると、生命を守らないといけないから禁制が必要になって、そこに礼銭が生じるという関係が絶えず出てくると思う。軍事だけではない、政治・社会・経済の側面もみないとダメです。峰岸純夫さんも小田原合戦のとき、宛所がない禁制をたくさん豊臣側が造ってストックしていると指摘しています［峰岸二〇〇二］。

中井　織田・豊臣の陣城が包囲期間中の領民に対する支配の装置だとすれば、塁線をやたらとクランクさせた遺構の形も、権威の表象として理解できそうだね。

Ⅱ　城の歴史に学ぶ

宿でみっちり議論（左：中井均氏、右：齋藤慎一氏）

1章　戦国時代と城の成立

1　南北朝時代の城

●楠木氏関連の城

——「戦国時代の前に南北朝時代の城の実態はわかっているの？」

齋藤　最近、一三三〇年代の城に注目して、古文書に出てくる要害・城などの用語を分析したのですが「齋藤 二〇一五」、面白いことに、鎌倉幕府の崩壊に至るまで「城」はあまり出てこないで、建武政権下になり、室町幕府の誕生に至る間に激増するのです。さらに「要害」の数は少なく、北畠顕家が上洛して北朝方を防ぐときに関ヶ原の黒地で要害を構える史料が三点「『大日本古文書』吉川家文書之二・一〇二七、松江市史1・三三〇、福井県史　東京都二六・朽木家古文書四」、もう一点は新田義貞が京都から北陸に逃げる道筋を押さえるために「要害を警固し」とあるだけです「福井県史　東京都二三・一二」。いずれも街道の関所を軍事化したものを指していて、一三三〇年代の要害の概念なのです。要害はバリケードで住まないけど、城郭は山や寺に籠るのに居所まで移して住む。要害と城の境目は、居住性にあるのかなという印象です。モンゴル軍に対する石築地についても、少弐経資は「要害石築地」「鎌倉遺文〇一二二六〇」と言って命じています。おそらく当時の鎌倉幕府関係での用語なのでしょう。

『平家物語』や『吾妻鏡』の城郭を構えるというのは、川合康さんが言うようにバリケードで、そこが攻防の焦点になる。『平家物語』の一の谷はバリケードで、『吾妻鏡』の二重堀も防御線です。ところが、『太平記』には寺に籠

戦国・織豊期の石垣

る、城郭になった、拠点化されたと書いている。『平家物語』『吾妻鏡』と『太平記』の世界は、城という言葉でも意図している空間は全然違う。『太平記』の前半部分に登場する金剛山城、吉野城、赤坂城、千早城は、完全に籠っている空間として出てくる。つまり、城や要害の造り方や考え方が鎌倉時代の初めと末では全然違っている。

山や寺に籠ると言いましたが、『太平記』にある赤坂城は平地にあるらしいのです。場所は不明ですが、三方は平地で一方は尾根続きと書いてある。舌状台地みたいな場所を指しているのでしょう。

『太平記』の前半に出てくる楠木が撤退して自殺に見せかけて新たに造った赤坂城と後半に出てくる赤坂城は、『太平記』を読むとどうも地形が違う。議論はあると思いますが違う場所、すなわち別の城です。『太平記』には一方の赤坂城については「方四町にたらぬ平城」と書いている。本当に「平城」だったのかどうかはわかりませんが。

また幕府軍が赤坂城を攻めたら壁が崩れて堀が出てきた話があるけど、よく読んでいると、最初に幕府軍が来たとき、「はかばかしく堀なんども掘らず、ただ塀一重塗りて、方一、二町には過ぎじと覚えたる」とあるのです。堀もない、急ごしらえだという記述です。こうした叙述を読むと、とても山城とは思えない。平地城館の造り方を応用しながら、舌状台地の要害性を利用したという話です。

――「考古学で確実に南北朝期のものだとわかっている例はある？」

中井　笠置山の背面の堀切が一四世紀です。

齋藤　笠置山と吉野は山城で、もともとは寺院。千早城も山城だね。『太平記』では途中で記事が終わるから、千早城が寺院だったかどうかはわからかない。しかし『太平記』では千早城は落ちていないし、山城だろうなという叙述をしている。

中井　千早赤阪村には楠木正成が生まれた場所という伝承のある誕生地遺跡(図1)があって、発掘の結果、二重の堀で囲まれた方形館が見つかった。平城に当たるのかもしれない。

齋藤　一次史料の文書には山城・南城と出てくるけど、それが何かがわからない[伊東市史三九九]。少なくとも楠木氏の拠点に千早城と赤坂城があって、平城も南城も出てくる。文書だけでは理解できないけど、鎌倉時代末の城の造り方を考えるとき、楠木正成の城造りは極めて重要なので

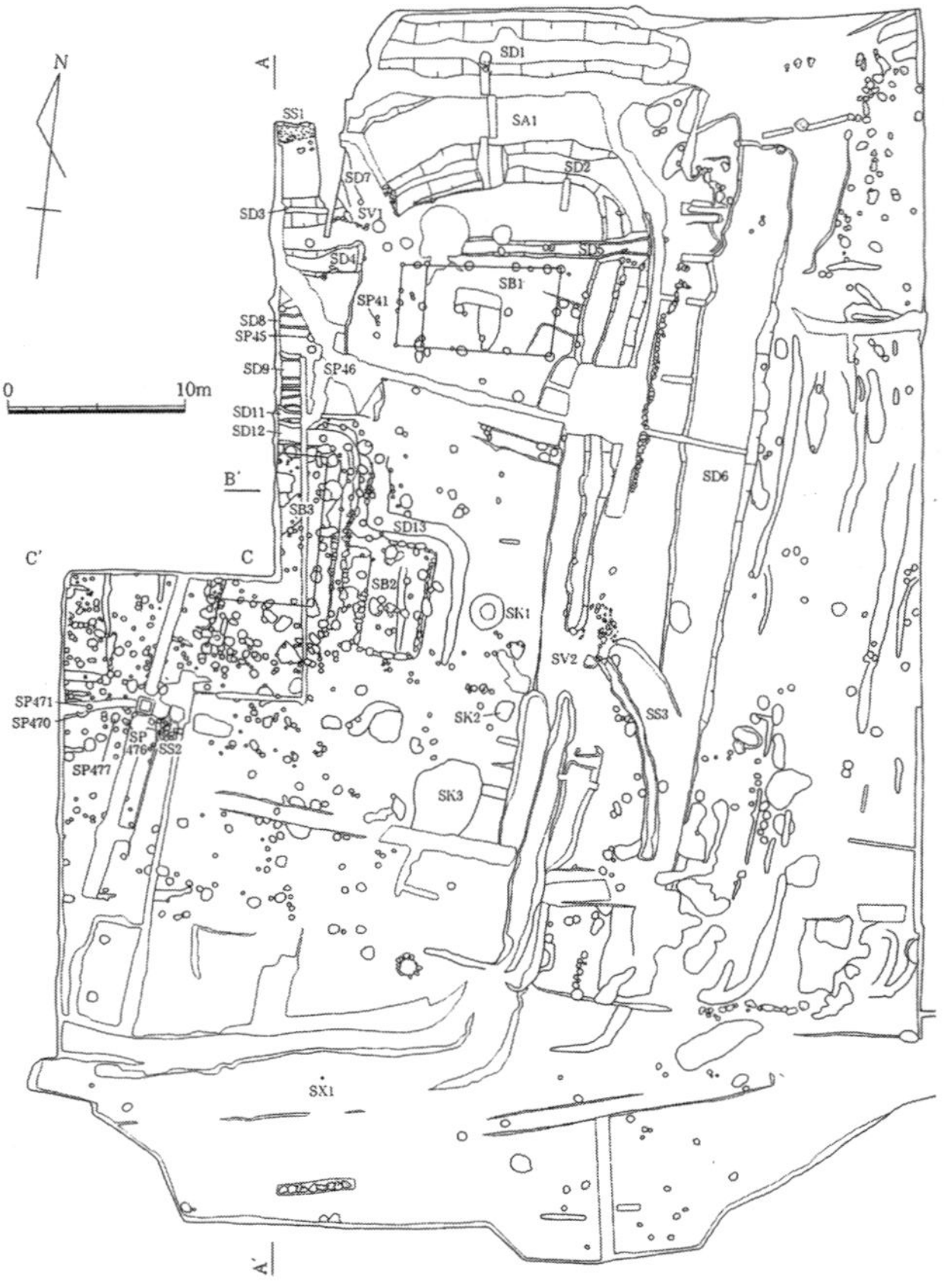

図1　誕生地遺跡(千早赤阪村 1995)

精査する必要がある。

中井　今の上赤阪城跡(別名楠木城)も千早城跡も南北朝時代の城ではなく、戦国の城です。千早城の比定地はまちがいないけど、千早は文献でその後も利用されていることは立証できるし〔『経覚私要鈔』文正元年九月五日条〕、上赤阪も畠山氏が後に改修している可能性がある。

齋藤　楠木関係遺跡は、基本的には戦前の皇国史観の中の指定だから精査したほうがいい。僕も中井さんも戦国の城だと思っているけど、評価は戦前からあまり変わっていない。

――「南北朝の城のイメージがわからない。」

齋藤　南北朝時代はよくわからないのです。史料用語で城の語彙が急増するのは一三五五、六年で、それ以前にはない。その城の実態とは何か。鎌倉武士の館の事例で宮久保遺跡を見ると、平地の中にある建物を柵や溝、垣根でもって方形に囲んでいた。ところが、南北朝時代に入ると、この時代にはまだ土塁はないけど、方形を意識した区画施設が堀に変わる。溝・柵・垣根では対処できないので堀を持つことが城郭化なのかな。そうした変化を確認できそうなのが、楠木関連遺跡です。誕生地の遺跡が方形館ならば、そこが赤坂城の可能性はありますね。

●南北朝期の地域差

――「南北朝期の城は方形館なの?」

齋藤　西日本と東日本では城の構え方が違う。東日本の小山城（栃木県）や小高城（福島県）では、屋敷であったところを要害化していくのに対して、西日本では山地や山林寺院に籠ることが多い。とりわけ播磨界隈はその事例が多く、寺社に入って要害化・城郭化している。東日本と西日本で一四世紀以来の城造りに対する考え方が根本的に違うのです。

西日本で山寺に籠ることが多いのは、単なる山だと自然地形だから平地がないけれど、山寺は要害な場所にあり、平場があって、動ける範囲もあり、登山道も隘路だから、すぐ城郭に転化できることにメリットがあった。それをベースに乱杭・逆茂木を造るのが南北朝時代の西日本の城造りではないかな。京都の東寺や醍醐寺も城郭化するけど、権門寺院を抑えるのとは違って、山寺を城郭化することに意味があると思うのです。山と寺院がセットになっているところに城を多く造るのは、西日本の特色かなと感じているのです。

――「南北朝時代の城に継続性はない？」

齋藤　そこは今後の検証だと思う。そもそも自然地形に頼るから、あまり構造物を造らなかった。山陰地方では島根あたりの言葉だけど「尾頸」という語彙があります。尾頸でもって敵の首を取ったと軍忠状に出てくるのです［熊谷市史二・一・一三二ほか］。「尾」とあるから尾根なので、明らかに山の中です。「首」は地形が細くなっているところだとすると、尾根の中の細くなっている場所で戦闘があった。よく考えてみると、戦国期ならば、尾根の細い場所には堀切があるのに、「尾頸」と地形表現されているということは、普請しないで自然地形に頼っている。だとすれば、南北朝の城は地形に痕跡を残さないし、恒常的に山を使ったのか、放置されていたかはつかみにくい。

播磨の場合は、東寺百合文書で一四世紀から毎年城普請の人夫が白幡山や城山城に派遣されていることがわかる［上郡町史二〇二ほか］。城山城のどこを普請したのか全然わからないけど、文書を見る限り、赤松氏は山城を維持していることが見て取れる。特殊なケースだと思うけど、西日本の山城に対する考え方、山にある寺社とつきあう、普請をしていくことが断片的に見える。だけど、城の構造として把握できるのは戦国期になってからです。

中井　北畠顕家が都に入る際に、繖山の観音正寺に六角氏頼が立て籠もるのですが、六角氏の館は小脇から近江八幡の金田に移ったり、金剛寺に移ったりと、湖東平野を転々としているのです。観音寺城は天文から弘治・永禄頃の城だけど、南北朝から続くわけではなく、戦争が終われば山を下りると思う。平地の居館を転々としながら、一六世紀になると山城を恒常的に維持管理する時代になる。南北朝の城がそのまま継続されるのではない。

齋藤　播磨の白旗山城を一四世紀に普請している例は、

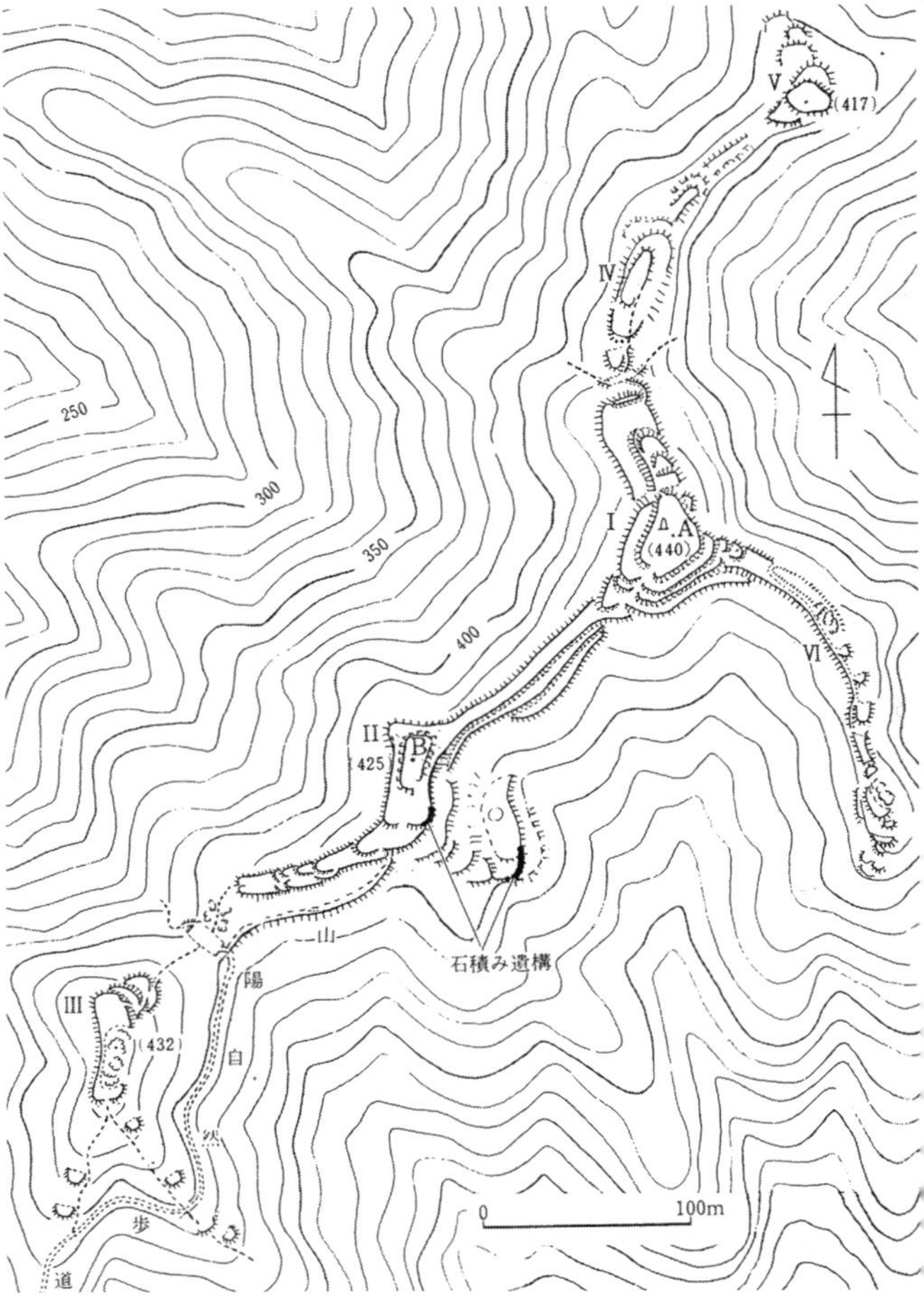

図２　白幡山城（作図：角田誠）

どういうことなのか気になるね。

中井　城の遺跡としては削平地の郭だけで（図２）、戦国期まで継続するのかな？

齋藤　検証できていないね。全くデータがないし、発掘しても解決できないだろうね。

中井　縄張り研究は、一六世紀後半の軍事的に突出した城に注目するから、階段状に削平された郭しかない城は、興味の範囲外に置かれて、検証されなかった。階段状の郭が配置されただけの城が何時の時代のものか、それ自体も検証されていない。

齋藤　神戸の摩耶山も宗教施設で南北朝の城館だけど、地域性を意識しながら古い時代にまで目が向いていなかった。これからの課題だね。

中井　西日本と違って東日本には山の高いところに城がないのは確かだけど、南北朝期には福島県に霊山城がある。多賀城も南朝方の拠点ですが、軍事的な要害性ではなく、古代の国府跡に占拠することが必要だったのでしょう。

齋藤　霊山は南朝勢力が京都の造り方を持ち込んだものですね。

中井　霊山は山寺に国司館を置いているわけだから、南朝のあり方はこうだというのを東北に知らしめる意味はあったのかな。

齋藤　単純に、その造り方しか知らなかったのではと思う。戦うには山に籠るのです。吉野に籠る南朝とパラレルな関係にみえるね。とにかく、東日本の南北朝の城の実態は全くわからない。文献にこだわって整理すると、西日本でも美濃あたりから北九州くらいまでは山寺を好む傾向があって、東北もお寺を好む傾向はあるけど、お堂が出てくる。

どうやら村の鎮守のような場所に拠っていくようです。山林寺院ではなく、小さなお堂が利用されている形跡がある。少なくとも東北の場合、高い山を求める地域ではないので、東北はまた別のあり方をみせる。南九州はまた違う。城造りの歴史を考えるには、地域性を見ないといけないようです。

2　戦国期城館の誕生

●戦国前期の山城

中井　戦国時代は一五世紀半ばの応仁の乱以後に始まると教科書的には言われますが、実はその当時の城は遺跡として残っていない。たとえば一五世紀半ばの山城国一揆に関する城跡も、ほとんど一六世紀に造り変えられているし、確実なのは関西で言えば、『大乗院寺社雑事記』に書かれている一五世紀の文献上の城館像で、遺構で説明するのは難しい。

齋藤　戦国期初めの一五世紀で、要害を構えるとか、城で地鎮祭をしたとか、築城の起源がわかりそうな史料をさらっても、明示するものは決して多くない。遺構にしても後で改修を受けるからわかりにくい。太田金山城は文明元年(一四六九)に地鎮祭をした記事が『松陰私語』にあるけど、今の城が文明の頃の築城のままとはとても言えない。文明頃の遺構が残っているかどうかもわからない。

一五世紀の遺跡が残るのは、静岡県の横地城(図3)です。文献史料で一五世紀中頃の戦国時代に入った頃に築城され、

図３　横地城　縄張り図（作図：齋藤慎一）

文明八年（一四七六）に落城し、それ以降も使われていないと判断されています。考古学的にも一五世紀の遺物で終わっている。横地城の麓にある殿ヶ谷遺跡が館跡・屋敷地だろうと考えられ、そこから少し離れた山の上に要害が造られていた。鎌倉時代以来の在地領主である横地氏は、ある時代に要害を造って戦国時代の初頭にブツンと切れる。

横地城の特徴は、土塁がなく、虎口が明確でないこと。さらに東の城・中の城・西の城の分立した三つが集まっていることで、ヒエラルキー構造ではなく、一揆構造と考えられる造りだった。山麓には三か所の屋敷地が散在していて、山上にも三つのエリアをとっていることと一致しているのです。そうしたところから、戦国後半の城の構造ではないと考えるのです。

横地城と対になる城が勝間田城（図６）です。勝間田氏も鎌倉期以来の在地領主ですが、勝間田城には連続堀切があって、その部分が武田氏の改修だろうといわれていた。かつては横地城も武田氏の城とされたけど、勝間田城も発掘調査の結果、大窯第１段階の出土がなく、古瀬戸様式から大窯様式に変わる前の一五世紀第４四半期の編年基準となる遺跡です。

図4　横地城の山麓部(溝口 2014)

中井　横地城の縄張りをみても、統一されたデザインではない。独立性が強い尾根ごとに分かれた郭とダラッとした平場があって、文明年間くらいを下限にしてもおかしくない。尾根の先端部分に堀切はないし、一〇メートルにも満たない小さな郭が連続するだけです。

この段状の郭は郭といえるかどうかも問題で、段切状の壁のようなもので尾根を遮断しているのです。郭は兵の駐屯地とか居住地とされるけど、この段では無理で建物はまず建たない。

齋藤　戦国期の始まりの城が横地と勝間田の二例です。横地城の山麓にある殿ヶ谷遺跡が惣領の屋敷跡で、伊平遺跡に庶子家がいて、寺院などが谷の中にあって、横地一族の空間があった(図4)。戦国期になって要害が必要になって山城を造るという領主の展開が良く見える空間なのです。

それに対して、勝間田城は山奥にあって、中心地は穴ケ谷城だと思うのです。穴ケ谷城は広い郭取りをした城で、その一角に屋敷地名が残っている。近くの小仁田薬師には平安期の薬師如来が祀られているので、この周辺が中心地であることは確かです。「中」の地名が大事なのですが、中心地から山奥の勝間田城に移っている(図5・6)。本拠

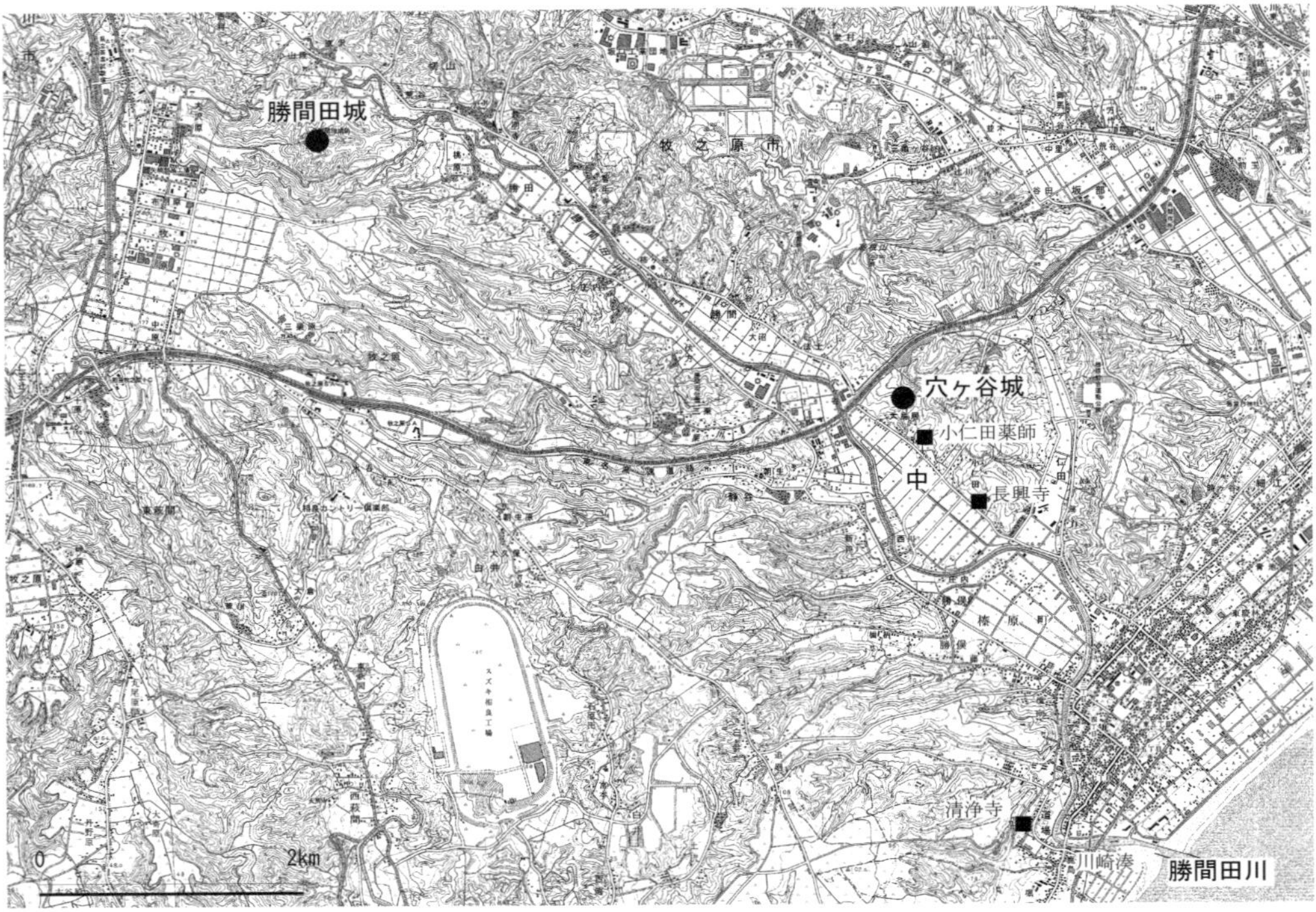

図5　勝間田城周辺図（溝口 2014）

の空間は穴ケ谷城周辺に形成したことは見えるけど、調査が進んでいないのでよくわからない。勝間田城だけが集団移転したように、ポツンと山の中に城を造っている。

勝間田城と横地城を比べてもわかるように、横地城は麓の屋敷群から少し離れていて、有事の際に籠った感じがしますが、勝間田城はそうではなさそうです。戦国の始まりの中でも、城の造り方は一様ではないということだと思います。

中井　勝間田城の東尾根の連続堀切は城のイメージが持てるけど、二の曲輪・三の曲輪は主郭より大きくなって、居住性がある。

齋藤　堀切はハッキリしていて、本曲輪にも居住空間がある。三の曲輪の前にあるのは横堀で、二の曲輪・三の曲輪は団地のように造成しているけど、本曲輪とは遺物が違っていて、本曲輪には陶磁器の威信財が多い。

中井　城の中で、遺物から階層差がわかる事例は珍しい。

――「西日本の例で一五世紀だといえる遺跡はないの?」

中井　横地・勝間田城以外に、一五世紀の城で遺構として確認できるものはない。一四世紀の南北朝期の例は笠置山で堀切が検出されたり、平地の城なら日置荘城のような

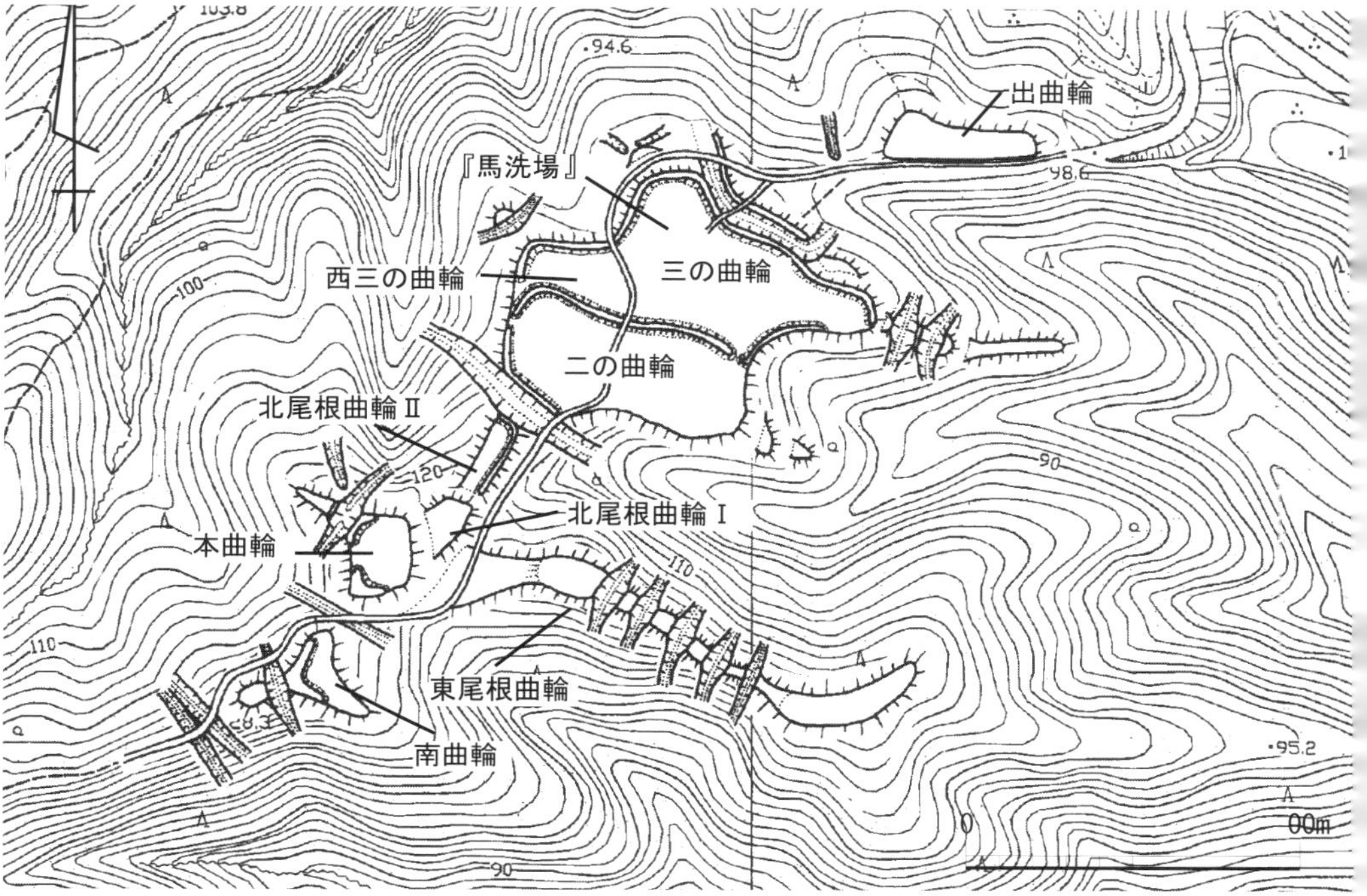

図６　勝間田城概要図（溝口 2014）

方形館が一四世紀で終わっているものがある。窯の生産地と消費地のタイムラグはあるかもしれないけど、一六世紀前半で終わっている遺物しか出ない城はある。一五世紀後半は、山城が恒常的に造られて、人工的な防御施設が伴う戦国の山城ができる時期だろうと想定しているけど、遺構としては空白の時期です。基本的にその後も継続して使ってしまう。

齋藤　横地城や勝間田城など、東国で考えている国人層の存在に匹敵するのは畿内の中では見つけにくい。中国地方では、熊谷氏や山内首藤氏、吉川氏、毛利氏などはいるけど、個別の領主について本拠の空間の分析はまだ丁寧ではない。中国地方の国人領主は山城自体を南北朝時代の初頭から使い続けている。当初は臨時で使っても、後から絶えず使い続けているから、ブツンと切れない限り遺構はわからない。畿内・西国では戦国の始まりを城の遺構から語るのは難しくなるね。

中井　兵庫県の中尾山城は全面発掘した遺跡ですが、丘陵上の自然地形に制約されず方形館タイプの非常にコンパクトな城を造っています。遺物は一六世紀前半で終わっています。最近、一五世紀末から一六世紀初頭の遺物しか出土しない山城の調査事例が増加しています。

発掘ではないけど、国人一揆関連の文献で城の使い方がおよそわかります。伊賀の国人が立て籠もった水主城は、一四九九年に落城するのですが、『鹿苑日録』に「城中の東南の烽が挙がらず、鐘も鳴らなかったのでうるさくなかった」［明応八年九月二六日条］とあって、地籍図には「城の内」地名も残っていて、水主村の真ん中に方形館がある。一辺五〇メートル強くらいの方形館にのろしがあり、鐘撞堂があったのです。特殊な施設でも何でもないということが水主城で言えるだろうと思うけど、今の現存している字の「城の内」が一五世紀の状態をそのまま残しているかというと、一六世紀になっても水主氏は存続しているから何とも言えない。

●守護は山城を持たない

齋藤　一五世紀段階は山城の遺構自体が空白だけど、守護クラスの拠点にも山城は見つけにくい。播磨は分郡ごとに拠点が置かれていますが、守護所として山城を造ることはないようです。美濃の分析も同じで山城が登場してくるのは少し後です。

中井　周防の大内氏にしても館の詰め城は、高嶺城といわれているけど現存する高嶺城の遺構は毛利氏段階の山城です。守護が山城を構えるのは、守護が戦国大名になるケースで、しかも戦国期後半にならないと山城は出てこないのではないですか。

齋藤　戦国期前半に守護の山城は出てこない。今川氏は賤機山（図7）の評価次第ですが、見た目は古い感じの城です。丸子城にしてもかつては今川氏の城だとされていたけど、僕は徳川段階の城だと思っている。丸子城のような城を造っているのに賤機山は寂しい城なのです。逆に丸子城を今川氏の城だと考えられるのであれば、駿府の本格的な要害はない。

中井　高知空港の開発に伴う発掘調査でみつかった田村遺跡は、土佐守護細川氏に関わる遺跡で田村館を中心にした方形区画の屋敷はたくさんあったけど山城がない。だから戦国前期の守護クラスは山城を持たないのではないですか。あったとしても今川氏の賤機山のような天然の要害を利用する意識かな。

齋藤　伊勢の北畠氏もそうだし、愛媛の河野氏でも湯築城を山城だという人はいない。

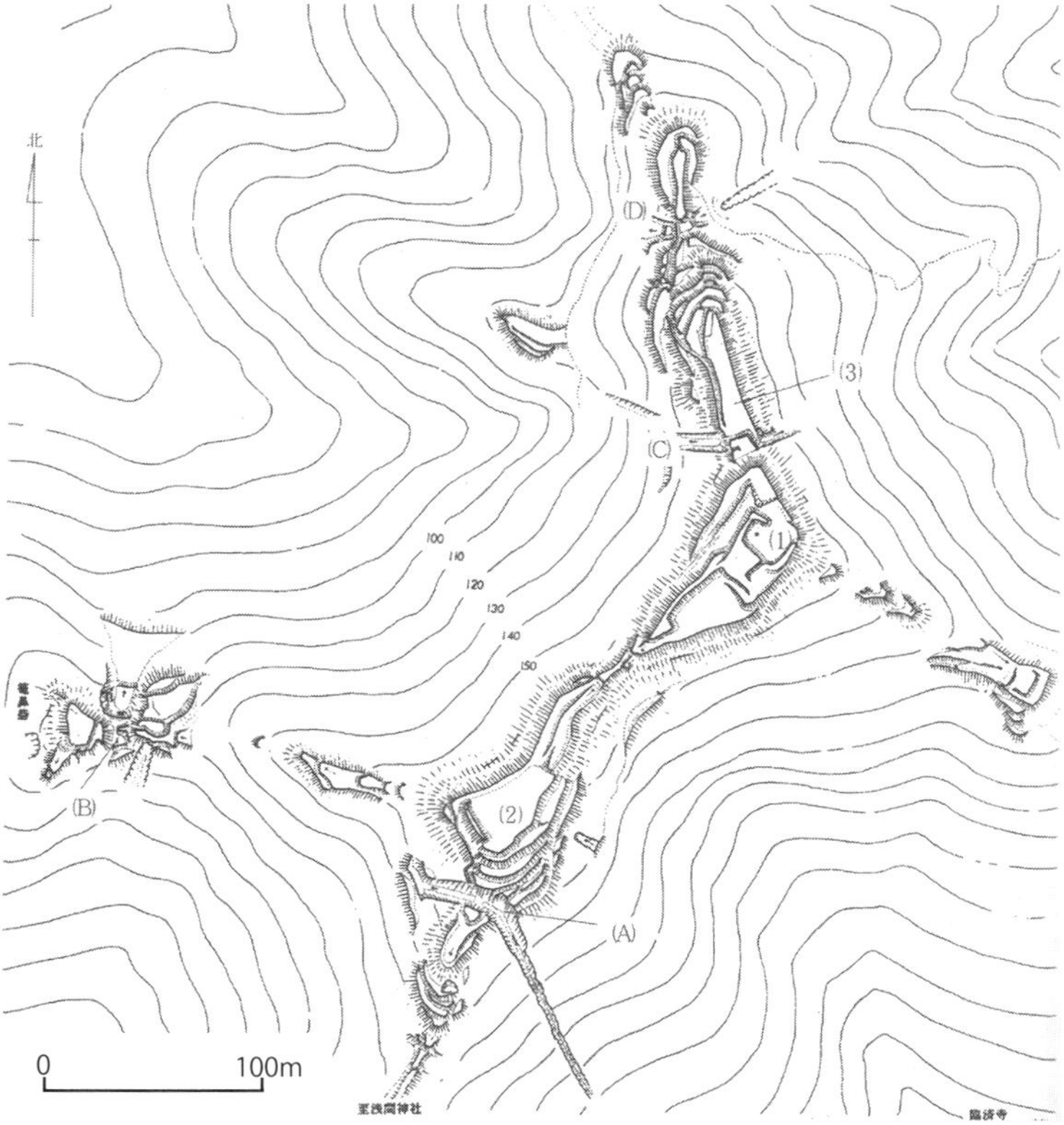

図７　賎機山城縄張り図（静岡古城研究会 2012）

中井　豊後の大友氏も高崎山城に移るのは大友宗麟の段階だから、戦国期の後半です。

齋藤　いったい、誰が一五世紀の山城を造ったのだろう。上野の新田荘についても由良氏が一五世紀に城を造っていることは文献で確かめられるし、真壁氏も文書で「要害を作ることは私に対する追善と考えよ」［真壁町史料Ｉ・三五］と書いているくらいに、要害を造れと言っている。荘園規模・郡規模を押さえている連中は山城を造る、ということですかね。具体的に遺構がわかるのは、横地城と勝間田城のみになる。当たり前のように戦国期になれば山城ができると思っていたけど、こうして点検してみると微妙ですね。

中井　山城は上位権力が造るものではなくて、在地から造られるのですよね。

齋藤　そういう感じになりますね。

——「戦国前期の城のイメージは？」

齋藤　横地城・勝間田城のタイプはあるけど、よくわからない。

中井　考古学でも標準になるような城は、横地・勝間田だけでしょう。古墳と違って山城は後もずっと使われ続けるというのが特性なので、応仁・文明の乱直後くらいに落城して、以後も使われていない城が調査で発見できない限り、何ともいいようがない。

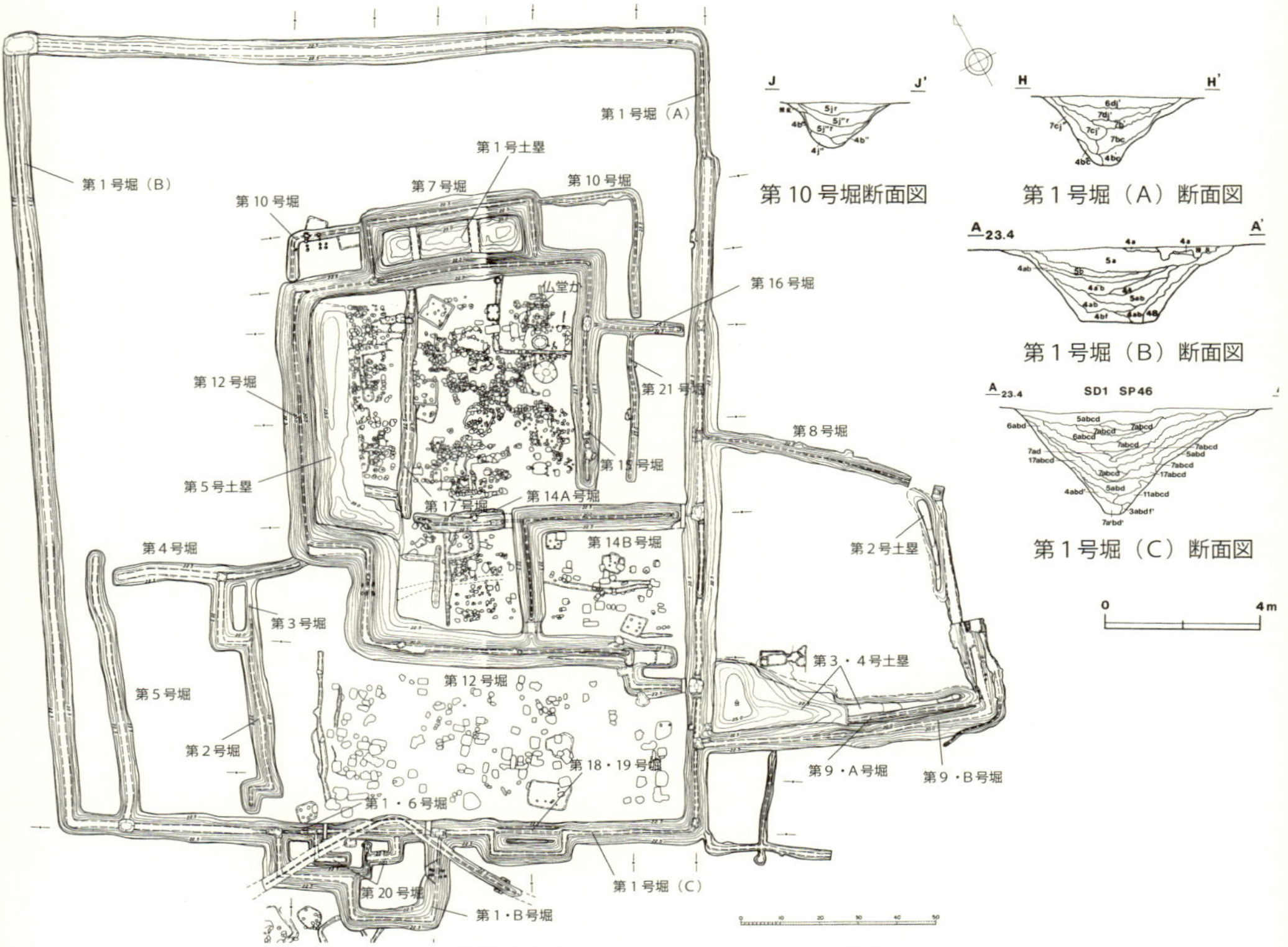

遺構全体図

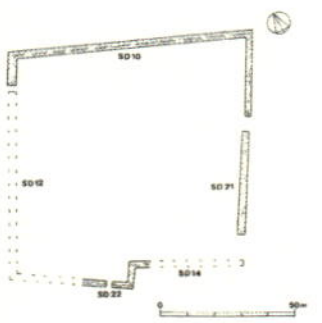

第Ⅰ期

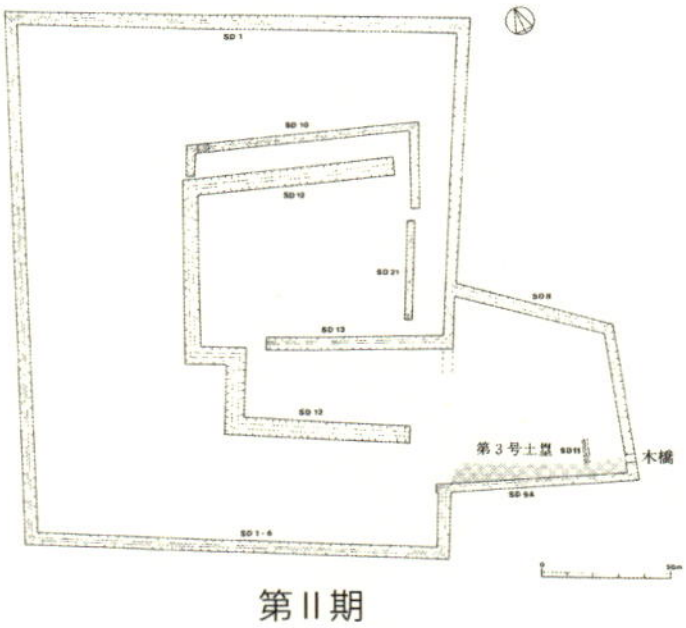

第Ⅱ期

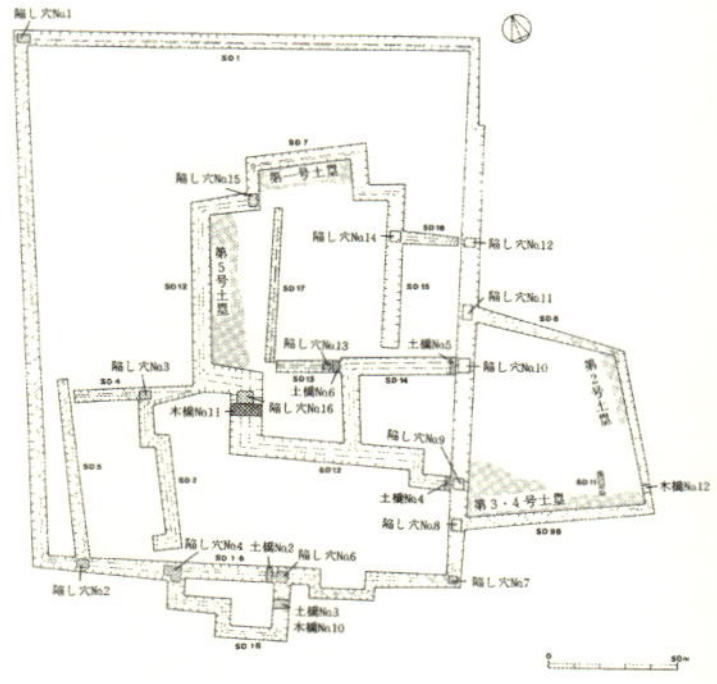

第Ⅲ期

図8　屋代B遺跡（広瀬 2014）

●一五世紀の平地城館

齋藤　一五世紀は難しい。現象面として山城は見え難いけど、関東の平地の城は一五世紀にかなり展開している様相がある。イメージとして、もともと平地の城は方形二重区画だったのを、史料用語で「外城」「内城」と言っていたのに、途中で「中城」という言葉が出てきて、三重構成になっているのかと思った。ところが、屋代B遺跡(図8)は二重区画の中に複雑な堀が入り始めて新たに区画を造っている。

屋代城がある地は、常陸国東条庄内で、御家人屋代氏が領主とされている。一九八三年から八六年にかけて発掘調査が実施され、およそ一四世紀から一五世紀の城館と考えられています。遺物の中心は古瀬戸後期で大窯期の遺物は見られなかったようです。また常滑産の甕は一〇形式でした。

報告書では時期は三期に区分する。Ⅰ期は、方八〇メートル前後の方形館と推定されます。続くⅡ期は外郭に東西一六六メートル、南北二一二メートルの外堀を構築したと考えています。そして、Ⅲ期は大永三年(一五二三)の合戦と関連する時期とする。概して、「北条氏によって方形の『館』が造られ、永和三年(一三七七)屋代氏の入荘によって城郭として改築され、大永三年に最終的な『回字型』の城郭に発展していった」と評価しています。

このうちⅢ期は文献資料による設定であり、遺物の状況からは確定できないと思います。とするならば、Ⅰ期の方形館の段階から、Ⅱ期には方形二重区画へと変化したことを想定していることになります。しかし、検出した遺構は単純な方形二重区画でないことは、遺構図を見れば明らかです。おおよそ一四世紀から一五世紀のなかで、方形二重区画だけでなく、複雑な折れや区画などを備えた城館へと展開したことになるわけです。

小田城(図9)もそうだと思う。小田城の曲輪Ⅰが主郭で曲輪Ⅱは中城、主郭を囲むような外城があって、その後、少しずつ切り刻んでいって、慶長期になって佐竹氏が整備する。曲輪Ⅸは信太郭といわれていて、もともと単独の方形館だったのが馬出状につながって中に取り込まれていくという変化をたどっている。本来は主郭の方形館があって、その外側にある二重区画で始まったのが、次第に副郭ができて、馬出などの郭を切り刻んで造り出していく。

関東平野の中では、一四世紀頃にあった屋敷地が一五、

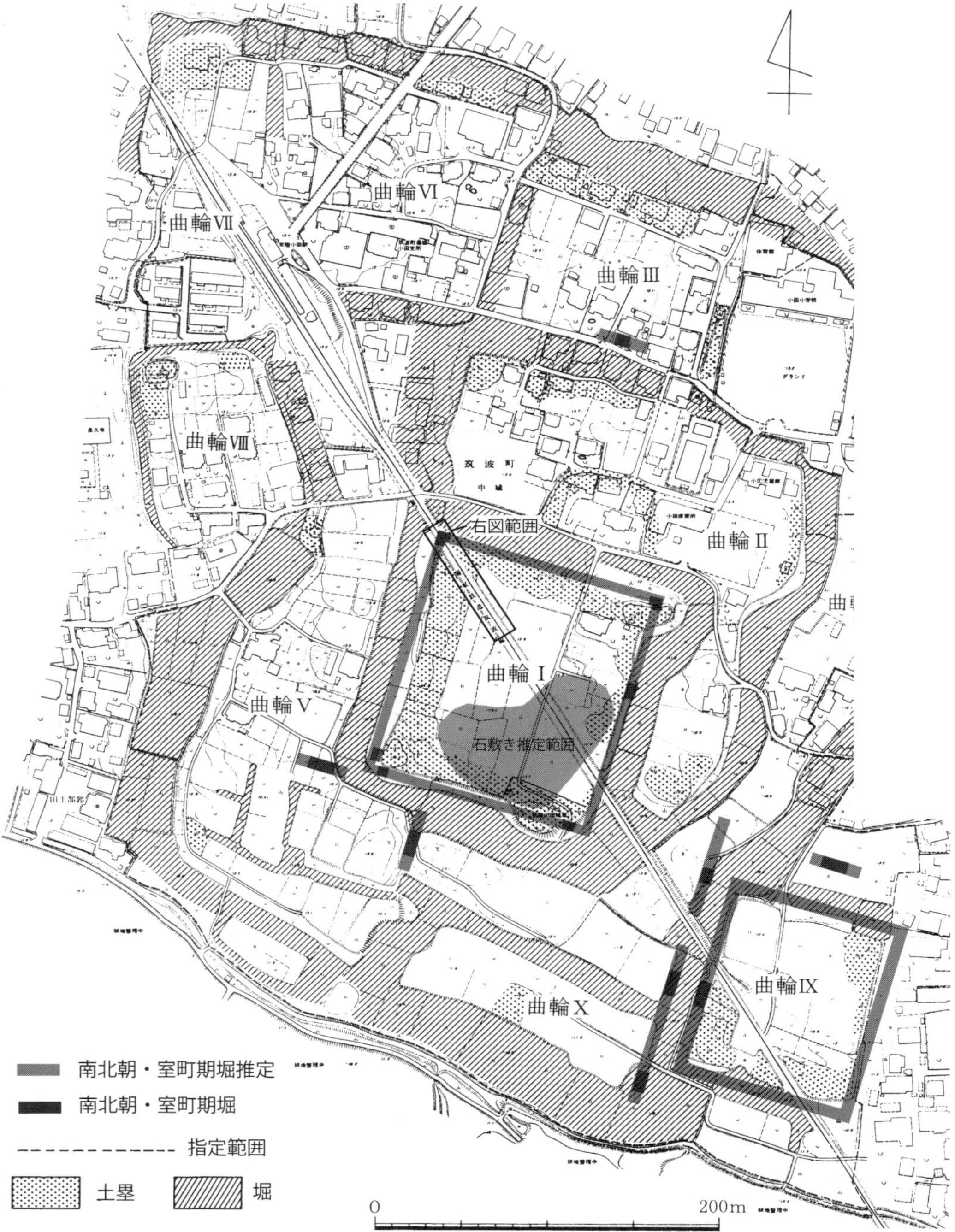

図９　小田城（広瀬2014）

一六世紀に次第に複雑化して切り刻まれていく形で戦国期を迎えていくことが見え始めている。平地の城の展開は、関東以外の地域ではみえないね。

中井　平地にあると館というイメージがあるけど、小田城は城でしょう。平城の認識を持たないといけないと思う。山だけが決して要害ではないので、小田城や屋代B遺跡のようなタイプが居館をコアにして、それが発展して平城になっていくのと、最初から城を意識して造られる平地の城はあると思う。けれども、関西では事例がない。館は一六世紀になっても単郭、もしくは並立する寺院の方形区画があるだけです。小田城や屋代B遺跡のように平地の城が肥大化して展開するタイプは関西にはない。

齋藤　一四世紀段階で方形二重区画を持つ栃木の下古館遺跡(図10)のような例は関西にはないですね。

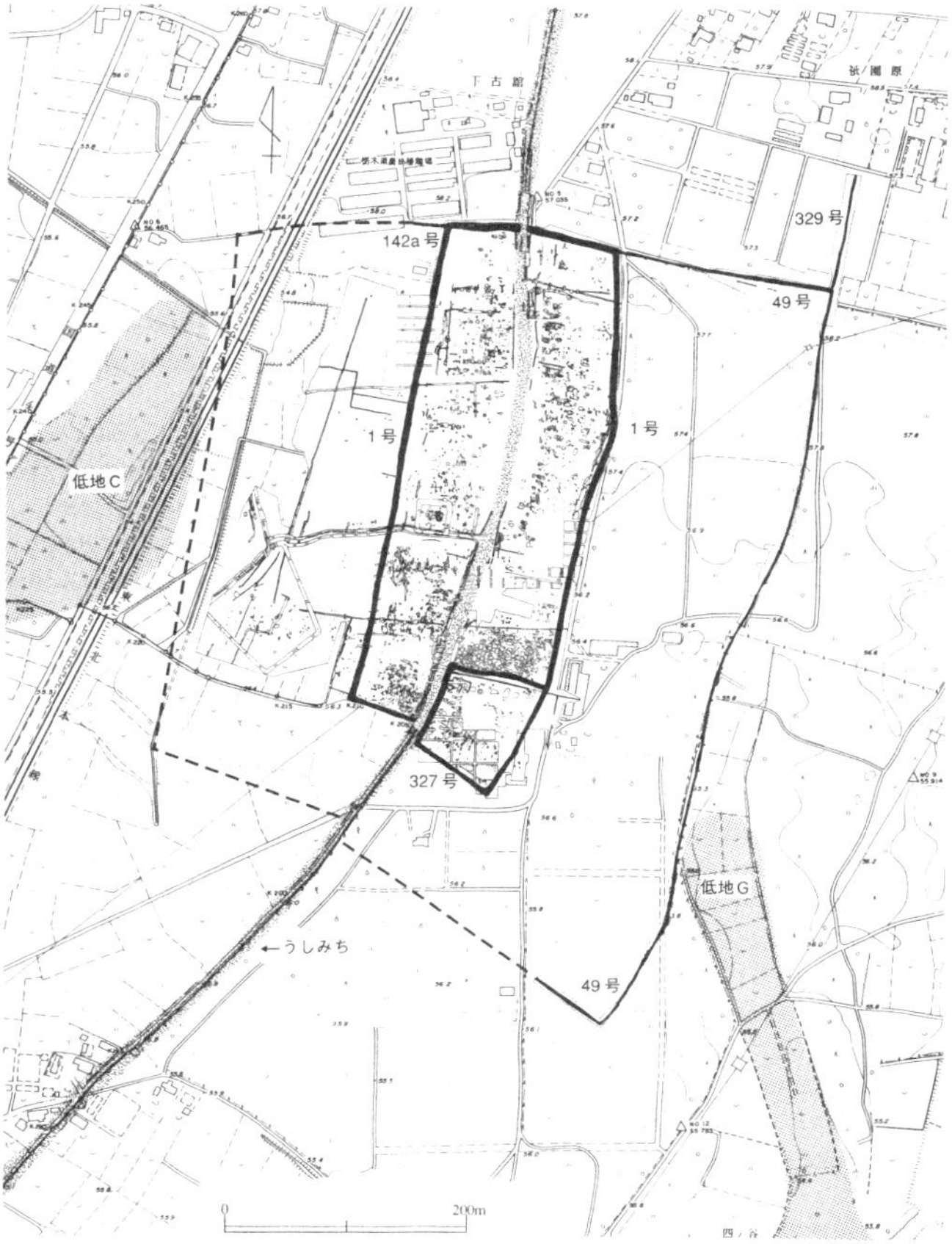

図10　下古館遺跡(栃木県教委他1995)

中井　下古館遺跡のような空間構成をもつ例は関西にはない。

齋藤　戦国期にかけて関東独自の発展の仕方をしているのだと思うのです。小田城でいえば、主郭の曲輪Ⅰのまわりに曲輪Ⅱ・Ⅲ・Ⅵ・Ⅴ・Ⅹの方形の区画が中城にあたるもので、その周辺に家臣団の方形館が付いてくる。

真壁城(茨城県)も同じです(図11)。方形の本丸があって、中城があって、二の丸といっている同心円状の二重区画が別にある。中城は外に付いているけど、外曲輪の使い方は新しく、台地先端の高いところを堀で囲んでしまうのは戦国期後半の造り方です。基本的に

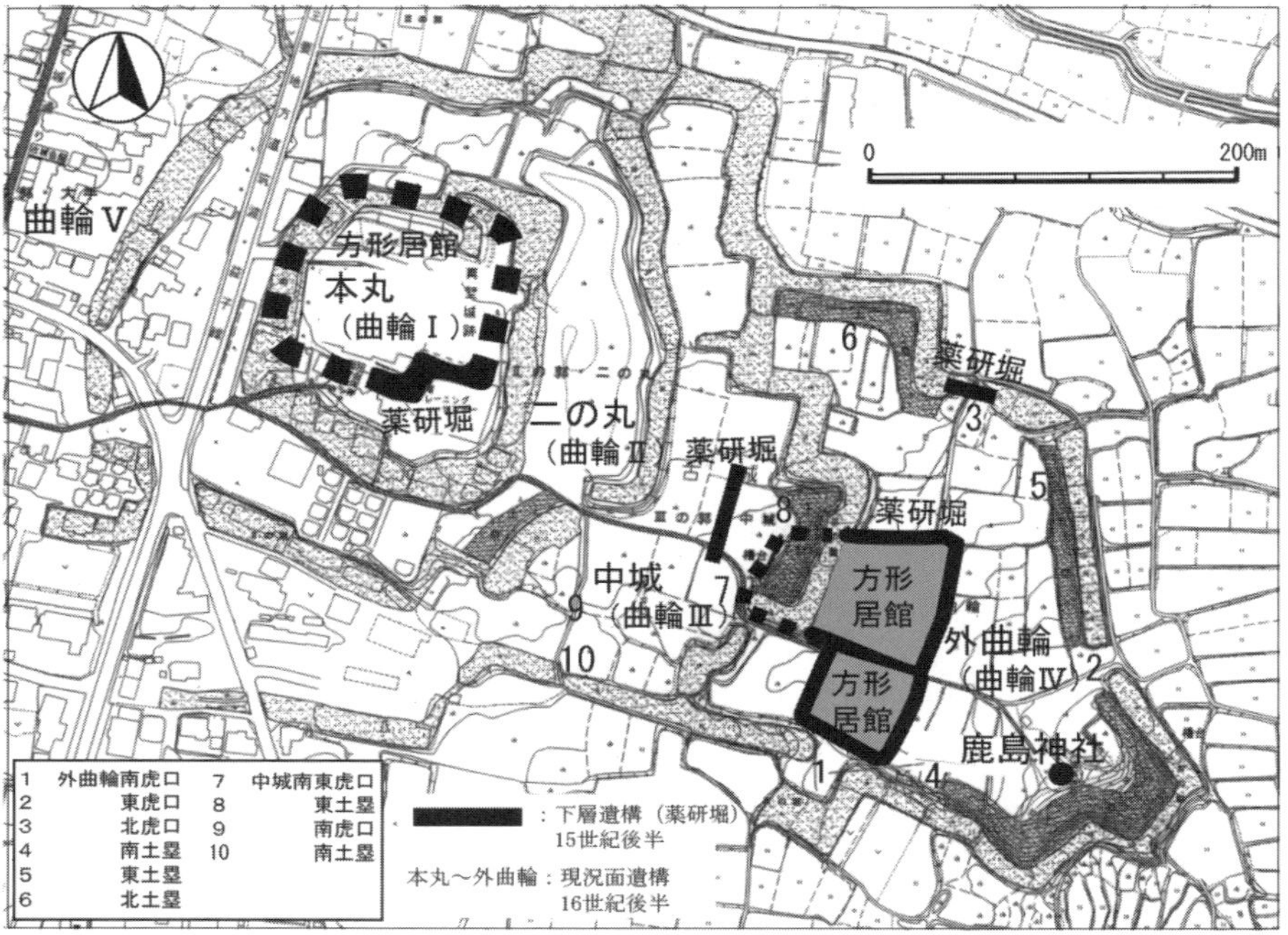

図11　真壁城（宇留野 2007）

真壁城は同心円状の造り方で、一五世紀中頃の段階は、本丸・二の丸・中城だけだと思う。真壁城の場合、最後は浅野氏が使っているから終末の判断が悩ましいけど、堀を大きくしている。

考古事例では常陸国以外は今後の課題のようですが、文献でいえば、「中城」という語彙がキーワードになります。この語彙が発生するのは一五世紀中頃です［館林市史二三七］。この語彙は常陸国以外でも使用されており、平地城館が複雑になっていく様相を語っていると思います。

小田城・屋代B遺跡・真壁城と平地城館が発展していく形は関東独自の展開と考えられるのです。時期は一五世紀中頃からですが、西日本と東日本で平地城館の使い方は違うと思うし、九州も北九州と南九州はまた違う。

中井　一五世紀か一六世紀かわからないけど、佐賀平野あたりはクリークを使いながら方形区画をたくさん持つ城がある。岡山県の山間部の発掘調査では、久田堀ノ内遺跡(図12)は方形区画が中心にあって、外郭に数多くの屋敷地を設けるものが見つかっている。極めて異例です。西と東の違いはあるのだろうけど、新補地頭として関東御家人が西に来たとき、二重区画の方形館を持ってくる可能性はありますか。
齋藤　方形二重区画の遺構は一三世紀後半から一四世紀初頭なので、西遷御家人の問題と直接的にリンクするかどうかは考えないといけませんね。少なくとも鎌倉時代後期になる以前は、堀と土塁で囲まれた方形館は考えなくていい。鎌倉期の地頭渋谷氏の屋敷が発掘された宮久保遺跡(埼玉県)をみると、柵だけの開かれた屋敷施設で堀や土塁がない。絵画資料のイメージでは『法然上人絵伝』や『一遍聖絵』に描かれた武家屋敷にも溝しかないのです。かつては、絵画資料の溝はデフォルメされた堀ではないかといわれたけど、現在はリアルなものではと考えています。

――「東と西の平地城館の使い方の差は？」

齋藤　同時代では簡単に判断できないものがあって、南北朝期の始まりの段階で造り方の思考が全然違っていることに気付きました。鎌倉時代の地頭屋敷は溝しかないと言ったけど、畿内近国の荘園の政所との違いがどうなるのかもわかっていない。鎌倉時代からの影響が脈々とあって、戦国期まで至っているのだろうな。前提となっているところが東と西では違うので、戦国時代になっても城の造り方が全然違っていったのではないだろうか。これまであまり意識していなかったけどね。

　守護所の典型として大内氏館は紹介されるけど、最終的には戦国期の館です。でも、なぜ大内氏の本拠は戦国期

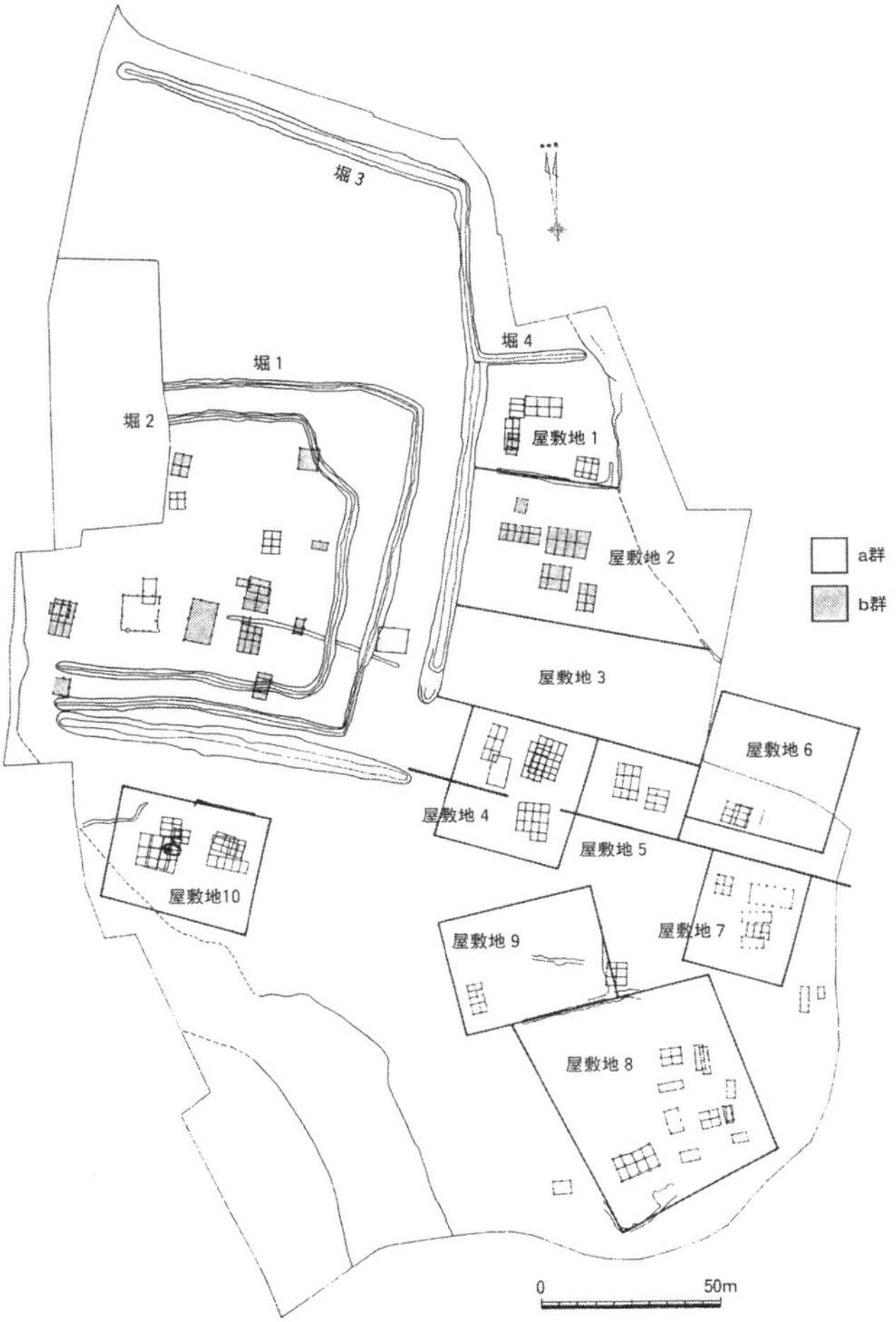

図12　久田堀ノ内遺跡(弘田他 2005)

に毛利氏のような山の城にならなかったのだろう。なぜ平地の城館にこだわり続けたのか？

中井　築地では対処できないから土塁になる。守護所を戦国期の城に変えようとして土塁に造り変えるけど、なぜ山城を造らないのか。でも守護はみんなそうだよ。

齋藤　武田氏・今川氏もそうですね。

中井　豊後の大友氏館から少し離れた台地上にある上野館は方形の城で、大友館だけでは戦時に対処できないから、城を造ったのだと思う。でも設計は平城なのです。宗麟の最後の段階で高崎山に城を造るけど、高崎山城は石垣があるので豊臣大名化した後だとすれば、戦国期の大友氏は上野館で終わっていることになる。守護はみんな山城の思想がない。その一方、戦国大名たちは山城を造っていく。守護権力のあり方と戦国大名の権力のあり方によって城の構え方が全然違うのかもしれない。因幡の山名氏も守護館に想定されている倉吉にある大岳院を発掘したけど、山城はもたない。

――「古文書で守護たるものは山城なんて造るべきではないという話はないの？」

齋藤　具体的にはないけど、守護であるが故に守護の儀礼があるので、その儀礼は花の御所体制といわれるような館造りの中で実現されている。そのような政治の場を造らなければいけなかったことは予想できます。

中井　国人クラスの江馬館（岐阜県・図13）の後方に高原諏訪城があって、セット関係にあると思っていたら、発掘で江馬館が一六世紀前半で終わっていることがわかって、セット関係にないことがはっきりした。高梨氏館（長野県）でも後方に鴨ヶ岳城があってセット関係になるものだと思われていたけど、江馬館と同じで高梨館も一六世紀前半に終わっていて、戦国期後半の山城とはセット関係にならない。一六世紀前半は方形館だけなのですよ。

齋藤　その方形館は城と呼ばれていたのだろうね。そこでもし戦時になれば、平地にある方形館の城だけで十分戦えるのが当時の戦争だった。逆にいうと、なぜ、山城が成立するのだろう？

●戦国前期の山城は小規模

中井　上位権力から造れと言われるのではなくて、在地の土豪クラスあたりが山城を造るのではないの？

齋藤　守護代クラスでも越後の長尾為景は春日山に城を

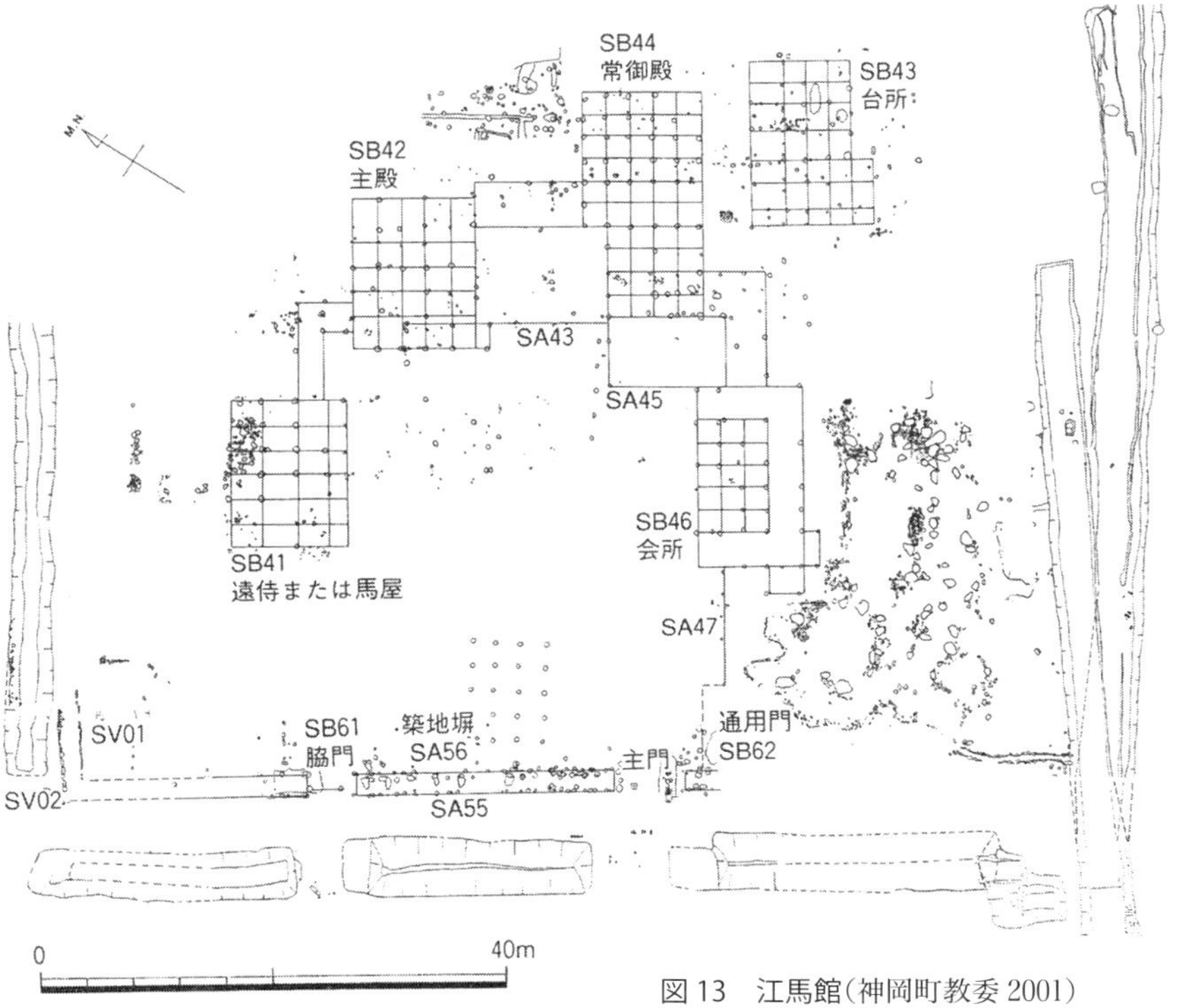

図13　江馬館（神岡町教委 2001）

造るね。尾張も信長以前は国内各所に織田家が分立して、平城だけども清須、下津、岩倉、那古屋などの城館を構えていたな。播磨も時期によって拠点が分散していることが指摘されていましたね。江戸城も扇谷上杉家の家宰である太田道灌の城ですから、同じような位置付けになるのでしょうか。

中井　一五世紀半ばの山城は、南北朝時代とは違って、恒常的な城造りが在地の土豪クラスによって始められたのかな。将軍自体も城を構えないね。

齋藤　戦国城館の誕生の問題は難しい…

中井　単純には考えられない。応仁の乱後に恒常的な戦争が起き始めて、平地城館では対処できないから山に上がるのだと思っていたけど、そうではなさそうだね。しかも在地の国人や土豪クラスたちが山に上がる。

齋藤　村の城ではないけど、有象無象にある名前も知らない城がたくさんあるとよくいうね。今の発想からすると、上位権力は山城を造らず、在地が山城を造り、山に逃げ込むことを志向しているとすれば、有象無象の城は、意外に古いかもしれない。

中井　そこが難しい。戦国期後半まで使っているのだけ

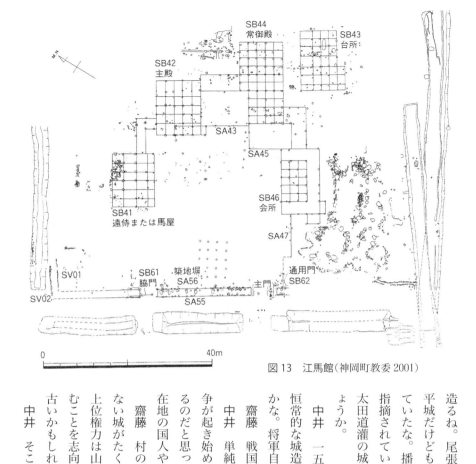

ど、造った段階から改修もせずに残っている城はあるのかどうか。一五世紀だと言っても技巧的な城は、点々とあるのかもしれないね。

齋藤　近世になって元和一国一城令で拠点的な城は地域統合の中で淘汰されていくけど、小さな勢力が造った村レベルの城はたくさん残っていて、戦国前期以来、使い続けている城があるかもしれない。

中井　信長の一国破城や秀吉の播磨一国破城の対象になっている城は、地域の中心的な城だけで、それ以外の小さな城は江戸時代まで生き残る。平地の居館も江戸時代を通じて城として機能していなくても、景観としては残るね。

――「小さな城は、どのくらいのサイズなの？」

齋藤　小さな城のイメージは、越後の内須川城(図14)が好例かな。切岸だけで山頂部に一郭か二郭ある小さい城なのです。横山勝栄さんは村の城と言うけど、内須川氏は黒川氏の家臣で、一五世紀に土着したことが文書でわかるのです『越佐史料』巻三。遡っても一五世紀と考えたけど、内須川城のような城が一六世紀まで残っていくのかな。村落領主だって城を造りたいよね。

中井　関西では、丘陵の先端に郭が二つくらいあって、両方を堀で切っている中尾城(図15)が小さな城のイメージかな。同じような事例はいくらでもある。尾根の両端に堀切があるので城だとわかる。どこにでもある小さな城を考えるために、小規模城館をテーマに城郭セミナーで議論したことはあるけど、縄張りを描く人たちにとって小規模城館はあまり魅力がないので、ほぼそれ以後、小さな城を研究しようとする人はいない。

齋藤　小規模な城が戦国前期に出てきた可能性があるね。しかもとくに改修もされず残されている。

中井　領主自身がその地域で生き残ったら、城は大きくも小さくもならないのではないですか。掘立柱建物は二〇年くらいでメンテナンスしないと壊れるけど、縄張りは大きく変化しないでしょう。

齋藤　結果論ですが、統一に向かってどんどん領域が広がって、平和状態になると城は不必要になって削られていく。もう一つは反抗拠点を領主が嫌がることもあるから、城を持つことすらままならなくなってくるので、戦国時代が下っていくほど、村落規模で城を持つのが難しくなったのではないか。

時期的には一五世紀後半から一六世紀初頭頃に雨後の筍

のように村落レベルの小規模な城が出てきて、天文年間くらいかもしれないけど、一六世紀半ばくらいから次第に領主側が村を管理しようとする姿勢が強くなってくる。そうなると、その時期に村の城を持てなくなったのではないかな。

――「百姓の家や村の成立が一五世紀後半以降といわれているね。」

齋藤　百姓の家や村が成立してくるから城を持ち始める。家が定着していけば、権力の役の体系に組み込まれるので、

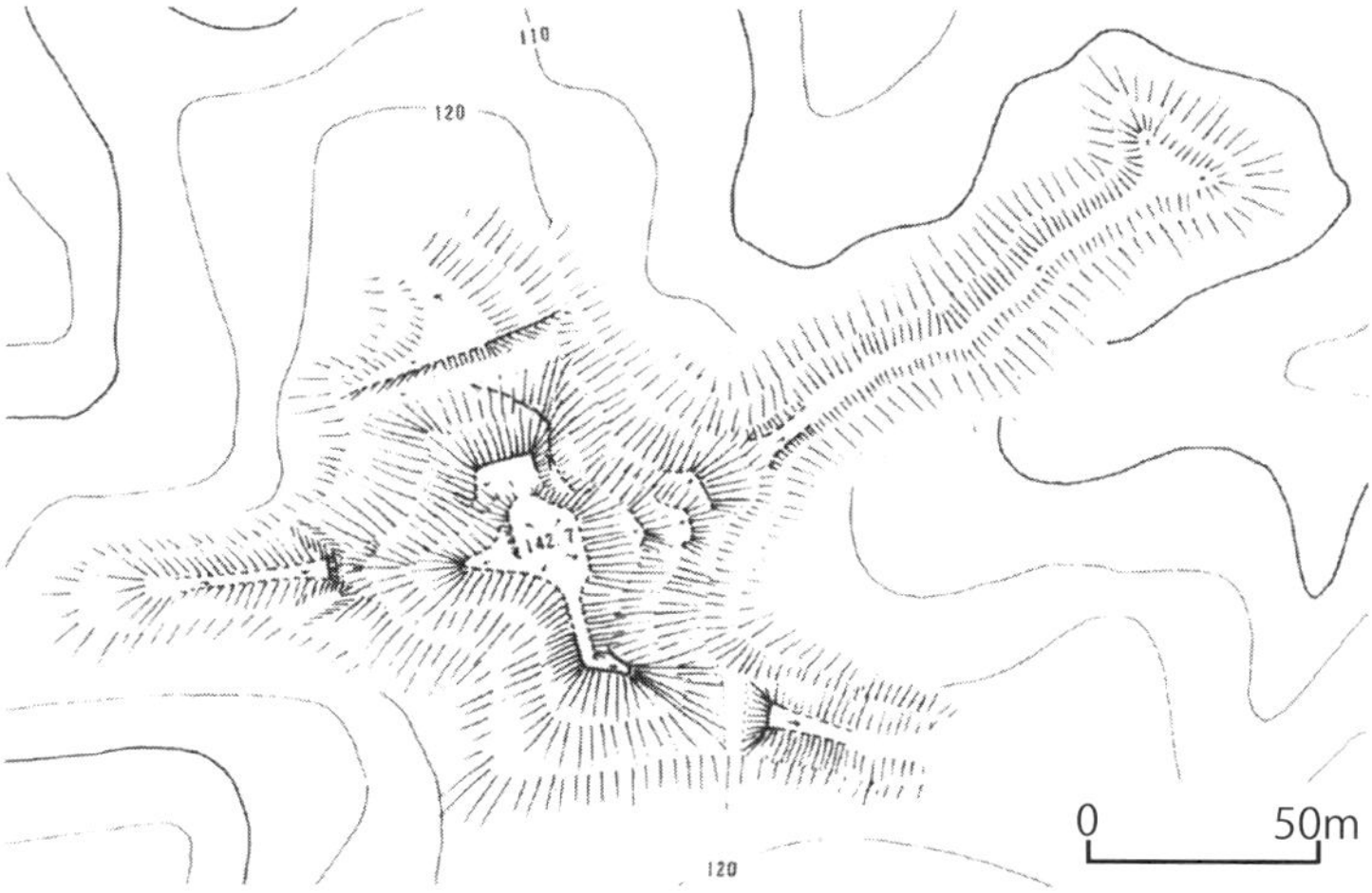

図 14　内須川城（作図：齋藤慎一）

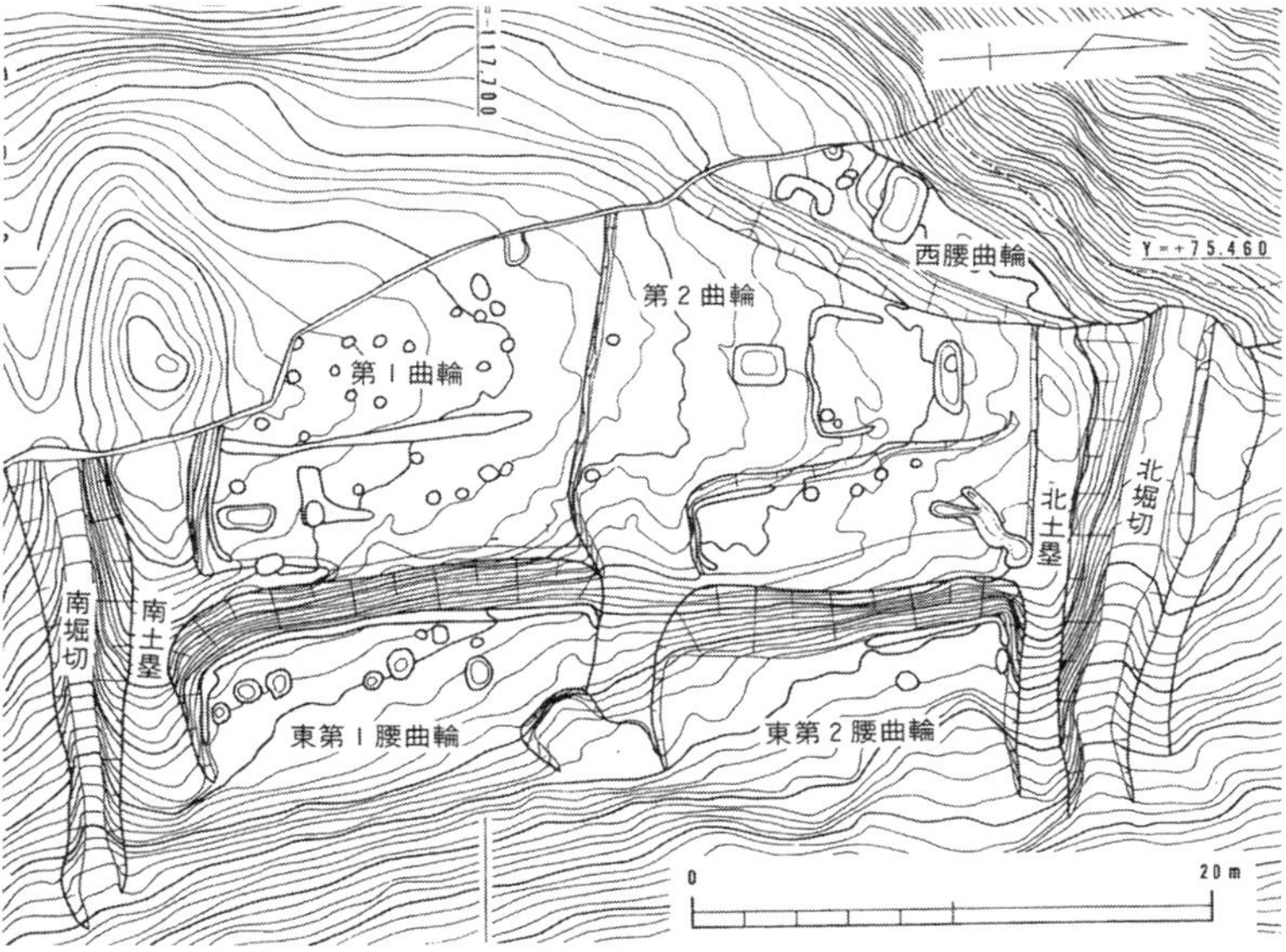

図 15　中尾城測量図（兵庫県教委 1989）

安定してくるほど城は不要になる。

――「村請が始まる一五世紀後半くらいは村自体で城を持つことが多かった？」

齋藤　国一揆や土一揆が起こる時代の産物ではないかな。

中井　伊賀の惣国一揆や甲賀の郡中惣だね。南北朝時代から出てくるけど、「大原同名中惣与掟条々」は永禄一三年（一五七〇）の成立だから一六世紀後半です。城はおそらく応仁の乱以来、同名中で造っていると思うのです。それが全然変化せず、方形単郭が戦国期まで生き残っていく。甲賀の城館を見ていると意固地としか言いようがない。

齋藤　戦国期の城の発生は、どうも簡単ではないね。守護クラスは山城を求めないけど、在地が求めている。だけども守護クラスは石垣を使って身分表象はおこないたくっている。何か複雑な状況がある。もう一度、戦国期城館の発生については考え直さないとダメだね。

中井　個々の縄張り研究や一定地域の縄張り研究はある程度進んでいるかもしれないけど、列島全体をみたとき、戦国期の山城の出現は答えられない。郭や堀切の概念も東と西では違うし、もっとマクロな視点で戦国期の城の発生がどんな状況だったのか考えないといけない。

3　戦国の石垣

齋藤　在地の成長で要害・山城が求められてきたことは整理できたけど、権威の表象である石垣が要害・山城に導入され始めるのはいつ頃ですか？

中井　一番古いとされているのは、一五世紀後半です。第3四半期を含めた一四五〇年代から出てくる。日本の限定されたいくつかの地域で出現します。信濃の小笠原氏がいた松本の周辺と、美濃の土岐氏の関係、それから六角氏関係の城がある南近江と浅井氏関係の城がある北近江です。同じ近江ですが六角氏と浅井氏では石垣の造り方も全然違います。さらに西播磨から東備前のあたり、安芸、北部九州くらいに、一五世紀後半から一六世紀前半に石垣が城に導入されていく。

齋藤　それはやはり守護に絡む？

中井　信濃は小笠原氏、美濃は土岐氏、近江は六角氏です。播磨は赤松氏か宇喜多氏が入る段階かもしれない。備前は浦上氏・宇喜多氏、安芸は毛利氏、北部九州はわからない。

①．杉山城の石垣

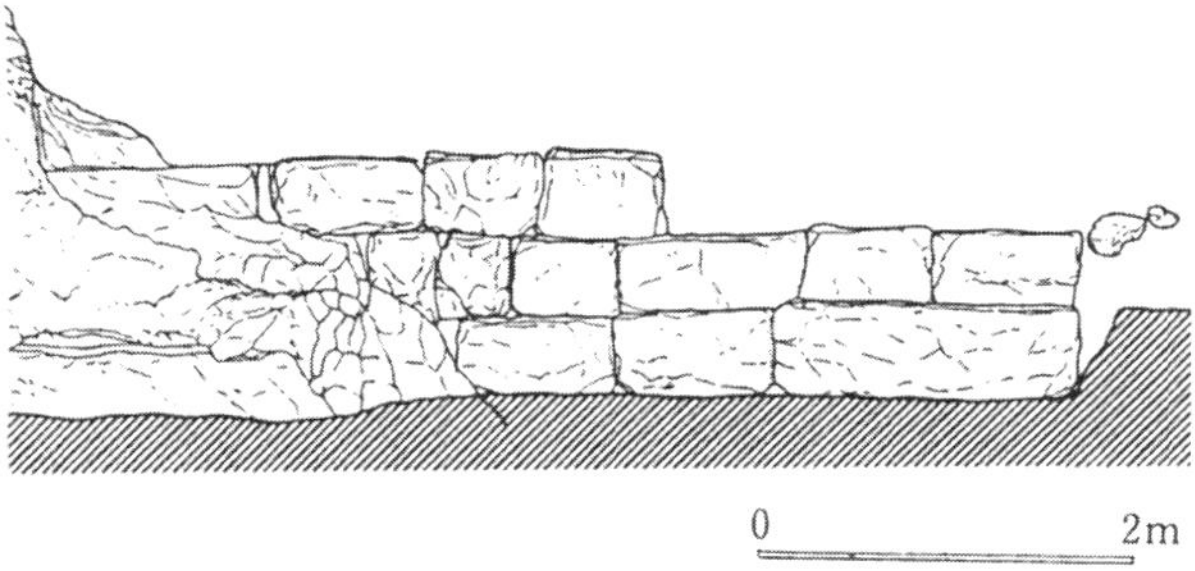

図16　金谷城の切石積遺構（君津郡市文化財センター 1988）

齋藤　守護でなくても上位権力が関わっているのはまちがいない。

中井　たとえば筑紫氏の勝尾城には、大内氏が九州に入って石垣を導入しているかもしれない。最も不可思議なのは、大内氏は山城を造らないという話になったけど、一五三〇年頃に、高さ四メートルくらいの石築地を凌雲寺に造っている。また乗福寺跡からは滴水瓦が出ているので、中国との交易で技術がもたらされたのかもしれない。大内氏は北部九州に入って山の上の高祖城に石垣を使っているから、聖地・寺・城は織り交ぜられている気がする。石垣は明らかに寺院の技術です。

齋藤　守護に匹敵するような上位権力者たちは本拠の中で方形館を志向しながら、石垣の技術を山城に導入し、身分表象をしている。杉山城にも虎口のところに石垣(①)が積まれていて、遺物とセットだから大永頃の積み方でいいと思うけど、山内上杉氏にも石垣はある。山内上杉氏は鎌倉で屋敷地の側溝に石を敷いている。権力者は一六世紀初頭でも石工は抱えていると思う。

中井　抱えているでしょう。千葉の金谷城の石垣(図16)は織豊以前であることはまちがいないけど、方形に整形された切石を積んでいる。石工はいるのです。小田原城の御用米曲輪の発掘調査で驚いたけど、きちんとした石工集団がいて、三千個くらいの五輪塔を造っている(②)。要はその技術を城に導入するかしないかの問題だと思う。観音寺城(③)と同じ矢穴を入れた技法は滋賀県の佐生城と小堤城山城(④)、三雲城にもあって、これらの城は六角氏が甲賀に逃げるときのルート上にある。この三例は、寺

②．小田原城 御用米曲輪　五輪塔火輪を使った池跡の護岸壁

③．観音寺城　矢穴のある石垣

④．小堤山城　矢穴のある石垣

ではなく、石垣を導入した城です。

齋藤　小田原北条氏は石工集団を氏康段階でつかまえることが文書でわかっている。石工の青木家（石切善九郎文書）の由緒書によれば、北条氏に仕える前は遍歴しているとあって、あるときに小田原に出仕したとある。青木家には本当の棟梁がいたのだけど、氏康が好きではなかったらしく、もう一人を可愛がるのです。その可愛がられた方が小田原に残り、棟梁は甲斐の穴山氏のもとで石工仕事をしている。それが天文頃のことで、永禄一二年（一五六九）頃に足柄城に石普請で派遣するのです。どうやら作業から逃げ出す石工がいるらしく、きちんと仕事しろと言っている。さらに、今後、領国内には河越城や江戸城などで石普請をしないといけない城があるとも書いてある［『小田原市』九五七］。この文書みると、天文から永禄頃になって北条氏はようやく石工をつかまえて、城に石を導入しようとしている。石垣の導入のイメージと年代的に近いので、文書は事

実を語っていると思うけど、関東管領上杉氏と北条氏には身分差や格式差があって、北条氏は石工をつかまえるのが遅れたのかもしれない。

中井　関西の戦国期の城で石垣を導入したことがわかる人物は三好長慶です。芥川山城と飯盛城（⑤、66頁の図15参照）です。飯盛城は河内平野の東端にある城ですが、城の東側を中心に石垣を築いているから、河内側からは見えないのです。飯盛城の大手から上がったところを全部石垣にしていて、城に来る人たちに見せる、権威の表象として石垣が使われている。長慶は山上に住んで、連歌を詠んだり、水論の調停をしている。三好氏は戦国期の山城を政治・文化の空間にしていくのだろうと思う。そのとき、石垣は権威の表象として必要だったのです。

――「古いと言われるタイプの石垣は、どういうイメージ？」

中井　垂直に積む石垣は古い。織田信長段階の城は石垣に勾配を持たせる。古いタイプの石垣は高さ三メートルくらい。四メートルは厳しい。

齋藤　だから積んでも崩れる。石材としては粗割か川原石で、ほとんど加工していないものが使われるから、あまり高くは積めず、しかも不安定になる。置塩城の石垣（⑥）の不安定さもそうだと思う。不安定な石材を使いながら安定させるためには、石材の控えを長くして、表側に見える面を小さくし

⑤．飯盛城 の石垣

⑥．置塩城 の石垣

た方が安定するけど、見せたいという欲求から横使いにしてしまう。そうすると控えがないので、さらに不安定になっていく。

中井　岐阜城の下層もそうだし、松本市周辺の山家城の石垣⑦は、扁平な石を使う。粗割した石材は安定が悪いけど、扁平ならば上に重ねて積むことができる。松本周辺の石垣は古代の対馬の金田城のような扁平な石を高く積み上げていて、高さは三メートルほどで安定感もある。北部九州の高祖城でも同じような例がある。石垣をどう安定させるのかを考えていると思う。もう一つは見せるために、控えをもたない安定しない石垣もある。

齋藤　埼玉の小倉城も緑泥石片岩の石垣⑧です。関東平野にも地域は限定されますが石垣を持つ城があって、いずれの城も石材の原産地に近い。小倉城の場合、麓から板碑の石材を採っているし、板碑の採石地である割谷遺跡もすぐ近くです。千葉の金谷城は鋸山の石材に近いし、八王

⑦．山家城 の石垣

⑧．小倉城 の石垣

⑨．鉢形城 の石垣

図17　小倉城縄張り図（石川 2005）

子はすぐ北の五日市に石工集団がいて五輪塔を造っている。足利近辺にも石垣のある城はあるけど、チャート石が採れる場所です。山内上杉氏は鎌倉から連れてきた石工もいるだろうけど、上野国には牛伏砂岩の産地があるので石工と関連するし、寄居の鉢形城は緑泥石片岩を使いながら、近くの川原石もかなり使っている⑨。

原産地に石工がいて、その集団をつかまえて石垣を組んでいる例がほとんどで、石材を切り出す石工がいる周辺にだけ、関東では石垣が組まれる傾向がある。限定された地域だけ石垣があるのは、石材運搬の行程が確立できていなかったことが大きな要因だと思う。

中井　小倉城は一六世紀初頭の石垣でもおかしくない。関東の石垣の城は、織豊以前といえば、古いという括りになりますね。

齋藤　それでいいと思う。まだ年代幅はとれません。

――「小倉城の石垣は何のために積むの？」

齋藤　身分表象と土留めなどの機能はあると思う。小倉城（図17）は麓から上がりきったところに石垣があって、虎口の要所を固める場所にある。石垣をまわしている郭3の虎口Eは出入口が斜面になるから、かけ橋（桟道）で結んでいるのだと思う。尾根から上がって郭3の東に入り、南に向かって迂回し、かけ橋を渡って虎口Eに入る。その間も石垣が見えているので、小倉城の石垣は麓から上がって来る人に対して見せるものです。それにしても、石垣に軍事的な意味はあったかな。

中井　あまりないと思う。軍事的な意味が出てくるのは、信長の法面に勾配をもたせて上に重層建築を建てるための石垣(⑩)だろうと思う。信長以前の石垣は垂直に積んだところで、せいぜい塀くらいの高さです。石垣は見せる意味、身分表象が大きい。観音寺城でも一番大きな平井丸の巨石を三段くらい積んだ門が平虎口になっています。石の階段があって巨石の門を通すことの意味が大事なのです。

――「石垣と石積みの違いは？」

中井　裏込めがあるのが石垣、裏込めのないのが石積みと考えています。そこは技術が全然違う。単に積むだけの石積みと、排水を考えて高い石垣を組み上げていくのは違う。小倉城は石積み。

齋藤　小倉城に裏込めはない。その割には高く積んでいる。扁平な石だから高くできたのでしょう。

中井　近江も似たような感じです。穴太の先祖由緒書(『明良洪範』所収)で彼らが言っているのは、比叡山の麓で自分たちの先祖は五輪塔や石仏を造っていたというのです。もともとは供給地の石を加工する人たちがいたからこそ、

⑩．安土城の勾配をもつ石垣

⑪．岐阜城の巨石

⑫．小牧山城の石垣

⑬．田辺城の石垣

石が使えたのだと思う。

――「古い石垣の積み方に特徴はある？」

中井　古い石垣は、地元産の石を使い、加工はせず、垂直に積む、裏込めがない。古手の石垣でも一五世紀と一六世紀前半に違いはない。古い石垣は言葉では説明できないような積み方なのです。岐阜城で人身大の巨石⑪で石の塀を造るのは、小さな石では高く積むことができないからで、大きな石を一個ずつ置いていく。フロイスはそれを石の壁だと言っている。岐阜城千畳敷の石垣は永禄一〇年の構築で、石材はチャートです。岐阜市教育委員会の内堀信雄さんは巨石を安定させるために小さな石を底部に入れているのは技術だと言われています。小牧山城もわざわざ隙間を開けて、三角形の石を置いているけど⑫、調査担当者の小野友記子さんは造形だと言われています。確かにバラバラ積んでいるわけではなさそうです。

齋藤　見た目を考えているということだね。

中井　京都の田辺城の石垣⑬は、花崗岩とチャートを使うけど、花崗岩だけは矢穴で割られている。その矢穴は慈照寺の銀閣に使われている深さ四メートルもある側溝の側石にある花崗岩と同じなのです。直接、慈照寺の職人が来たかどうかは別にしても、寺院の普請をするような職人が田辺城に関わっているのはまちがいない。慈照寺は東山殿の創建ですから、足利義政の息のかかった職人集団の中に石工がいたかもしれない。

齋藤　近世初頭の中井家の行動をみると、どこかに隷属した集団ではなく、お雇いで働いているような感じはする。どこかの寺院を旦那に持っているという関係だと思うけど、そうした連中が雇われて仕事をするとみたほうがいい。寺院に属しながら領主のために石垣普請を請け負うという関係になるのかな。職人集団は現代人が思っているより自由な活動をしているのです。

2章　織田・豊臣時代の城

1　東北の豊臣インパクト

齋藤　最近、古代から鎌倉時代までの東北の城館が注目されていますが、戦国期にも群郭を造るなど、東北カラーを感じる城館があります。その東北に豊臣が入ると、東北の人たちはびっくりしたと思う。東北の「豊臣インパクト」と言っていいと思いますが、豊臣の城造りを受容する一方で、東北カラーが残っている部分もある。

中井さんは近畿の織豊系城郭が地方に伝播することと統一政権とをパラレルに論じようとするけど、列島各地の地方にとって豊臣政権の城がどのように見えていたのかです。

中井　堀越城(青森県)は、すごくいい例です。東北には蒲生氏郷が奥州仕置きの後に入部して、秀吉直属の家臣たちが豊臣の城を造ると思いがちだけど、東北大名たちは全てを受け入れたわけではない。堀越城をみると、彼らは彼らなりに城で豊臣大名化しようとしても、中世以来の彼らの築城技術があって、一〇〇%蒲生氏が造るような城にはならない。東北大名に限らず、地方の城造りは全部豊臣の影響で消えるわけではないのです。西日本では同じものを造る傾向があるけど、東北はそうではない。根底には中世からの東北人の流れがあるように思う。

齋藤　同じ織豊大名でも徳川氏はまた違う。

中井　徳川氏は石垣にアンチテーゼを持っていると思う。

――「近世城郭の遺構とは何をもって判断しているの?」

中井　縄張りではないけど、高石垣・瓦・礎石建物の三点がセットになって織豊系城郭を形成する。城の求心性は織豊政権だけのものではないので、求心性のある城を造り

織豊期の石垣

上げるのが近世化ではないと思う。

齋藤　かつてはパーツの発展論で複雑になるのが新しいと考えたけど、それはある種の時間的な流行で、たとえば馬出や枡形門が流行るのです。そこに権力との関わりが少しでも解明されると、縄張りから織豊化・近世化を指摘できるのでしょうか…？

たとえば東北の中では、根城や七戸城（図1）、九戸城のように大規模な館が群在している城がある。九戸城では南部氏の本拠になったとき、群在した形ではなく、本丸だけが改修された。石垣で直線的なラインを造り、しっかりした虎口が備わり、虎口に至る登城路が設けられる。九戸城は城全体を残しつつ部分的に改修している姿だと思う。南部氏が領国の北に移る際、盛岡に築城するときには完全に豊臣系の石垣（①）の城として造られる。盛岡城では主従の関係が本丸・二の丸とはっきり分かれ、群郭の形にはならない。

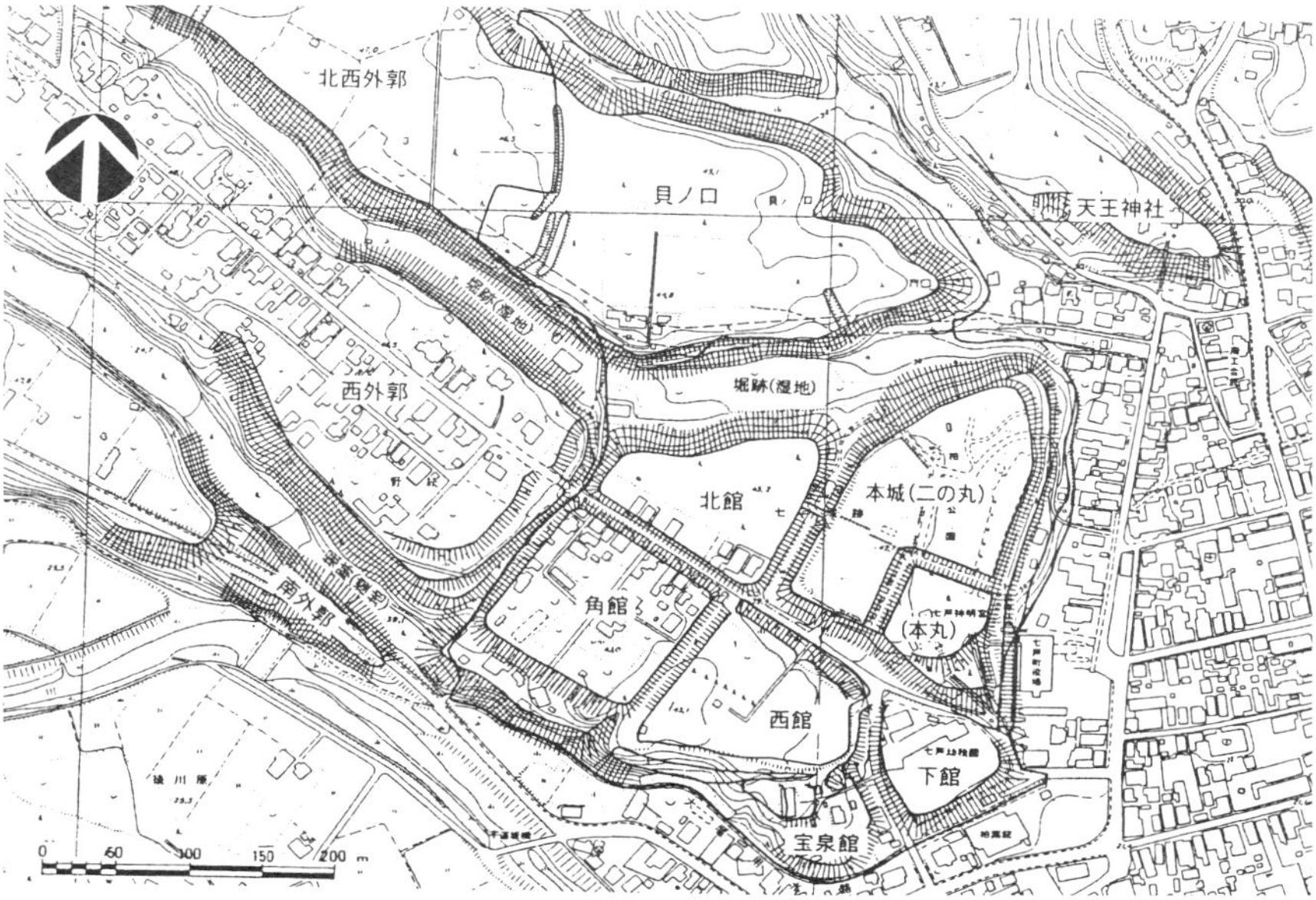

図１　七戸城縄張り図（小山 2003）

①．盛岡城の石垣

東北の中には群郭を志向するものと、本丸を中心とした城があるので、豊臣インパクトが縄張りからも見えてくる。

福島県会津の鶴ヶ城（図2）の本丸も楕円形のような曲線をえがいた大きな郭だったけど、その真ん中に天守を置き、天守を中心とした石塁を造り、本丸内本丸という方形区画を造る。そしてどうやら元来は一体であった広い郭に直線的な横矢かけした堀を造ることで、二の丸と三の丸に分割していく。広い郭から二つの郭を造りだし、本丸・二の丸・三の丸という縦系列がしっかりした城を造り、なおかつ織豊で生み出された大きな角張った馬出を北郭・西郭という名前で付けていく。鶴ケ城の改造をみると、東北オリジナルが失われて、豊臣化した結果が見えている。

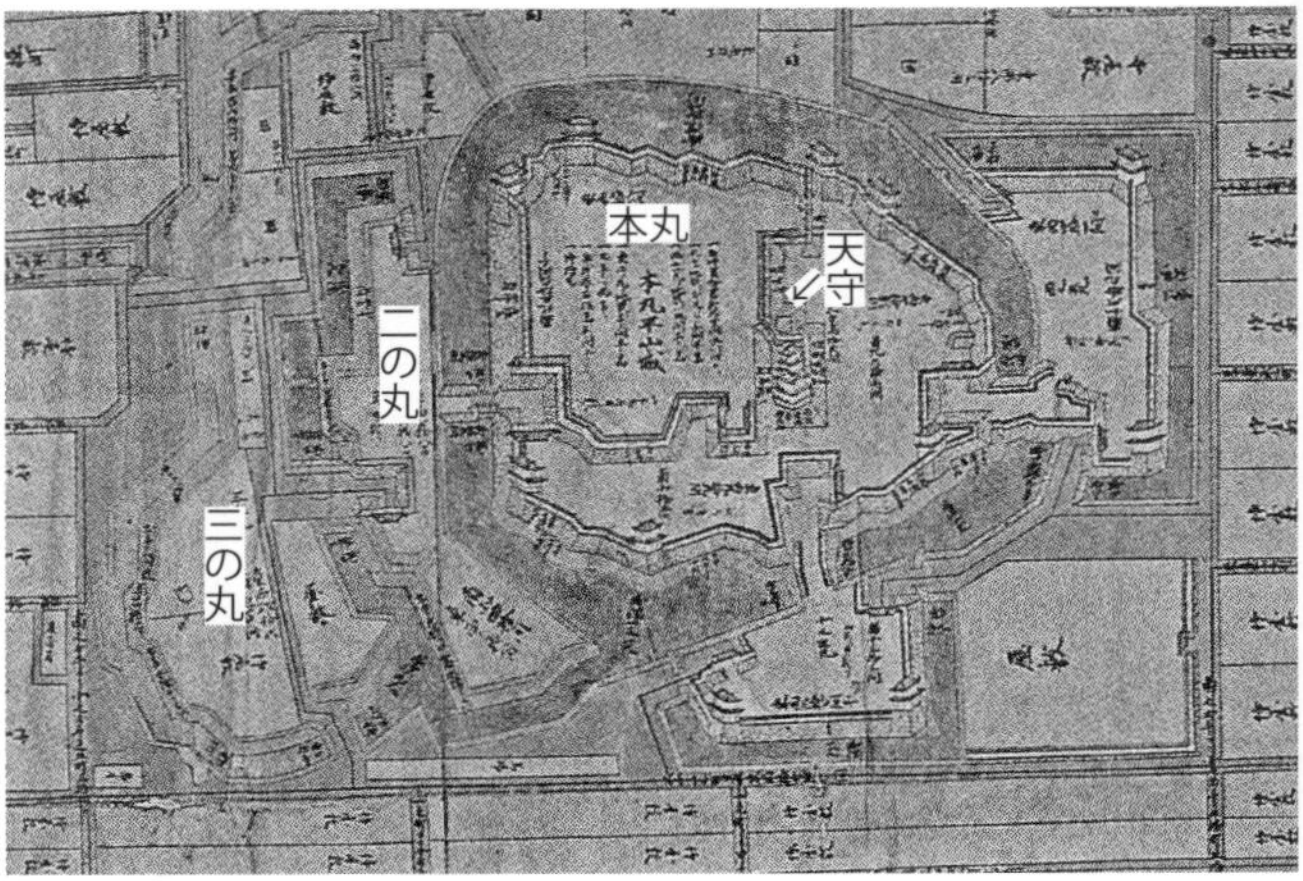

図２「陸奥之内会津城絵図」部分　（福島県立博物館所蔵）

――「東北の「豊臣インパクト」といわれている縄張りのイメージは？」

齋藤　豊臣的なあり方は、直線・四角・石垣、そして中心性。本丸・二の丸・三の丸のように、主従関係が明確に表現される。これに対して東北的な城館は群郭式の城館で、本丸とは言っても、郭が群在して各郭が寄り集まった構造になる。それに対して、中心性のある郭配置は、本丸に行くには二の丸を通る、二の丸へ行くには三の丸を通るといった縦系列に編成されるのです。

中井　織田・豊臣の縄張りがよくわかるのは八幡山城（図3）です。堀切を造らず、石垣の塁線で遮断線を造ろうとする。郭の配置は中心が本丸で、二ノ丸・北ノ丸の順に行かないと本丸にはたどり着けない造りになっている。由井城や横地城のような郭配置はなくなり、山城でも郭の群在は消えていく。

――「でも滝山城は豊臣インパクトではないのでしょ？」

齋藤　豊臣インパクトは東北という地域性の話です。東北には畿内を中心とした地域とは極端に異なった伝統的な城造りがあって、中心性が読み取りにくい。そのために豊臣のインパクトが大きく、縄張りにも反映されていくことがうかがえます。豊臣の城造りが各地域にどのような影響を与えたかが、地域によって違うようです。

東国では唐沢山城や三春城(福島県)は打ち込みはぎの石垣(②)を受容し、豊臣の技術を取り入れようとしている。徳川氏の場合は抵抗している感じがある。

中井　家康は秀吉が生きている間は「絶対に石垣の城はつくらん」みたいな感じがあるね。豊臣大名の毛利氏は、秀吉の命令だと思うのですが、本城を吉田郡山城から広島城に移すけど、吉田郡山城は元就以来の聖地で慶長五年まで維持管理し続ける。長宗我部氏も岡豊城を維持管理しな

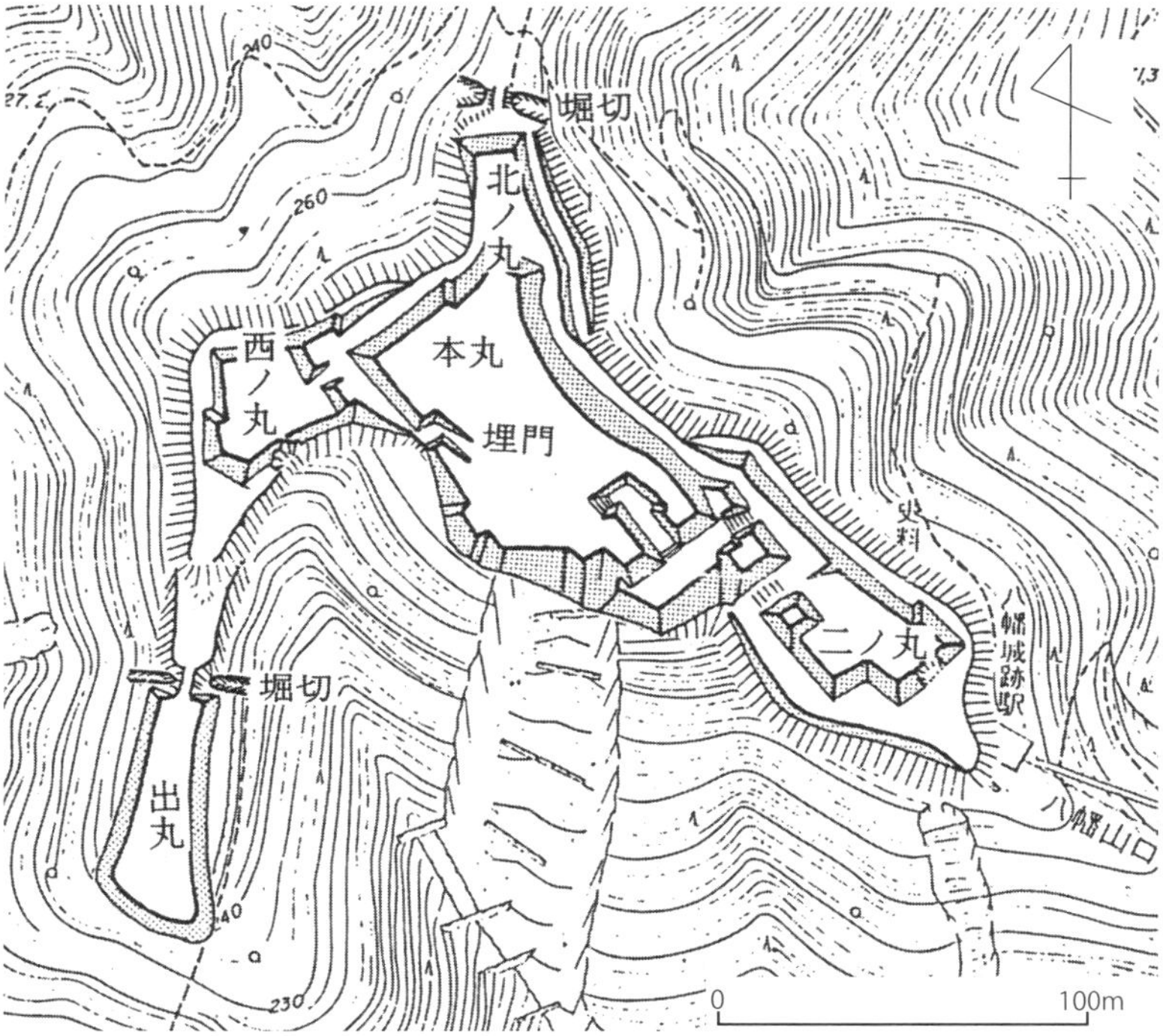

図3　八幡山城縄張り図　(作図：中井均)

②.三春城　打ち込みはぎ石垣

がら浦戸城に移っている。

――「吉田郡山城に豊臣インパクトはない？」

中井　吉田郡山城は豊臣の城造りではない（40頁の図17参照）。石垣も毛利氏段階（③）で、郭も改修しない。たこ足状の郭配置は、戦国期後半の戦国大名の城造りだと思う。吉田郡山にも尾根端に堀切がなく、階段状に郭を造るだけで、その規模も大きいから居住空間だろうし、三の丸からは瓦も出土している。

③．吉田郡山城の石垣

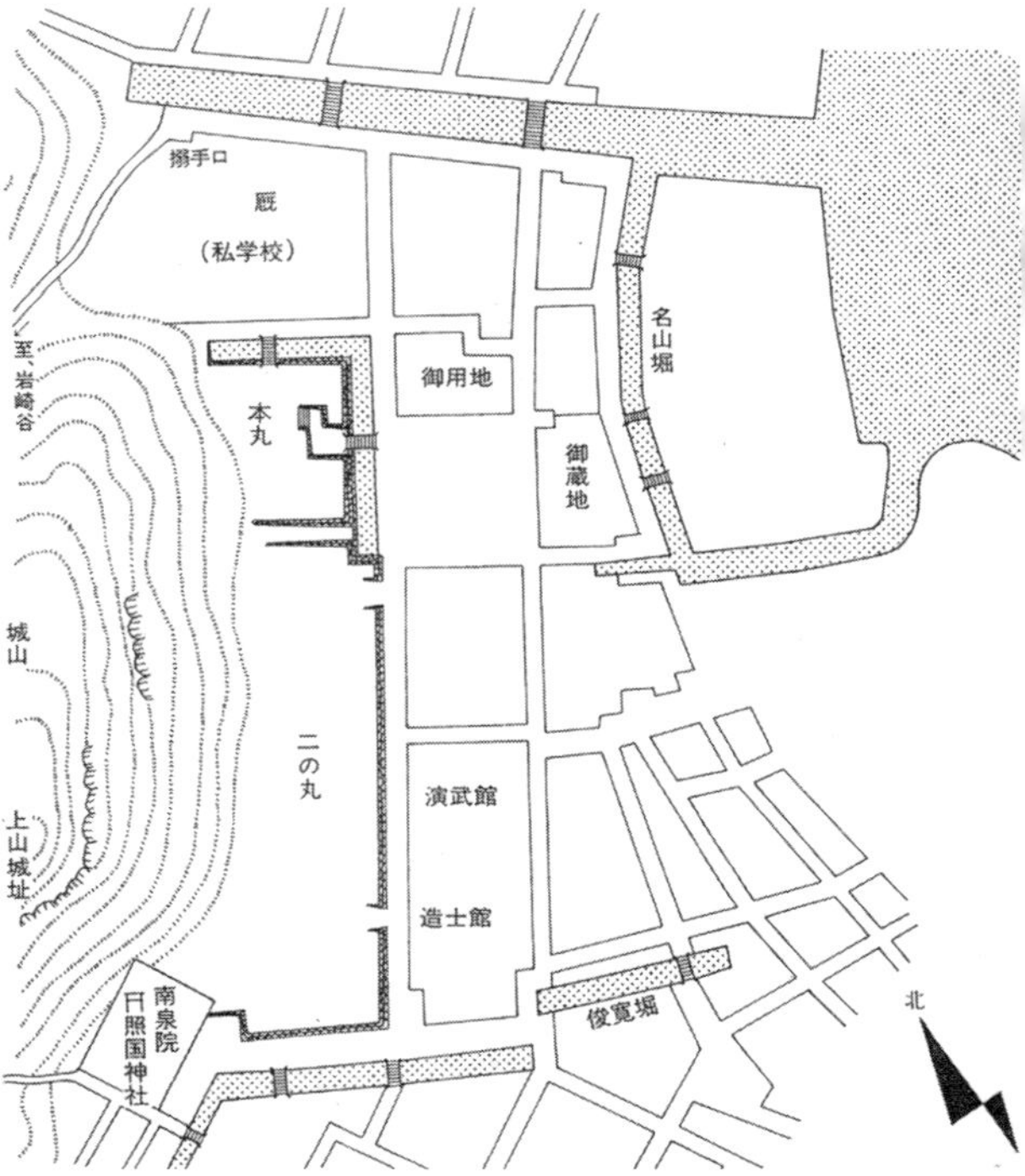

図４　鹿児島城（作図：小幡　晋）

ところが、島津氏の城は特異なのです。南九州は豊臣化せずに石垣だけ取り入れる。鹿児島城（図４）は戦国時代の城山をそのまま取り込んで、山下に居館を造っている。城山にも遺構はあるようで、郭だけの城です。

――「九州では東北のようなことは起きなかった？」

中井　近世の飫肥城（図5）は群郭の中の一角だけを近世化するし、伊東氏が造る延岡城も石垣（④）を使っている。

齋藤　東北も基本的には同じで、目立つ虎口のところに

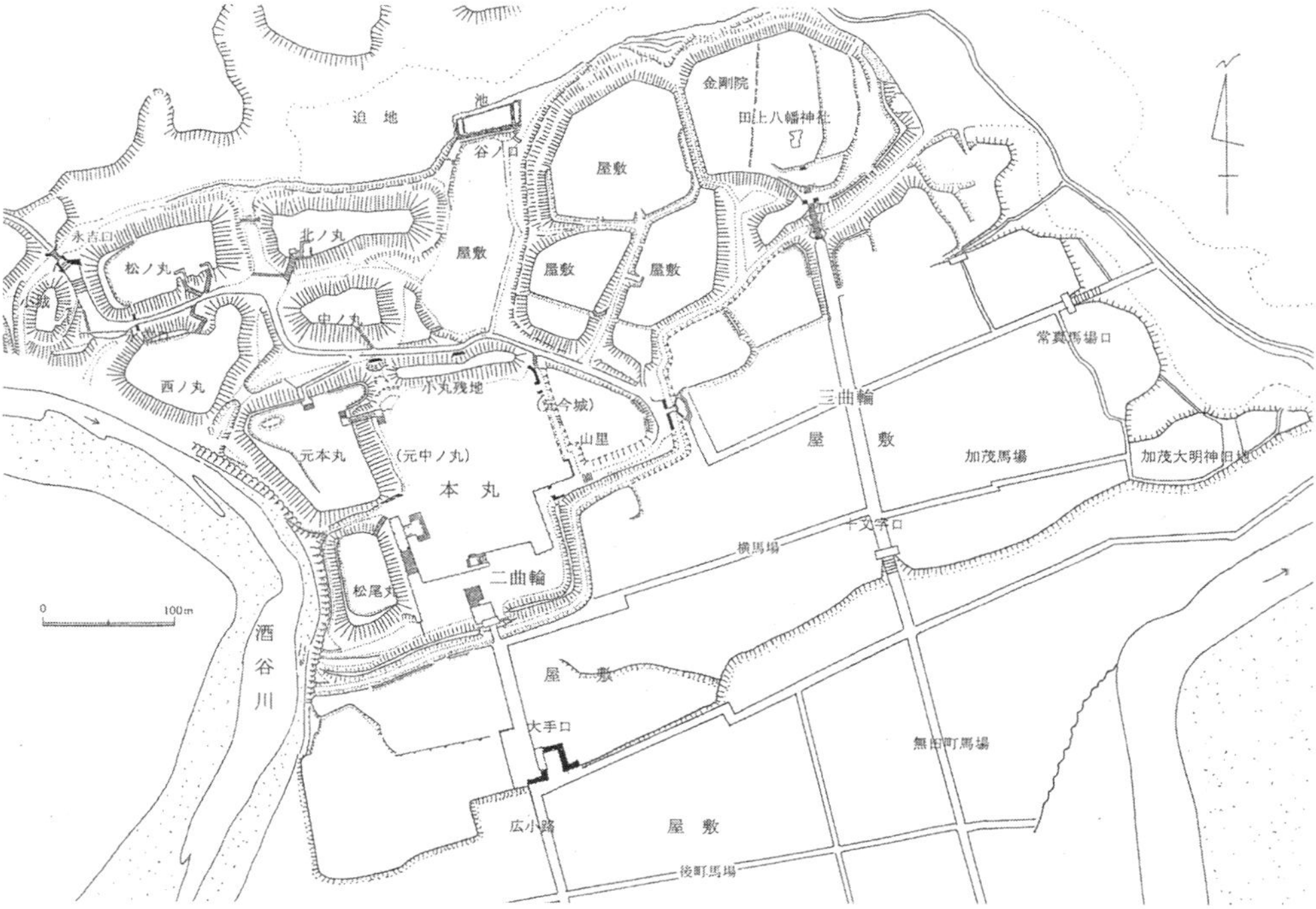

図５　飫肥城（日南市教委『歴史まちあるきマップ　中世城郭』）

④．延岡城の石垣

石垣を貼る。郭の中を直線的に区画することもあるけど、最低限、虎口だけに手を入れる。しかし、それは豊臣の城を写したことにはならない。

中井　九州も東北と同じかもしれない。豊臣の中でも羽柴段階からの家臣たちが大名になって入部するところには、豊臣の直伝のような城ができる。

2　聚楽第タイプの広がり

齋藤　豊臣大名の典型は聚楽第タイプだね。

中井　広島城（図6）は聚楽第と全く同じ形です。毛利氏は中国の大名だけど、豊臣大名化していく中で、朝鮮出兵をにらんで広島に築城しろと命じられ、聚楽第と瓜二つの城を造らされた。

齋藤　聚楽第タイプの城は面白い（図7）。高岡城・富山城・新庄城・長岡城・躑躅が崎館。

中井　躑躅が崎館（図8）は正面を変えれば、富山城（図9）です。躑躅が崎館の年代はいつでしたか。

齋藤　天正一〇年代です。武田氏が滅んだ後、河尻秀隆が入って天正一〇年まで居るけど、どうみても正面は西曲輪です。主郭があって馬出を前面に配置する造りです。いま、甲府駅は南側にあるので、主郭前の直線道がメインストリートになっていて、主郭の隣に副郭があるから武田氏の館だと評価されるけど、京都は西にありますし、構造からも正面は西です。

浅野長政は甲府城を造るので、躑躅が崎館を造ったのは浅野の前に入った豊臣家臣の加藤光泰でしょう。面白いのは、主郭西側の壁面がしっかりしていて、西曲輪に行く土橋が階段なのです。西曲輪から主郭に入るには仰角に見ながら階段を上っていくという正面性がすごく強調されている。従来は、武田信玄が主郭に居て、息子の義信が西曲輪にいると考えていたけど、現在の大手筋は体をなしていない。

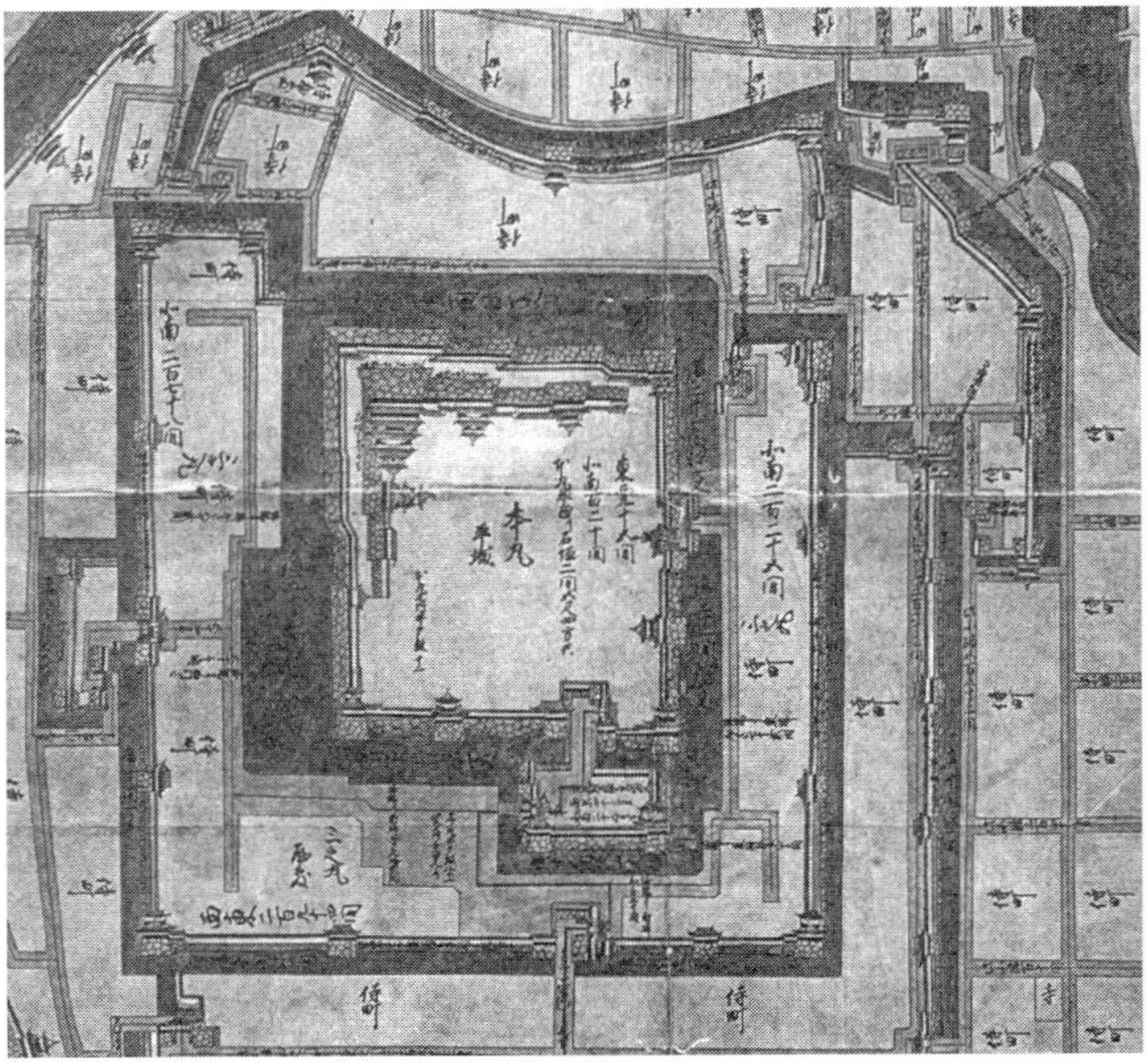

図6　安芸国広島城所絵図の部分（国立公文書館内閣文庫所蔵）

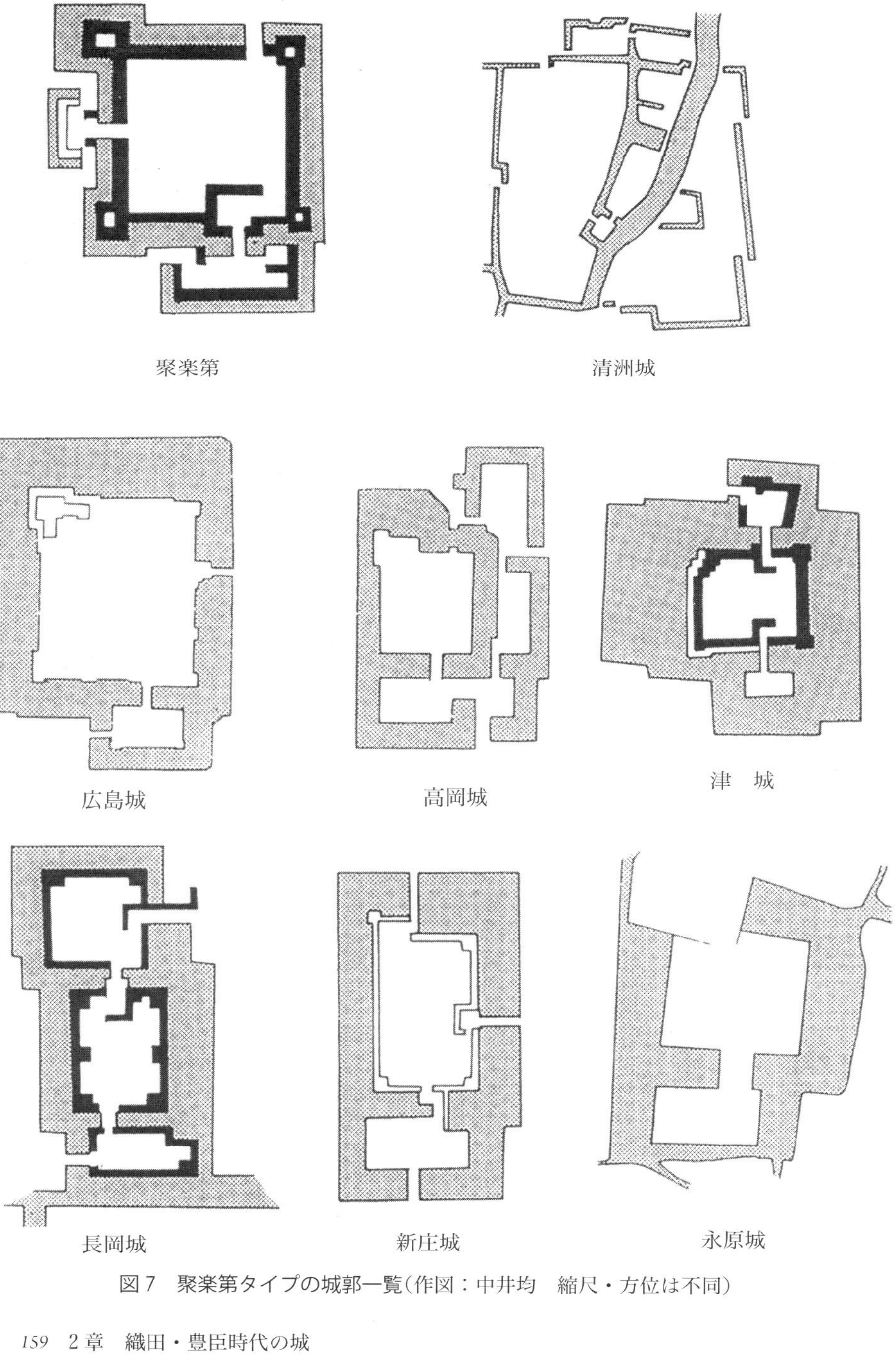

図７　聚楽第タイプの城郭一覧（作図：中井均　縮尺・方位は不同）

中井　京都の方向から考えても、西が正面です。城下町は南のほうになかった？
齋藤　迅速地図をみると西側に町が残っている。
中井　武田氏段階には主郭だけがあって、南に城下町があったと考えてもいい。
齋藤　可能性はあります。

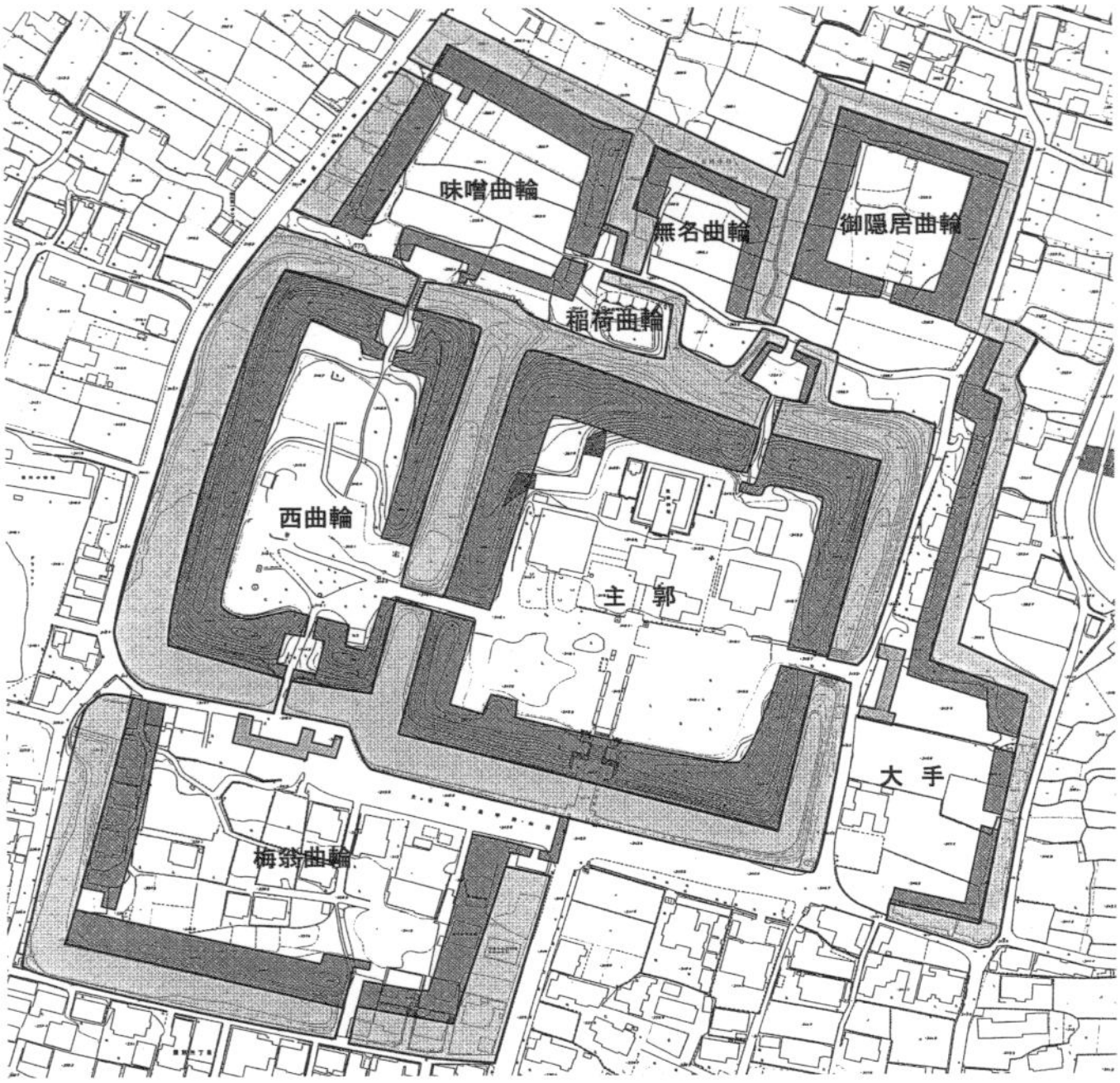

図８　躑躅が崎館（佐々木 2014）

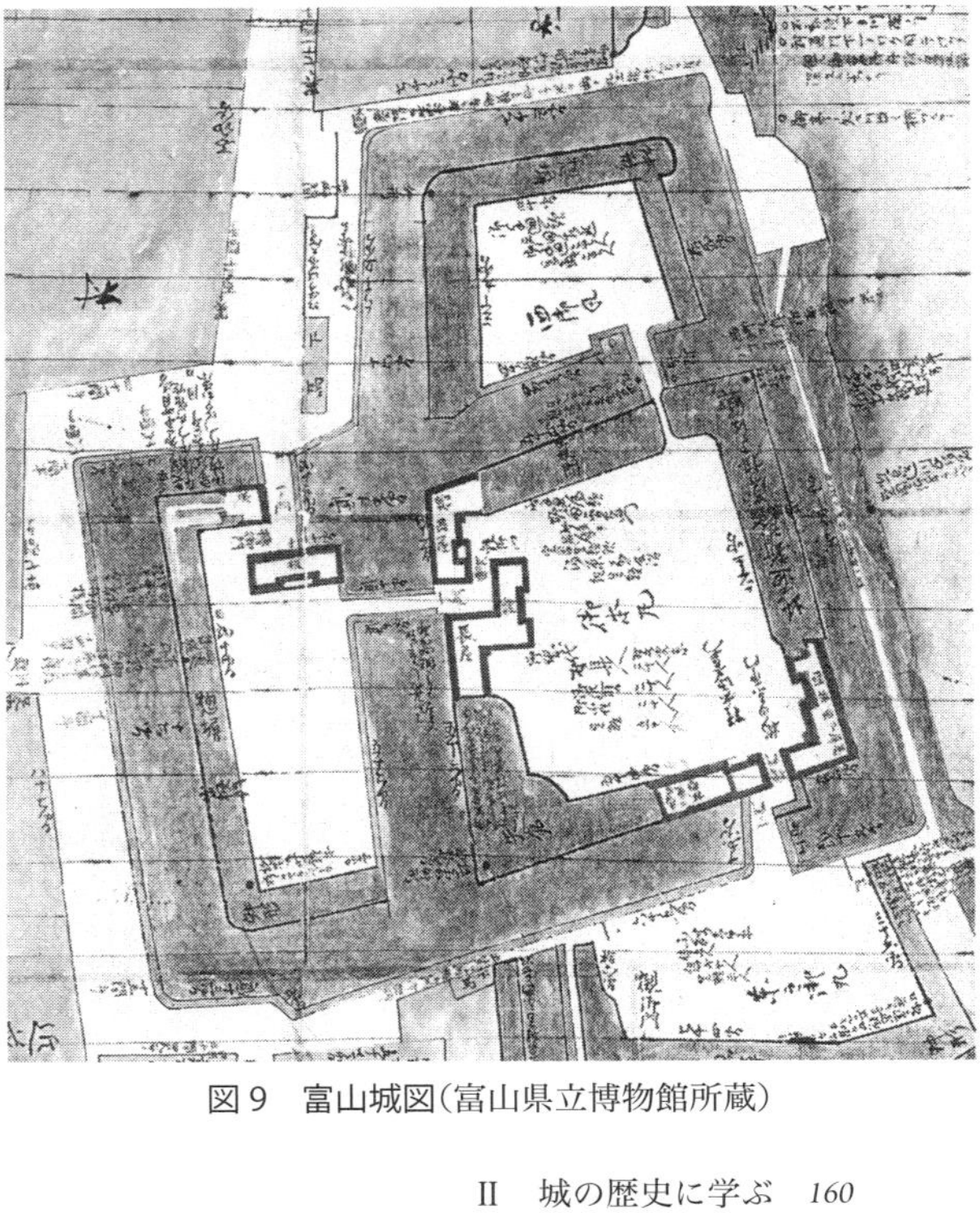
図９　富山城図（富山県立博物館所蔵）

中井　いまの構造は、武田氏滅亡後の聚楽第を模した形で、豊臣政権の加藤光泰が入ると、畿内との関係で京都方向の道で西側に造り直した。絶対そうですね。信玄の時代は、副郭がなく、南が正面でもいいわけです。奈良県の葛城市歴史博物館で開催された「守る城、攻める城」の展覧会では、大坂城包囲網のとき秀頼の大坂城に対して徳川氏が天下普請でどれほどの城を造ったかを展示していましたが、藤堂氏の造った津と伊賀上野で、大坂城攻めの段階に本来の大手・正面の方向が変わっている。城館の正面性を変更するのはいくらでもあります。

齋藤　政権が交代すれば簡単に変わってしまうから、武田氏が滅んだ天正一〇年にも変わっている。

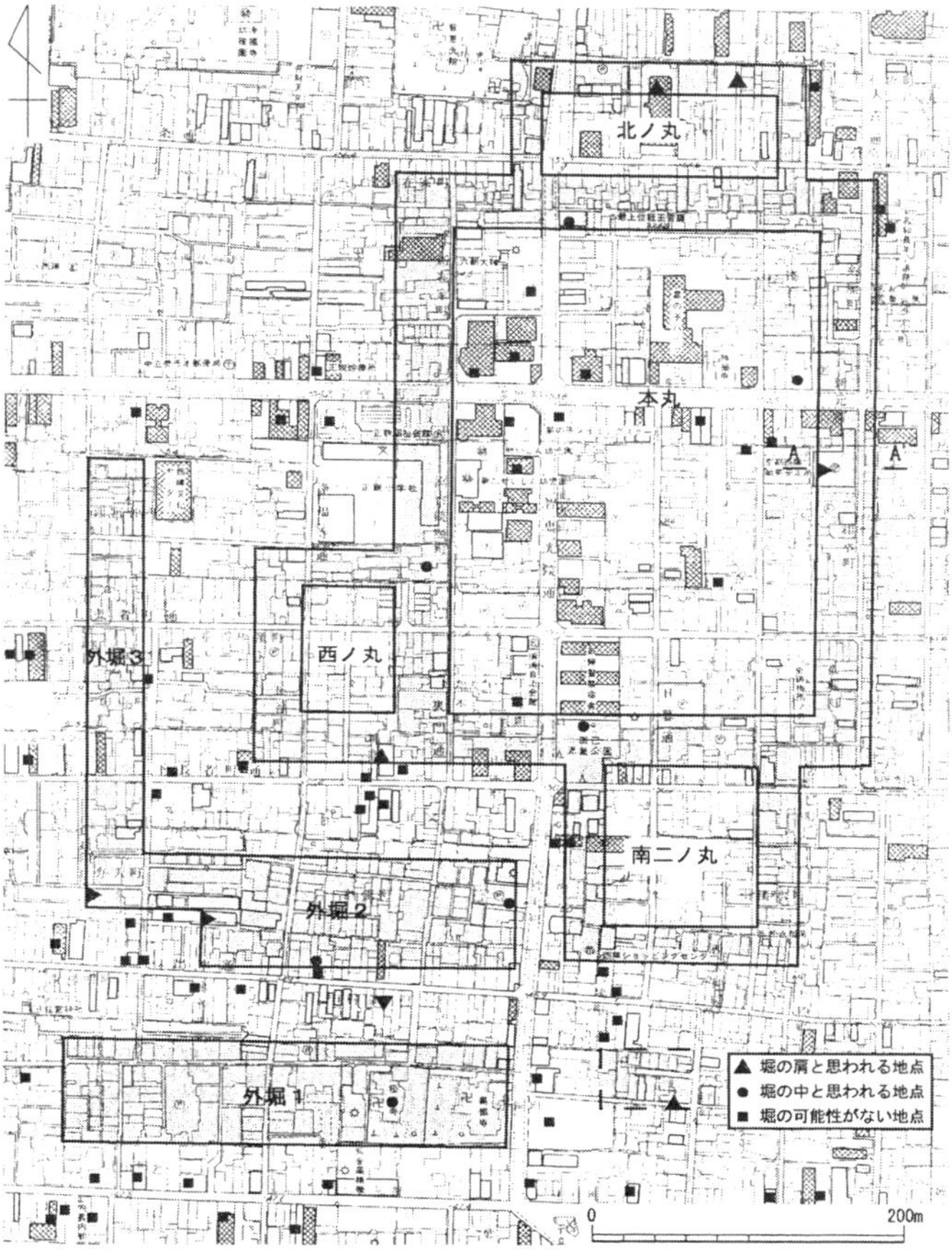

図10　聚楽第復元図（作図：森島康雄）

中井　現状の躑躅が崎館は豊臣氏で、武田氏段階は単郭の館でいい。

齋藤　高岡城や富山城と同じです。

中井　遺跡名や曲輪の名前を伏せて西を正面にした躑躅ヶ崎館の図面を見たら、富山城・高岡城と言ってもおかしくない。天守台もすごい。織田・豊臣は極めて類似した城を造ると言いながら、それぞれ独自の縄張りがある。類似とは何かいうと、瓦・天守・石垣の他に、プランまで瓜二つなのは聚楽第タイプです。聚楽第タイプの基本的な造り方は、主郭があって、その前面に大きな馬出を配置して完結するのです。聚楽第の図(図10)をみると、長方形の本丸を中心に、北ノ丸・西ノ丸・南二ノ丸の三つに馬出がある。図では馬出に見えないけど、本来はサイドに土橋があって、左右に橋がついている。

――「馬出のレイアウトにルールはあるの？」

中井　馬出の配置に決まりはないけど、

聚楽第のメインは、本丸に入る南の本丸御門でしょう。大手正面の門と脇の門があるのと同じように、聚楽第の西ノ丸や北ノ丸はどちらかというと脇の門で、メインのゲートは南二ノ丸です。天皇の御成・行幸の際には、南二ノ丸のゲートしか使わない。聚楽第の本丸御門に相当するのが躑躅が崎館の西曲輪です。

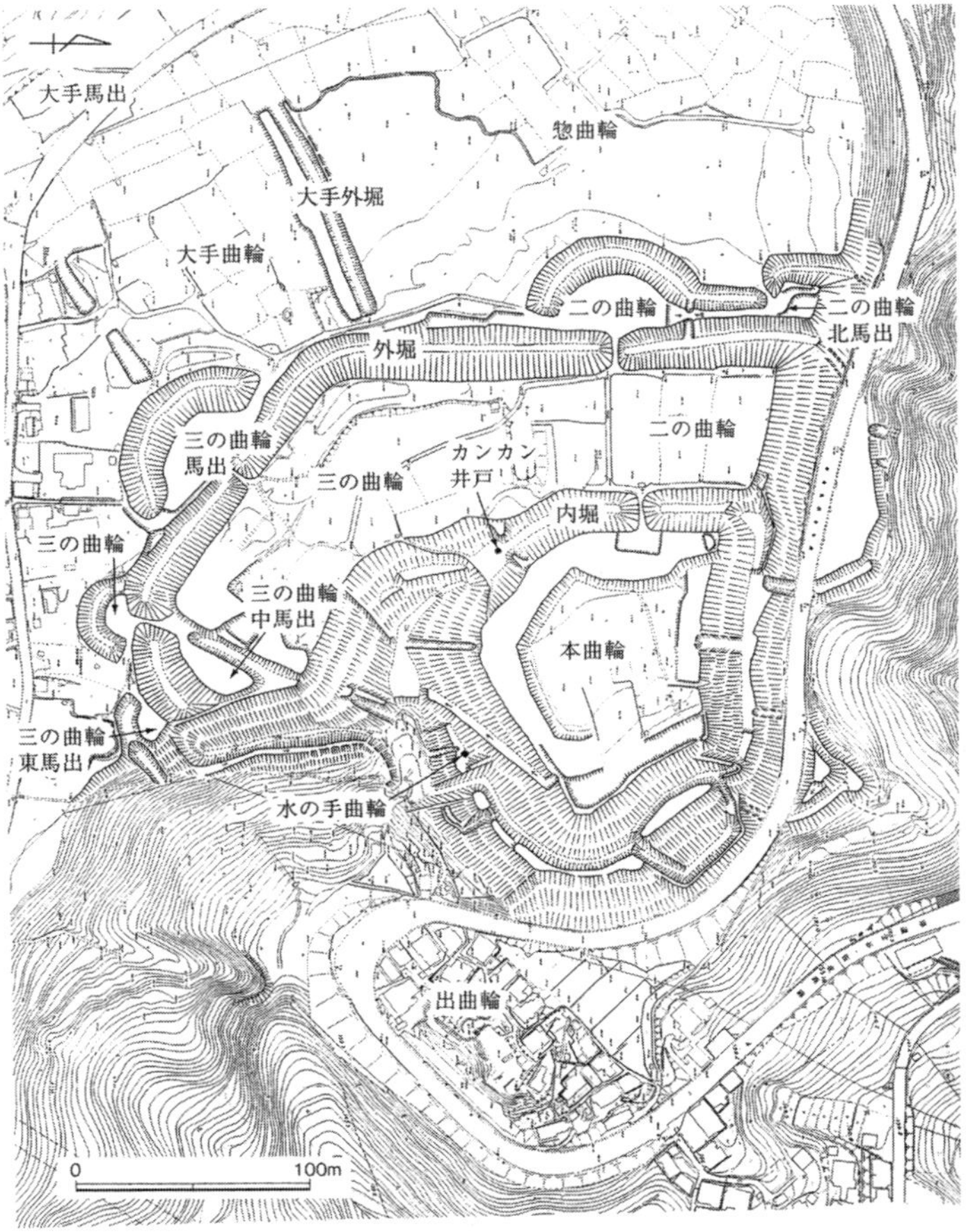

図11　諏訪原城（作図：中井均）

齋藤　聚楽第タイプは各地に写されていて、聚楽第タイプがあると、豊臣の影響を受けていることがわかる。躑躅が崎館でも豊臣の影響があると気付くし、小田城の場合も、本丸周辺に大きな角馬出をつけるのも豊臣の影響ではないかという想定ができる。

中井　その前身が滝山城にあるというのが強いインパクトだね。

齋藤　滝山城と聚楽第は関連があると思っていいよね。

中井　滝山城も入口の全てに馬出を配置している。

――「でも真四角の馬出ではない。」

中井　それは石垣の城と土の城との差だと思う。

齋藤　滝山城の場合、馬出で出入口を造ろうとしていたと思う。全体的に洗練された形が聚楽第になるので、滝山城と聚楽第の関係は横にスライドするだけではない。諏訪原城と聚楽第タイプとの関係をどう考えますか。

中井　諏訪原城(図11)は台地の城です。馬出は正面にな

⑤．宇佐山城の石垣

い。金谷宿から上がっていく山城だから、そのルートが大手筋なのだけど、台地から来られると困るので馬出を全部の虎口に配置している。年代は天正七年から一〇年頃です。『家忠日記』に出てくる牧野城は改修に三年かけていますが、今の諏訪原城が家忠の改修した牧野城でしょう。

齋藤　時期は聚楽第より少し前ですね。

中井　徳川氏はこの時期に馬出をつけた土の城を造っています。安土城以降だから織田・豊臣の系列で言えば、徳川氏も同じ城にしてもよいはずなのに、土の城ばかりを造る。

齋藤　徳川氏は関東平野に入っても石垣はあまり造らない。北条氏がつかまえていた石工集団を徳川氏はそのまま引き継ぎます。

中井　しかも江戸城は慶長になってからです。徳川氏の造った諏訪原城は聚楽第よりも前だから、豊臣インパクトは天正一八年以降、秀吉が天下統一を果たした後の東北大名たちに対するインパクトということになる。

3　織田と豊臣の違い

齋藤　織豊城郭は独自に単線的な発展をしたのではないかと言いますが、滝山城や諏訪原城の事例を踏まえると、東国と西国は双方に影響しあっていると指摘できるのではないかと思う。ところで、中井さんのいう高石垣・瓦葺・礎石建物の三点セットのうち、高石垣はどのくらいの高さになると、高石垣なのですか。

中井　戦国の城で一番高い石垣は約四メートルほどです。四メートル以上の石垣になるとセットバックにして築いている。織豊城郭はそれより高い石垣を志向しているのです。

齋藤　宇佐山城の石垣⑤は織豊以前とみなしていいのかな。もちろん発展過程のことだから技術的な問題ではないのかな。高石垣の要素には裏込めがありますね。

中井　裏込めを入れるのは高石垣の原則です。

⑥．大きな石を使わず、高さを求める安土城の石垣

齋藤　三点セットの学説は画期的ですが、最近、瓦や石垣の導入が河内・摂津で確認されています。そのことをどう考えていますか。

中井　畿内の戦国期の城館をみると、軍事的には全然発展しない。枡形は造らないし、横矢もかけない。だけど石垣を積んだり、瓦を使う例がある。その瓦は寺の瓦です。寺社の技術が古代以来培われていた畿内では、瓦を城に導入するのではないかと思う。恒久的な建物は造るけど、軍事云々ではない。城の施設として寺社の技術が入るのは河内・摂津・山城・大和にはありそうです。近江では織豊以前に瓦は入らない。

齋藤　安土城が成立した段階で、安土の指向性が寺社に近いと考えれば、信長も畿内の城造りにショックを受けたのではないかな。三好氏の役割は大きい。そもそも畿内政権をどう考えるかですが、信長をあまりにも隔絶したものとして評価するから、何でも信長英雄論になるけど、信長がどのように三好政権を継承したのかという視点で見直せば、新しい視点があるのではと思うのです。すなわち、信長以前の摂津や播磨などの畿内の城造りを信長が継承したという視点を持つ必要があるのではないでしょうか。

中井　小牧・岐阜は大きな石を使うという同じ技術がある。それに対して安土城はガラッと変わる。安土城は大きな石は使わずに、高さを求め始める(⑥)。法面の勾配を持つようになる。安土城と岐阜城との間には技術的な変革があるように感じます。

齋藤　岐阜城と安土城の間に断層を求めるのが一つです。もう一つは安土城の中に畿内地域の技術との連続面があるのかどうか。その点はまだ検討されていません。

中井　大和の多聞城は瓦・石垣・礎石建物の三点セットを使っていて、松永久秀も視野に入れなければなりませんが、多聞城は大和の技術だと思うのです。信長が大和の技術を安土城に取り入れたかどうか。

齋藤　瓦は奈良の瓦師です。織豊系城郭論も織豊という

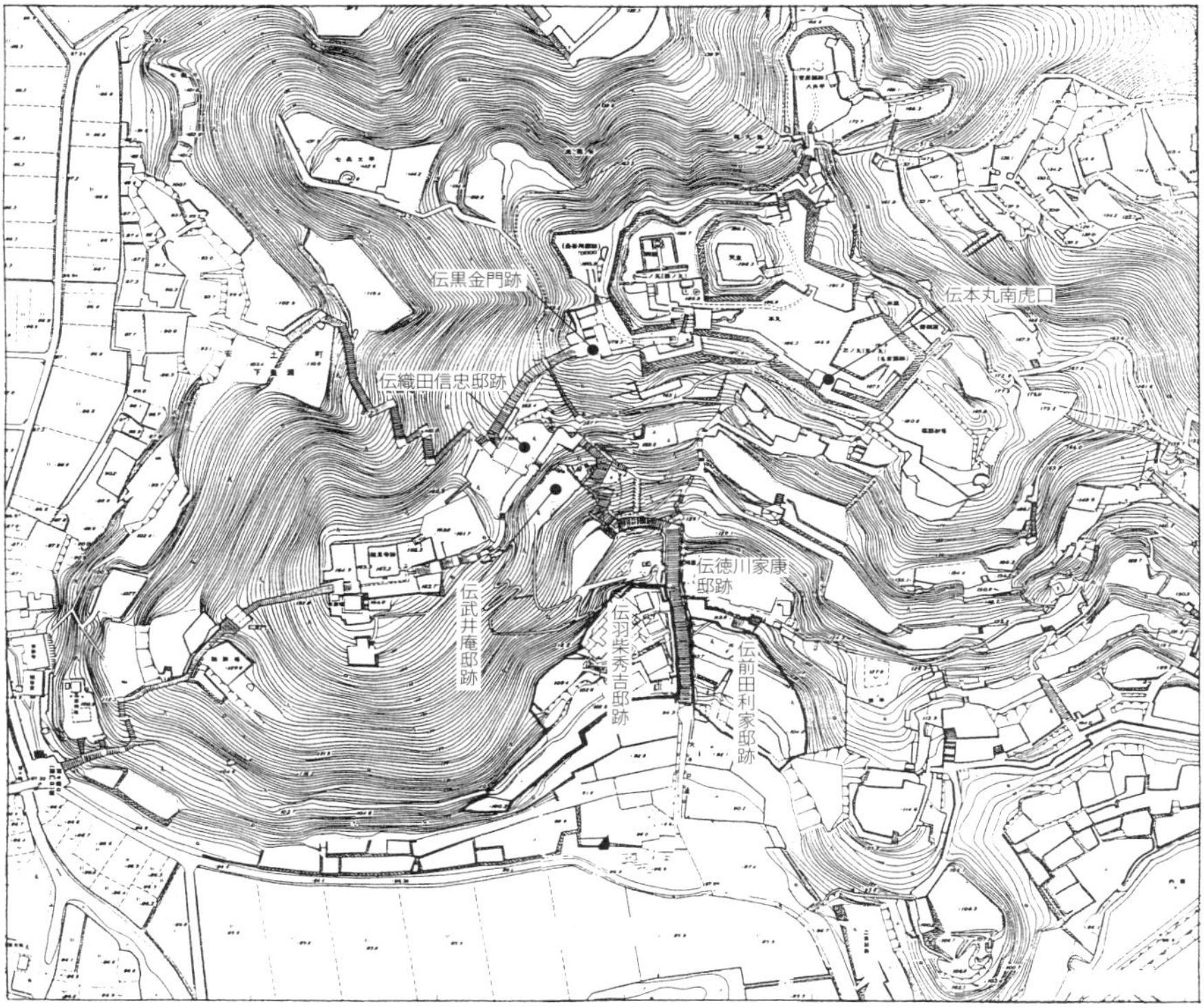

図12　安土城概要図（内堀 2014）

言葉にとらわれないで、城造りの系譜をもう一度点検してみると面白い。

中井　安土城の縄張りは山城（図12）です。堀は全く入らないし、定型化する以前の城だろうと思う。織田豊臣の城を分類していくのに、安土城は特異で、安土城だけのものなのでしょう。つまり石垣もあり、瓦もあり、天主もあるけど、平面構造の縄張りは大坂城とは全然違う山城になる。織豊城郭の定型化は大坂城以降の城で、織豊系といっても織田系城郭と豊臣系城郭の分析を加えないと、織豊とは一括りにできないと思う。

齋藤　昨今の状況は、織田系城郭というまとまりを描き難くしています。

――「織田系城郭なんて存在するの？」

齋藤　これまで織豊系と一括りにしていたけど、織田系城郭もやはり戦国大名系城郭論と同じで成り立たないと思う。織田氏らしい城造りが見え難いのです。そもそも巨石の利用にしても、岐阜・小牧だけをトピックスで持ち上げているけど、一乗谷⑦や平泉寺⑧との関係を踏まえないとダメだから、考え直さないといけない。織豊城郭とはいいながら、実は豊臣系城郭であると考え

⑦．一乗谷 木戸口の巨石

⑧．平泉寺坊院跡の復元石畳

ないといけない。

中井　定型化・近世化は豊臣以降の大坂城ですね。

4　八王子城は北条氏か徳川氏か

齋藤　城の豊臣らしさは瓦・礎石建物・石垣の三点セットですが、今、気になっているのが八王子城（東京都）です。御主殿は本当に天正一八年で終るのだろうか。

中井　氏照が由井城から滝山に移って、滝山から八王子に移ったのはわかるけど、なぜ小田原大普請をする時期に、室町守護的な御主殿を造るのか。庭を愛でるような御殿を造る状況ではないでしょう。不思議で仕方ないのですが、八王子城が天正一八年以降に存続していた可能性を示唆するのは、誰かすでに指摘しているの？

齋藤　八王子を上杉氏が改修していることとは竹井英文さんが指摘していますが［竹井二〇一二］、城自体がどうだったのかまではわかっていない。常識的に考えれば、徳川氏が八王子城を接収し、城下町を把握したうえで、八王子への宿場移転を実施しているのだから、少なくとも天正一八年以降、ある一定期間は使っています。中井さんが言うように、天正一五年の切羽詰った状況で築城するのに、何ののんきに庭造っているのかと思ってしまう。

——「御主殿空間は徳川氏が造った？」

齋藤　御主殿（図13）の地面は谷地形に土を盛ってかさ上げして、平面を造り出しているそうです。その地業を氏照

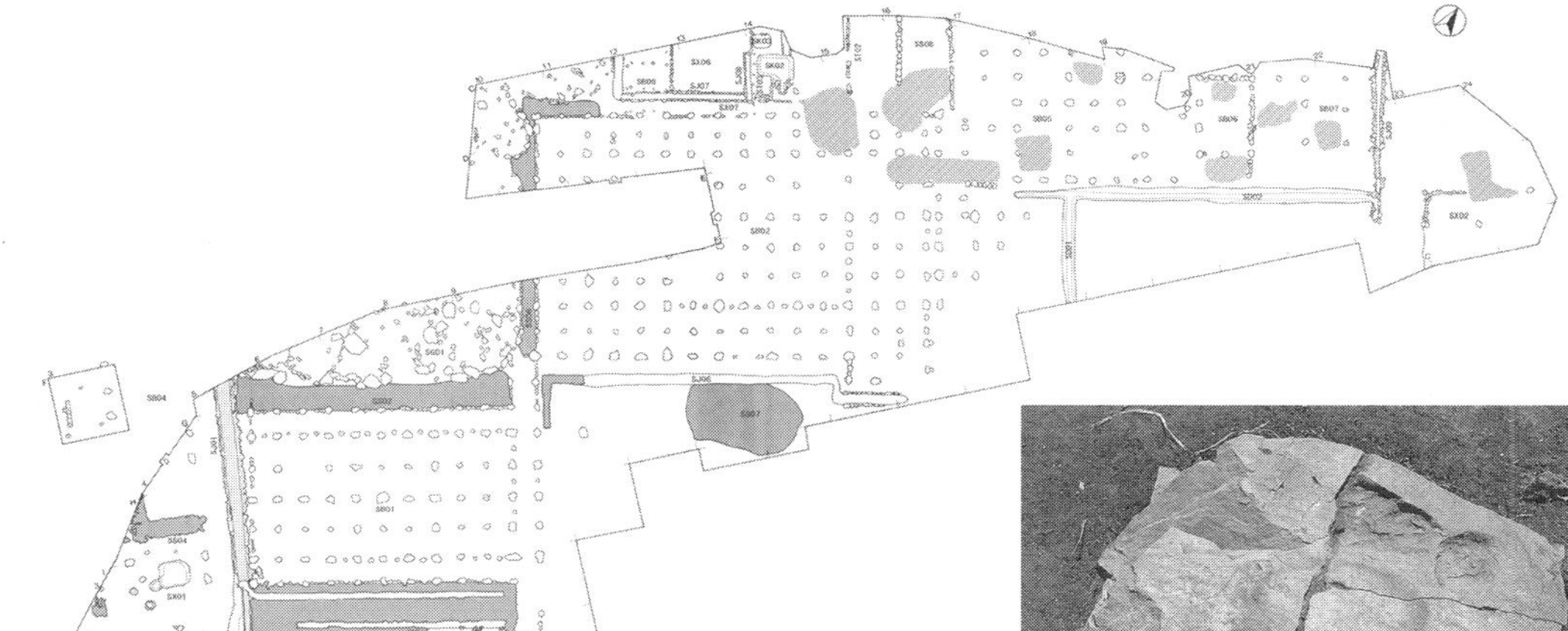

図13　八王子城御主殿(八王子市教委 2002)

⑨．焼けた柱痕跡の残る礎石

段階でできたのかどうか。

――「御主殿を徳川氏が造ったにしても、遺物は焼けていなかった？」

齋藤　遺物は上層面だけでつかまえてて、遺構面が二面あるという話にはなっていない。今のところ、御主殿の遺構面は一面しか確認されていないけど、上層の遺構面を壊して下層を調査することはできない。

――「庭周辺の遺構では焼けた礎石の柱痕跡⑨もみつかっているね。」

齋藤　そうです。基本的には天正一八年の遺構であると今は整理されています。

――「焼けた礎石は天正一八年でない？」

齋藤　大久保氏失脚事件のときに火がかけられたと言えるかどうか…

――「時期の判断基準になりそうなのは石垣の造り方？」

齋藤　不整形な大きな石垣を下のほうに使うのは慶長期の石垣⑩ですね。

中井　御主殿の石垣は、横石を積んで、粗割だけども平滑な面を見せようとしている。置塩城とは石の大きさが違う。横目地を通そうとする意識はみえるけど、置塩城の石

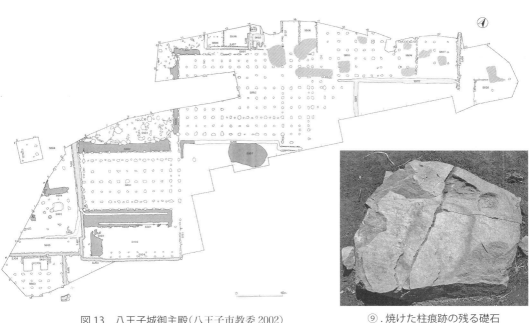

垣はデコボコしていて目地を通す意識がみえない。ということは、天正一八年以降に徳川氏が八王子城に入った可能性が出てくる。

齋藤　それをどうやって論証できるか、いま考えているのですが、石垣は二時期あると思っています。もう少し粗割で小粒な石を垂直に積む段階が北条氏で、大粒の石を使って権威的な積み方、打ち込みはぎになる石垣は、北条氏なのか徳川氏なのか…

⑩．御主殿の不成形な大きな石垣

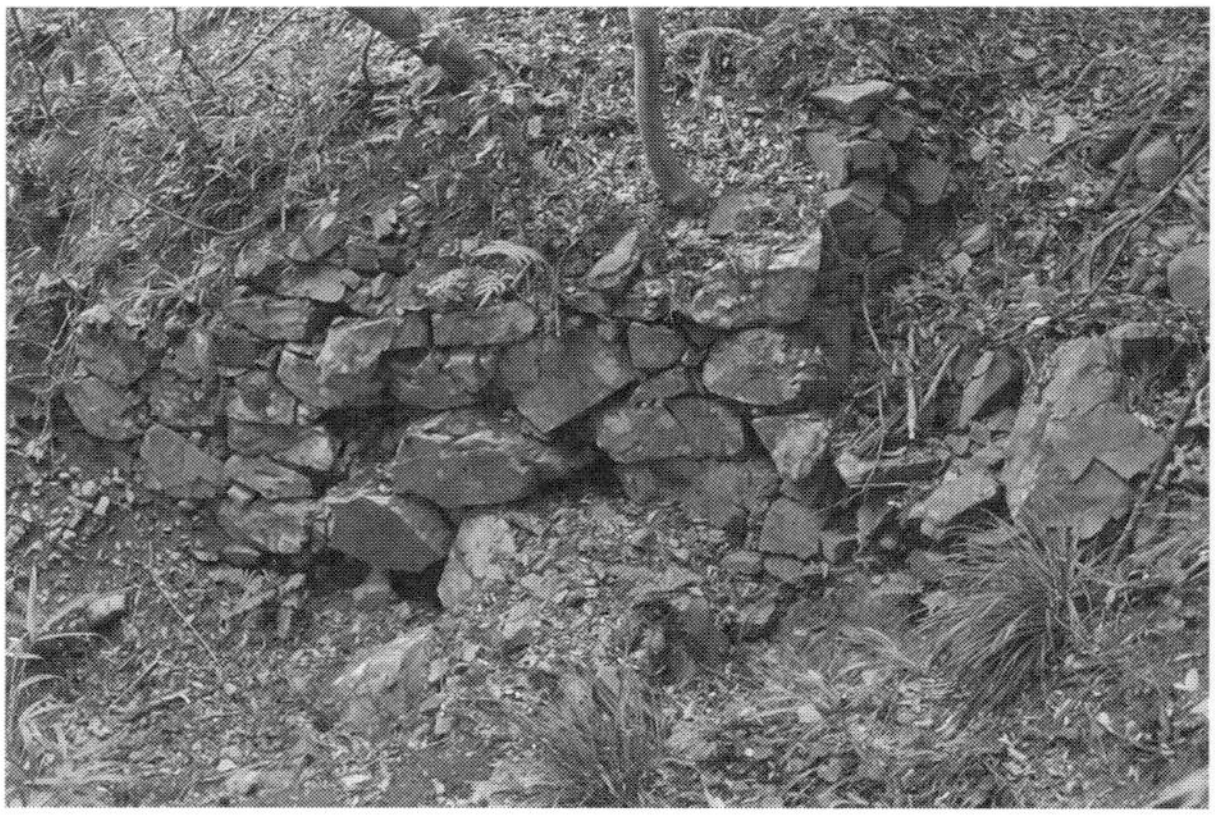

⑪．御主殿脇の谷に築かれた石垣

中井　石と石の間詰の入れ方もゴソゴソと入れず、全部を埋めて面的に平滑にしようとしている。古い石垣なら間詰は隙間だらけになる。

齋藤　新しい石垣は、大きな石を積みたがる。大きな石をドカンと積んで間詰をするけど、大きな平滑面が表にそろってくるのは、文禄・慶長期で、関ヶ原以前の石垣の特徴です。

中井　関ヶ原以降になると、矢穴のある石がたくさん使われてくる。

齋藤　御主殿脇の谷に築かれた石垣⑪は他の場所に比べて石が大きいので、想定される時期は慶長期かという気がする。ただ慶長期の石垣はもう少し隅はきれいだけど。

中井　隅だけは気になる。天正一八年もいけるかな。文禄期にはきれいな算木積み⑫になると思うので、家康が関東に移された段階で、彼がどれだけの石工を掌握していたのか。北条氏段階なら、このくらいの隅でもいいのかな。

齋藤　北条氏が造ったのかどうかです…。滝山城の川原

⑫．文禄期　算木積みの石垣（左：唐沢山城、右：大和郡山城）

⑬．但馬竹田城

石の敷石に比べると、この石垣は格段の差がある。
中井　八王子城のアゴ止めのある石垣も石材はまだ小さいし、これだけの大きな石は積んでいない。
齋藤　この場所は決して正面ではないけど、慶長期のように粒の大きい石を面で見せていく積み方が八王子城にはある。慶長期になるともう少し奥の控えが長くなるけど、八王子は控えが短い。確かに隅角は少し古手にみえるかな。
中井　文禄になると但馬竹田城⑬と同じようになるけ

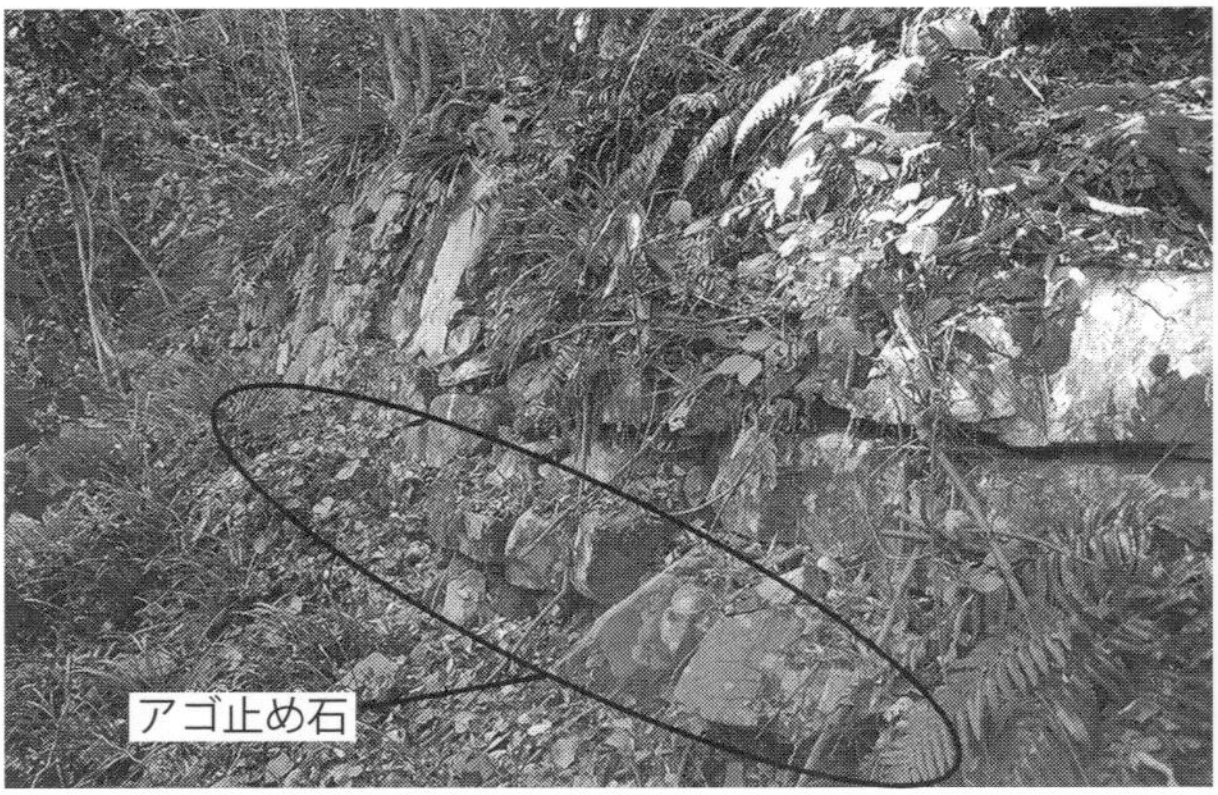

⑭．八王子城のアゴ止め石

⑮．小田原城のアゴ止め石

ど、築いたのが徳川氏だとして、時期的にも唐沢山城と変わらないとすれば、八王子城の石垣は天正一八年以降の文禄期に入ってもおかしくはない。

齋藤　今のところアゴ止め石⑭も北条段階だと言えるのは八王子城だけですが、太田金山城は榊原氏が新田侍従と出ているから徳川段階で使っていた状況が見えているのです。アゴ止め石は、小田原城の三の丸⑮で慶長段階の前期大久保氏が使っています。箕輪城⑯もきれいなアゴ止めにはなっていないけど、根石だけずらしたものが発掘されている。

そうすると、アゴ止め石の技法は北条氏だけだと言えなくなって、徳川氏も使っている。地場技術の継承で北条氏が使っていたものを徳川氏が引き継いだと理解すればいいが、北条氏ではなくて、徳川氏の中で培われた技術だと考えると、八王子城も全て徳川段階になる。八王子城の時代は微妙です。考古学的には天正一八年の前後数年の判断は不可能なので、遺物組成が問題になってくる。

――「遺物が大量に出土したのは御主殿だけ？」

齋藤　そうです。そのほかは山頂部の主郭部分の一角に倉庫・宝蔵のような空間があったらしくて、遺物が表採されている。

――「初山窯（浜松市）の製品が出土しているね。」

齋藤　初山窯の製品は徳川氏の専売品だけど、藤沢良佑さんは、北条氏と徳川氏が同盟関係にあった天正一一年以降に初山製品が八王子にも入るのだろうと考えています。

初山窯の製品が出土している意味は今後において重要だと思う。遺構面は一面であって、最近発掘した庭の遺構も一面しかない。その面から焼けた礎石が出ていて、一時期の遺物が広がっているのが御主殿の状況です。天正一八年の落城で考えるのが自然だけど、石垣の時期差をどう説明するか、これからの課題です。

――「八王子城の中にも石垣に時期差があるのですね。」

齋藤　石垣は二時期ある。打ち込みはぎでよいとすれば、年代は肥前名護屋城以降。

中井　安土城も打ち込みはぎ⑰だね。安土城も基本的には粗割して、前面が平滑にならないから、割れた面の平滑なところを表に出す。その間に間詰の石を入れて横長の石の目地を通そうとしている。信長は小牧城から石垣を指向しているというけど、小牧・岐阜城と安土城は積み方が全然違う。安土城の時期から打ち込みはぎがあっても良いとは思う。

⑯．箕輪城のアゴ止め石

⑰．安土城の打ち込みはぎ石垣

齋藤　安土城で打ち込みはぎができたとしても、どれほどの広がりをもったか…

中井　確かに技術が定着するのは肥前名護屋の築城以後です⑱。肥前名護屋に全国の大名が集まり、割普請をさせられて、石垣の積み方を大名たちが検討したのだろうと思う。とくに西日本の大名たちです。

齋藤　八王子城が打ち込みはぎを取り入れるとすれば、徳川家康です。北条家が安土城を見て打ち込みはぎを導入することはないでしょうね。
中井　家康は天正一八年に江戸に入っても、頑なに石の城を造らない。江戸城で石垣を造り始めるのは慶長の天下普請になってからで、その間、石垣の城は造らない。石垣に対するアンチテーゼだろうと思う。だけど、太田金山城・箕輪城に徳川段階の石垣があるとしたら、それと同時期に八王子城に徳川の石垣があってもおかしくはない。
齋藤　箕輪城の石垣は典型だと思うけど、江戸城の半蔵門周辺の石垣も、鉢巻石垣の体裁を家康は慶長までに造っていたと思うのです。高石垣では決してない。

⑱．肥前名護屋城本丸旧石垣

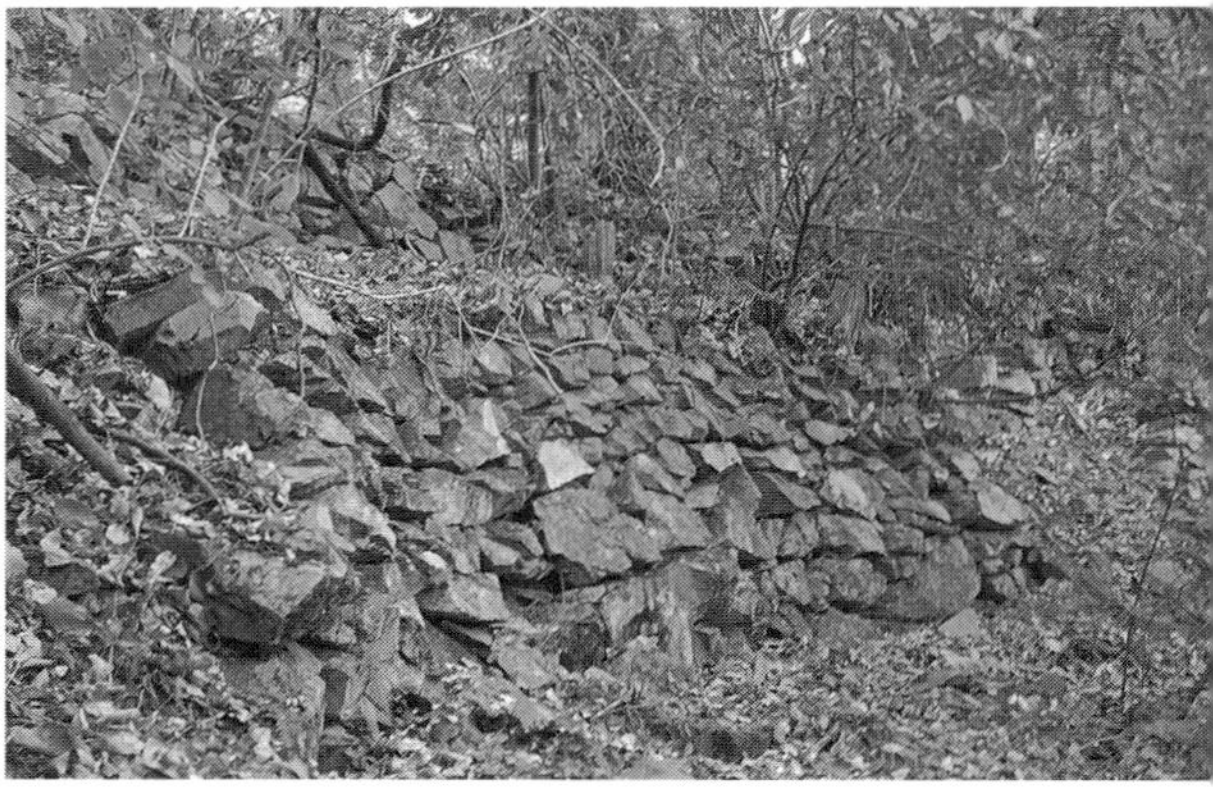
⑲．八王子城柵門跡の粗割石垣

中井　家康の家臣たちが天正一八年に関東のどこへ配置されたかわかるのですか。一説には秀吉は井伊氏と榊原氏だけは直接、指示したといわれているけど、それ以外の連中はわかるのですか。そこには石垣があったりするの？
齋藤　配置状況はわかるけど、榊原氏が入った館林城には石垣はない。松平家長が東松山の松山城に入るけど、石は出てこない。石積みをしたのは、今のところ井伊氏の箕輪城と江戸城くらいです。徳川氏の石垣といわれても、ピンとは来ない。その意味で八王子城は徳川氏だとしても、違和感がある。
――「八王子城の山中にある石垣はどうなの？」
齋藤　同じく二時期ある。アゴ止めのある石垣は打ち込みはぎだろうと思う。
中井　山にある石垣は新しいというイメージしかない。近世でもおかしくない。

齋藤　そう思うでしょう。山上の柵門にある粗割の石垣⑲は表面をそろえない野面積みになっているのに、何か所か打ち込みはぎのような石垣があるのは、時期差を考えないと説明がつかない。

中井　太田金山城は榊原氏で、箕輪城が井伊氏だとすれば、御主殿の石垣も含めて徳川氏だと言っても、何らおかしくはないよ。

齋藤　問題は徳川氏が北条氏の技術を消してしまうのかどうかです。滝山城で使われた縄張り設計は江戸城の枡形門のようなものを造っていることが厳然としてある。

中井　でも、徳川氏は石を使わない。敷石にしか使わないで縦には石を積まない。

齋藤　そのあたりの理解をどうするか。北条氏ではダメなのかといわれると何とも言えないし、徳川氏だと言い切れるのかといわれると何とも言えない。ただ、学問的には御主殿の状況をみて、天正一八年でお終りになりますと評価するのは先入観です。

中井　八王子城の御主殿はそのまま潰れたままにはしておかないだろうし、当時の拠点の一つですから、その拠点を最初は使うでしょう。

齋藤　それを踏まえた上での八王子の移転です。

中井　八王子城もよく見れば、山の上に郭がない。八王子城は御主殿のイメージが強いけど、山の上の城造りに面的なものがない。面的な遺構は御主殿だけです。後ろの大天守も全て線で、山頂部の平場は郭ではない。

齋藤　いわゆる関東の郭ですが、八王子城は西をすごく警戒している。八王子城の要害は山頂部を言っているのかなと思ったこともあるけど、山頂部の主郭部分は宗教空間です。滝山城から八王子移転は天正一桁から文書はあって、最終的な本拠の移転はおそらく天正一五年でしょう。氏照は戦争をしようと思っているから、一六年正月に小田原に大集合をかけられて移転するのではないのかな。一二年から小田原の大普請が始まり、そのとき関東各地の城整備をしている中に八王子城もあると思う。

――「戦うために立て籠もる場所を山の上に造る。」

齋藤　だけど、チマチマとした縄張りの八王子城を造ったために、わずか一日で落ちてしまう。滝山城なら戦い方は違っただろうな。

3章　近世の城と石垣

1　近世城郭の見方

——「豊臣から徳川になると城はどう変わる？」

齋藤　虎口の造り方は坂虎口にZ字状の道づけをする共通項はあるけど、徳川段階になると、平虎口の前に水堀があり、橋がつくという形で、比較的平面に処理していく虎口が多くなってくる。

——「Z字状の道は豊臣？」

齋藤　肥前名護屋城にも食い違いになる坂虎口はある。江戸城の本丸中雀門の南側にある最古の埋め門は、慶長一一年の石垣と噛んでいて、豊臣タイプです。徳川タイプの枡形門に改修するとき、書院門を造ります。江戸城本丸の場合、西桔門の石垣が古いとされていて、橋を渡って入るところに階段状に三段ほど石垣を積んでいる（①）。その脇をスロープのように上がって天守台の横に出てくる門を造っているけど、枡形門ではなく坂虎口になっている。

豊臣から徳川に代わる過程でいくつかの脱却があって、慶長一一年の本丸石垣は家康が将軍に就任した時に準備を始めるのです。一六〇八年に号令かけて二・三年の準備を

①．江戸城本丸西桔門の石垣

天守台

天守・櫓

して、一一年に普請をする。この時に造った本丸石垣は今も残っているし②、そのときに天守も造っている。

同じ時期に京都の二条城を造り始めますが、天守は慶長期の望楼型③です。家康が造る天守は江戸城と二条城で、家康が造った石垣もある。時代が下って元和から寛永に変わる頃、時代の要請もあって本丸を拡張していくとか、二条城の場合は行幸をする際に改修工事をします。ところがそのとき、家康が造った天守を江戸城も二条城も全て壊して、新しい層塔型の天守を造るのです。層塔型の天守は徳川オリジナルに近く、今、徳川家の城では名古屋城④・再建大坂城・鶴ヶ城などに多い。層塔型の天守を徳川が造るし、石垣の形も元和・寛永期に変わってくる。新しいタ

②．江戸城本丸台所櫓下石垣隅角部
慶長 11 年普請

③．望楼型　犬山城天守

④．層塔型　名古屋城天守（焼失前）
（『戦災等による焼失文化財』所収）

⑤．彦根城天守

イプを造って家康を消していく作業をしている。

城の見方からすると、家康は織豊期段階の城の造り方であって、新しい世の中を象徴するための徳川家的なものを寛永期頃に各地で造り直している。そこには豊臣から徳川への脱却が見えていて、家康の関係した天守すら残そうとしない。徳川の城のテーマはそこにあります。

天下普請として一括されている城も、丁寧に見ていくと、関ヶ原直後の慶長五年（一六〇〇）から一〇年（一六〇五）までの段階と、慶長一〇年から一五年（一六一〇）までの段階、それから元和以降の段階と、三段階にわかれている。最初の頃から次第に移行していく様が見えて、一概に大坂包囲網というものでは決してない。初期の段階では加納城・彦根城（⑤）・膳所城などは落城した城を戦災復興のために新しく築いた城です。天守も最初のときは望楼型あるいは望楼型から層塔型へ移行する時期の天守であったものが、元和・寛永期頃に大坂や江戸、二条などは層塔型天守となり、新しい石垣の城を造っていく。権力を作っていく段階ごとに、新しい城の造り方が導入されていくことが、天下普請の城に見えてくる。

中井　城造りは寛永までです。寛永以後は、城を造る必要がなくなって、修理はするかもしれないけど、消し去っていくこともしなくなる。城を全面的に壊し、新たに造ることはない。

齋藤　城を権力表象に使う必要がなくなってくる。

中井　江戸城でも家康の天守があり、秀忠の天守があり、家光がそれを改修するなど、天守自体の装飾を変えるのも家光までです。家光以後は変えることはしないし、火事にあった後も再建すらしない。同じように将軍宣下を京都で受けたのも家光までなのです。後の将軍は宮中から江戸に出向くようになるし、元和・寛永頃は天下普請の最後の完成期にあたっていて、それ以後は全く城を造らなくなる。

――「近世城郭といえば、天守！」

中井　住むわけでもなし、畳を入れるわけでもない。江戸時代の天守はお飾りです。江戸時代の天守は外観だけで、姫路城⑥でも天守に武者隠しを造ったり、いろんな仕掛けを造るけど、天守内にどんな仕掛けを造っても役に立たない。最上階に登って、自害するまでの時間稼ぎのための仕掛けでしかない、そう思うね。

⑥. 姫路城天守

齋藤　外観で千鳥破風や唐破風で化粧するから、そのために部屋ができただけの程度です。その部屋を武者隠しだと言っている。名古屋城の天守や本丸御殿は将軍の空間だから、藩主だって歴代の代替わりで入る程度だし、天守に入るのも維持管理のための検査が名目です。

中井　名古屋城の本丸御殿は徳川将軍家が上洛したりするときに使うための場で、尾張藩主は二の丸に御殿をもっているのです。藩主は天守に一生に一回くらいしか登らない。萩城の場合、五重天守の三階で益田氏や宍戸氏などの重臣と主従の契りを結ぶ空間なので、藩主の国入りのときにしか登らない。天守登陟儀式といったかな。一生に一回きりです。

齋藤　それもすごいね。

中井　彦根城天守は歴代藩主の甲冑が置かれていましたから、天守は甲冑用の倉庫です。

2　近世の石垣

――「近世城郭の時期の違いはどうやって見分けるの？」

中井　スタイルの違い、様式の違いでわかる。大坂城では北の方から工事を始めるのですが、元和から寛永にかけて石垣の積み方が変わっていく。築石が規格寸法の方形になるのです。

齋藤　石垣は変わる。方形の石は元和・寛永期の大きな特徴です。しかも天下普請の城に集中して使われる。表面が方形の石を目地の通った布目に積んでいく。

――「縄張りの設計を改変することはない？」

齋藤　本丸の拡張がある。御殿空間は肥大化していくので、本丸の拡張が必要になる。まず、天下普請をする段階に戦闘的な城から権威表象の城に変わっている。城に籠ってどうこうするのではなく、天守が望楼型から層塔型に変わるのも、新しいタイプの天守を造って徳川時代の到来を告げるのだろうし、石垣の積み方も石材を選択しながら規格化して見せる方向に変わってくる。戦国期の城で御殿空間がどれほどあったのかが重要です。慶長期から寛永期にかけて、御殿に金工品を釘隠しに使い、障壁絵をはめた接待の場・政治空間としての御殿が整えられ、定着していくのです。江戸城の場合、本丸が拡張され北郭まで飲みこんでいく。金沢城の場合、本丸ではなくて二の丸に降りるし、岡山城は縄張りを無視して、本丸中の段まで階段でつなげながら御殿が伸びていく。

本丸が政庁なのに、縄張りを無視して二の丸御殿を政庁にするといった現象が起きてくる。政治的な目的で城を造るというのが慶長から寛永期にかけてで、それすらも必要なくなっていくのが寛永期以降になる。

中井　山城自体、大和高取城でも美濃岩村城でも備中松山城でも、江戸期の最初は山の上に住んでいたのが、寛永頃に麓に根小屋を造って山上に住まなくなる。草ぼうぼうで番兵だけがいるような状態でしょう。美濃岩村城では山の上に石垣を積んでいて、麓に藩主居館があるけど、寛永期頃で二代か三代藩主のときに、麓に館を構えている。それまでは山上に居たのでしょう。

――「岩村城の山上にある石垣は時期的にはいつ頃？」

中井　今ある石垣はほとんど幕末です。有名な六段壁⑦も落とし積みにしている。享保か享和の年代の絵図には六段石垣は描かれていないから、それ以後であることは確かです。彦根城も慶長八年の天下普請のときには、本丸に御殿があったのに元和の大坂落城後に山麓に表御殿を造って、山上には住まなくなり、儀礼の空間も山下に移ってしまう。

齋藤　城の戦国から近世初頭の変化は劇的です。一つの概念で城とは言えない。城が政庁になって、政庁に要害が不必要になる。

――「近世・幕末にかけて城を造る例もあるけど？」

中井　無城主大名が老中を務めたご褒美に幕府から城主大名に格上げしてもらえるのです。城を造ってはダメだと言われていたので、城をもっても良いと言われるから、舞い上がって城を造る。北海道の松前城や長崎五島の石田城、兵庫県の三田城などは、陣屋しかなかったのに城に造り変えています。面白いのは、大砲の的になるのは明らかなのに天守を求めるのです。城持ち大名になったら天守を造るのがステータスなのでしょう。

今でも功なり名を遂げたら外車に乗るのと同じです。幕府から抜け出した榎本武揚が松前城で何をしたかというと、艦砲射撃で天守を狙うのです。幕末なら天守はないほうが良い時代になっているのに、天守を造りたがるのはステータスなのです。城には石垣を見せるなどのステータス＝権威があるのだと思う。

――「石垣をみて、幕末だとわかるポイントはどこ？」

中井　一八世紀以降に登場する石垣は落とし積みになる⑧。谷積みともいうけど、斜めに石を落して積む技法は、どの城でも見られます。積み直したところがわかるのです。場合によっては明治以降に軍隊が入って積んだ石垣もある。典型は駿府城⑨です。

――「石垣以外に幕末だとわかるポイントは？」

中井　縄張りは武家諸法度に定めら

落し積みは石材の目地が斜めになる

⑦．岩村城　六段壁の落とし積み石垣

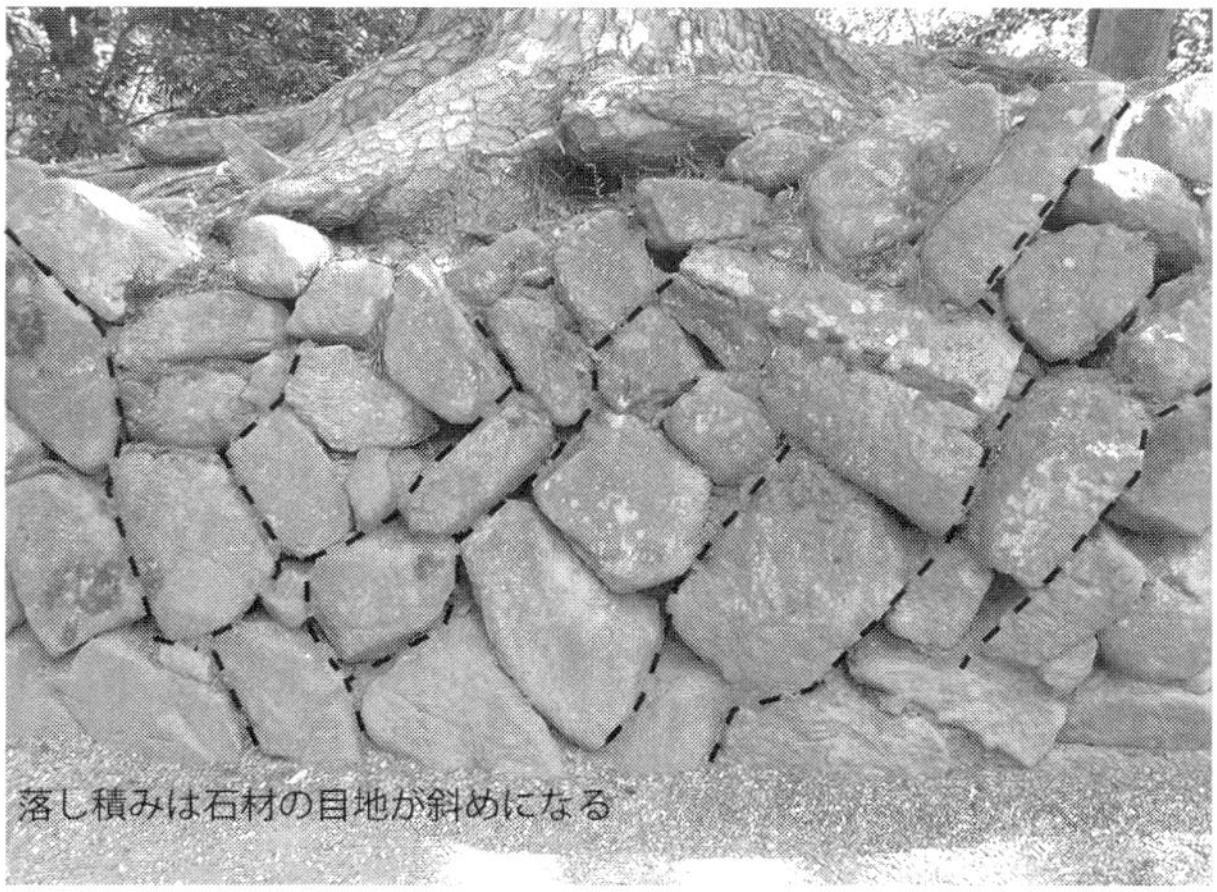
落し積みは石材の目地が斜めになる

⑧．岡崎城　落とし積み石垣

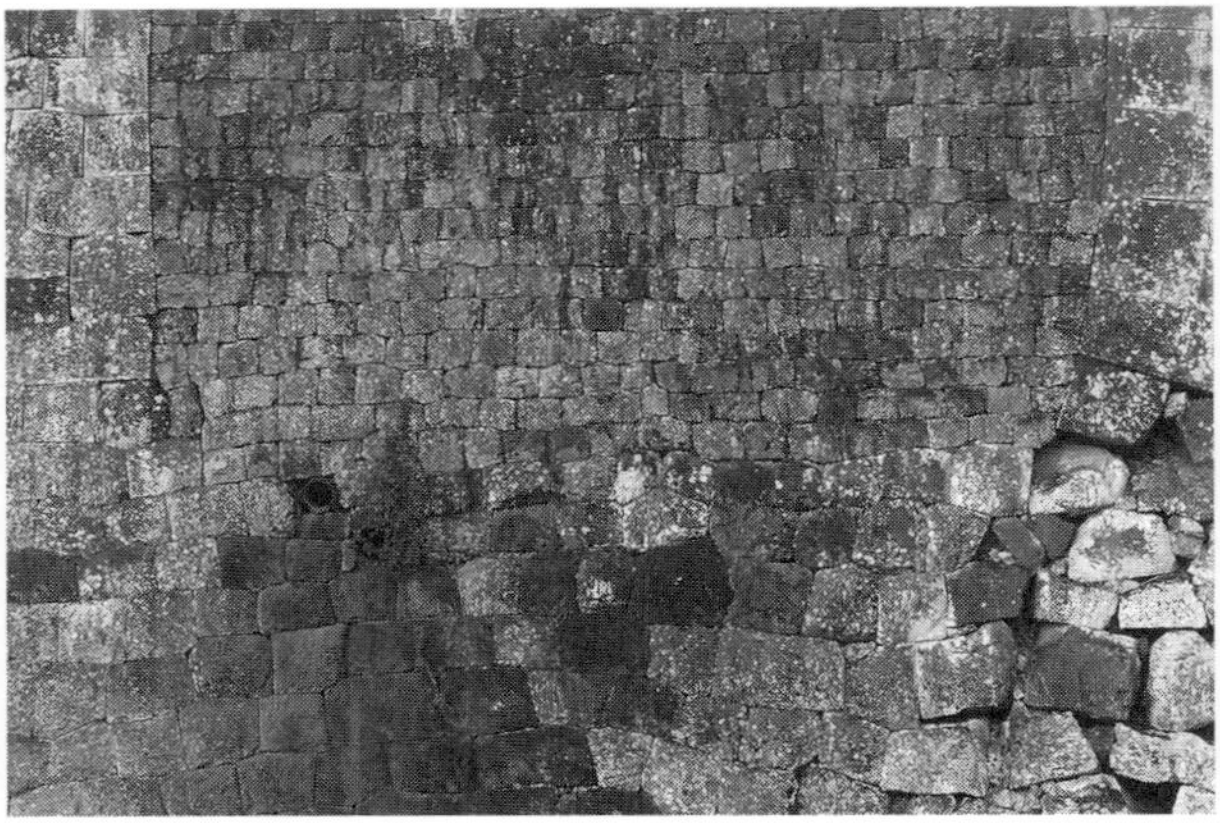

⑨．駿府城　近代の石垣

⑩．和歌山城　緑泥石片岩の石垣

⑪．和歌山城　砂岩の石垣

⑫．和歌山城　花崗岩の石垣

れているように、旧来通りにせよと言われているから、縄張りで江戸初期・中期・後期だとわかる例はない。石垣だけです。石垣は幕末だけではなくて、江戸時代を通じた変化が読める。石材の違い、積み方の違いで江戸の初期か中頃か、幕末なのかがわかる。

――「どうやって見分けるの？」

中井　和歌山城では石材が時代によって違う。緑泥石片岩から砂岩になり、花崗岩に変わる。加工しやすい石から

⑬．彦根城天秤櫓　打ち込みはぎの石垣

⑭．彦根城天秤櫓　落とし積みの石垣

硬い石になる。和歌山城を豊臣氏が築城した天正一三年（一五八五）頃は緑泥石片岩⑩が使われ、浅野幸長が入った慶長五年（一六〇〇）頃は和泉砂岩⑪を使い、徳川頼宣が入城した元和五年（一六一九）頃は花崗岩⑫が使われる。姫路城も同じです。秀吉の頃（天正八年）は姫山で採れるチャート石で、池田輝政が入る慶長五年（一六〇〇）に凝灰岩系が主体となり、一部花崗閃緑岩、砂岩、チャートが混じり、本多忠政が入った元和三年（一六一八）後は竜山石という凝灰岩になる。

齋藤　姫路城の天守台に使われている白色凝灰岩は池田氏だね。

中井　池田氏の頃の凝灰岩だろうね。

齋藤　池田氏には二時期あるのだろう。とにかく、チャート石からそれ以外に変わるのは見事にわかる。石垣だけしか残っていない城跡は多いから、石材の見方、石垣の積み方は、それほど難しいことではないので、お勧めできる城の楽しみ方です。

中井　彦根城でも天秤櫓を正面にして、右と左で積み方の違いを見てもらう⑬・⑭。左側は落とし積みになっているから時代が違うのです。一般の方は一面の石垣で時代が違うことに驚くけど、崩れたら積み直します。金沢城では石垣だけの見学コースがあるけど、十数種類が味わえる。

一八世紀頃になると、積み方は間知石《けんちいし》になる。その間知石は、正方形の表面が真っ平らではなくて、少し盛り上がるような石です。後ろは四角錐のようになって、控えを長くとるようにしている。
　間知石以外に積み方でわかるのは打ち込みはぎです。粗割した石を平滑な面を表にして、隙間に間詰石を詰めていく。野面積みに近いデコボコのものもある。金沢城では前田利家が築城した段階の慶長の石垣から幕末まで何十回も修理しているから、利家の頃は打ち込みはぎの積み方⑮で、江戸時代になると最初は普通の目地の通るような積み方をする。その次に間知石が出てきて、最後に落とし積みがあり、亀甲積み⑯のような積み方もある。正方形すら止めて多角形の石をパズルのように組んでいくのが幕末の石垣です。

齋藤　亀甲積みは一八世紀には出るらしい。亀甲積みは石工の遊びだけど、掛川城の御殿前の石垣は扇の石をはめ込んで組んでいる⑰。石垣に遊び的なものが一八世紀頃に流行って、石工の家伝書をみると、崩れないようにおまじないで亀甲に組むとある。

⑮. 金沢城　慶長期　打ち込みはぎ石垣

⑯. 金沢城　亀甲積み石垣

⑰. 掛川城　扇型石材の石垣

⑱. 富山城　五行石垣

⑲. 安土城　黒鉄門

⑳. 観音寺城伝平井屋敷　門跡

中井　富山城の模擬天守の下にある枡形に五行の石⑱があるね。大きな石を五つ立石で置いて、そのまわりに笑い石という小さな石を置いて目地を通していく。秘伝書には陰陽五行だとあるのです。まじないや呪術の世界までが石垣の中に組み込まれていく。

――「安土城の黒金門⑲にある大きな鏡石もおまじない？」

中井　鏡石は正面性、権威の表象だろうね。一番大きな石は門の真正面にあって見せるものです。金沢城の大手門にはとてつもない大きな石を使っている。

齋藤　崩れてしまうのではないかと思うほど、薄い石だけどね。

――「正面に大きな鏡石を最初に使うのはいつ頃？」

中井　戦国期の石垣で鏡石を使う例はあるかな。安土城は一番古いかもしれない。小谷城も観音寺城⑳も鏡石というほどのものはない。

㉑．唐沢山城本丸石垣の鏡石

齋藤　鏡石は織豊期のイメージはあるけどね。

中井　岐阜城の巨石列は、鏡石的な使い方なのだろうね。

——「関東の石垣は近世も含めて、鏡石はありますか。」

齋藤　唐沢山城の本丸にある大きくて薄い石㉑は鏡石で良いと思う。佐野信吉が入る頃だから、文禄期になる。

中井　岐阜城は信長段階の永禄だから唐沢山は少し下るね。

3　バブル崩壊と職人の去就

齋藤　豊臣の城は徳川氏が新しいタイプに変えていくから、よくわからない部分もあるけど、二条城の二の丸御殿や名古屋城の本丸御殿、江戸城に残っている石垣をみると、豊臣と徳川の違いがわかることがある。たとえば、近世の御殿の中の設えには狩野派の絵があり、釘隠しがあり、彫刻があって、折り上げ天井があるなど、どこでも同じような造り方をしているから、それが御殿の造り方だと私たちは思っている。

　ところが、豊臣の城のときは漆を塗っているらしいのです。京都の高台寺蒔絵がその例だけど、あのときに漆職人が大量動員されて、漆職人が少なくなって技術が追いつかなくなった。それまでの伝統的な高蒔絵ができなくなって、平べったい高台寺蒔絵が流行るのです。この時期に急に漆職人が増えて技術が落ちるのです。それが職人たちが育って寛永期以降の江戸時代の婚礼調度ができるのですが、なぜ漆職人が足りなくなったかというと、御殿建築に漆を多用したからだと考えられます。

　豊臣期の事例は高台寺の御霊屋くらいしかわからないのです。他の御殿建築を見学しても、障壁画はほとんど残っていない。釘隠しもない。信長が安土城天守に障壁画をたくさん取り入れたといわれているけど、実態がよくわかっていない。安土城を機に狩野永徳たちが活躍し始め、大坂城でも描いているけど、よくわからない。そうしたものが洗練されて寛永期の御殿建築に結びついている。秀吉の高台寺蒔絵は、平たくなって毛書きになるというけど、技術的にはたいしたことはないのだそうです。城郭建築に職人が動員されるのは、金箔瓦の生産も同じです。

中井　信長と秀吉では金箔瓦は全然違うね。

齋藤　秀吉の時代には定型化した切れ端みたいな箔を表にペタペタ貼って、遠くから見たらわからないだろうという仕事です。コビキも同じです。

中井　信長の瓦は丁寧に瓦一枚ずつヘラ磨きをする（図

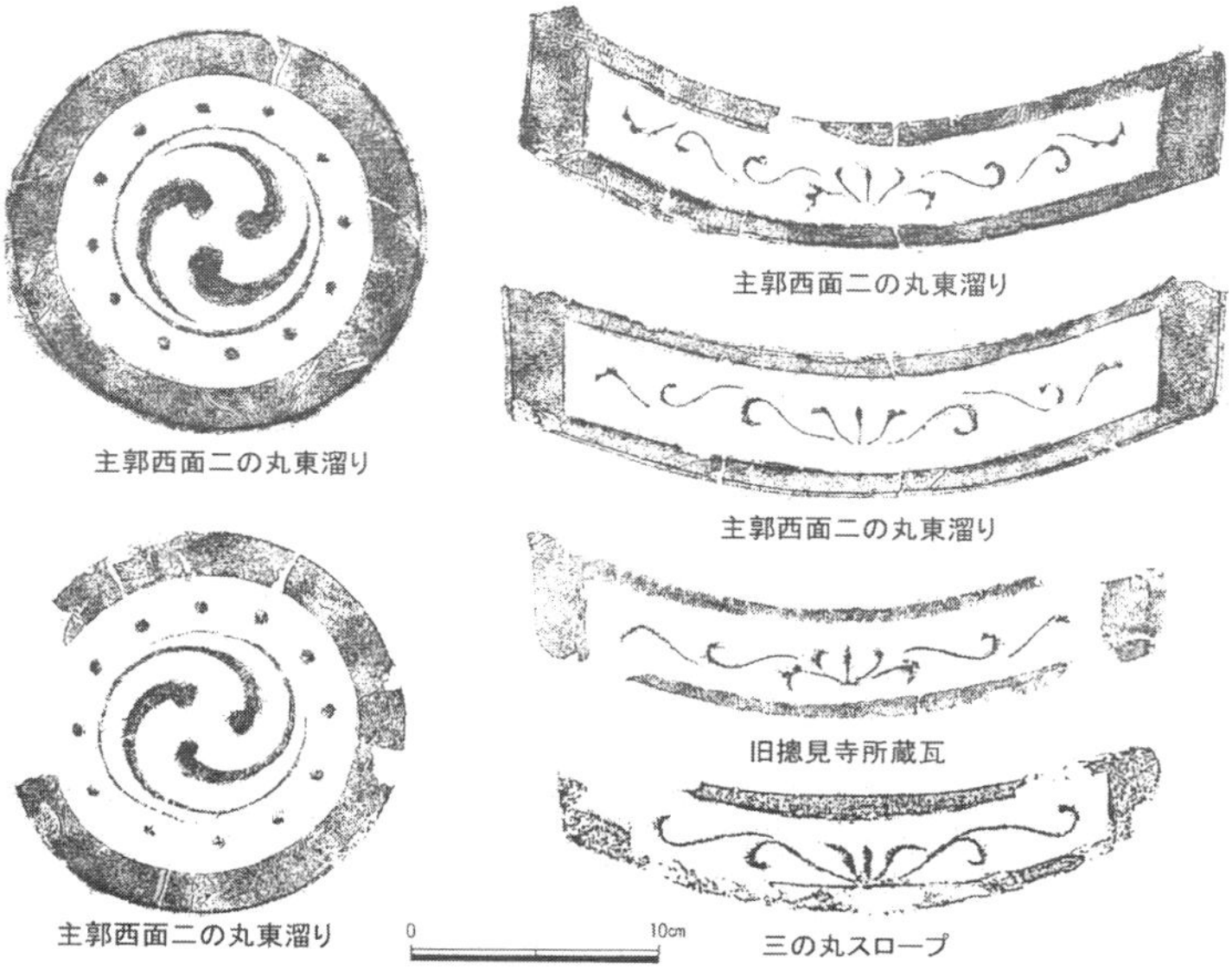

図１　安土城跡出土軒丸瓦・軒平瓦（加藤 2012）

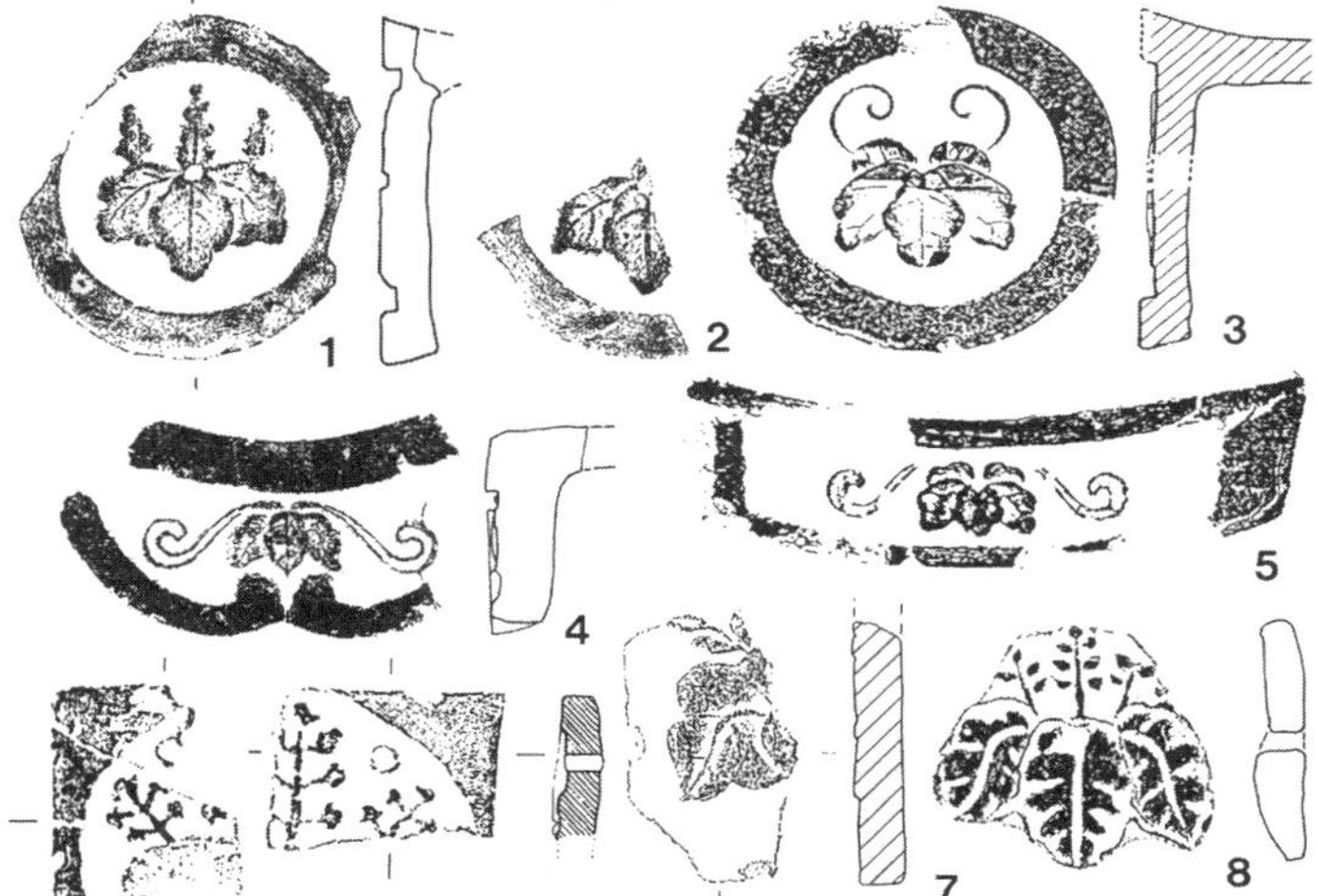

図２　聚楽第跡出土軒丸瓦・軒平瓦（加藤 2012）

㉒. 萩城詰丸　矢穴石材

㉓. 小田原石切り場跡　矢穴石材

1・2)。秀吉の瓦は生焼けのようなものも多量に出まわる。聚楽第の瓦も山崎城の欠損した瓦を転用していて、その欠けた部分にも金箔を貼っている。秀吉の頃は大量に瓦が必要になっても職人の数が少なかったのでしょう。信長の安土城一城だったら間に合っても、全国に瓦葺きの城が築かれ始めると、追いつかなくなる。

齋藤　職人層が欠乏し、手の悪い職人が秀吉の時期にたくさんいた。そうした人たちが成長し、徳川期に洗練されたものが出てくる。

中井　石切りの矢穴技法も同じです。六角氏の観音寺技法と言われているのは、矢穴は二つか三つしか入れない。つまり、石の目地をみて二、三か所矢穴を入れれば石が割れることを熟練職人はわかっていた。ところが、熟練職人がいないから誰でも割れるようにミシン目を入れたような矢穴になる。矢穴が大量に伝播していく根底には専門職の不足を補う素人技術があったと思う。

齋藤　職人は払底したのでしょう。

中井　萩城の詰丸の露頭する岩石㉒には妙な方向に矢穴がたくさんあって、新米に石切りの練習をやらせたのではないかと思える。そうでも考えないと理解できないのです。

齋藤　現代の石工さんでも矢穴が五つもあるのをみると、大変な仕事をしていると思うそうです。

――「やたらに矢穴を入れている石㉓は、時期的にはいつ頃になりますか？」

中井　関ヶ原以後でしょう。一七世紀の初め、慶長頃からたくさん出始める。

齋藤　石垣面に矢穴の痕跡が残っているのは、慶長後半くらいと見るね。

中井　職人も含めて働き手が足りなくなると、農民たちが石切りなら食えると雇われてくる。慶長一〇年頃を境に城造りが一気になくなるから、あぶれた連中は墓石造りにいかざるを得ないのでしょう。

漆職人も金具師も瓦師も石工も、慶長までは需要があったのでしょう。石工は墓石造りで生きる手立てをみつけたのかもしれない。どこでも同じような墓石があるからね。

齋藤　軍事産業は次の文化を育てる話ですね。金工師は髪飾りを作り始める。

中井　大事業が終わってバブルが弾けたのは、関ヶ原合戦が終わって四～五年です。新しい城造りが終わるから、職人は大変だったと思う。新たな産業に目先を変えていったのでしょう。

齋藤　漆職人は武家が幸阿弥家を抱えたり、金工師は後藤家が金座をもったりとか、武家が職人の一部を抱えるのだけど、武家に抱えられない職人は多分たくさんいたんだろうね。

中井　石工も棟梁は穴太頭で各藩のお抱えの武士だろうけど、一般労働者は無理です。穴太の職人だって、当初は石を積めたけど、江戸中期以降になると普通のサラリーマン化した武士になって、自分らでは石を積めなくなっていく。土佐藩では北川豊後という穴太頭の家系は江戸中期以降、今の役所でいえば入札掛かりになっている。関わりはあるのだけど、彼らは技術者ではなくなってしまう。

齋藤　仕事がなければ技術は衰えていく。そうしてみると、豊臣・徳川の城郭造りは文化を育てたね。

中井　安土城では金具は後藤氏、障壁画は狩野永徳、瓦は奈良衆と超一流の技術者を雇うけど、秀吉の時代になるとパンクする。秀吉だけが抱えるのではなく、各地の大名たちが豊臣系の城を造るので、技術者不足になる。

齋藤　縄張りの知識が拡散していくのとは全く違う。縄張り師という職業があったかどうかわからないけど、聚楽第タイプが限定して広まっているのは、設計士の問題かな。

中井　そうでしょう。なぜ、縄張りだけ記録に残らないのでしょうか。縄張りは誰が設計したのかわからない。

4章　縄張りの設計者

1　縄張り設計者のイメージ

中井　縄張りの設計者は根本的な問題のはずだけど、誰もがそれを措いて説明する。かつて縄張り研究者の間ではプランナーは誰だと議論していたけど、武田氏だ、北条氏だといって、戦国大名系城郭論になってしまった。

齋藤　プランナーで止めておけばよかったね。縄張りの設計者はとても重要で、馬出の配置の仕方が滝山城と聚楽第が一致しているのも、知識者集団が行き来していることが予想できるし、滝山城に関しては、聚楽第よりはるかに先行していることは確実なので、関東の知識者が西に動いているのだろう。もちろん西国で培われた技術・知識が東国に来ることもある。そうした構図を読み取ってよいと思う。

――「城の縄張りは、知識人が造るの？」

齋藤　土地の造成が先か、建物が先か。土木工学がどこまで発達していたか。

――「東大史料編纂所の川本慎自さんは中世の禅宗寺院で数学がどのように学ばれていたのかを研究しているけど、三角関数など実用的な数学・度量衡を基礎学習として学ぶそうです〔川本二〇一六〕」

齋藤　川本さんの研究は、荘園の税収システムを対象に中国の禅宗文化がどのように日本にもたらされるのかを考えているのですが、数学の基礎知識が禅宗寺院にあることを論証しています。

中井　それは算数の行き着くところですね。設計者は計算しながら縄を引いて設計するのでしょう。

虎口

――「城ではないけど、川本さんの論文には、堤防の体積を求めるのに、土木量と一人当たりの労働量からはじき出される人夫数を計算するというのだから、実用の土木普請に禅僧の数学知識は求められていいます。将軍家が禅を重用するのも彼らの知識があってのことでしょう。」

齋藤　領主層の中にそうした知識者層は集結しているのです。

中井　織豊期の城だけに設計図があるのではなく、戦国時代でも地形を見取った上で城を造るのだから、相当な測量技術と土木量です。滝山城でも主郭から増殖的に普請するのではなく、馬出を三か所きっちり置くのは計算されているし、滝山の地形の中で城を造るには相当の測量知識がなければ無理だと思う。

齋藤　テクニカルな城ほど、かなりの知識人を抱えている集団でないと造れないから、そうした城があちこちにできるはずがない。

中井　大名当主自らは縄張りを設計するのかどうか。藤堂高虎がそうだね。

齋藤　藤堂氏は城造りのエキスパートから大名に転化したケースで、文書で慶長期まで縄張りを専門にしていたらしい。藤堂高虎は得体のしれない人間です。

中井　高虎の出身は近江の甲良で、甲良大工の出身地です。高虎は最初は浅井氏家臣の磯野家に仕官し、浅井氏が滅んだ後、秀長に付いてから徳川家康の家臣になるかな。

齋藤　藤堂高虎は秀長の家がつぶれた後に独立した感じです。江戸城や丹波篠山の縄張りをしたとか、いたるところで縄張りをしている話がある。

中井　藤堂高虎は縄張りと直線的な石垣の両方を造る。江戸城のほかにも駿府城、津城、伊賀上野城、今治城、宇和島城、天下普請だと名古屋城、篠山城など、かなりの数を手掛けている。

齋藤　藤堂の縄張り仕事は自分の所領とは関係なく、家康に従属した形です。

中井　普請は全て高虎に任せよと家康は言っているし、大工は中井正清に任せろと言っている［慶長十五年大久保長安書状］。

齋藤　藤堂は大名の意識でみてしまうけど、家康にとって特殊技能をもった人なのではないのかな。縄張り職人がいたとして、世の中に浮上したとすれば、藤堂くらいでしょう。中井家の場合、大工だったので宮中仕事もしている

①．韮山城　岩盤を掘り抜いた障壁をもつ堀切

②．下田城　岩盤の障子堀

から、建築会社的に動いたのは家の存続があったと思う。石垣普請や城造りは、幕府に付いたほうがいいという打算があったろうね。

戦国期の縄張り職人と関係ある人物は、北条氏の清水太郎左衛門です。清水が派遣された伊豆の韮山城と下田城には岩盤をくりぬいた障子堀(①・②)が造られていて、韮山の城造りは横堀のラインで守るように縄張りしているし、下田城も同じです。清水太郎左衛門は天正一五年に太田金山城にも派遣されますが、一か所だけ堀切の中を石塁で止めているところがあって(③)、前面を横堀のラインで守る縄張りにしている。関東の城多しといえども、戦国期の障子堀は決して多くはないし、その中で岩盤を使うのはこの三例のほか数例です。そこには清水氏が関わっているので、清水氏は北条氏の中の技術者の可能性がある。

中井　縄張りをする人間はいると思うけど、戦国の城でいえば、関西のどこにでもあるような城は自分たちで造るのでしょう。

――「城郭事典に紹介されているような城には設計者がいるの？」

中井　そうでしょう。事典に紹介されない山の上に二つ三つだけ郭を配置するとか、背後の尾根だけに堀切がある城は、誰でもが造れるのではないかな。設計者が城造りに関わる城と、土豪たちが尾根を掘り切って、前に郭を置く程度の城の差はあると思うけど、数的には圧倒的に地元の土豪が造るケースのほうがはるかに多い。縄張りの設計者は城造りだけで生活できたかどうかも問題で、城造りはいろんな仕事の中で縄張りも請け負ったのではないですか。

2　設計者の仕事

齋藤　山林寺院も城造りをしていた人たちが設計をしていたのかな。もちろん宗派としてのルールがあって、どこにどんな施設を造るかは僧侶と交渉するだろうし、城造りにしてもどこにどんな施設が欲しいか、城主のオーダーはあるだろうしね。

③．太田金山城　石積みの障壁をもつ堀切

中井　本願寺は法華宗との戦争も想定して加賀国の城造りを召し寄せている。内部の阿弥陀堂などは宮大工が造っても、全体の設計は城造りがやるのではないのかな。

――「山寺を一五世紀に新規築造する例はどのくらいあるのかな？」

齋藤　新しいものはないかもしれない。

中井　山寺を新規に造ることはないけど、禅僧が築城に一枚かむことはあるでしょう。片手間ではなくて、いろいろな仕事の中の一つではないかな。城の設計者は何をしていたのか。加賀国の城造りは偽文書を作って、バレて捕まっているから、きっと怪しげな商売もしているのでしょう（『天文日記』）。武士として取り立てられる可能性はないのかな。でも一大名に抱えられると、諸国をまわれない。

齋藤　北条氏では職人が所領役帳に掲げられているから、本人が納得すれば武士になれたのではないかな。

――「縄張りの設計者はけっこういたのかな？」

齋藤　具体像はわからないけど、これだけの城があるからね。設計者のいらない城がどれだけあるのかもあるけど、本拠クラスは毎年のようにメンテナンスをするから、最初に相談するのは設計者でしょう。

――「縄張りの設計を見ても、城の地域性は読み取れない？」

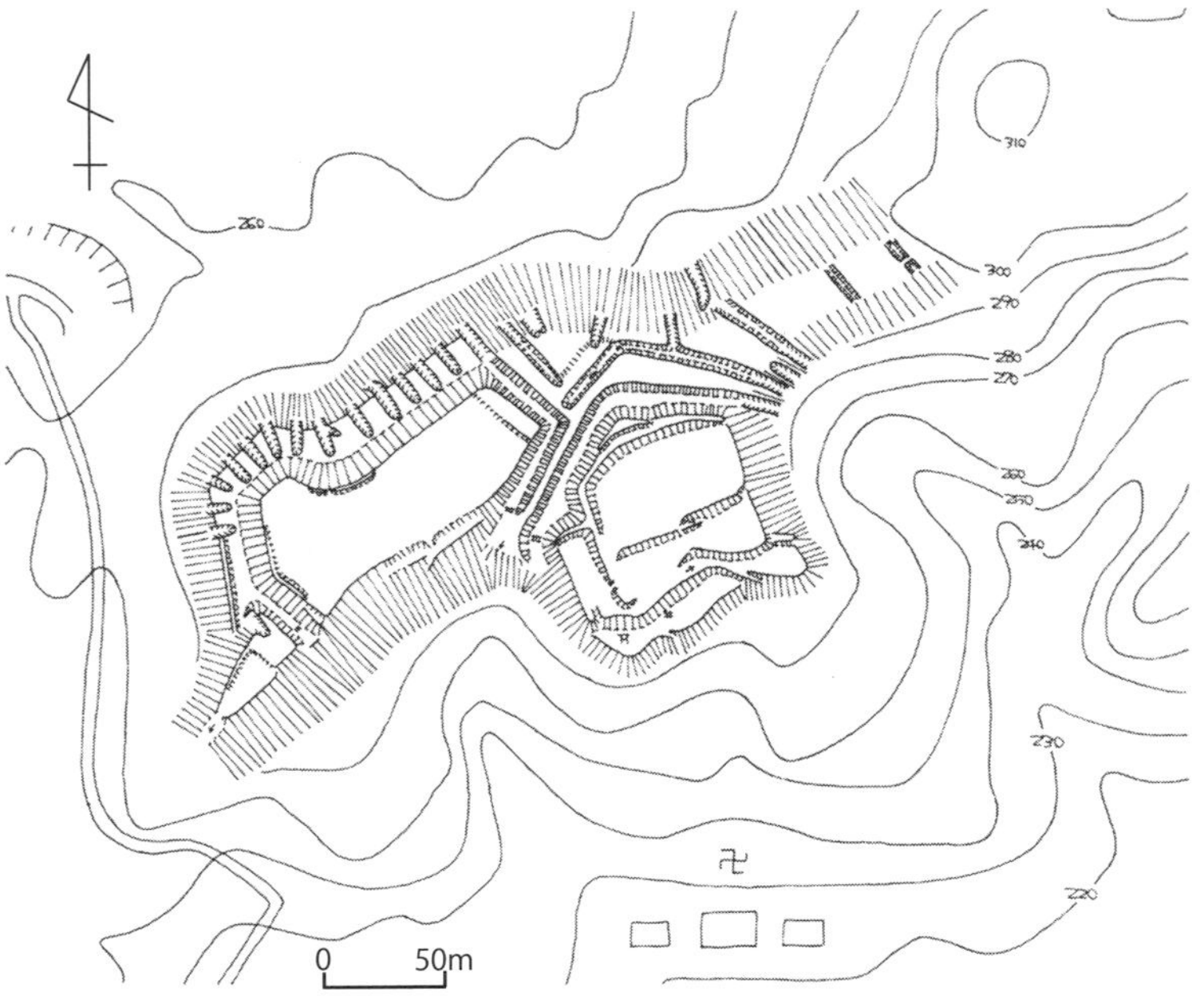

図１　志茂の手館（作図：松岡進、松岡 2015 を一部改変）

齋藤　松岡さんは一定の地域の中で同じ技法を持った城が分布していて、それはエリアとして括れると言うけど、その前提には地域間で技法が交換されているという発想が必要になる。領主の中で技法が交換されているイメージを持つのですが、今、話題にしているのは地域のなかでの完結性ではなく、雇い関係で設計者がどこにでも行くこと。最たる例は滝山城の馬出と聚楽第の造りが一致していることで、そこに地域像を描く余地はない。

中井　設計者が必要でない城と、必要な城は存在する。設計者が知識をもって移動するなら、設計者の必要な城はどの地域でも同じ形が造れたはずだから、特定の遺構が突出しているのはこの地域しかないという議論は納得できない。

齋藤　議論の立て方としてあり得るとしても、地域性がうまくおさえられるかどうか、よほど慎重でなければならない。

中井　松岡さんの本にある山形の一味の城（図1）は、本当に最上地域だけのことなのだろうか。僕は設計者のいる城だと思うので、最上だけの地域性で処理してしまうことに疑問がある。

――「最上氏に依頼された設計者がいて、在地に派遣されて城を造る？」

中井　名もない城の中にも、畝堀をまわしている城もある。そうした例は、郭二つくらいに堀切だけしかない城と同列に扱っていいのか疑問なのです。「こんな城を造れ」という最上氏からのオーダーはないのだろうか。

――「在地の要求で城を造るにしても、どうやって設計者とコンタクトとるのかな？」

中井　上位権力にお伺いを立てて人材を派遣してもらうのではないの？　戦争になりそうなので良い設計者を派遣してください、みたいなことはあってもいいだろうね。

齋藤　そんなパターンもあるだろうけど、設計者を探す方法は今と変わらないと思う。新潟の奥山荘の中条氏と黒川氏の城を調査すると、細尾根に堀切があって虎口すらなく、連続竪堀や畝型阻塞といった遺構のある城(図2)が集中しているのです。黒川氏と中条氏は所領を接していて、文明年間以降、小競り合いをしていたのですが、上位権力の守護上杉家に「要害普請をしていいか」と黒川氏がお伺いを立てている史料があるのです［新潟県史一三六一］。戦争中だから相手の城を見て普請したといえなくもないけど、この地域では敵対関係の中で

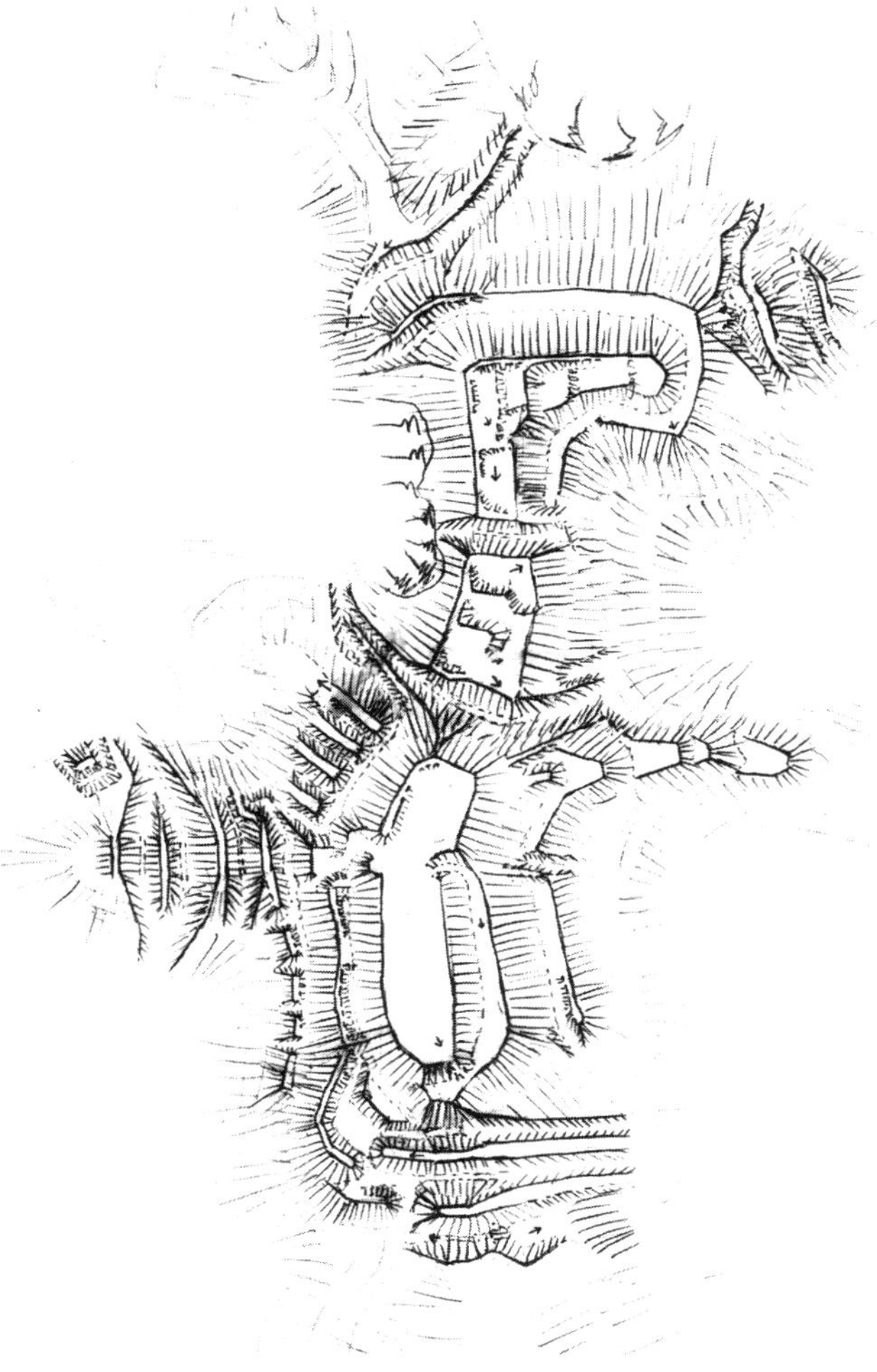

図２　持倉城　縄張り下図(作図：齋藤慎一)

同じ技術が共有されているのだから、設計者が奥山荘にいて、中条氏と黒川氏の間を行き来しているとしか思えない。

中井　近代戦ではないので、技術を隠せる・隠せないといった問題ではない。実際に見えるわけだし、攻めていけばわかることです。敵と同じ城は嫌だからオリジナルを造れ、なんてことは絶対にない。その時代の一番良いものであれば、両方に技術が提供されてもどんどん使うのが中世の戦争だと思う。

齋藤　奥山荘には、井上鋭夫さんが指摘しているように［井上一九八一］、山の民と川の民がいて、太子信仰で山岳を遍歴している浄土真宗系の門徒がいる。川の民は渡河点の専業者だと思うけど、山の民も川の民も交通に関わる人たちで、いろんな情報を伝達していたかもしれない。

――「縄張りの設計はどれくらいの知識があればできるのかな。」

齋藤　そのマニュアル本が『築城記』でしょう。あとは口伝でしょう。

中井　なぜ築城や縄張りについて書き残されていないのでしょうね。

――「縄張りの研究者は軍事機密だと説明しそうだけど。」

齋藤　軍事機密というよりは秘伝でしょう。軍事機密だから秘伝になるのではなく、技術者が持っているものだから秘伝と考えたい。

中井　秘伝は秘伝でしょうが、大坂本願寺が加賀国の城造りを招き寄せたように、どんな人物を呼んできたとか、城を造るのに誰かを連れてきたような史料は全くないのですか。

齋藤　「要害之是非とも存知之者」と天正三年頃に下野国の人物を小田原に連れて来いと北条が命じている史料［『藤岡町史』九〇］がある。

中井　でも少ないね。当時としては別に書き残すようなことではないのかな。

齋藤　技術の史料は全般にないでしょう。石垣もそうです。石垣の秘伝書も縄張りの秘伝書も江戸時代にならないと出てこない。

中井　近世兵学の発達とともに出てくるね。

――「技術者・設計者は権力者とは別の世界にいるのかな？」

齋藤　そうだと思う。

中井　安土城にしても『信長公記』に全国の侍を呼んできたとか、五畿内の杣・大工を呼んだとか、狩野永徳や岡部又右衛門、唐人一観だと書いてあるけど、縄張りを誰に命じたかを書いていない。石垣も石奉行の三人の名前があるだけで、瓦のように唐人一観に命じて奈良衆に焼かせたことは記していても、誰に縄張りを引かせたのか出てこない。

齋藤　今のところ技術者は登場しない。文字には残らない世界。

中井　それをどうやって証明するか。

齋藤　藤堂氏や清水氏もそうだと思うけど、時代が下ってくると、元来は家で抱えなかった者を、家で抱えようとする方向に転じてくる。そのときに浮上してきた連中なのでしょう。最後は家臣となってしまうので、なおさら出てこなくなる。文献だけでは難しいね。

――「設計者が自分のテリトリーで行動していれば、似た城が地域に固まりそうな気もするけど。」

齋藤　設計者のエリアはあるかもしれないけど、東と西の差もあるし、馬出のように地域を飛び越えていく技術もある。こうしたダイナミックなところだけを理解しておけばいいのかな。今のところ城の地域性がわかっていないから、縄張りの設計者までわかるようになるのは、まだまだ先のことです。

5章　杉山城再考

1　研究史の要点

――「杉山城は縄張りの見方を考えなおす良いケースだと思うので、改めて議論してみましょう。」

齋藤　再考の前におさらいしておきます。杉山城の発掘調査の骨子は、出土遺物が被災しており、焼土に混じっていたこと、その焼土が一面しかない遺構の溝を埋めていたことで、杉山城全体の遺構面が一面しかないことが重要です。この調査成果は動きません。考古学の土器・陶磁器編年では、一五世紀後半もしくは一六世紀前半の遺構であると評価します。陶磁器編年に対する批判の声［木島二〇一二］も耳にしますが、担当者は瀬戸美濃製品の遺物編年だけで杉山城の時期を決めているのではありません。また、遺構面が一面であることを忘れてはなりません。

　文献史学の「椙山陣」の読み方と大永頃とする年次比定［齋藤二〇一〇、竹井二〇〇七］については、椙山陣は合戦を示していて城を指しているのではないというのが批判の主旨だと思いますが、杉山で合戦があり、しかも考古の情報で近い時期の年代を示す城館は杉山城であるという論旨が僕や竹井さんの説ですから、短絡的に「椙山陣」＝杉山城だと言っているわけではないのです。

　僕は杉山城を考古と文献の情報に基づいて、一六世紀第1四半期から第2四半期の変わり目の大永頃と位置づけていますが、中井さんは、縄張り論の立場から天正一八年説を出されましたね［中井二〇〇九］。

中井　縄張り研究者に対する問題提起で、天正一八年でまちがいないと考えているわけではありません。杉山城を

堀・土塁

みた縄張り研究者で一六世紀初頭だと思う人はいないと思うのに、縄張り研究者がもろ手を上げて「縄張り研究は年代を決めるものではありません」「合戦シュミレーションをするだけです」といってしまうことが心配なのです。

齋藤　縄張り研究で一年、一〇年の編年はできないけど、五〇年の幅ならできると思う。

中井　編年できなければウソになる。できるのだと思うのです。

齋藤　編年はできます。尺度の設定が違っているだけで、尺度を学問の身の丈にあわせていけば、編年は可能でしょう。

中井　戦国期後半の五〇年くらい、織豊城郭以外でも一五五〇年から一六〇〇年までの城と、それ以前の城は、大まかに分けられそうな気がする。

――「中井さんは、まだ天正一八年？」

中井　「相山陣」という文書と遺物の出土状況は理解できるけど、関東の一六世紀初頭に杉山城と同じタイプの城があっても、しかるべきではないかと思うのです。

齋藤　その発想が縄張りの発展論です。北条氏や織豊期に一番いい城が造られるはずで、とてつもなく早い段階で杉山城のような、いわゆる「技巧的」な城があるのはおかしいという話ですね。だけど、僕と竹井さんが示した説は、関東管領山内上杉憲房です。

中井　関東管領山内上杉氏が一六世紀前半頃に杉山城と同じような城をもっとたくさん造ってもいいと思うけど…

齋藤　山内上杉氏の本城である平井金山城はそうでしょう。横矢が効いた折れのある虎口もあります（67頁の図16）。平井金山城の焼亡した虎口には八脚門があって、側射できるような石垣貼りもある。

山内上杉氏に限らず、屋代B遺跡は一五世紀段階の二重区画の城で、時代の中で堀をクランクさせながら複雑にしていきますので、杉山城が突如現れたわけではないと思う。「中城」を生み出した時代背景があって、縄張りが複雑化したと考えています。

中井　まだそのあたりがうまく消化しきれない。山内上杉氏の城だとすると、突然変異的に表れたとしか思えないし、その後、継承されないのは、そうであれば杉山城が特異なものとしか位置づけできないのではないか、とまだ自分の中では思う。

縄張り研究の培ってきた一つの到達点としては、杉山城は一六世紀後半だと思うのです。それを簡単に捨て去ってしまうと、縄張り研究は一切の信用を失くしてしまうと思うのですが、だからといって縄張りの立場で年代を決めるために、我田引水で瀬戸美濃編年がまちがっているという言い方はすべきでない。

齋藤　縄張りとしてこの年代であるという説明をすることはとても重要なことだと、私も思います。しかし描かれた年代に開きがあり、主観性がどれだけ払拭されたかが気になるのは、やはり方法論としての問題があると思わざるをえないです。縄張りとしてどのような方法論を組み直すべきか、議論が欲しいところです。他分野を批判するだけでは何も生まれない。

中井　考古学の人には、杉山城が一五世紀後半から一六世紀前半で造れるのだったら、関東地方に杉山城と似たような城があるのかないのかを検証して欲しいのです。考古学は遺構論と遺物論なので、遺物論だけで片付けてしまわず、縄張りを遺構とみて考古学で解釈できないのか。城郭研究の目で一六世紀後半とする年代とのギャップをどのようにうめていくのか、考古学の使命としても取り組んで欲しい。

ところが、一部の縄張り研究者は、考古学と文献史学の成果があるのに、それを受けて縄張り論とともにどう考えていくのかという方向性を持ち得ずに、文献批判と遺物批判だけで終わってしまっている。そうではない。もっと発展して考えなければいけないのに、なぜ相手を批判することだけになってしまうのだろう。

齋藤　しかも文献史学と考古学者が見れば明らかなことがいで、文書の誤読と陶磁器編年の情報処理のまちがいで、文献史学と考古学者が見れば明らかなことが、公の場で発表されているのは異常ですし、とても残念なことです。

2　縄張りから見た杉山城（図1）

――「松岡さんが杉山城に関して本を出しましたね。」

齋藤　松岡さんにとっても杉山城はインパクトが強かったのでしょう。縄張り論としてどう答えるか取り組み、冷静に最終的な判断はできないという書き方で現状を認識しているのは好感がもてます。松岡さんの結論は、杉山城の年代は菅谷城の空白年代の前の方と主張されていますので、文献資料による使用年代を考えると、その年代は一六世紀

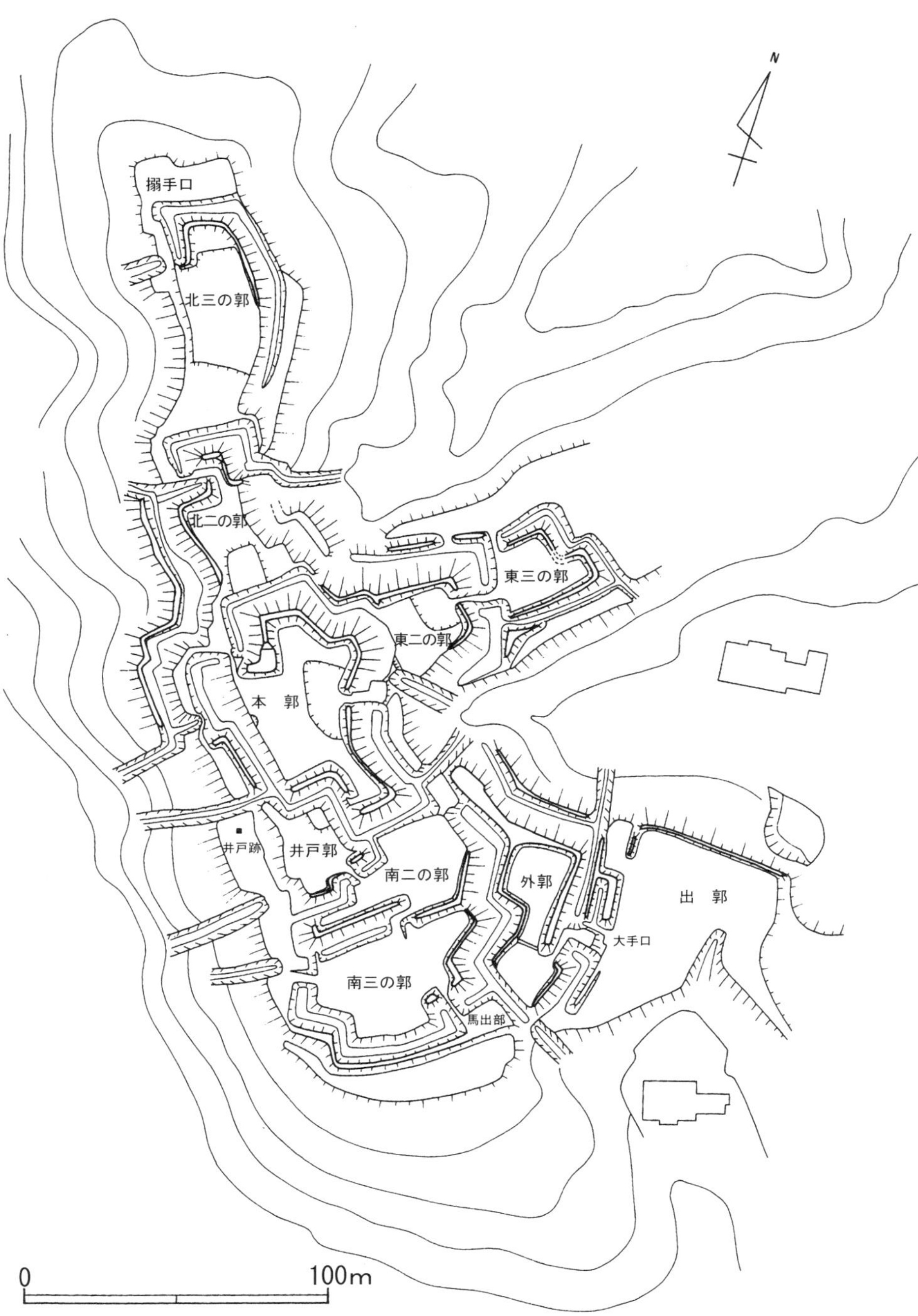

図１　杉山城測量図（村上 2005）

第2四半期くらいだろうと読みました。一六世紀第2四半期は一五二五年がスタートだから大永五年です。僕と竹井さんが想定している年代に近い。

中井　縄張りでも年代観が合ってきたと書いていたような気がする。ただ、縄張りの解釈でなぜその年代観が導けたのか、その説明が僕にはわからない。

齋藤　全く同感ですが、中井さんが杉山城の縄張りを一六世紀後半と見る根拠は？

中井　杉山城は横矢や塁線の折れ、馬出状の小郭が非常に統一的な設計で造られている。設計者の問題も議論したけど、たとえば、横矢がある、馬出があるというパーツだけでなく、それらを総合したカタチに仕上げている。個々の折れや横矢は西日本でも一六世紀前半に登場していてしかるべきなのですが、それらはまだ全てが統合されていない。杉山城の構造は統一的な規格に富んでいるのです。一六世紀前半にあるのかといわれると、まだちょっと納得し

①. 杉山城　南三の郭と馬出部をつなぐ土橋

②. 杉山城　南二の郭に通じる食い違い虎口

③. 杉山城　本郭下の横堀と南二の郭小土塁

④．杉山城　南二の郭　切岸・横堀・帯郭

⑤．杉山城　本郭北虎口

⑥．杉山城　東三の郭虎口

がたい。

由井城を一六世紀前半の縄張りと認定した場合、杉山城との差異は明らかだと思います。由井城の特徴は面的な郭を持たず、山麓から山頂に至る尾根筋にいくつもの堀切を階段状に配置して防御していることです。一方、杉山城の特徴は矩形の大きな曲輪を配置し、それらが横堀によって囲繞されていることです。

もちろん由井城が急峻な山城であるのに対して、杉山城がなだらかな丘陵上に築かれているという、選地の相違によることも大きいわけですが、山を防御施設として守ろうとする由井城と、明確な防御線を設定し、面としての郭を守ろうとする杉山城とでは、選地の違いでは説明できない防御施設としての城の本質に違いがあるとしか思えないのです。それは年代の差ではないかと思います。

屋代B遺跡は、平地の城と丘の上に造る城とは違うのではないかな。天正一六、七年に造った山中城(94頁の図12)

にも杉山城のような規格性が認められない。北条氏の城である滝山城も規格的に造られているけど、まだ杉山城には追い付いていないのではないか。同じものを提示しろとはいわないけど、せめてデザインが似通った一六世紀前半頃の杉山城に近い縄張りの城をもう少し何例か示してもらえるとありがたい。

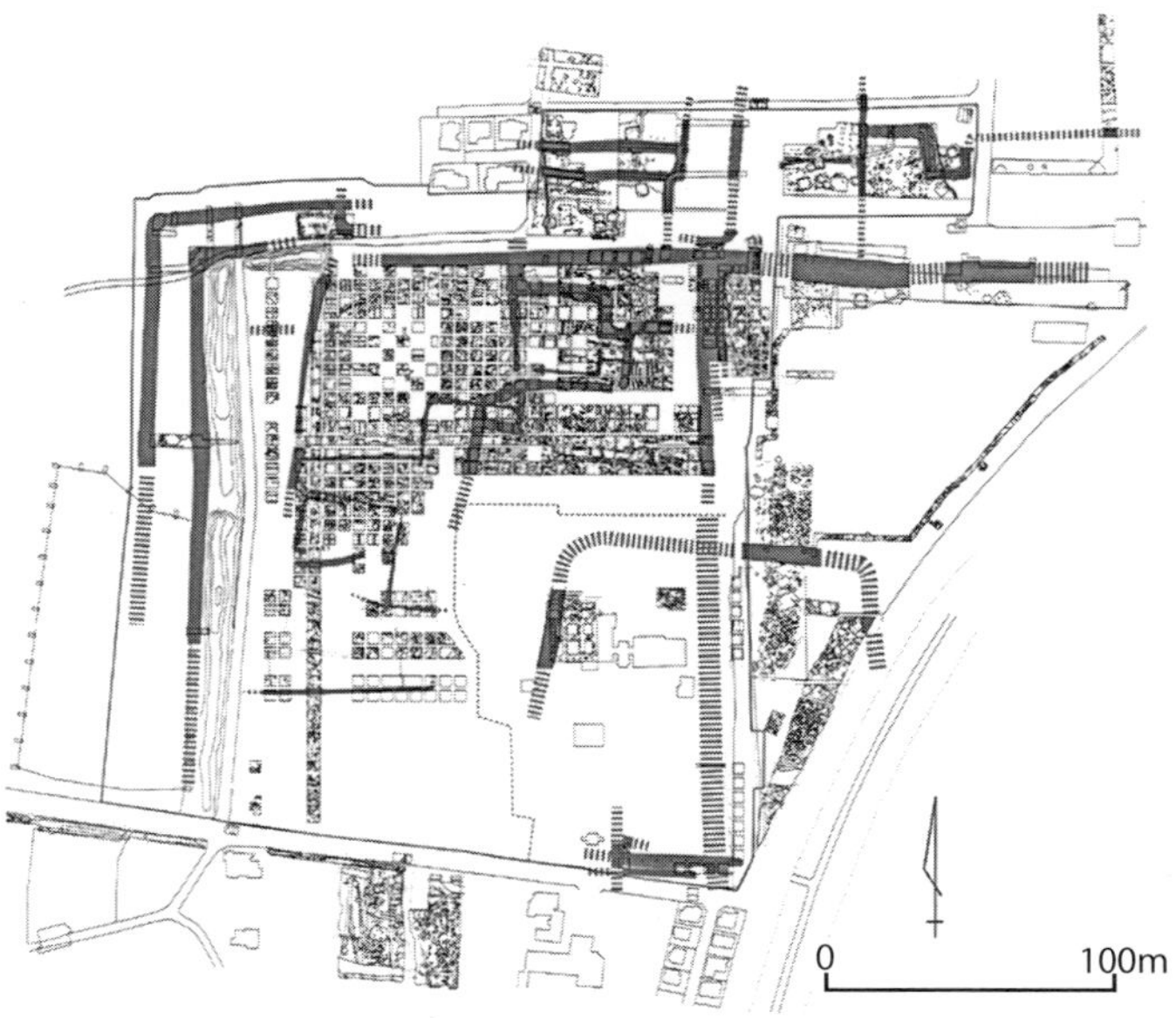

図2　「上戸陣」遺構図(川越市立博物館 2010)

齋藤　折れがあって横矢のかかる虎口は、全体構造は明らかではないけど、上戸の陣の発掘成果(図2)でも想定さます。上戸の陣は、一六世紀前半の山内上杉氏のものです。

中井　もう一つは、関東管領の山内上杉氏がなぜ杉山城を造り得たのかです。関東管領だから権威としての城は造れるかもしれないけど、杉山城のような統一的な規格に富んだ城を造り出すだけの戦争を経験しているかどうか。

齋藤　戦争は十分に経験しています。結城合戦以来、古河公方とも争います。

——「杉山城に近似する事例に広がりはないね。」

中井　いくつかの事例を提示してもらって、山内上杉氏が戦争を経験したことで杉山城を造り上げることが可能だったといわれると納得できる。西日本では守護権力が強いところの城はあまり発達しないのですが、関東管領が造った陣だから杉山城ができるということですか。

齋藤　関東管領はそれだけの情報集積ができていた、という言い方になるのです(II—4章「縄張りの設計者」参照)。

中井　織豊期になるまで陣城の形態が定型化せず、普通の城造りをしているのが陣城なのだけど、杉山城に関しては山内上杉氏が、すごい陣を造り上げたことになる。

齋藤　一つの城を造っているのです。織田・豊臣のようなタイプの陣城では決してない。陣という言葉からすれば、上戸の陣が関東管領の造った陣だけど、構造がよくわかっていない。

中井さんは納得できないかもしれないけど、考古学と文献の情報は、定点として位置づけられるだけのものを発信していると思うのです。杉山城を起点にもう一度、見直したほうがいい。平井金山城では複雑な虎口を造る構造があるので、山内上杉氏自体が杉山城のような構造を造れなかったとは言えない。突然変異のように杉山城が見えるのは、一五世紀から一六世紀にかかる戦国時代前半の中の変化がまだよくわかっていないことの反映だと思うのです。おそらくこの状況は小牧山城研究の現時点と似ているのではないでしょうか。

杉山城の特徴は、横堀の多様さにあるのです。横堀の技術は関東平野の特徴で、西日本にはあまり横堀はなく、織豊期までは出てこない。関東の一五世紀中ごろの文書には中城・外城があって、城の構造が複雑化している。しかも、方形二重区画を使っている様相も見えているから、関東の横堀の使い方は全国でも早い時期に始まっている。関東の中に類似例がないのは現状ではまだその通りですが、これまで積み上げてきたところから、杉山城を定点として考え直す作業が必要だし、縄張り研究の表面観察による年代感覚は、たぶんに主観的な情報の積み重ねになっているから、再点検する必要がある。

中井　齋藤さんの言うこともよくわかるし、理解したいと思っているのだけど、まだどうも心情的に西日本の城を見ている目からすると、山内上杉氏は全然出てこないし、縄張り構造から天正期まで幅をもたせるような城造りではないのか、というのが本音です。単なる妄想ではなくて、天正一八年に秀吉軍が関東平野を南下しているのだから、その選択肢はあってもよいと思うのです。

3　考古資料との調和

齋藤　選択肢を広げることは大事だけど、選択肢はあくまで選択肢であって、その中から客観的な情報で正解を見つけ出す作業が求められます。縄張り研究では、多様な選択肢が生まれすぎてしまい、その多様さで客観的な情報を付加できない状況が露呈している。やはり縄張り研究の客観性をどうやって付加するのか鍛えないといけない。

中井さんが杉山城を天正一八年とする議論の仕方はよくわかるのです。縄張り論独自に提案していかなければならないのはとても重要なことです。甲賀の土山城や井元城の調査で縄張りと文献史の二つを使って織豊期の城だと評価した仕事もわかるのです。だけど、杉山城は発掘調査で年代が示されました。中井さんの中で杉山城の考古学データとの調和は、どのように整理されているのですか。

中井　まだ整理できていません。一面の遺構面しかなく、なおかつその遺構面に遺物がベタで出土している。上層には包含層しかのっていない、遺構面がない、考古学でいえば一五世紀後半もしくは一六世紀前半の遺構であるとしか、評価のしようがない。それは確かですが、それだけは片付けられない構造を持っているところが杉山城なのです。それは僕の考えだろうといわれたらそれまでなのですが、関東というよりも、全国的にも一五世紀後半から一六世紀前半で杉山城と類似した城を見出しがたいのは、古墳を例にすると、後期の前方後円墳だと思って発掘したら、前期の遺物しか出ないとき、前期の古墳だと評価できないのと似ているのではないか。古墳はあくまで仮の話ですが、遺物だけの年代で決めるのは待った方がいいのではないか、というのが一つです。

もう一つは、天正一八年だと僕が言ったのは、縄張り研究が培ってきたことが杉山城で終わって良いのかという思いで提示した問題提起であって、僕自身、結論だと思っていない。考古学の方法論で言えば、一五世紀末・一六世紀初頭は動かない。そのあたりのところを自分でも整理はついていないし、つけられない。

齋藤　松岡さんも自分史を振り返って点検しながら、もう一度考え直してみたのでしょう。最終的には決められないと言っているから、方法論の点検は各分野で続けていかないといけない。

中井　杉山城と同じ問題は、いくらでもある。一六世紀後半だと思っていた城の遺物が一五世紀後半で終わる例は関西でもたくさんある。窯の年代と消費地にズレがあってもおかしくないと言って処理してきたのですが、果たしてそうなのかを考えないといけない。杉山城だけの問題ではないのです。

たとえば、京都の田辺城では発掘の結果、矢穴の入った花崗岩を使った枡形の石垣が見つかっている。遺物に瓦があり、陶磁器は一五世紀後半から一六世紀前半ですが、石垣はその時代にはあり得ない、まして枡形はあり得ないと先入観があったので、この遺構の議論をしたら寺院遺構ではないかと問題提起された。寺院の可能性はあるけど、遺物の年代と整合しないから寺院と判断するのはおかしい。遺構内的な城造りには、瓦や枡形の門が一五世紀後半にあるのではないか、と評価してもいいのです。

齋藤　唐沢山城も史料では永禄なのに、遺物の年代はそれより古い。遺物に対する生産と消費の問題が一つ、城の終わり方の問題がもう一つあって、そうした情報を加味しないまま遺物の年代をストレートに当てている。遺物の編年表に合わせて時代を示すから批判される。このことは他分野にとってまだ理解されていないし、考古学の中でもまだ理解されていない。

中井　杉山城は遺物の量から考えても、拠点になり得る城の可能性もある。陣所であれほどの遺物は出ません。本当に陣として杉山城を捉えられるのかどうか。遺物はほとんど破片ですから、短期間の間にそれだけ割れたとは考えられない。杉山城はかなり長い間、一世代くらいは住んでいる可能性があって、単純に陣として数か月使ったものではないと思う。三木城攻めの陣城とは違う。

齋藤　杉山城と同じ問題は、結局、解決しないまま放置されているのです。確かに実年代と出土陶磁器の年代がズレていることについて、実年代と同じ時期の遺物が出ないことはほかにも例があるのだと一括していて、城の実年代と遺物の編年が合わなくても良いのだという言い方をしている。それについては、個々の調査内容がどうなっているのか。杉山城の場合は一面しかなく焼土で溝が埋っている状況があった。他の城の場合、遺構面は何面あって、城の終わり方がどうだったのかという諸条件をチェックして、本当にズレているのかどうか、考古学の中で検証しなければならない。

文献史学では、竹井さんが杉山長尾氏の系図をみつけて、その杉山氏の本城であると指摘しています。また『東路のつと』には宗長が一人、鉢形城に行って、太田金山城に向かう途中で杉山氏に道案内をしてもらったと書いている。長尾氏から紹介してもらったと出てきます。あの地域の地理に詳しい杉山氏がいたことはまちがいないです。杉山氏が実在すると考えれば、拠点としての杉山城も考える可能性はあると思う。

中井　いわゆる陣城ではなく、長期滞在型の陣があってもおかしくはない。

齋藤　杉山氏の本拠となる城があって、そこで合戦をしているから「椙山陣」という言い方をしている。あるいは杉山城を単なる陣城とみなくてもいいのかもしれない。

中井　それなら遺物が出るのもわかるね。

――「杉山城は北を向いていると松岡さんは説明しているけど？」

齋藤　松岡さんは最後のところで結論を急いだ感じがする。菅谷城が前提にあって、菅谷の代わりに杉山城を取り立てたのだから、杉山城は北を向いていると評価しているのでしょう。そもそも菅谷城と杉山城の連関が説明できていないし、文献資料から見ると両城の存続年代にはズレがある。そのことを未検証のままで連関を説いているので、説として無理があると言わざるを得ない。

中井　南側に菅谷城があるから、敵正面は北だということでしょう。

齋藤　菅谷城との関係ではそういうことでしょう。しかし、縄張りを読みこんで、杉山城がどこを向いているかを考えないといけない。杉山城は尾根が南北と北東の三方に向いていて、北と北東については比較的簡単な同じ造りの虎口がある。それに対して、南側は複雑に堀が入って、折れがあって馬出が配置されている。ルートが見えないから正面がどこかわかりにくい城ではあるけど、厳重に虎口をつけている印象がある南側に対して配慮していると思うのです。人が来るときは南が一番守りやすいということです。北東と北も虎口を造っているから、人が来ることは想定されていますが、単純な道筋です。

――「杉山城の縄張りでわかることは少ない？」

齋藤　一つの縄張り図を描いて、歴史像が描けるケースは、そんなに多くはない。一枚の古文書から新しいことがわかる文書も実は少なく、文献史学の人たちは文書を扱うとき選択している。いくつかの文書を重ね合わせて歴史を叙述するので、古文書もいくつかのうちの史料の一つでしかない。縄張りから歴史を語る場合と語れない場合があるのは同じだと思う。

杉山城の場合は、多くの人たちが言っていたのは「箱庭的な城」と言われ、とても「技巧的な城」だと言っていた。小さな城で堀幅も狭いという感覚があった。また平坦面も整形されず自然地形のままで、技巧的に造ろうとしているわりには平坦面は陣城のようだという言い方もあった。そういった現象が縄張り論から提示された。

その一方で「椙山陣」の史料が出てきて年代は大永頃に比定された。考古学的には一五世紀後半から一六世紀初頭の評価があって、削平されない平坦面があることがわかった。この三つを矛盾がないものとして捉えたものが、説として提示されている一六世紀初頭の山内上杉氏関連の陣城とみる評価です。

杉山城の場合、縄張り論はこのように使えるのかなと思うのです。杉山城の縄張りを見て何がわかるのかと言われると、「箱庭的」「技巧的」「陣城のようだ」ということくらいしか言えないし、城の縄張りだけで築城者がわかるわけがない、そう思わないといけないのです。

中井　杉山城の発掘調査の成果と縄張り研究の齟齬、文献も含めて真面目に議論している人は、齋藤さんや竹井さん、松岡さんや西股さんなど、数限られているのです。城郭研究をしているみんながもっと真摯に取り組むべきです。批判的なことではなく、学際的に進めていかないといけない。杉山城の調査成果は学際的な城郭研究によい例を提供してくれたと思う。

齋藤　中世史研究の中で隣接の諸科学と対話しようと言っているのだけど、具体的にうまくいかない。総合的な歴史学の研究がどうあるべきかを模索していく最先端にあるのが城の研究だと思います。

6章　縄張り調査の未来

1　縄張り研究の功罪

●謙虚さが大事

齋藤　この企画で中井さんはテーマの一つに「縄張り研究の功罪」をあげましたが、その真意を聞かせてください。

中井　縄張り研究者に強く言いたいのは、常に謙虚であって欲しいことです。縄張り研究者・城郭研究者と呼ばれている人が戦国時代の城を新たに発見したという話を最近、何度も耳にしているのです。ひとりごとならよいのですが、問題は、第三者の検証を受けることなく、新発見の縄張り図が地元の人たちに信じられ、石碑まで立ってしまったところまである。僕が現地に行って城ではないと指摘しても、「俺のいうことは絶対だ」と主張するばかりで、地元の人も盲信して聞く耳を持ちません。地元の人たちにとれば、歴史の教科書に載るような人物や出来事が身近に感じられる戦国の城があるのだと言われれば、信じてしまうのは仕方のないことです。

この話は特異なケースではないのです。縄張り研究者の独りよがりの主張で、普通の山が戦国の城にされる、いわば歴史のねつ造が眼の前で起こっています。縄張り調査は、誰でもやろうと思えばできてしまうところがあって、各地の城の構造や規模が把握できるようになった功績は大きい反面、こうした罪をたくさん作っている。縄張りを研究する人は、常に謙虚な姿勢で、他の研究者の意見を聞いて、慎重に判断して欲しい。安直な考えで図面を発表すると、城郭研究の信頼を永遠に失墜させてしまうことになるのです。

庭・井戸・石段

齋藤　戦後、縄張り研究を始めた人たちは、山崎一さんなど旧軍隊で図面を描く素養があった。その次の世代に本田昇さんがいて、一定の定着をみせ、文化財保護の分布調査も縄張り図なくしては不可能な状態になった。城の全体を把握する手段として縄張り研究が確立したのは万人が認めるところだし、これからも続けていくことです。

ところが、二〇〇〇年代以降、縄張り研究はかたくなな姿勢が感じられるようになってくる。本田さんの世代は中世考古学もないし、文献史学で城を取り上げる人はいなかった。今、縄張り研究に求められているのは、他の研究分野といかにコミュニケーションをとっていくかです。

中井　縄張り研究をしても文献史学も考古学も、その成果を取り入れてくれない。文献史学や考古学のテキストに城の項目もない。自分たちの縄張り研究は無駄なことだと思って自虐的になっている。

――「自虐的になる理由がわからないけど？」

齋藤　縄張り研究のパーツ論が破たんした段階で、次のステップを踏むのではなく、またパーツ論に戻り、新たな発展性を選ばずに阻害している。理解してくれないなら、自分たちだけでやればいいいと、その枠組みから出ないところが自虐的になっている原因ではないかかな。

●復古主義は認めない

中井　縄張り研究の罪の一つに、「進化論的型式学」というものがあって、僕には意味がわからないし、千田編年に戻れと言うのは時代に逆行している。千田嘉博さん本人は、自身の虎口編年を発表した後［千田 二〇〇〇］、批判された部分に答えることもなく、完全に終わらせている。それをまた木島孝之さんや中西義昌さんが進化論的型式学を言い始めるのは、三〇年、四〇年前に戻るのかと言いたい。木島さんの仕事［木島 二〇〇一］は、千田編年の細かい事例をただ集めただけにすぎない。

齋藤　木島さんの大著を読んでも、概念設定を最初に立て、結論ありきで分類しているように見える。歴史学は現象を把握して分類した上で、その考察結果を示す方法でなければならないのです。

中井　千田編年を崇め奉るにしても、批判して継承しなければダメなのに批判がない。盲目というか、宗教に近い。なにより全国城郭研究者セミナーの場で他分野の研究者をないがしろにするような礼儀作法のない発言をする人が、城郭研究者だと世間から思われるのは非常に悲しいし、辛いのです。研究以前の問題だと思いますから、発表者を選定する城郭セミナーの主催者にも強く自省を求めたい。

齋藤　セミナーを舞台に、今、革新することもできるはずです。

中井　できる。本田昇さんと橋口定志さんが激論を交わし、ようやくお互いが理解し合い、考古学の人もセミナーにたくさん来て、考古学・文献史学とともに縄張り研究を進めていくという土壌ができたのに、それを自らかなぐり捨てて、縄張りだけでやっていくという姿勢は、縄張り研究の罪です。

中世城郭の研究を歴史学として生かすには、他分野との協業は必須ですが、今の縄張り研究にその発想はない。個々の遺構だけを取り上げていたパーツ論は、三〇年ほど前に資料は出そろっているし、パーツの細分化と資料増加だけで、議論に発展性がない。

齋藤　パーツ論は個々の遺構に具体的な年代を与えようとしたけど、同じ形式の虎口が時代幅をもって使われていることが明らかになったから、遺構編年には向かないのです。

●資料化の意義を忘れるな

中井　そもそも縄張り研究が始まった頃は、資料化が目的だったのです。A城とB城を比較するとき、文章にはしにくいので、構造・規模がどうなっているかを客観性のある図で検討するためです。つまり縄張り図とは、城跡の資料化です。ところが、最近は、資料ではなく、私料になって、客観性がなくなりつつある。一時流行った言葉に「縄張り図は論文だ」「苦労して描いたのだから論文と同じだ」と言う人がいたけど、それは絶対違う。客観性のある図面を作ってもらわないと困る。縄張り図は多くの人が自由に引用して批判・検討できる資料なのです。ところが、基準になる資料化がある時期からできなくなった。私的な意見が入りこんだ図面しか描けなくなった。客観的なデータとして資料化することの意味がわからなくなっている。

僕はあえて他人の図面を使うようにしています。自分の図面しか使えない・使わないのは、資料ではない。資料は誰の図面でも使える。「行っていないから人の図面を使うのか」と言われるのですが、最も客観的なデータの図面だから使うのです。かつては資料化が叫ばれていた時期があったけど、ふたを開けてみたら自分の図面しか使わない作品集になっている。よく言われるのは「見てきたの？」「見てないでしょう」です。見る・見ないではない。資料として縄張り図が使えるのなら、行かなくても考察できる。都道府県の城郭分布調査・報告書もほぼ全国的にできあっているし、かつてのように足を運んだ城の全てが資料化できる時代ではなくなった。

齋藤　縄張り図を糸口にしてどのように解釈していくかという時代です。

中井　資料化によって研究が深化するわけではなく、全国の城の縄張り図が出そろって、ようやくスタートラインに立ったにすぎない。

――「文献史学で平安遺文や鎌倉遺文が刊行された状況に、ようやく縄張り研究も近づいたのね。」

齋藤　資料に対する評価について、客観的な説明をするのが学問的な立場だけど、学問の持っている体力・地力は経験的な側面に負わざるを得ないものがある。その一方で、個々の城の縄張りが語る歴史像はいかなるものなのか、そこに学問の質が問われてくる。だから、城をたくさん見た人が一番良くわかっているというだけでは、学問としての検証作業がなおざりになる。

中井　城郭研究が市民権を得ようとしたとき、以前の考古学者は、縄張り図は使えないと縄張り研究をパッシングしました。同じ遺構を調査しているのに、縄張り図が描き手ごとに違うのは信じられないと批判されたことに対して、縄張り研究者はトラウマになって、研究に対する態度が卑屈になった。調べた成果が全否定されると、「おれらだけでやるよ」という自閉症的な態度、考え方が罪です。他分野の研究者と議論しなければならないのです。現在の考古学者は、かつてのような批判をする人はまずいないでしょう。

2　考古学と縄張り研究

●城の終わり方を考える

中井　考古学が城郭研究に与えた影響は大です。城郭研究が戦後歴史学の中で黙殺されたのは、戦前の軍や皇国史観の中で進められた軍事的な施設としての研究への反動があって、研究対象にすべき素材にならなかった。唯一、郷土史家が城郭を研究していたのですが、昭和四〇年代の高度経済成長で、城跡が発掘調査の対象になり、出土遺物の中国陶磁や国産陶器に考古学が注目し始めた。城が発掘対象にならなければ、城の研究は復権できなかったと思う。その反面、考古学は遺構と遺物の研究だから、城跡から威信財としての陶磁器が出土しないとランクが低いと評価しがちになる。廃城時に完形品は持って下りるから、出土しないのでランクが低いとは一概には言えないように、城の歴史的な性格まで考えることがおろそかになるきらいがある。

城が戦場になってそのままパックされる例はほとんどなく、廃城の状況も考えないといけない。割れて使えない物は捨て、使える物は基本的に持って下ります。

齋藤　城の最後がどうだったのか。蓋然性を前提に考えないと、大きな落とし穴がある。

中井　モノがないから貧しいというのもあり得ない。どのように廃城となったかを考え、廃城時にモノは持って下りれたかどうかを考える。山城の発掘は規模の大小を問わず全国で年間一〇〇か所はおこなわれていますが、焼け土や二次焼成を受けた遺物はまず出土しない。基本的には戦場になっていないか、戦場になっても燃えていない。

齋藤　被熱した陶磁器はよく見るよ。

中井　西日本で遺物を調べたところ、二次焼成を受けている事例は極めて少ない。

齋藤　山城はあまり遺物が出ない。山城の中で燃えたことが考古学で確認されている例も少ない。平井金山城は門だけ燃えたことがわかったけど、門だけ燃やすのは象徴的に火をかけたのだろうと思う。

有名な名胡桃事件の通説では、北条方の猪俣氏が真田氏の城を取った話だけど、史料を調べると、北条氏は真田氏と同盟関係にあるのに、真田氏を頼るなと書いている［小田原二二〇四］。さらに弁明書の中で敵は上杉氏だと言っている［小田原市史一九八二］。通説とは全然違う事件として北条氏は語っている。名胡桃城（図1）の報告書には、本郭の門に焼土層があるものの、立派な建物がある二郭に焼土がなく、遺物もない。通説のような乗っ取り事件であれば、火事はなくても、遺物が出てもおかしくないのに、陶磁器一片も出ない。名胡桃城は事件の舞台ではないかもしれない。という話になるから、通説の名胡桃事件は上杉・真田の文書によるでっちあげではないかと分析したのです［齋藤二〇一四b］。

中井　すごく大事なことですね。

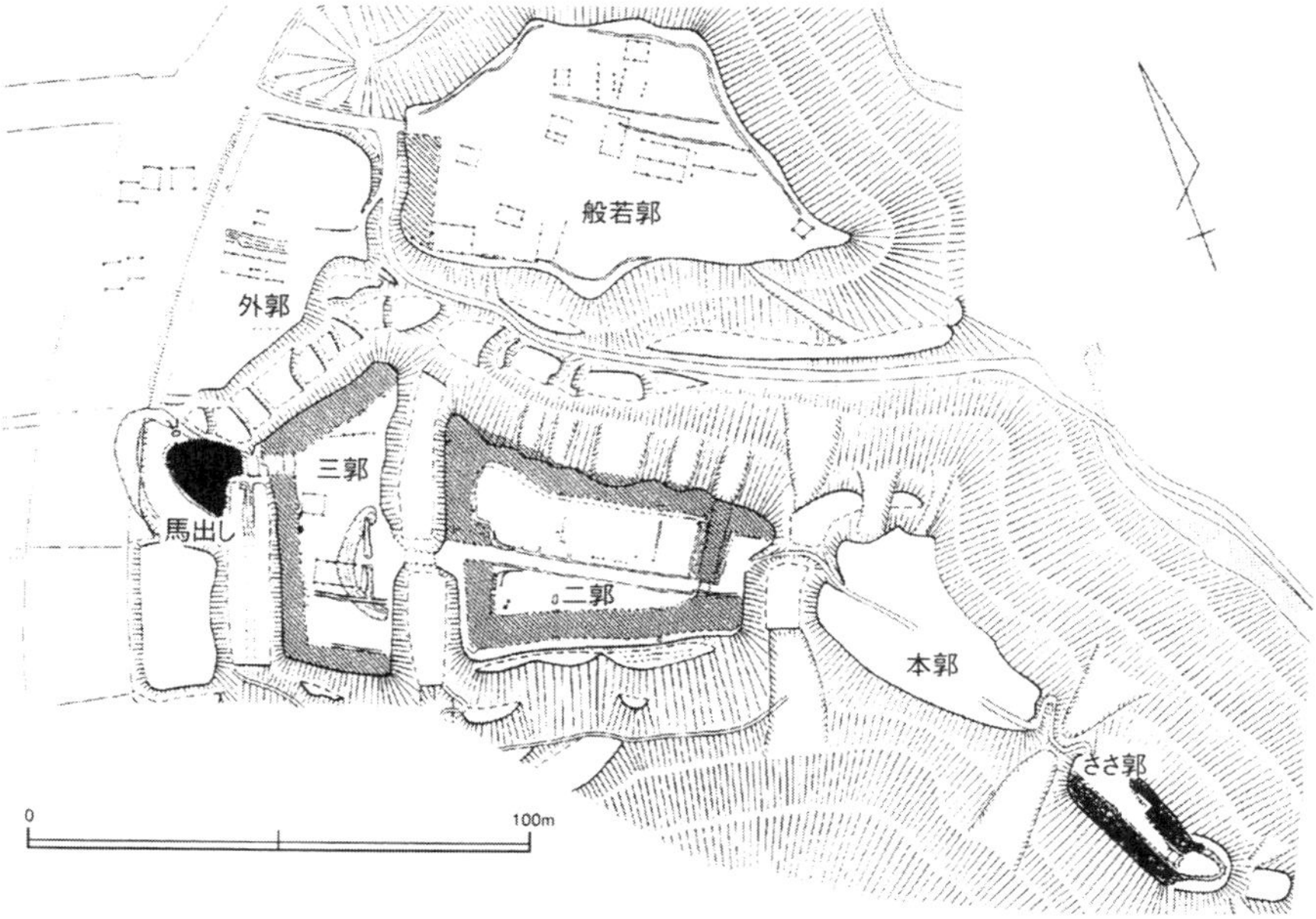

図１　名胡桃城（作図：原　眞、峰岸・斎藤編 2011）

齋藤　陣城には飯茶碗は持って行くね。

中井　飯茶碗だけは自前で風呂敷に入れて持って行き、飯は炊き出しで支給される。木製の椀だと遺物は残らないけど、陶磁器が出ないのは城を撤収するときに持ち帰ったからだと考える。とくに城攻めする側の陣城を発掘しても遺物は出ない。

●他分野資料の使い方

齋藤　考古資料の扱い方で注意する点はありますか？

中井　縄張り図が問診であれば、考古学は外科的手術の発掘調査です。地表面に残る郭・土塁・堀切は目視できるけど、目視できない建物の構造と使用された道具は、考古学でわかる。だけど、発掘調査が全てではない。考古資料は歴史を自ら語らないので考古学者が代弁するのですが、城跡の場合、発掘成果が一〇〇％正しいとする見方がある。しかし、窯から消費地に持ってくる時間差、廃城後の状況を考えもせず、即物的に出土遺物の年代観に城の年代をダイレクトに当てはめて、城の年代と遺物の年代をイコールにした論法が危ないのです。

考古学からも、城の終わり方を考えなければならない。

たとえば焼土層にパックされている最新の遺物が考古学の年代だとしても、一世代前の割れた物だけが捨てられている可能性を消し去ってはいけない。つまり、遺物の年代と実年代に五〇年くらいの幅があっても不思議ではないのです。考古学ではたかが五〇年かもしれないけど、城の歴史にとっては一、二年の差で大きく変わってくる。

齋藤　ピンポイントの年代は文献史学に基づく歴史的事実で、文献史学に合わせようとするから難しくなる。文献史学の年代尺度に考古学全体が合わせてしまっている。

――「文献以外に拠るべき年代はないでしょう。」

齋藤　考古学も城の縄張りも、具体的な年号はわからないのだから、一五世紀後半か、一六世紀第1四半期かと絞り込むのが限界だと思います。その成果を文献史に整合させるのは大事な作業ですが、かなりしんどい。

中井　難しいことではあるけど、古文書による年代を考古学で整合的に解釈するには、遺物の年代だけに求めるのではなく、城の構造論も踏まえないといけない。齋藤さんは、考古学の情報をどう使いますか。

齋藤　城の構造と文献史料、考古の情報とのバランスです。一つの情報に対して、裏づけとして別の情報を使う。考古学から出土遺物の年代観が示されると、史料を探索して年代を示す。遺物の年代と合わないことが多いので、検証していく作業の繰り返しです。考古学の年代幅は広いのですが、考古学の年代観を踏み越えて論述はしないし、自分で理解できる範囲で発言しているつもりです。

総合的な歴史学研究を進めるには、考古学・文献史学と立場を分けず、他分野の情報がバイアスになるなど考えず、一人の人が多種類の方法論を学んで研究するのが望ましい。できるだけ他分野の方法論を理解し、同時にその方法論の限界点を見定めておく。たとえば、文献史学で天正一八年といえても、考古学の情報と縄張り研究の情報に年代も大名の名前も出ない。三者を突き合わせるには、新しい方法論を作る必要があると、今は思っています。関東でとりわけ問題になるのは、天正一八年前後の微妙な時期です。北条氏か徳川氏かを土器・陶磁器は語らないと見定めて研究するのですが、考古の人と議論していても難しい。

●城郭研究のための心がまえ

――「考古学に限らず城を研究したいと思っている人に、何を伝えたい？」

齋藤　考古学と文献と縄張り研究をどのように共用していくかです。研究には共通の土壌が必要です。年代比定をしよう、編年をしようとするのではなく、別の方法を開発しないといけない。縄張り研究としては空間論で全体の遺構を解釈する読み方、城の歩き方をしないといけないと思います。人の図面を見て山城に行くだけでなく、歩きながら自分で検証していく。城の構造にどのような特徴があるのか、何の目的で造られた城なのかと踏み込むために、他分野のデータを共用する。たとえば、虎口の場所を押さえ、どの方向に大手筋が想定されるか、大手の先は集落と連結しているのか、大手の逆の方向は街道と連結しているのではないかと、城の特性を評価していく。城の目的・特徴が叙述できる図の描き方、城の見方をして欲しい。

これまでの縄張り論では、廃絶年代をもって考えていたけど、僕は設計年代が見えてくるのではないかと思っています。城の目的・特徴、設計要因が見えたとき、文献史料の情報で何年に合致している状況なのかとリンクさせれば、縄張りの設計年代が見えるのではないかと思うのです。縄張りはそうした使い方ができると考えます。

中井　城郭学は存在しないことを知って欲しい。城郭研究を志すには、幹となる方法論が必須です。その方法論は縄張り研究ではなく、文献史学や考古学、建築史学、地理学といった学問としての幹になるもので、プラス縄張りを研究するのです。方法論なくして研究はできないので、縄張りしか研究しないという姿勢は問題です。縄張り研究という方法論は存在していないと思う。

齋藤　空間論は特殊な方法だと思うけど、考古学の人ならできる。空間論は方法論として成り立つ道筋ではないかと思います。今の段階では幹となる方法論を身につけたうえで、研究対象の一つに城郭を選ぶのがオーソドックスですが、それではいつまでたっても継子扱いになってしまう。

中井　僕は城を研究するために考古学を学びましたが、縄張りだけ調べても城の研究はできない。齋藤さんも同じで、文献史学の基礎があるからこそ研究できるのです。

齋藤　縄張りを研究して最初にぶち当たった壁は、縄張りによる戦国大名系城郭論です。若い頃に北条氏の城だと頭にたたき込まれ、そう思って論文にしようと思ったら、その戦国大名系城郭論に論理性がないことに気付いた。文献史学の論証を学んでいたから気付いたのですが、他の分野のいろいろな方法論を学ぶことが「学」としてなり得る道だと思うのです。

――「縄張り研究だけの方法論はない。」

中井　縄張り研究は、考古学の分布調査と同じです。文献史学には馴染まないけど、前方後円墳か円墳か、マウンドがあるから略測しようとする考古学と、縄張り研究は同じです。縄張り研究は方法論的に考古学に非常に近く、縄張り研究だけの研究はないと言いたい。

齋藤　考古学の中の陶磁器研究という捉え方ですね。

中井　そうです。城はあくまで研究対象としてのモノであり、考古学の一分野でしかなく、城の縄張りだけの方法論はない。最近は縄張り図と出土遺物が掲載される論文が増えたし、縄張り図が論文にあっても違和感はない。文献史学はまだ違和感がある？

齋藤　文書の解釈で叙述する歴史像と、縄張りを読み込んで描く歴史像の二つを並べて歴史的事実に迫るのは「学」として成り立つと思うけど、文献史学はそこまで至っていない。縄張り図は挿絵的に使われるくらいですね。

中井　縄張りは城の設計です。縄張り研究は、地表面観察によって平面構造を解釈しますが、発掘によって検出された遺構も縄張り研究の対象です。考古学の人は、縄張りという意識がないので、検出された遺構を機械的に処理してしまって、遺構の設計意図を読み取る人は少ない。だからこそ、城郭を研究している人が遺構の設計意図を読み取ってあげないといけないのです。

――「具体的に遺構をどう読み取るの？」

中井　たとえば広島県で調査された恵下城が良い例です。恵下城は極めて小規模な山城で、いわば日本全国どこにでもあるような山城です(図2)。

発掘調査によって主郭から全域を巡る溝が検出されました。この溝は布掘りとなっており、溝底部からはピットが点々と検出されています。これは郭に巡らされた柵として評価できる遺構です。注目したいのはその平面形態です。ただ主郭を囲繞するのではなく、数ヶ所で直角に屈曲していることがわかります。これは郭や土塁に屈曲をつけて横矢をかけるだけではなく、柵列に屈曲をつけて横矢としたものであることを読み込まなくてはなりません。

さらにこの柵内からは数棟の建物跡が検出されているのですが、中心部の建物は掘立柱建物で、縁辺に建てられた建物が礎石建物でした。私はこの礎石建物は火薬庫ではなかったかと考えているのですが、いずれにせよ、機能の違

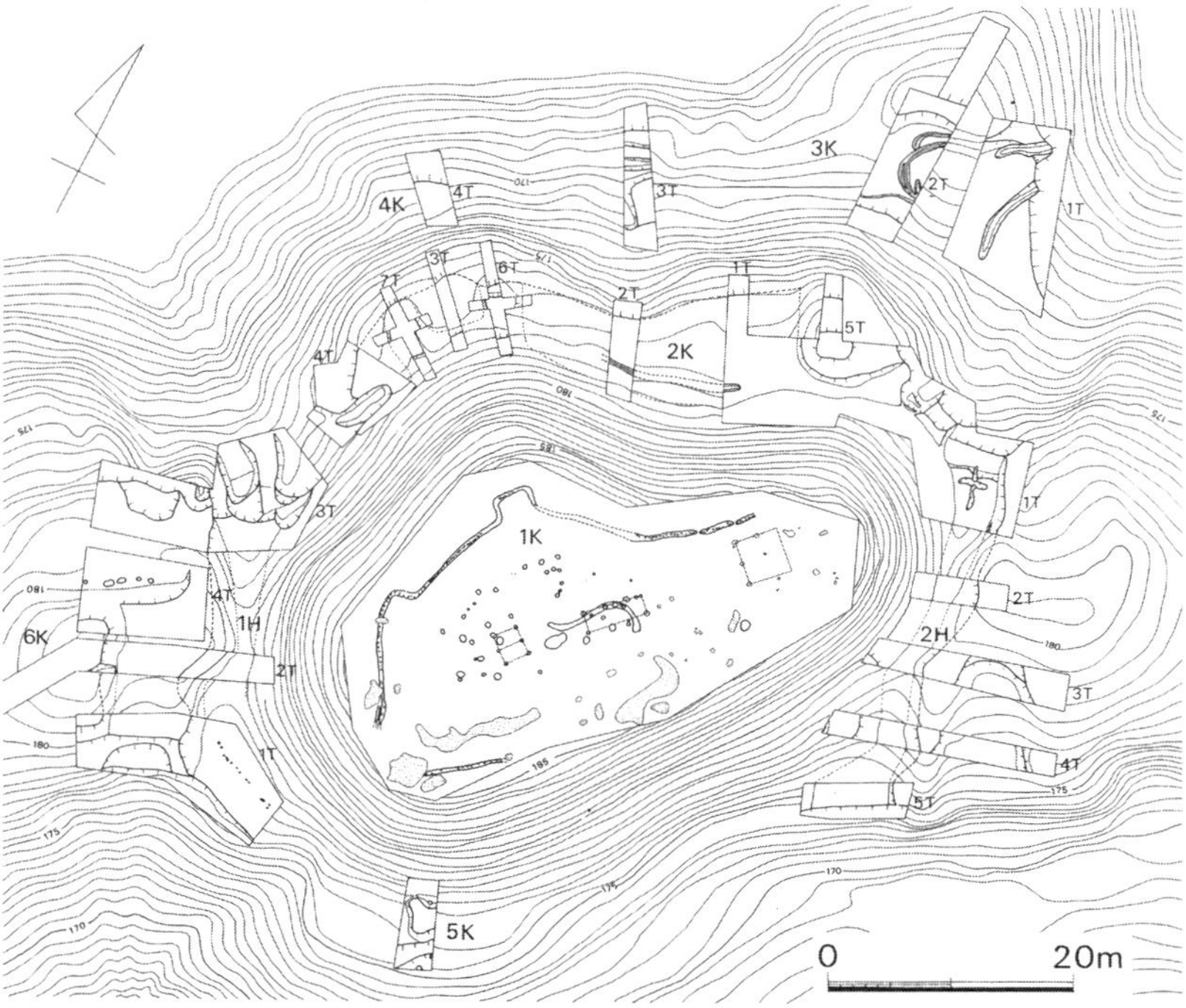

図２　恵下城跡遺構配置図(桧垣他 1978)

う建物の存在を建物構造から読み取ることも必要です。三重県の山田城の場合、報告書に郭と分類されているのですが、構造から枡形虎口であることはまちがいありません。さらに半円形の土塁も検出されているのですが、これは丸馬出的な機能を有する虎口として捉えられます。

つまり検出された遺構を城郭構造として捉えること、これが縄張り的視点だと思うのです。こうした視点なくしては城郭としての評価ができないと思います。

――「なるほどね。」

●縄張り図をどう使うか

齋藤　最近、松岡さんは著書の中で縄張り論には縄張り論独自の時間と空間があると言い切って、自ら発信しながら他の分野とも関わっていきたいと書いていたけど、その姿勢は正解だし、大切なことだと思う［松岡 二〇一五］。その上で隣接分野とどのように議論できるかを考えるのです。問題はそこに至るまでの過程で、縄張り論がどのようにして新しい独自の世界、時間と空間を描くことができるか。今、それが問われている。

中井　松岡さんのお仕事は、現時点での縄張り研究の到達点です。その中で縄張り論はかくあるべきだと言い、縄張り自体に批判的であった軍事性を逆に縄張り研究の特徴だと言われている。だけど、考古学や文献史学を抜きにした縄張り研究はあり得るのかどうか、松岡さんの今後の研究に期待したいし、楽しみにしています。僕は考古学の基本作業として、分布調査の延長として縄張り図を描くけど、文献史学の人はどうですか。

齋藤　多くの文献史学の人は、古文書に描かれた世界をより深く理解するため縄張りを使うと思いますが、自ら縄張り図を描く人はほとんどいない。僕も松岡さんも文書は文書で解釈する。縄張り図は縄張り図で描く。その接点がどこにあるかを模索しています。松岡さんはどうすれば縄張り論が寄与できるかを独自の空間と独自の時間という言い方で表現していますが、よく現状を見定めていると共感を持ちました。

でも松岡さんの言う空間論は、城の時間差を求めず、地図にドットで落として領域をつかまえる方法と理解しました。その方法論の欠陥が気になります。マクロな目でみる戦国期の大まかな分布地図はできるだろうけど、松岡さんの叙述は、何年の戦争という具体的な年代が意識されているのは明らかです。マクロな年代の城の分布図でしかないのに、ミクロな時間を設定する方法で空間論は成り立つのだろうか。城の縄張りを丁寧に読み込んだ上で、文書の解釈で城の存在が想定できる年代を導き出して議論しないと、分布論・空間論にはなり得ないと思います。

中井　松岡さんは空間を設定されているけど、最後は文献史料に依存して結論を引き出されています。つまり、文献史料と大まかな城の分布図さえあれば、個々の城の縄張り構造は不要になってしまう。

齋藤　縄張り図を描いたことが歴史像とどのように結びつくのか、方法論がまだできていないのです。今のところ資料としての共通項をみつけるツールになっている。もちろんツールの使い方はあるけど、松岡さんの方法はまだパーツ論の延長であって、縄張り図と文献史学の成果を結びつける議論には飛躍があるように思います。縄張り図から歴史像をいかに紡ぎだすのか、その方法論を私たちはまだ持ち得ていないのです。

中井　苦しいところですね。発掘では遺物が出て何世紀頃のものだと言うのは事実でしかなく、城の縄張りといかに関係するかを考古学も読み込まないといけない。合戦があった事実や軍事的緊張があった歴史は、文献史料による年代比定に頼るわけだから、考古学的に城がわかったというのは、あくまで事実の一面であって、歴史像は描けていない。

齋藤　とにかく今は、文献・考古・縄張りなどさまざまな方法論を組み合せて、新たな歴史像を提示するための生みの苦しみを味わっている時期です。

中井　縄張り研究者のもがき苦しみは、橋口さんが「縄張り研究は要塞研究の域を脱していない」［橋口 一九八六］といった一言をトラウマ的に抱え、縄張り研究に客観性はないと批判されているのに、同じことを繰り返していることにあります。

でも松岡さんは、軍事施設であることが縄張りの特性だと言っていて、ようやくトラウマから脱出されているような思いを持っています。

齋藤　縄張り論に客観性をいかにして与えるか、軍事の視点で思考していることがわかりますが、軍事の先にあるものはもっと多様です。

3　城の平時と軍事

●枡形虎口・馬出の機能

――「松岡さんは枡形虎口も全て軍事施設で説明するけど、元来、いつ頃から登場するの？」

中井　枡形虎口は一五世紀後半には確実に出現する。水口岡山城（図3）は天正一三年の城だけど、当たり前に枡形が構えられる時代に、枡形状の窪みがあって、発掘したら真っ直ぐ上がることがわかった。枡形は山上の広い三の丸（図3のⅣ）といわれている主殿空間にあるけど、そこに入るのは儀礼のためで、きわめて表象的な門だと思う。軍事だけで門は造らない。

滝山城の横矢のかかる枡形門Cは、角馬出から入る長大な外枡形で、真っ直ぐに入る儀礼的な門だと思う。安土城の大手も真っ直ぐつけられているし、山麓入り口の真正面には櫓門があったと思う。安土城の黒金門も内側が安土城の城内になるから、城門は真っ直ぐ入って、大手は迎え入れる門だと思うのです。

齋藤　江戸城は全て枡形だよ。

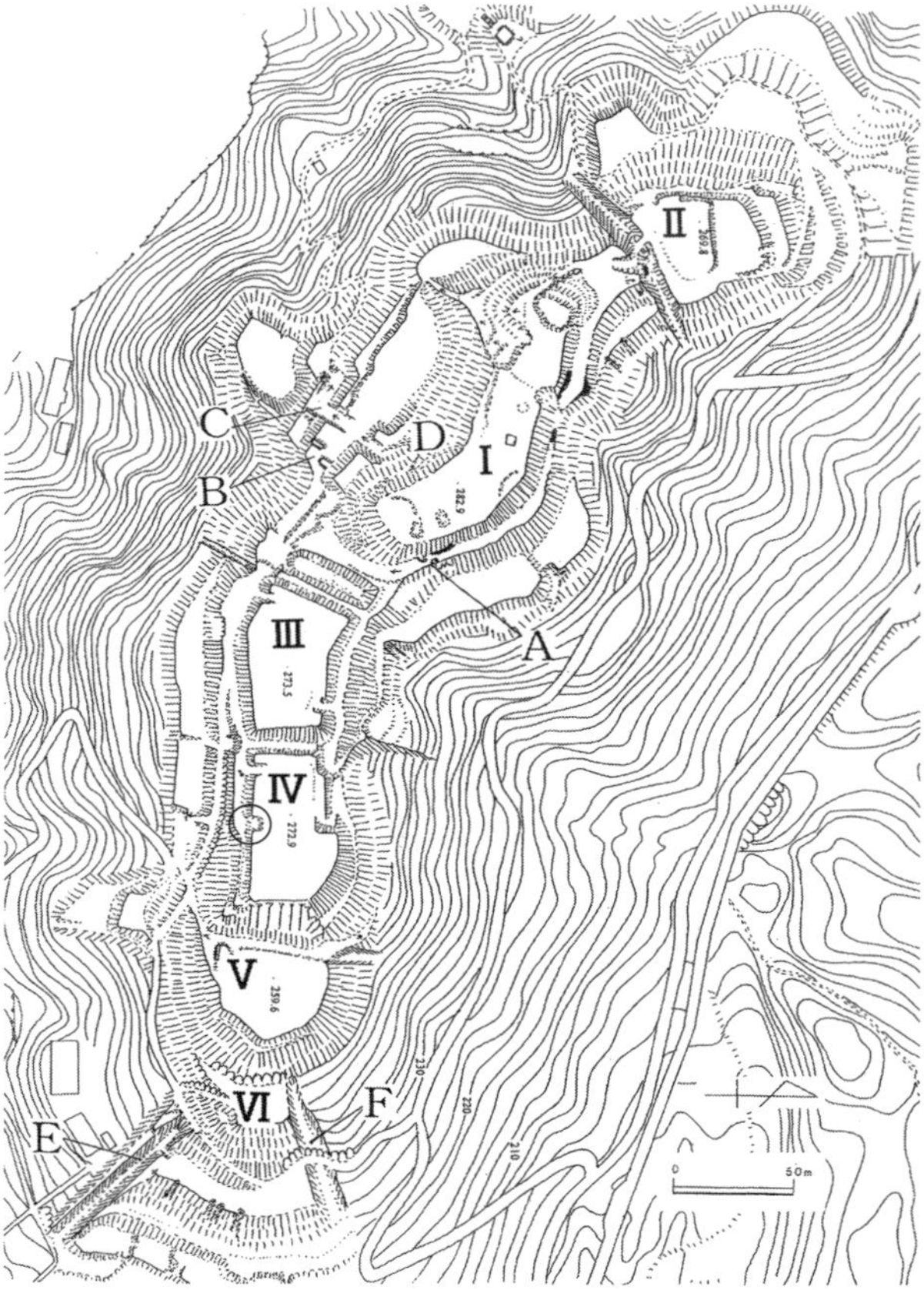

図3　水口岡山城(作図：高田徹)

中井　進化論的な見方だと、日本中の城は全て江戸城にならないといけないけど、枡形もあれば平虎口もある。本来、虎口は儀礼的な性格なのか、それとも防御施設なのか。八巻さんは馬出の用語が『今昔物語集』や『宇津保物語』にすでに記されているとか、福岡市内(筥崎宮)や宮崎市内に馬出地名があって、それは神社に付属する地名のことだと言っている〔八巻 一九八九〕。角馬出や丸馬出があったわけではなくて、当初は出入口のことを馬出と呼んでいたのでしょう。屈曲させる枡形とは別に、枡のような形をした真正面から入る虎口もあったと思う。馬出は近世兵学では城内から馬を出すためのものだと説明するけど、本来、馬は出さないのではないか。

齋藤　文献では、何とも言えないけど、軍事的な性格と日常的な儀礼がセットになって枡形虎口はできてくると思う。縄張り論は軍事的に説明するけど、由井城の虎口は、尾根筋を堀切で遮断しながら、大手筋を細尾根に設けているから、虎口と城道の持つ象徴性は改めて考えなければならない。軍事性ばかりでなく、ハレの舞台としての虎口と置き替えれば、日常性は出てくる。

中井　門は軍事性ではなく、平時にあっても大事なものです。鎌刃城では二か所に見事な枡形虎口があるのですが、枡形を入ると真正面に階段があって、その先が主殿になっている。もう一つの虎口は主郭の虎口と同じ形態で、近世で言えば大手門と本丸御門のスタイルになっている。鎌刃城の二つの枡形虎口を軍事だけで説明することはできません。平時と軍事は共存するし、城は信仰とも共存している し、儀礼とも共存する。もちろん城だから軍事抜きに語れ ないので、城としての軍事面も持っている。だからといっ て、軍事だけで語るわけにはいかないのです。

●縄張りで軍事と平時を読む

齋藤　縄張り論は軍事で城を追究するけど、歴史像とし ては軍事だけではないことを、今後は縄張り論も考えない といけない。

中井　軍事ではない性格も縄張りで読み込めるはずです。

齋藤　横矢も側面攻撃で上から弓矢を射かけるための遺構だと説明するのはウソではない。でも平時に置きかえたときに、監視している、視線が向いていると説明すればすむことです。

中井　横矢に板塀があるか、柵があるかわからないけど、平時の段階でもその場所には駐屯兵がいて、来客があれば威儀を正すような場所なのです。戦争になったらそこから弓・鉄砲を撃つ場所になる。

――「松岡さんは虎口を「火点」で説明するね。」

中井　「火点」はどうかな。橋頭堡と呼称していたものを西股さんに批判されて「火点」にしたようだけど、それは納得のいく説明になっていない。松岡さんの根底には、縄張り研究は主観的な要塞研究であって、客観的資料ではないと言われていたけど、それが縄張り研究の良いところなのだと置き換えられてしまっている。そういう人がいても良いけど、全ての縄張りを軍事だけで見ると、軍事以外は見出せないことになる。たぶん松岡さんも軍事だけではないとわかっていて、自分の選択肢はこれだと決めているのだと思う。

齋藤　解釈の問題です。弓や鉄砲を視線に置き換えるだけで平時に変わる。論理転換は簡単なのに、なぜ戦争だけで説明するのか理解しがたい。戦時は非日常で前提としてあると思うけど、非日常が全てではないと考えないといけない。

中井　城は非日常だと思うよ。一年中戦争するわけではないので、戦争のない日は普通の生活をしているはずだけど、その普通の生活も軍事的緊張の中に置かれているのはまちがいない。軍事的緊張がある戦国時代だから城に依存するのではないのかな。

齋藤　三六四日いつ攻められるかわからないという緊張

感が常にあるわけではない。平和関係が切れたときに戦争状態になるので、慌てて準備しても間に合わない。そうした感覚ですね。確かに絶えずいつ戦争が起こるかわからないというのは戦国時代の日常だけど、平和状態も当然あるので、常に番兵が立って弓や鉄砲を身に着けて待っているということではない。単なる叙述の問題だけど、そこに書き手の歴史認識が反映される。

――「枡形虎口は本当に軍事施設なの?」

齋藤　枡形虎口は格式だと思う。文書には出てこないけど。

中井　列島の中に三万、五万といわれる城が三〇〇年間に造られるのは世界史的に見ても異常なことです。だからといって好戦的なのではなく、城を持つ領主だからこそ領民の安全保障ができるのです。使う・使わない以前に領主としての必須アイテム・必需品が城であって、使う・使わないは別次元の話です。甲賀はまさにそうで、方形単郭の城を造るのは、城がないと領主として領民から認められないのではないか。「枡形の虎口を造りました。出世しましたので、みなさんご安心ください」みたいにね。

齋藤　文書にはないけど、身分標識は観念としてあったのでしょう。江戸時代には屋敷の門構えについても格式の差を示す史料があるから、戦国時代にも同じような観念はあったのだろうと思う。

中井　室町時代の庭も、将軍家や守護家は持つし、江馬氏や高梨氏などの有力国人層も持っている。庭も格式です。問題は土豪クラスです。土豪の城館では発掘しても庭がほとんど検出されない。

門は儀礼に使われるし、土塁や築地を持つのも格式の違いですが、城で門が見つかる例は、実は少ない。門を持つか持たないかは大事です。虎口がある城と虎口がない城もあるけど、虎口がなくても城です。全ての城に虎口があるわけではない。

齋藤　枡形虎口や塁線に折れひずみをもたせるのは、東日本で発展した築城技術ではないのかな。京都の御土居は小田原城の惣構えを真似たものでしょう。滝山城の二の丸の角馬出の配置も、聚楽第の前身的なものが東国で育っていて、東国の技術が西国に影響を与えたと考えてもいい。西国には西国の山城の使い方があるし、西国は西国で発展することが当然ある。縄張りを進化論的発展で唱える人たちが全国均一に進んでいるか、遅れているかで考え、遅れ

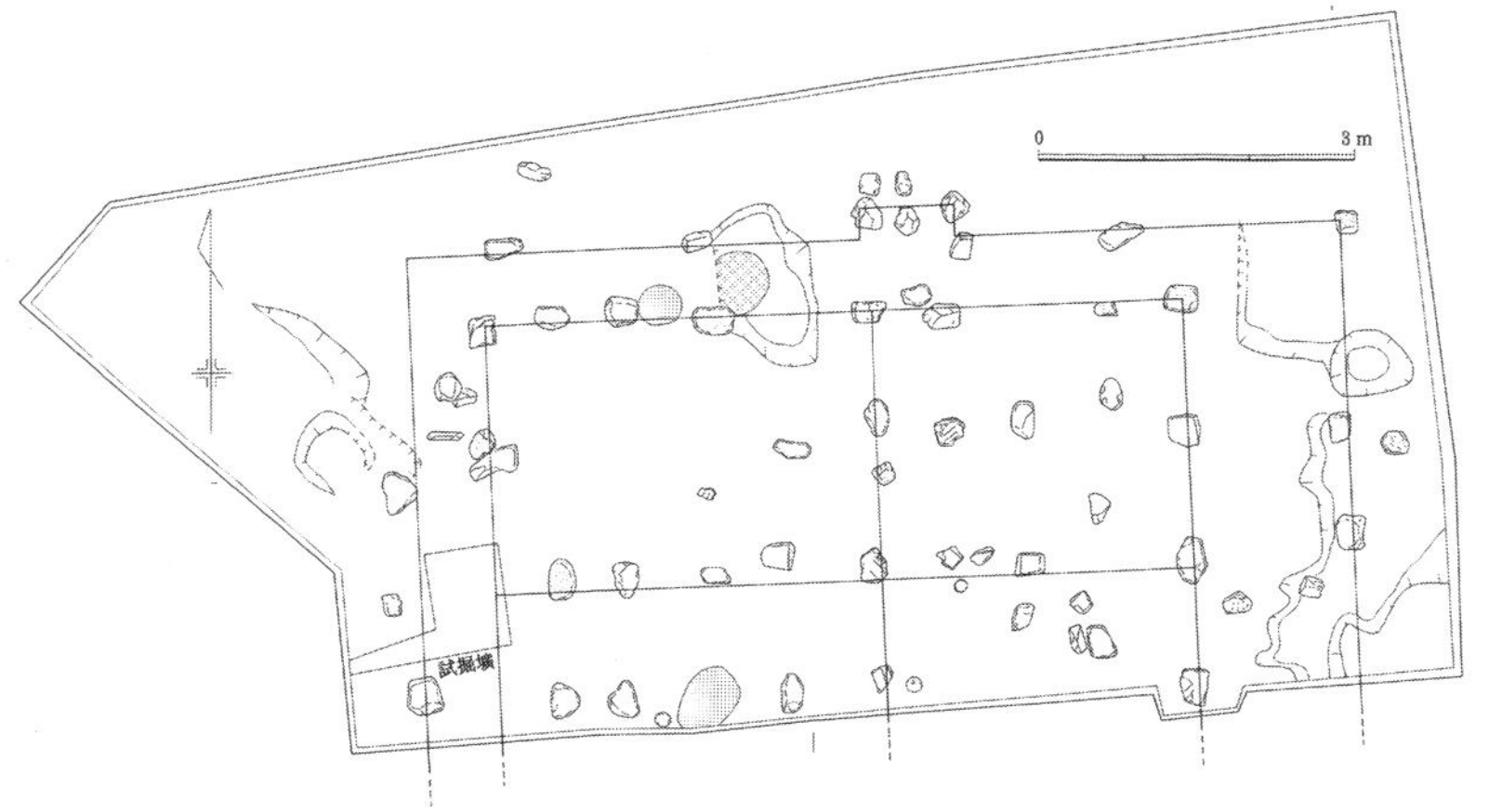

図4　芥川城跡主郭部で検出された礎石建物平面図(高槻市教委 1994)

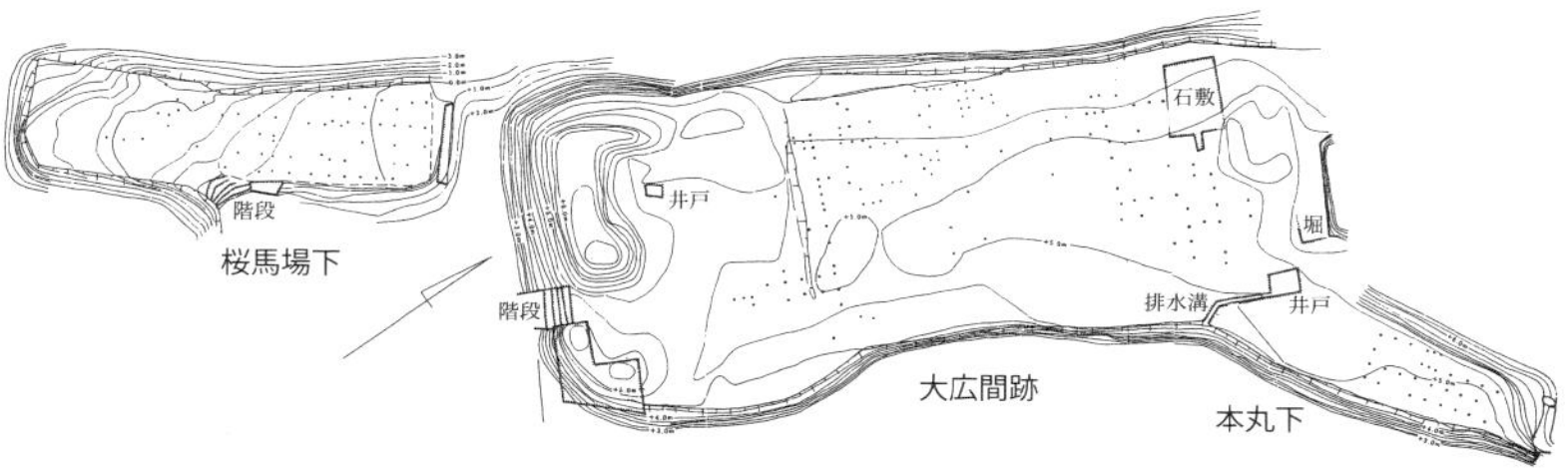

図5　小谷城跡大広間測量図(湖北町教委 1976)

ているのは在地性だと整理しているのは、問題があるのではないでしょうか。地域の城造りがどうなのかを把握すべきで、それがまだ、縄張り研究にできていない。

――「平時の居住性が高い城と番兵しかいない城を、考古学で峻別することはできる?」

中井　建物規模でしょう。大阪の高槻にある芥川山城では、発掘調査の結果、山上部から縁を持つ御殿建築(庇付建物か)が検出されています(図4)。山の上で縁を持つ建物があるのは、恒常的に住む城だと考えられる。三好長慶本人が住んでいたのではないかと思うのです。恒常的に住まう山城かどうかは、建物規模や構造である程度はわかる。鎌刃城でも縁がまわる建物があって、遺物もそれなりに出土するし、恒常的に山上に住む城は観音寺城や小谷城(図5)、置塩城などと、一六世紀後半になると事例はある。

齋藤　信長は本丸御殿も含めて安土の山上にも住んでいたけど、生活空間としては江戸城の本丸空間と比べると、非常に狭いね。

中井　信長の山麓の館は、安土城の伝秀吉邸跡(図6)だと思う。当時の秀吉は山麓に住める身分ではないし、伝秀吉邸などは百年後の絵図に書いてあるだけだから一切信用できない。伝秀吉邸(図6)だけは二段構えになって、下段に馬屋が見つかっている。下に馬を置いて上の御殿空間に行くのだと思います。天主・本丸御殿というプライベート空間と公の空間は使い分けていたと思う。岐阜城も小

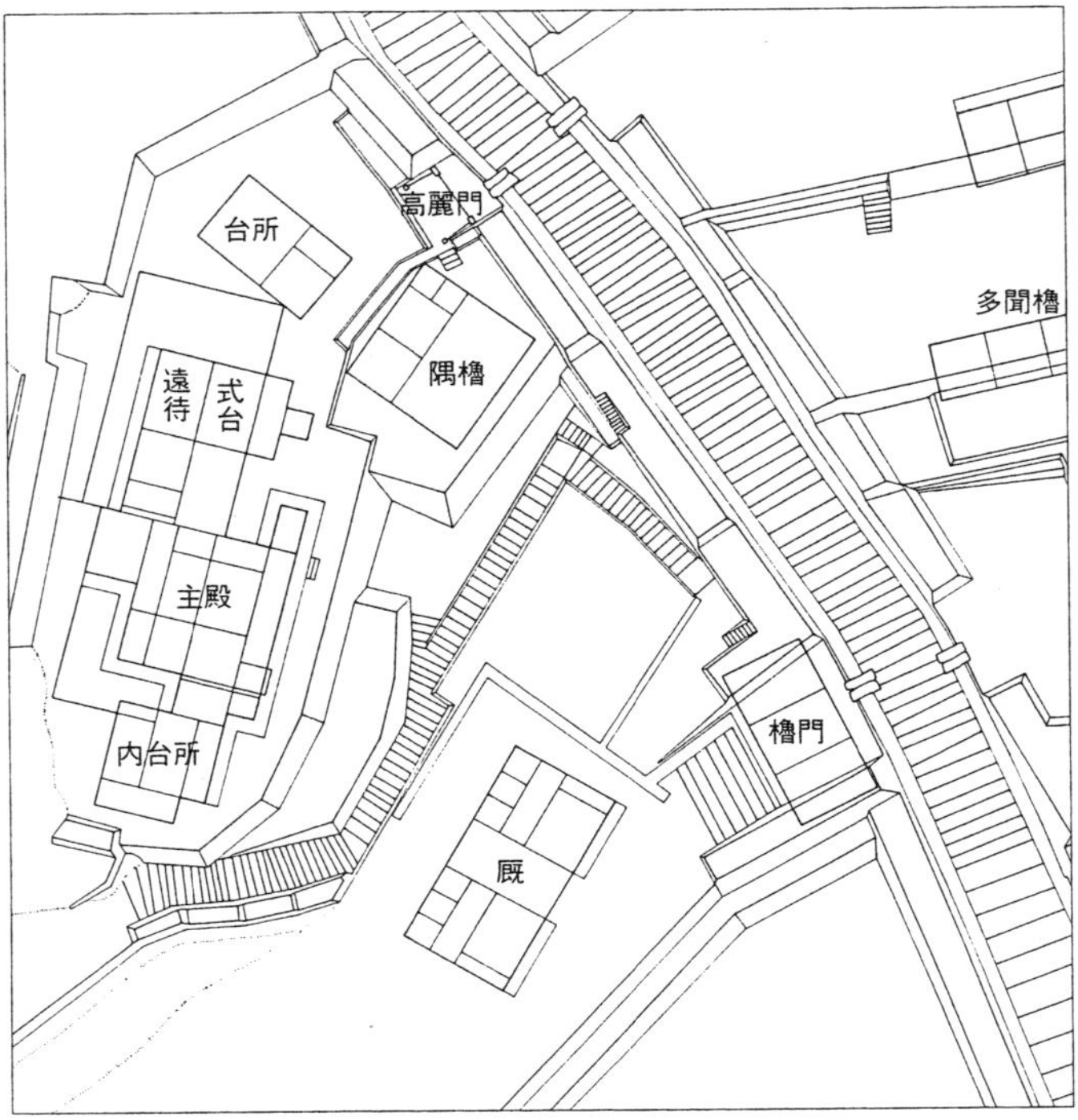

図6　伝羽柴秀吉邸建物復元図(滋賀県安土城郭調査研究所 2004)

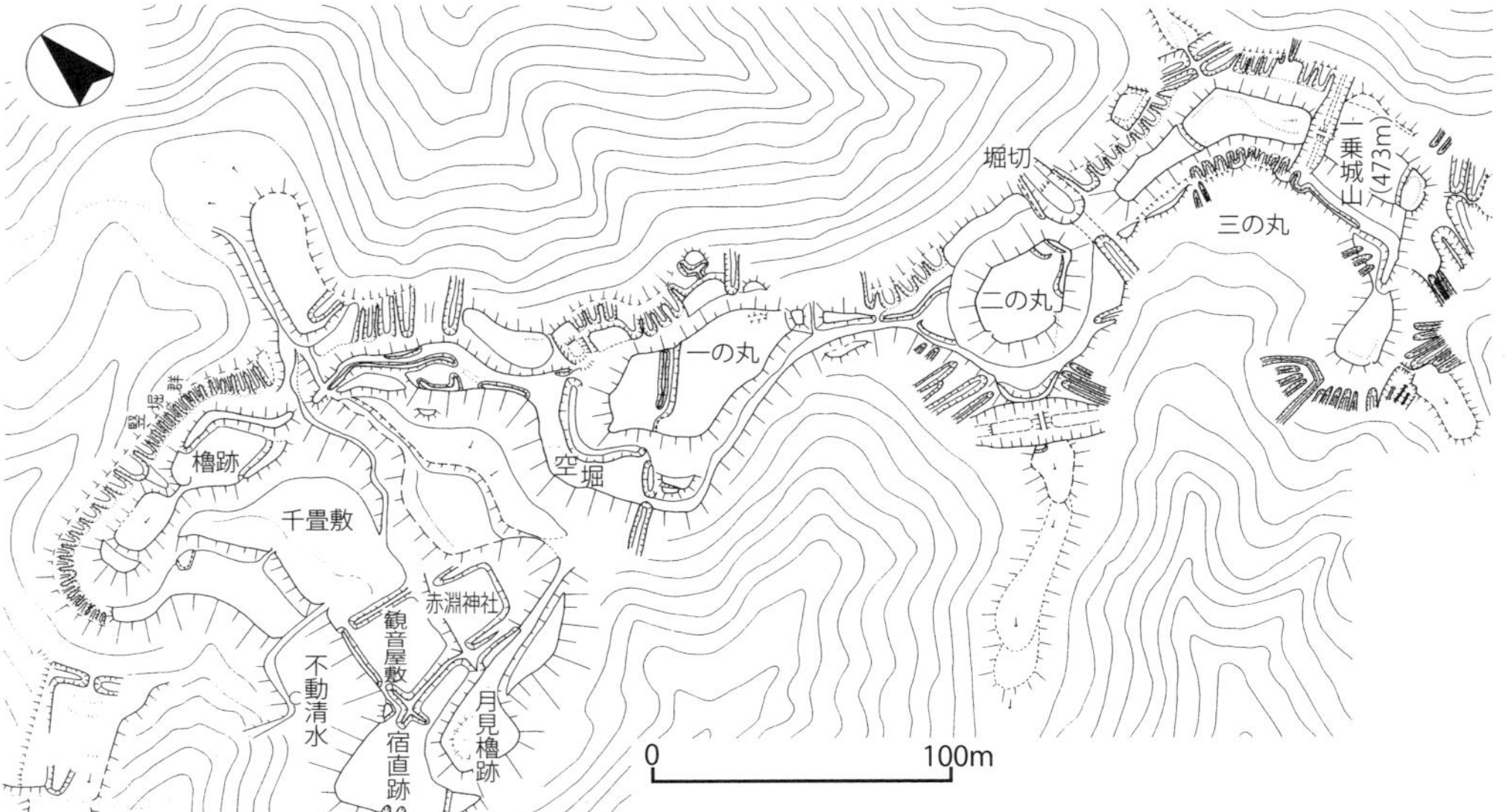

図7　一乗谷　山城(福井県教委 1986)

牧山城も同じです。遺物量の差は廃城段階で持って下りることがあるので、遺物だけで住んでいたかどうかの判断は難しいけど、建物規模によってある程度、恒常的な居住性がわかると思う。もう一つの例は、一乗谷です。一乗谷の山城は住んでいると思います。千畳敷や観音屋敷の名称が残っている郭は、土塁できちんと方形に区画しているので、山城の中では異様な空間です(図7)。山麓の朝倉義景館が迎賓館で山上は私的な空間でしょう。

齋藤　朝倉義景の寝所はどこかと小野正敏さんに聞いたら、朝倉館だろうと言われたのですが、完結した空間が山上と山麓の二重にあっても問題はない。

中井　山下の館はそれ自体で完結していたのでしょうが、山上にも目を向けてほしい。戦国期後半に戦国大名クラスになると、山上に居住空間を持つのだろうし、プライベートな場であったのではないかな。

4　縄張り調査の未来

――「縄張り図を歴史資料として活かすには、どうすればいいですか?」

齋藤　僕は文献の年代と縄張りから読み取れる像をコミットさせる方法として空間論を提起しているのですが、中井さんはどうですか。

中井　考古学では、郭の機能・性格を考えるのに、郭ごとに出土した遺物や遺構を分類していく作業をします。たとえば、郭Aと郭Bから出土する遺物はほぼ同じで、建物配置もほぼ同じなら、身分・階級差はないと解釈しますが、山城では威信財が出土する郭と出土しない郭がある。遺物の出土状況を検証したうえで、威信財が出る郭なのか、調理具しか出ない郭なのか、一つの城で分析していけば、郭の機能を遺物で検証することはできます。

でも、縄張り図だけではそこまでの分析はできない。自分自身、縄張りだけで議論したことはなくて、遺物・遺構論でしかないのです。縄張り図だけで何が論証できるかは難しい。

齋藤　確かに難しいと思う。城の方向性・設計の意図を読み解いて、年代を導き出し、文献史料によって城の周辺にいつ、何が起きたのか検討した上で歴史像に迫るから、縄張りだけで叙述を完結させることは難しい。中世城郭の研究は事例研究でしかないと批判されるけど、縄張りだけで書こうとすると、どうしても個別事例になる。

中井　城の縄張り調査は、地域の資料を扱うのだから、個別事例になる。原点回帰かもしれないけど、村田先生の「城跡調査と戦国史研究」〔村田　一九八〇〕は、地域史を研究するための資料として、中世の城跡を活用しようと問題提起されたのです。文献史料の残らない地域でも中世の歴史はあるから、地域史を考えるうえで中世の城は大事になる。

齋藤　村田先生の視点に戻るのは、大事です。

中井　単に城だけ見るのではなく、付近にある霊場や山寺など全て集めて地域史を考えなければいけないと思う。城の麓に寺院があり、道があり、宿町があり、集落がありと考えると、齋藤さんの空間論と重なってくる。

城跡の研究に今日的意義がどこにあるかを考えると、地域の人たちに、地域に対する誇りと自信を与えることだと思うのです。そのためにも城郭研究は謙虚になって、地域史を正しく認識してもらえるようにしないといけない。縄張り研究の目標は、地域史であると思うのです。地域の人にとって歴史がいかに大事か、地方創生の中に組み入れてもらいたいくらいの価値があると思います。

齋藤　学習指導要領に城館を活用することも入っているので、小中学校、とくに高校教育の日本史で遺跡を実地体験することを求めている。求めてはいるけど教員がアプローチできない。そうした素材を十分に提供していないのも、現状の苦しいところです。

中井　弥生や古墳の遺跡に比べると、武将の名前が出てきたり、自分の町の名前が出てきたり、城は地域史に活用しやすい。地域の人たちにとっては保存してもらいやすい。

齋藤　ツールをどうやって作っていくかですね。

中井　ツール作りのためには縄張り図を描くのは良いことです。地域の歴史を知ってもらうには縄張り図は使えます。文献もなく、発掘調査もされていないけど、城の形を最初に押さえて地域史の解明に一歩近づくのです。文化財行政に携わる人や学校の教員だけでなく、地域の人たちも一緒になって縄張り図を描いて、歴史を語り合える時代になれば、とてもうれしい。

Ⅲ　成果と課題

置塩城石垣の前で（左：齋藤慎一氏、右：中井均氏）

縄張り図から歴史像へ

齋藤 慎一

はじめに―杉山城のショックが問いかけたもの―

「教科書のような」とも形容される技巧的な縄張りをもつ杉山城(埼玉県比企郡嵐山町)の発掘調査報告書(『埼玉県指定史跡 杉山城跡 第1・2次発掘調査報告書』嵐山町教育委員会 二〇〇五)が発刊され、これを契機として城館の遺構と年代に関する研究に注目が集まった。発掘調査によって導き出された杉山城の年代観が、縄張り研究にとっては受け入れがたいものだったためである。

このことについて、松岡進氏は「縄張研究がいつまでも近世からさかのぼる視角を捨てられず、中世のものを中世の視点からとらえる、という当然の手法を自らのものとできないでいたことに対する厳しい問いかけである。結果を知ったうえで過程を評価する結果論的・第三者的な見方を自覚的に捨てて、戦国社会の直接経験を内側から知る努力を求めるものである。縄張り研究が何に立脚してきたか、認識のあり方自体を根本的に見直すよう迫るものである」と、自らに厳しく述べている[松岡 二〇一五]。折しも総合的な歴史学研究が模索されているなか、杉山城の議論は個々の方法論がぶつかり合い、総合的な歴史学を構築することの難しさを如実に語るものになった。

その詳細は対談ですでに触れたので繰り返さないが、議論は縄張り研究にとってとても厳しい状況をもたらしたと考えている。縄張り研究から提示された築城者および年代が実に多様であったため、方法論の客観性に対して疑問のまなざしが注がれる結果になったのである。その状況の中、縄張り研究の方向性を示すべく、シンポジウムが行われた。しかし縄張り研究者自らが「築城主体や年代の推定は、縄張の検討にあたっての第一義的な課題ではない」と発言するにまで至った［松岡 二〇〇九ａ］。それほどまでに縄張り研究をめぐる状況は深刻であった。自らの方法論を再検討せざるを得ない〝杉山城ショック〟といえる状況であったと考える。そもそも、縄張り研究の議論（以下、縄張り論とする）は杉山城が北条氏の城館であり、またその年代は永禄期あるいは天正期であるとした根拠を明示できたであろうか。

　歴史的評価は多様であることはあり得る。しかし、歴史的事実が多様であることはあり得ない。年代が相違するのであれば、いずれかの方法論に何らかの欠陥があることを示唆している。対談で何度も発言したように、ここで論点にしたいのは、城館の縄張りを読解し、考古学や文献史学等の成果を取り入れながら、客観性のある歴史像をつむぎだすための縄張り研究の方法論の問題である。分野の垣根をこえて協業する「総合的な歴史学」に縄張り研究はどのようにコミットすればよいのか、対談では具体的に説明できなかったので、ここでやや詳しく再説しておきたい。

1　議論の再確認

Ⅱ―5章でも話題にした杉山城の議論のなかには、それぞれの方法論や論者の立場が持つ限界点が随所に現れていた。この点はすでに竹井英文氏［竹井 二〇〇九ｂ・二〇一五］が丁寧に整理する。[1] 詳細は竹井氏の仕事に譲るとし、以下では、本書の対談での発言をより明らかにすることを中心に、筆者に対する批判なども含めて、いくつかの点を取り上げ、個々の議論を確認してみたい。

●松岡進氏の空間論……空間論と年代・築城主観

　まずは、今後の縄張り論の方向性を「空間論」として模索する、松岡進氏の主張から点検してみたい。松岡氏の主要な論点は「軍事施設としての中世城郭」［松岡 二〇〇九ａ］と「『杉山城問題』追考　竹井英文・齋藤慎一両氏の近業によせて―」［松岡 二〇〇九ｂ］があり、さらに『中世城郭の縄張と空間』によって実践される［松岡 二〇一五］。

　そもそも拙著「戦国期城館論覚書」［齋藤 二〇〇三、のち齋藤 二〇一〇に改題所収］以降の研究状況ついて、松岡氏は

「遺構の暦年代への位置付け以前に、軍事という対象に向き合って、理論的に十分究明してこなかった縄張研究のあり方への反省を促すもの」と的確に分析する。(2)ところがその上で「そもそもそれら(築城主体や年代＊齋藤註)の推定は、縄張の検討にあたっての第一義的な課題ではない」と変化球を投じる。(3)意味するところがややわかりにくいが、果たして松岡氏が主張するように全く課題ではなかったと言い得るのだろうか。この点は伊達氏系城郭論など、松岡氏の過去の業績[松岡 二〇〇二]にかかわる。

そして、「縄張研究には固有の守備範囲がある。空間論をここで提示するのは、それを明確にするため」と空間論を主張する。この松岡氏の空間論は、縄張り論の今後についての重要な論点である。節をあらためて論じたい。

次に「『杉山城問題』追考 竹井英文・齋藤慎一両氏の近業によせて―」[松岡 二〇〇九b]である。このなかで杉山城の年代観についていくつかの批判点を述べる。

まず縄張り研究からの批判であるが、「山内上杉氏・同時代の類例の欠如」を指摘する。しかし、従来の方法論による理解のなかでは一六世紀初頭の年代観の類例が見えないだけであって、発想を転換させせなければならないと考える。杉山城の事例は方法論の再構築を行う際に、さらには個々の城館と比較検討を行い、類例を検出するにあたっての基点になるものと理解すべきではなかろうか。類例がないから成り立たないとするのは、立論が逆転しているのではなかろうか。(4)

次に文献史学への批判である。竹井氏・筆者が切り札として掲げる足利高基感状写の「椙山之陣」の解釈である。この点について松岡氏は、「『椙山之陣』は確かに杉山の地に違いないが、杉山城の遺構と結びつけるだけの根拠に欠けていると考える」。だから杉山城を考古学の提起する年代に比定できないとする。

「『椙山之陣』は確かに杉山の地に違いない」としつつも、遺構としての杉山城ではないとする。この見解は古文書だけを読解するうえでは「正論」である。確かに文献資料には単に地名が記載されているだけである。この点に加えて、「文献史料の解釈に立脚して杉山城を年代的に位置づける作業に遺構論が従属しており、想定された『拠点的城郭』あるいは『陣』という機能を、改めて遺構論の次元で掘り下げて検証するプロセスが欠落している」と批判する。

しかし遺構論は果たして文献資料に従属する関係であろうか。竹井氏・筆者の議論は考古学的な成果(遺物・遺構による年代観)を前提にして、文献資料を解釈している。決して従属という関係ではなく、前提として遺構論があるのであり、批判するような欠落にはあたらない。この批判は考古学的成果を棚上げしたところから、文献資料の史料操作に対して行われており、逆転した立論となっている(5)。

このように松岡氏の批判は、遺物(被災遺物)・焼土・一面しか存在しない遺構面という検出状況など、考古学の成果を確認するプロセスが欠落している。そのため考古学的な年代観を受容できず、その成果を踏まえての文献資料の成果をも利用できなくなっている。また他方で本来は理論の基点となるはずの縄張り論による杉山城の年代観を提示していない。したがって、松岡氏の批判は、総合的な歴史学による理解の道を閉ざしたままで展開されており、行き詰まっているといえよう(6)。

●中井均氏の論……織豊系城郭論の理論的枠組みの問題

次に注目したいは中井均氏の議論である。中井氏の論点は本書の対談でも確認したとおり、縄張り論として年代や築城者を提示する必要が示されている。そのなかで織豊期の玄蕃尾城(滋賀県長浜市)を定点として杉山城を考えるという比較検討の手法をとる[中井 二〇〇九]。縄張り論を学として主張する、立場として共感できる考え方である。

しかし、議論の組み立て方には違和感を持つ。そもそも中井氏の視点は織豊系城郭論にあるようであり、中央の織豊城館の築城術が伝播するとみなす傾向が垣間見える。ゆえに杉山城の年代を玄蕃尾城以前の年代に置くことはあり得ないことになる。

かつ議論の枠組みに地域性がないことも重要である。木島孝之氏は織豊城郭と地域の築城術との競合を描く[木島 二〇〇二]。本書Ⅱ—2章でも取り上げたとおり、地域の枠を越えた築城術の伝播は重要な視点である。すなわち、玄蕃尾城と杉山城の相似を認めるにしても、これは主観的な判断であり、前提となる地域の限定と時期の範囲規定ができていないことに問題が残る。相似は天正期としてなのか、戦国時代全体としてなのかなど、前提となる時期の範囲が未設定になっている。相似について、客観的な説明を必要としてはいないだろうか。

●課題

この一連の議論のなかでいくつかの課題が明らかになった。その最大の問題は年代観のズレであった。しかしこの年代の問題は従前より屋代城(長野県千曲市)や勝間田城(静岡県牧之原市)などでも見られた課題であった。あらためて大きな課題として浮上したことになるが、今後においても総合的な歴史学の構築のためには大きな課題になることはまちがいない。

無論、考古学的には遺物の同定や編年がより精緻になるなかで解決されるであろう。問題は縄張り論の年代観である。この点については竹井英文氏も指摘するように縄張り研究における限界という現実が根深い[竹井 二〇〇九a]。しかし、西股総生氏が「これまでの縄張研究者は、城郭遺構を立体構造物として客体化する認知技能を獲得し、そこから個別の縄張が意味するものを読みとり、築城者の意図をあぶり出す方法論を磨いてきた」[西股 二〇〇九a]と指摘するように、解決の方向性をこの延長線上には置きたい。本論はこの点への取り組みである。

2 松岡氏の空間論

先にも触れたように、松岡氏は縄張り論が持つ方法的な課題を空間論として解決しようとしている。現時点で具体的に新しい縄張り論の方法論を模索しようとする唯一の取り組みである。この模索する方向性は極めて重要である。

実は松岡氏も指摘するように空間論についてはすでに千田嘉博氏が主張している。「中世城館の評価は、縄張り研究に加え測量や発掘で把握されたことをベースに、城下、村落、生産、河川・街道交通、寺社といった遺跡群との関わりの中で検討されなくてはならない。そしてこうした遺跡群を総合的に研究することは、重なり合った空間の概念によって支えられる。城館・城下の中心と周縁、凝集と空地《くうち》、地域と地域間など、城館をつつみ込む、さまざまなレベルの空間を意識して、整合的に理解し、その場を規定した力を、築城主体側だけでなく、広く民衆の側から照射することで、城館研究は新たな展開を実現すると予測される」[千田 一九九一]、このように縄張りの読解から周囲の空間への展開を述べている。

そのうえでの松岡氏の空間論〔松岡 二〇〇九a〕は、今後の縄張り研究の方向性を模索したものである。松岡氏は自らの空間論について次のように述べている。

城郭単体の軍事的側面の検討から一次的・二次的空間を導き出すとき、ズームになっていた画像は自然な手順でパノラマに移行し、動的な軍事の全体像(中略)へと接続する

空間論の要素　①縄張・②規模・③比高・④立地

中世城郭はどういう軍事施設か。それは、固有の一時的空間を形成し、地域社会の主体的な意思を含む多元的な二次空間＝空間複合を生み出す軍事施設である。その様相を読み取るために必要なのは、単体の城郭の縄張・規模の精細な把握とともに、軍事史的な「地理的コンテクスト」、すなわち比高(自然環境)・立地(人文環境)の認識である。

「中世城郭はどういう軍事施設か」という限定された問題設定には疑問を感じるが、松岡氏による空間論は縄張り研究の停滞を打開する重要な方向性を提示している。このことを大きく評価し、今後の重要な論点としてまずは確認しておきたい。

しかしながら、筆者は松岡氏による空間論を通読して一つの違和感を持った。松岡氏はケーススタディとして、「2　戦争の展開と空間の様相」を叙述する。そこで「本節では、慶長五年(一六〇〇)の関ヶ原の戦いの際の奥羽の事例を取りあげ、具体的に個々の城郭の示す空間やその複合の様相を検討したい」と述べている。なぜ、慶長五年(一六〇〇)の関ヶ原の戦い、すなわち文献史学の知識から起筆するのであろうか。政治史的情報を前提として、年代的な検証を経ていない個々の城館＝遺跡を取り上げ、それを文献史学の成果に当てはめる方法論を採るのであろうか。松岡氏が空間論の要素としたのは、①縄張・②規模・③比高・④立地であり、文献史学という要素は含まれていない。

また松岡氏の山形県最上地域での分析にも同じことが言える〔松岡 二〇一五〕。当該地域について、畝状空堀群、虎口のあり方、厳重な遮断線に注目し、地域像を描く。この地域のあり方に天正一六年(一五八八)の状況を重ね合わせている。しかし、描かれた地域像をストレートに政治史と関連させるのはいかがであろうか。松岡氏自身も「もっとも、以上の推論は確定的なものとはいえない。この地域には一六世紀前半の文献史料が非常に少ないため、非定型の

虎口と厳重な遮断線が特徴をなす城郭群が、天正一六年の危機と対応する分布を示すように見えるにしても、それより古い軍事情勢には類似の状況がなかったかという証明はできないからである。」と述べる。自ら主観的な評価であるという主旨を述べている。

すなわち、以前にも指摘したように、松岡氏の空間論は歴史像を描く過程に飛躍があり、城館と文献史学の情報を切り結ぶときの手続きがない。このことをまたしても指摘せざるを得ない。

3 縄張り読解の現状

ところで、松岡氏は今後の課題として、「縄張研究に即してあげれば、第一は、空間論の必須の手がかりとして、個別城郭の縄張を読み込んでいく方法の錬磨である」［松岡二〇〇九a］と述べている。このことはそもそも史料を読み込むということであり、歴史学の基本である。あらためてこの基本を掲げなければならないのは、そのことが縄張り論の現状が危機的な状況にあることを示しているのではなかろうか。縄張りの読み込みがなされずに歴史叙述されるという傾向は、まさに史料の軽視が根底にあるとはいえまいか。

松岡氏が述べるように個別城館の縄張り＝構造を読み込むという作業は、方法論のまずスタートにあるべきものである。ここで具体的に縄張りの読み込み作業を行い、かつ縄張り読解の現況を確認してみたい。

●高山城（群馬県藤岡市高山）

まずは上武国境にある高山城（東日野金井城跡）に注目したい。群馬県藤岡市高山にある山城である。この事例については本論と同じ趣旨で、すでに触れたことがあるので［齋藤二〇一四a］、要点だけを記す。

高山城は西から東へと流れる神流川の支流三名川と鏑川支流の鮎川に挟まれた、標高二八七・二メートルの独立した山に築かれていた。主郭部は山頂の主郭を中心に、削平地と堀切・竪堀で構成され、在地領主の本拠に相応しい構造を呈している。特徴的な構造はその山塊から北西に向けて延びる尾根にも遺構が続く点である。この地点では一九八七年にゴルフ場開発にともなって発掘調査が行われた［藤岡市教委二〇〇四］。調査の結果、予想もしなかったが、

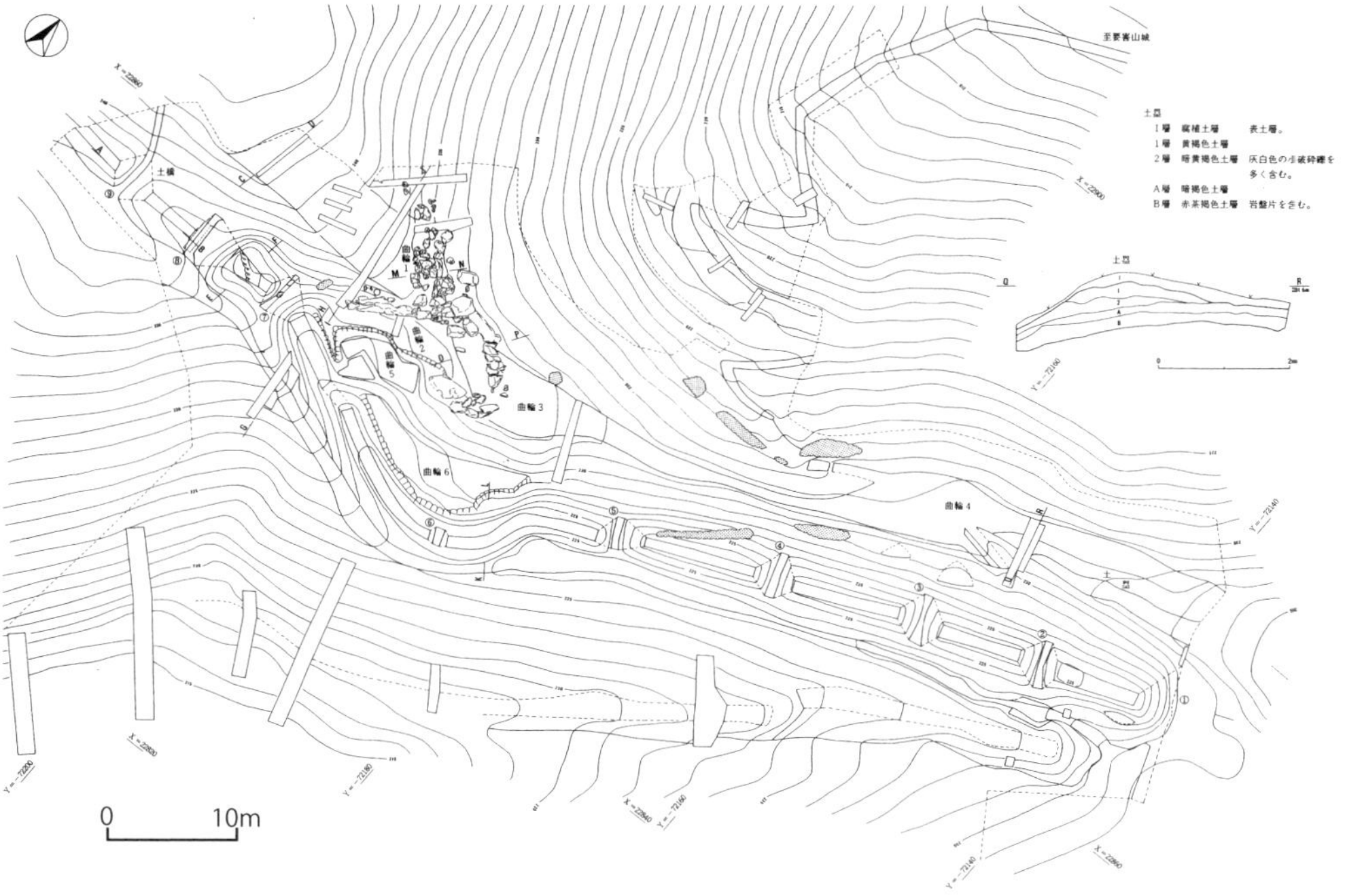

図1　高山城発掘調査区（藤岡市教委 2004）

尾根の西側に沿って竪堀及び横堀を線状に繋げた遺構が確認された（図1参照）。この堀は障子堀でもあった。明らかに北面を内側に、南面を外側とした構造であった。高山城の中心部分は山頂に向けての同心円構造であるのに対して、この区間は線状に内外を切り分ける異質な構造を示している。この二種類の構造が結合して高山城は成り立っていた。

この障子堀が普請されたラインの構造について、松岡氏は山中城および下田城との類似を指摘し、文献資料（『群馬県』三五八八）と関連させ、「対豊臣戦の時期に後北条氏の直接的な支配のもとで使用されていたことが推定できる。」とした。さらに「『領』の境目に対応する城だったかもしれない。」と論じ、加えて「後北条氏の直接的な支配のもとで使用」したとする見解を示した［松岡 一九八八］。

これに対して私見では、「上野国側を内として、武蔵国側すなわち北条領国内部を外としている」と障子堀から城館全体の構造を評価した。縄張りの読解から得られた結論である。その上で「高山城は大名間戦争にも耐えられる規模の拠点的な山城であることから、この構造をもって北条氏の普請とすることには賛同」できないと否定した［齋藤二〇一四a］。そして、城館構造の読解から得られた状況に見合う史料として次をかかげた。

【史料二】武田家朱印状写（『群馬県』二四八〇）

武上之境取出之地利、与浅利右馬助令談合、築之可在城、然者其方以調略被相集人数等、可為同心之旨、被仰出者也、仍如件、

永禄十二己巳歳

五月十七日　　朱印　　原隼人佐

奉之

高山彦兵衛《（定重）》尉殿

城館構造の内側・外側の関係を押さえ、この文献資料を踏まえた時、当該の遺構は永禄一二年五月一七日以降に普請されたと考える方が妥当と結論づけた。

障子堀が普請されたラインの構造に注目し、城館の構造を読み込み、周辺の歴史的な諸条件のなかで城の役割を位置づけ、その上で文献資料との整合性を考える。すると、構造から読み込まれた城館の役割・機能に、年代をともなった歴史的な背景が想定できる。このような手順で城館の縄張りを読解すれば、歴史像が描けるようになると考える。

●由井（浄福寺）城（東京都八王子市松竹）

この由井城は以前に詳細を述べたことがあり［齋藤 二〇〇二］、また対談でも丁寧に触れたとおりである。

この齋藤説を受けて、再度の検討が行われた［東京都教委 二〇〇六］。その調査報告では「浄福寺城跡の縄張りを総合的にみると、堀切や竪堀の位置設定がきわめ合理的で、遮断系の技術が卓越している。尾根の先端部の直下を大きな堀で防護した堡塁状の曲輪をおくという発想は、鉄砲戦を前提とした縄張とできる。その反面、明確な虎口に乏しく、導入系の技術にはみるべきものが少ない。この城の最大の特徴は、曲輪面を確保せずに遮断に徹した縄張を行っているところに求められる。居住性を配慮せず、実戦時における防禦性のみを追求して徹底的に無駄を排除した縄張は、この城が極度の軍事的緊張状況下において構築されたものであることを示している。かかる条件のものでは、この城が領主の居城としては理解しにくく、このような見解に立つ場合、氏照の初期居城とする斎藤説についても検討の余地がある」と批判的に評価された。

難解な文章であるが、この批判に妥当性があるだろうか。調査報告は「明確な虎口は乏しいか、導入系の技術にはみ

るべきものが少ない」とするが、対談で詳細に述べているとおり、折れがありかつ竪堀とで構成された虎口などの存在を具体的に示している。また、「尾根の先端部の直下を大きな堀で防護した堡塁状の曲輪をおくという発想は、鉄砲戦を前提とした縄張」と論じるが、この評価はどのような論証を経て主張されているのか、不明と言わざるを得ない。さらに山城である以上、「実戦時における防禦性のみを追求して徹底的に無駄を排除した縄張」を求めるのはどこも同じである。調査報告に由井城独自の特徴はなく、他の城館とどのような相違があるのかもわかりにくくなっている。残念ながら「極度の軍事的緊張状況下において構築」という特殊性がいかなる遺構の解釈によって導き出されたものなのか、筆者には理解できなかった。また、大手筋や城下までも考察の範囲とした筆者の説に触れず、「かかる条件のものでは、この城が領主の居城としては理解しにくく」と評価した上で、「氏照の初期居城」という築城者や年代観を要検討とする報告書の示す根拠が、筆者には全くわからなかった。

　そもそも報告は「明確な虎口に乏しく」と述べるように、川原宿からの登城路が縄張りから読めなかった点、つまりは縄張りが十分に解釈できていなかった点に問題があるのではなかろうか。縄張りを解釈し、周辺の歴史的景観を復元する作業に考察が及ばず、「極度の軍事的緊張状況下において構築」とだけ述べるのは、およそ論理的とは言えず、報告者の主観的な縄張りの解釈にすぎないと批判されても致し方あるまい。

　従前の縄張り研究が、客観的に城館の縄張り構造を読み取れず、主観的な評価があったという点を、残念ながら示している実例にあたる。

●深大寺城（東京都調布市）

城館の縄張り構造を読む場合、特殊な構造に注目すると、その歴史性が浮かび上がる。深大寺城の事例はこれにあたる（図2参照）。この城館について先の東京都教育委員会の調査報告は次のようにポイントを掲げている［東京都教委 二〇〇六］。

①「当城は、扇谷上杉氏の後北条氏との攻防線上に位置する戦略的要衝であり、後北条軍を迎撃するポイントとして有効」「多摩川対岸の動静をうかがい、南から攻め寄せる敵を迎え撃つには、絶好の占地といってよ

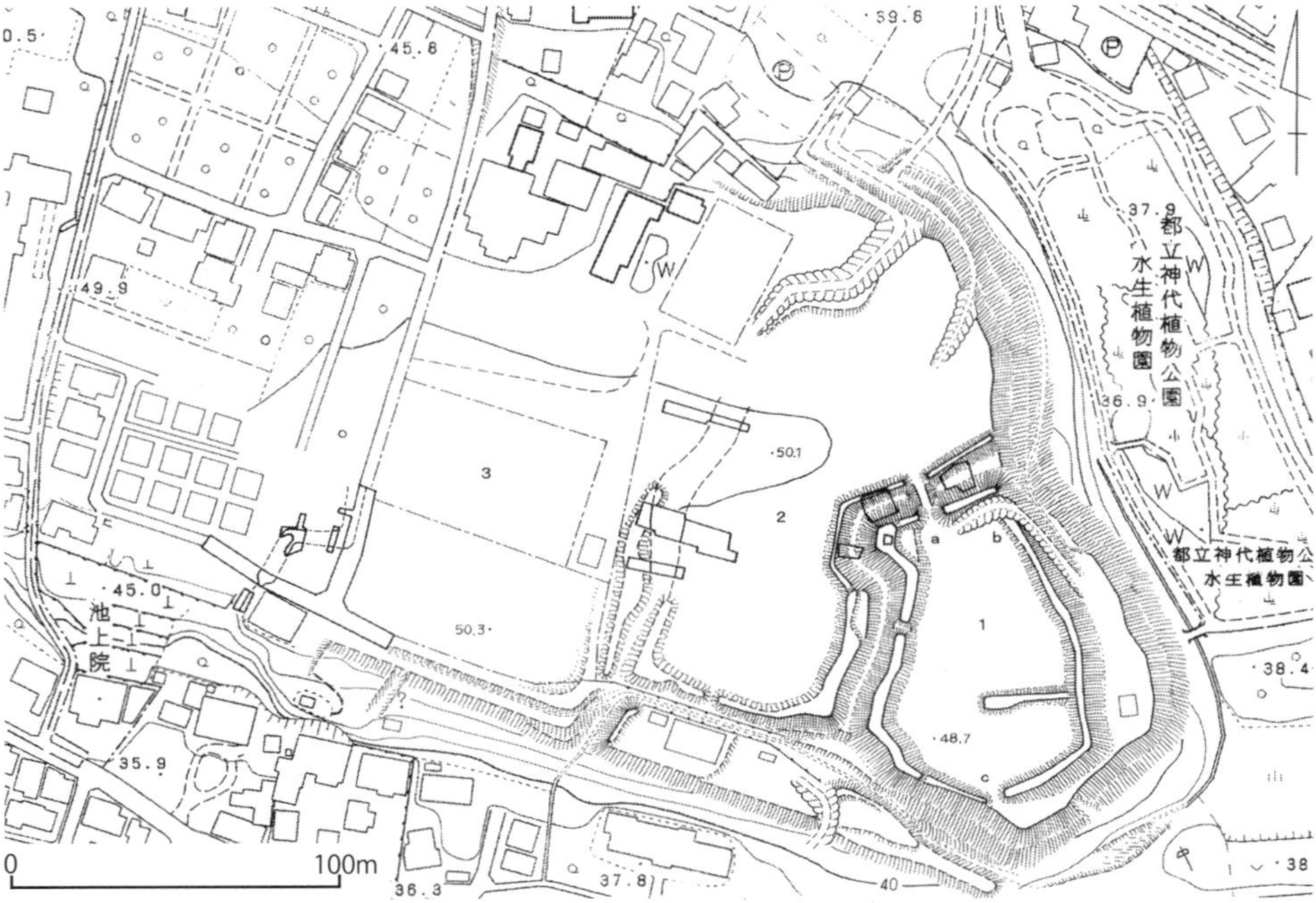

図２　深大寺城の構造（東京都教委 2006）

い」

②「舌状台地のもつ要害性を有効に活用した城郭の典型例であり、その意味において、武蔵野台地に築かれた中世城郭を代表する存在」「縄張の基本は、舌状台地を複数の堀切で遮断した直線連郭式で、台地の先端部に主郭Ⅰをおく」

③「主郭や曲輪２の南側にも堀や腰曲輪の様な地形が存在するが、変形が進んでおりそのまま城郭の遺構とみなすことができず、今後の再検証が必要である」

調査報告によれば、①で南方から侵入する北条家に備えるとしつつも、城館の構造は舌状台地の先端を主郭とし、台地を複数の堀切で遮断した直線連郭式の城郭であるとする。後段の構造論は台地の根元に向けて堀切を重ねる構造をいうため、深大寺城の場合は西向きであると述べていることになる。警戒する方向について、①と②で矛盾した解説を行っている。城館の縄張り構造と周辺の歴史的な動向を区別しているとの反論が予想されるが、全く矛盾した状態はあり得るだろうか。そもそも問題となる南側について③にあるように縄張りの読解を棚上げしているのである。

これに対して、私見では特徴となる構造は、南側にあると考える。遺構のポイントとしては、南の腰郭、南の横堀、南側にある土塁、そして郭の北側縁にない土塁があげられる。そもそも北側ではなく、南側に土塁や横堀が存在するということは、相対的には南側に対する懸念が強いことを示唆する。その横堀には腰郭があり、堀底に向けて横矢がかけられる。この構造は南の横堀への侵入を予想していることを示し、場合によっては城内への堀底道も想定できることになる。実際に発掘調査では薬研堀と箱堀が使い分けられていることが確認されている。つまり、深大寺城は西向きだけではなく、南向きをも考えた城館である。すると、南の低地から台地上に登る地点を確保するための城館ではないかという考えに至る。このような構造の分析は①の指摘とも見合うことになる。

この深大寺城について、竹井英文氏が文献資料の解釈を進め、城の活用の状況を明らかにした［竹井二〇〇九ａ］。そこでの論点は次のようである。

①（年未詳）九月一五　上杉定正書状と、（天文六年〔一五三七〕）北条為昌書状の分析を行い、深大寺城が二時期にわたって機能していることを考察。
②そのうち、後者では北条為昌に対する「境目」の城として、深大寺城が取り立てられたと評価。

さらに考古学の成果も援用し、「十五世紀末段階では、小規模ながらも折れを伴うことにより防御性を高くしていたが、天文六年段階では折れよりも堀の大規模化を優先的に行った（中略）。その背景には、深大寺城をめぐる戦争の質的変化、つまり軍勢の規模や使用武器の変化などが想定されよう」と述べた。

城館構造の解釈に加えて竹井氏が行った文献史学の成果によって、扇谷上杉領国における深大寺城の姿がより具体的に明らかになる。

さらに発掘調査の成果と文献との対話を重ねると次のような論点も浮かび上がる。

①深大寺城は二時期あることが確認された。結論だけ記すが、年代から対山内上杉段階の領国の繋ぎの城という段階と、対北条段階の境目の城の段階という、城館の性格の転換が浮かび上がる。
②そして二時期だけであった背景から、深大寺城は北条段階では不使用であったことも確認できた。この点は深大寺城付近の南北道は、扇谷上杉家の幹線道路であったが、扇谷上杉家が北条家の侵攻によってこの地か

ら離れると、対北条家との境目自体がなくなり、北条家の段階では不使用になったことを浮かび上がらせる。縄張りの読解と文献・考古の対話によって、領国構造の差異が見えることになる。

調査報告は一般的な直線連郭式で解釈がとどまってしまったことにより、城館全体の縄張りにまで読解が進まなかった。そのため深大寺城の特質が見えず、歴史像を結べなかったのである。

縄張り図は今に至るまで多数作成され、中世城館の構造はかなりの地域で明らかになった。しかし、縄張りの読解には主観的であいまいな解釈が常にまとわりついていたことは、以上の事例からも理解していただけるのではなかろうか。このことは意外なことであるが、城館の構造までは読解されず、解釈されてはいなかったということに等しい。歴史との対話が十分になされていなかったのである。この点は今まで見過ごされてきたが、現状を理解する上で重要である。松岡氏が「個別城郭の縄張を読み込んでいく方法の錬磨」[松岡二〇〇九a]と課題に掲げたのは、実はこのような背景があるためである。松岡氏とともに主観的な縄張りの解釈ではなく、真摯に遺構と向き合う姿勢の大事さを改めて強調したい。

4　縄張り読解と空間の復元

縄張りを読解するとはどういうことか。考えてみれば、古文書を読み、解釈する。遺構・遺物を分析する。このことと同じ作業が縄張り論にも求められる。縄張りを観察し、まずはその個々の城館の構造を明らかにする。ここからスタートする。そして、個々の史料(城館)から読み込まれた内容を解釈し、歴史像を構成するのである。

さきの高山城の事例は、永禄一一年(一五六八)の三国同盟崩壊にともなう上武国境の緊張関係に位置付けることができた。これにより埼玉県側の金鑽御嶽城とも関連させることができ、戦国期の国境の様相を具体的に活写させることができた[齋藤二〇一四a]。このような具体的な事例をいくつか紹介してみたい。

●椚田城(東京都八王子市初沢)

高尾駅の南にある小山に築かれた比較的小さな山城である(図3参照)。全体の構造は東向きであり、山頂から尾根

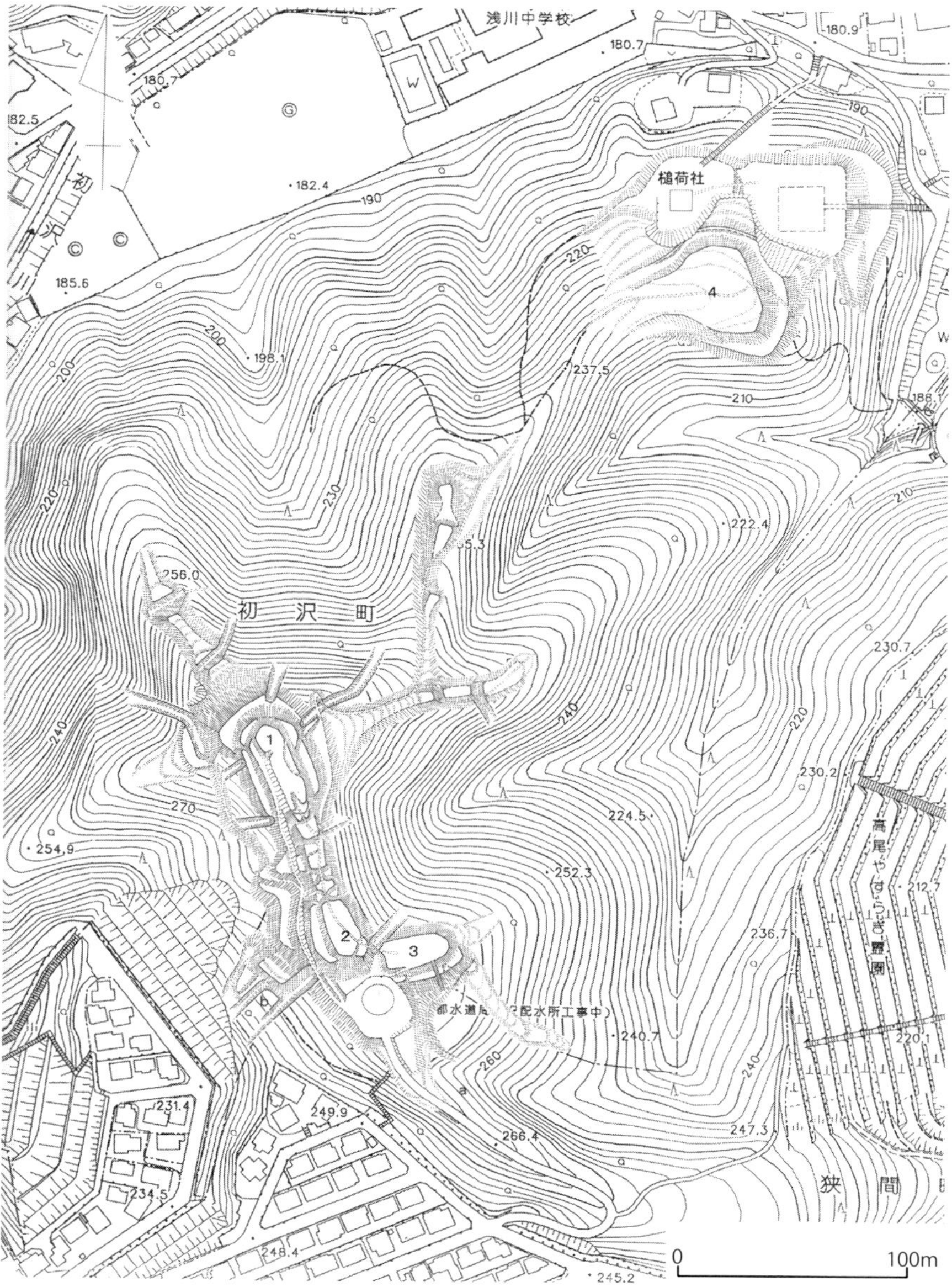

図 3　椚田城縄張り図（東京都教委 2006）

が延びる。その尾根に堀切が普請されており、遮断の意図が読める。堀切の有無でルートを想定すると、登城路が復元でき、東側山麓に下ることがわかる。東側山麓には中世に遡る古道（鎌倉街道と伝承。山の辺の道と仮称）が南北に通過しており、登城路はこの幹線道にアクセスすることになるはずである。

すなわち登城路と古道の交点に町場が推定できる。ところが椚田城下の所在地については過去に指摘されていない。椚田遺跡などの遺跡でも確認されていない。まだ見えない中世遺跡の存在が考えられる。周辺の地形を考えれば、その地点はあるいは現在の高尾駅付近に城下があるのではなかろうか。推測に推測を重ねるが、そうだとすれば、小仏峠が和田峠（案下道）に先行した甲斐国に通じる中世幹線道の可能性が浮上してくる。そもそも由井（浄福寺）城は、椚田城の廃城と移転によって成立した（新八王子市史三九五）。この事実を踏まえれば、武蔵・甲斐を結ぶ東西方向の幹線道（中世甲州道）の移動は十分にあり得る。

椚田城の構造を読み込むことにより、町場の存在を考えさせ、さらには武蔵・甲斐両国の交通体系にまで迫ることができる。

●松井田城（群馬県安中市松井田町松井田）

同じような手続きで、上信国境の様相も復元できる。天正一八年（一五九〇）に豊臣勢の攻撃によって陥落した松井田城である（図4参照）。

構造は東西方向の尾根から北に向けて延びる尾根に堀切や郭が普請される。要所には連続堀切や連続竪堀も見られる。この北向きの尾根に通路が設定されることになる。そのなかの一本には大手道も復元され、当該の道には大手の呼称も伝えられる。すなわち、松井田城は北向きの城であり、北側山麓に城下の町場があったことになる。

今日の我々は、江戸時代の中山道松井田宿は松井田城の南側にあることを知っている。松井田城の正面とは異なる方向である。中世と近世の正面の違いは、幹線道の通過地点で考えられることになる。ところが、南側へもわずかであるが、登城路が見られる。松井田城は相対的には重要度は低いものの、南側にも配慮を示していることになる。城館の構造からこのようなことが読み込める。

さらに（天正一一年（一五八三）八月二三日の大道寺政繁書状写には「将又松井田新堀へ御移候哉承度候、早々御移可為肝要候」（群馬県史三二六〇）と見える。小田原北条氏

図４　松井田城縄張り図（作図：齋藤慎一）

段階で近世に繋がる松井田宿の建設が始まっていたことを知る。

そもそも松井田城北側を西から東へと貫く道は、地理的に考えて、上野国の重要な戦国城館である箕輪城へ向かったと考えられる。しかし天正一〇年代にあっては、領国の中心である小田原への連絡という重要性は高まっていたはずである。南関東から箕輪城そして松井田城を経由して碓氷峠に至る道よりも、すこしでも短く両者を結ぶ道が求められるようになったのであろう。その動向が南側の宿の開発であったことになる。そしてこの動向は近世中山道を誘発する動きになったのではなかろうか。さらに箕輪城から高崎城へという移転を必然とするようになっていくのではなかろうか。

東海道・旧鎌倉街道中道など代表的な幹線が、近世になると中世とは異なる道筋をたどる。この近世的な街道移転は、実は小田原北条氏の時代、特に天正年間に起こっている。松井田城の構造分析によって、同様な事態が中山道でも起こっていたことがうかがえる。関東平野規模で主要幹線の変遷を考えるという、中近世移行期の交通史研究へとリンクさせる視点である。

●鶴淵城（栃木県日光市上三依）

鬼怒川から会津に抜ける幹線道路がある。会津方面の勢力がこの道を封鎖する関所のようなラインの城が、鶴淵城である（図5参照）。明らかに構造は軍事的緊張を語っている。では何時の時代だろうか。内外の方向性も踏まえた地域史の様相から可能性として考えられるのが、①頼朝の奥州合戦・②関ヶ原の合戦・③戊辰戦争となる。このうち②については次の文献資料が確認できる。遺構としても②であるならば、違和感はない。

【史料二】上杉景勝書状（新潟県史三八五八）

鶴淵普請付而、各辛労無是非候、殊何も丈夫ニ出来候由肝要候、弥以番等之儀不可有油断候、謹言、

九月七日　景勝（花押）

塩谷〔義綱〕伯耆守殿
桜井〔吉晴〕三介とのへ
山田修理介殿
栗林肥〔前守殿カ〕□□□〔政頼〕
鹿沼〔右衛門尉殿〕□□□□□

慶長五年（一六〇〇）七月一七日が徳川家康を弾劾する「内府ちがひの条々」が発せられた日であり、七月二五日

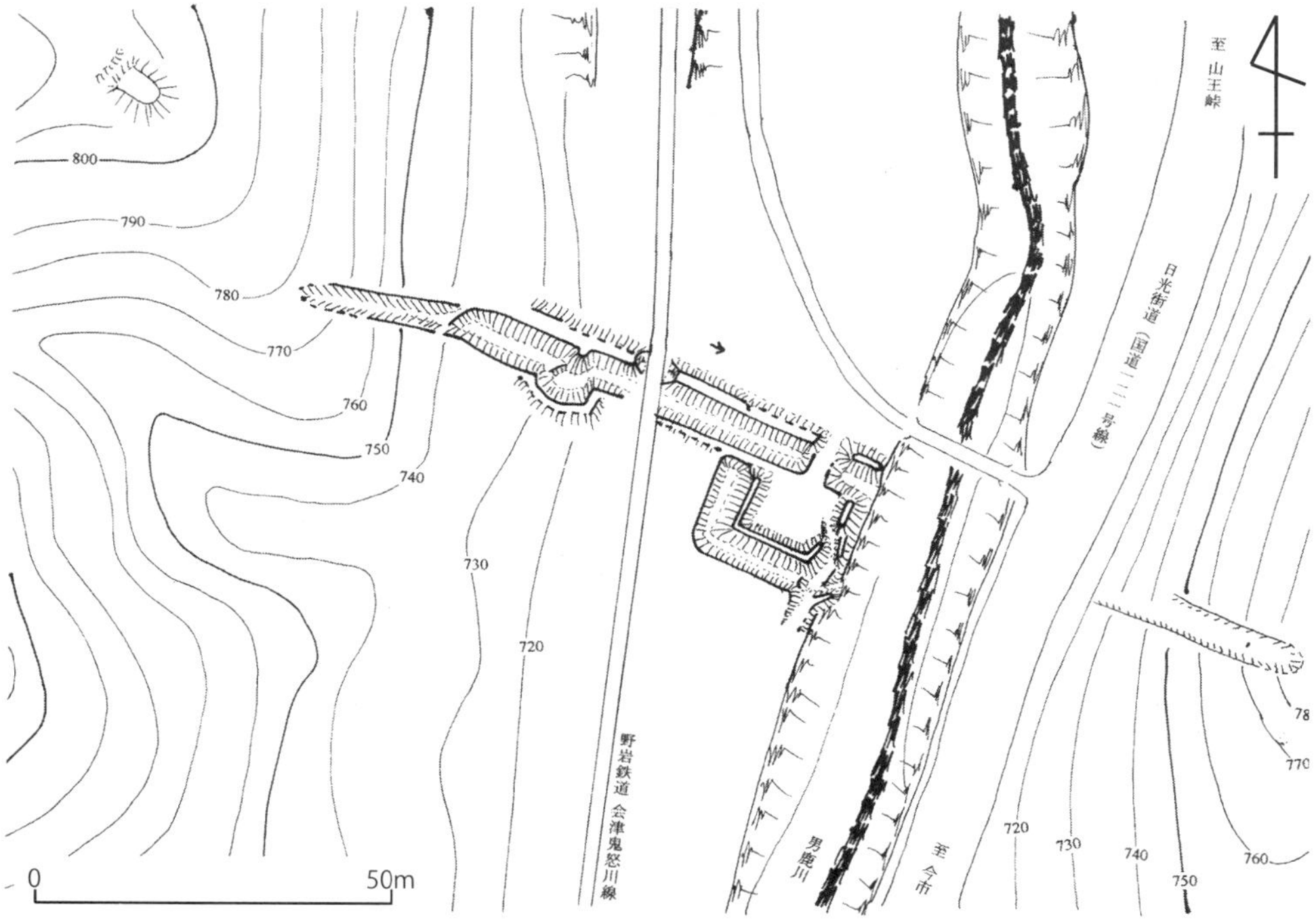

図５　鶴淵城縄張り図（作図：齋藤慎一）

がいわゆる小山評定があったとされる日である。そして九月一五日が関ヶ原合戦となる。もしこの九月七日が慶長五年であるならば、会津勢の緊張状態を示す遺跡が鶴淵城になる。

●城館構造論

縄張りを読み、一定の空間を復元する。その上で文献史学あるいは考古学と対話することにより、より深い検討へと進み、あたらしい歴史像が実を結ぶことになる。つまり、松岡氏が「個別城郭の縄張を読み込んでいく方法の錬磨」［松岡 二〇〇九ａ］と主張したように、資料を厳密に読むという基本を意識することが、まず重要なのである。

その共通理解を踏まえて、松岡氏の空間論と私論の方法論の分岐点はどこにあるか。松岡氏は「二次的空間自体に、時系列ではゆるやかな変化が、そして同時期においては構造的な偏差があるのではないかという点である。この点こそ、縄張研究がどういう年代幅で歴史を語れるかという問題に直結する。おそらくそれは、文献史学とただちに接続できるような細かい年代幅ではありえない。」［松岡 二〇〇九ａ］とする。また「縄張研究には、その方法によって読み取れる、固有のスケールの空間と時間がある。それが文献史学の裏付けをすぐに得られなくても、考古学の遺物による編年とさしあたり合致しなくても、固有の一つの視点としての意義は失われない」とも述べる［松岡 二〇一五］。松岡氏の目指すところは、縄張り研究が求める独自の空間なのである。しかし先に指摘したように、松岡氏は叙述のうえで文献史学の示す細かな暦年代をベースにするという矛盾を抱えていた。松岡氏の空間論は未完成であり、発展途中なのである。

以上、模索してきた城館の構造論による空間復元とはどのようなものであったか。それはまず縄張りを読むことであった。たとえば、城内の登城路を城下まで復元する。複数ある登城路は全て復元し、遺構の状況によって道の上位・下位を判断する。そのなかで最も重要性が高い道が大手道となる。復元の視点は、虎口、横矢や道跡などの遺構となる。地点ごとでどのような防御がなされるかが解釈されることになり、軍事的視点で遺構が考察され復元される。したがって、遺構の読解の過程で軍事的考察は必須なものとなる。

城館構造の復元過程において注意すべきことを、たとえば横矢で考えてみよう。本書II―6章でも話題にしたが、横矢をかける場所は軍事的に防御スポットであると同時に日常的にも監視ポイントになる。さらに虎口脇の横矢は権威の表現になる場合もある。このことには注意しなくてはならない。弓矢・鉄炮で威嚇するということは、日常の視線が送られるということでもある。軍事的な問題プラスアルファがそこにあることを認識しなければならない。

そして復元された登城路は周辺環境と関連する。設定された城下との接続、幹線道との接続、周辺の中心地との関連などが見えることになる。その周辺環境との関連が空間の復元であり、復元された空間は一定の歴史的背景のもとで形成された歴史的環境となる。空間構成が想定できたとき、初めて空間構成が持つ年代が絞られ、文献資料と関連させる糸口が見つかるのである。

このような作業によってもたらされる空間像は、その城館が設計もしくは設計変更された時点、すなわちその城館が必要とされた年代を語る場合がある。城館の縄張りと周辺環境を合わせた空間復元が語る歴史像が、文献史学・考古学がもたらす歴史的背景と一致する。その場合に、縄張りは年代を語ることが可能となる。この方法が縄張り研究を総合的な歴史学研究に繋ぐ道となる。

城館の空間復元（＝縄張りと周辺環境の復元）が描く歴史像は、軍事的要因、宗教的要因、政治的要因ほかさまざまな原因に根ざしている。松岡氏の主張する空間論は軍事的な視角によってのみ城館の分布から空間を読み解くことを主眼としていた。いまここで論じた空間論は、具体的に個々の城館構造を読み込み、そして他分野との協業によって新しい地域空間の歴史像を獲得する方法である。城館の縄張りを読み込み、空間の歴史像を構成するこの方法を〝城館構造論〟と呼びたい。

城館構造論は縄張りの読解を最初の作業とし、発掘調査の情報を付加したり、文献史学・歴史地理学の情報などと関連させて空間を解釈し、歴史像の構成にまで結びつける、総合的な歴史学研究の一つの方法論である。これに対して、縄張り論は、縄張り図を作成し、縄張りのみから特徴を語る段階と捉えておきたい。これまでの縄張り論は、個々の城館の縄張りの特徴をしっかりと読み込まず、技巧的で軍事的に優れているなどといった主観的な評価にとどまり、文献史学の成果や周辺環境の歴史を安易に結びつけて、縄張りを解釈する傾向があった。城館の構造を読み、そして解釈するという歴史学としての基礎的な作業をおろそかにしたままで、文献資料や周辺環境を前提として縄張りを考える従来の研究方法は、本末転倒といわねばならないだろう。そうした現状を乗り越えて、総合的な歴史学への取り組みを模索する新たな方法論を示さなければならない。本論ではそのために具体的に城館の構造を読み込む、この原点を再確認する必要性を訴えている。

おわりに ―城館構造論への再生―

私見ではあるが、一九八〇年代のいわゆる〝橋口ショック〟によって、関東地方の縄張り研究では多くの城館が天正一八年（一五九〇）を下限と考えるようになった。橋口定志氏は「あくまでも現存する遺跡は最終段階のもの」と指摘したが、この発言をそのまま天正一八年に考えるようになった。そのため、感覚的にではあるが、遺跡として伝わる多くの城館は永禄末期～元亀が画期で、大半が天正期以降だろうと考えるようになっていたのではなかろうか。だいたい一五六〇年代後半から七〇年代前半に戦国城館の萌芽的な段階があり、七〇年代後半から八〇年代にかけて、城館の築城術は一気に展開したのではないかと。しかし、あくまでも感覚的、主観的な印象であり、学術的な論証を経たものではなかった。そこに杉山城をめぐる一連の動向が襲った。縄張り論の持つ限界が明らかになったのである。

本論の意図は、従来の縄張り論が抱える方法論の限界を乗り越え、〝学〟としていかに城館を史料として活用するか、その新たな方法論を模索することにあった。その視点は城館の構造を明らかにし、読解の結果を地域のなかに位置づけるものである。ここに城館研究が再生する道筋があると考えている。

最後に今一度、確認しておきたい点がある。城館の縄張り構造を読み込み、解釈する作業によって得られる年代は、城館の最終年代ではなく、設計当初もしくは設計変更の年代が語られるという主張である。城館の構造を読み込むことにより、設計意図が解明できれば、地域の空間の歴史的意味が理解できる。その上で文献資料や考古資料と関連させれば、新たな歴史像を描くことができると考えている。

そもそも、城館遺跡に年号のついた暦年代を与えられるのは基本的に文献資料だけである。しかし文献資料はそれのみでは遺跡と単純に結び付けられない。考古学の研究により、大枠の年代観が示され、その上での協業により新たな歴史像が形成される。空間の読解により政治・経済・社会・軍事・交通体系など諸々の背景が導き出され、その上で文献資料と結合させる手続きが必要である。従来の縄張り論はこの作業を外していたと批判したのが、戦国大名系城郭論であった。

縄張り論・建築史学・考古学・文献史学などそれぞれの方法論は、言うまでもなく各々が特性をもった研究方法である。確かにあらゆる方法論を個人レベルで習得することは容易ではない。しかし自らの方法論以外を排他的に扱うのはいかがであろうか。それは縄張り論に限る問題ではない。それぞれの方法論の特性を尊重し、そして限界をも踏まえ、共有できる点を模索する必要がある。歴史的評価は多様であれども、歴史的事実はひとつ。年代の相違はいずれかの方法論に、何らかの欠陥があることを示唆している。その欠陥を明らかにし、是正することが望まれる。

城館は、過去の歴史を踏まえ、総合的な歴史学という研究動向に添った、より幅広いスタンスから検討されるべき対象である。縄張り図を作成し特徴を語る主観的な縄張り論から脱却し、あらたに城館構造論として再生する。このことで、縄張り図作成による城館研究は、歴史学のなかで大きな役割を果たせるようになると確信する。

（1）そのなかでも「縄張編年論に関する提言―その研究史整理と課題―」［竹井 二〇〇九b］は縄張り論による編年の限界を指摘し、方法論の問題を取り上げている。

（2）この点については西股総生氏も率直に述べ、「齋藤の批判は総じて、従来の縄張研究が内包してきた論理的欠陥や矛盾、論証の不足などを丹念に指摘したもので、縄張研究が克服すべき課題を明快に示したもの」［西股 二〇〇九b］と述べている。

（3）西股総生氏も「城郭を縄張で編年することについては、懐疑的である。無限に個別具体的な城郭の縄張は編年という方法論に本質的になじまない」と述べ、さらに踏み込んだ発言をする［西股 二〇〇九a］。しかし、この発言以後にあっても西股氏の叙述にはこの趣旨に矛盾することがしばしば見られる。

（4）この背景には従来の年代観や築城者についての従来の考え方を堅持するという考えが透けて見える。「築城主体や年代」を第一義的な課題としないとした先の発言に関わる。

（5）また考古学の視点については、次のような主張が見られる。「齋藤氏がどういう根拠で『単に大窯Ⅰの編年を引き下げても消費地としての杉山城の年代にとっては実質的な意味を持たない』とされるのか、筆者には理解できなかった」と述べている。杉山城の年代決定が遺物組成と出土状況から確定されたものであり、大窯編年の年代が下がっても城館の年代観にとって意味がないことは自明である。さまざまな方法論を活用し、一つの歴史像を描くことの難しさを思い知らされる。

（6）近著では平井金山城の構造との共通性を論じつつも杉山城の達成度の高さを指摘し、また同時に菅谷城との位置関係などに注目する［松岡 二〇一五］。しかし、「本書での結論は、築城主体や背景を具体的に特定できるところまで達していない」と述べているとおり、検討過程にある。現段階では、年代的に竹井氏・筆者の説に近接した一方で、文献資料や考古学資料の平井金山城や菅谷城の年代観を考えると、松岡氏の意図するとおりの年代観にはならないことも垣間見えているように感じられる。

城郭の考古学的研究と活用

中井　均

はじめに

さて、対談を通して、城郭研究にさまざまな課題がみえてきた。最後にそうした課題のなかから、今後の城郭研究にとっての大きな方向性を指摘してまとめとしたい。

まずは縄張り研究である。本書の序でも述べたように、そもそも縄張りは城の設計図であって、城の設計意図を読み解くのが縄張り研究なのだが、この研究法は城郭の本質を考えるうえで重要であり、今後も決して色褪せる分野ではない。とりわけ私が重視したいのは、発掘調査後の縄張り研究の視点である。つまり、縄張り研究は、地表面に残された城跡の構造を把握するためだけの研究法ではなく、むしろ発掘調査によって明らかにされた城郭遺構を読み込むために必要な研究法となるのである。従来の発掘調査の成果には、こうした縄張り研究の視点が欠如していた。城郭研究者は地表面に残された遺構を判断するに止まり、一方、発掘調査が実施された城跡の評価は考古学からだけの評価となり、城郭研究者には口を挟ませないような風潮さえあった。地表面は城郭研究者、発掘調査後の城跡は考古学者の研究と一線が画されてしまったのである。

そうした研究領域のすみ分けが蔓延した結果、せっかく発掘調査で明らかになった遺構を考古学者が正しく評価できなくなってしまった。いま考古学に求められているのは、発掘調査によって検出された遺構を無機質に報告するのではなく、城郭遺跡としてどのように遺構が位置づけられるのかを、城郭の設計意図を読み解く縄張りの視点で読み込むことにある。

村田修三氏が述べているように、城郭から軍事性を否定してしまえば、それは城郭遺跡ではなくなり、一般集落遺跡と何ら変わらなくなってしまう。城郭の本質は軍事性にあるが、もちろんそれだけで語ってしまうと城跡を正当に評価できなくなる可能性はある。しかし、まずは本質を解明しないことには枝葉末節となってしまうだろう。だからこそ、発掘調査後の遺構を縄張りの視点でとらえ、遺構の設計意図を解明することが重要となるのだ。

加えて城郭遺跡は広大な面積を有する遺跡であり、その全体が調査されることはほとんどない。つまり発掘調査は広大な城域の一画にすぎず、その成果を城郭全体のなかで評価するためにも縄張り研究の視点は重要となるのである。

縄張り研究とは地表面に残された城郭遺構を図化して、縄張り図を描くことだけでは決してないことを理解したうえで、最初に発掘調査の結果を縄張り研究の視点から探ってみよう。

1　発掘成果の縄張り研究

●虎口を分析する

縄張り研究でもっとも注目されたのが虎口の構造であった。特に喰違虎口、枡形虎口、馬出など発達した虎口のみが注目されたが、その原因は、発達した虎口が築城年代を想定する物差しに利用され、さらに枡形や馬出は築城主体の想定に利用されたからである。しかし、築城年代や築城者を想定するにあたって、まず指標となるべき遺構年代を設定することに、従来の縄張り研究は文献史料によって年代を与えても、発掘調査によって検出された新たな年代観による微調整を行うことがなかった。その誤差の最大のズレが杉山城問題といってもよいだろう。また、本文でも分析したように、大名築城論によって特徴的な構造を有する城郭施設は特定の大名しか用いないといった考え方に陥ってしまう結果を招いた。縄張り研究が限界なのではなく、大名築城論による分析の思考が限界なのである。

そこで微調整のヒントとなる、発掘調査後の縄張り研究をいくつか紹介しておきたい。

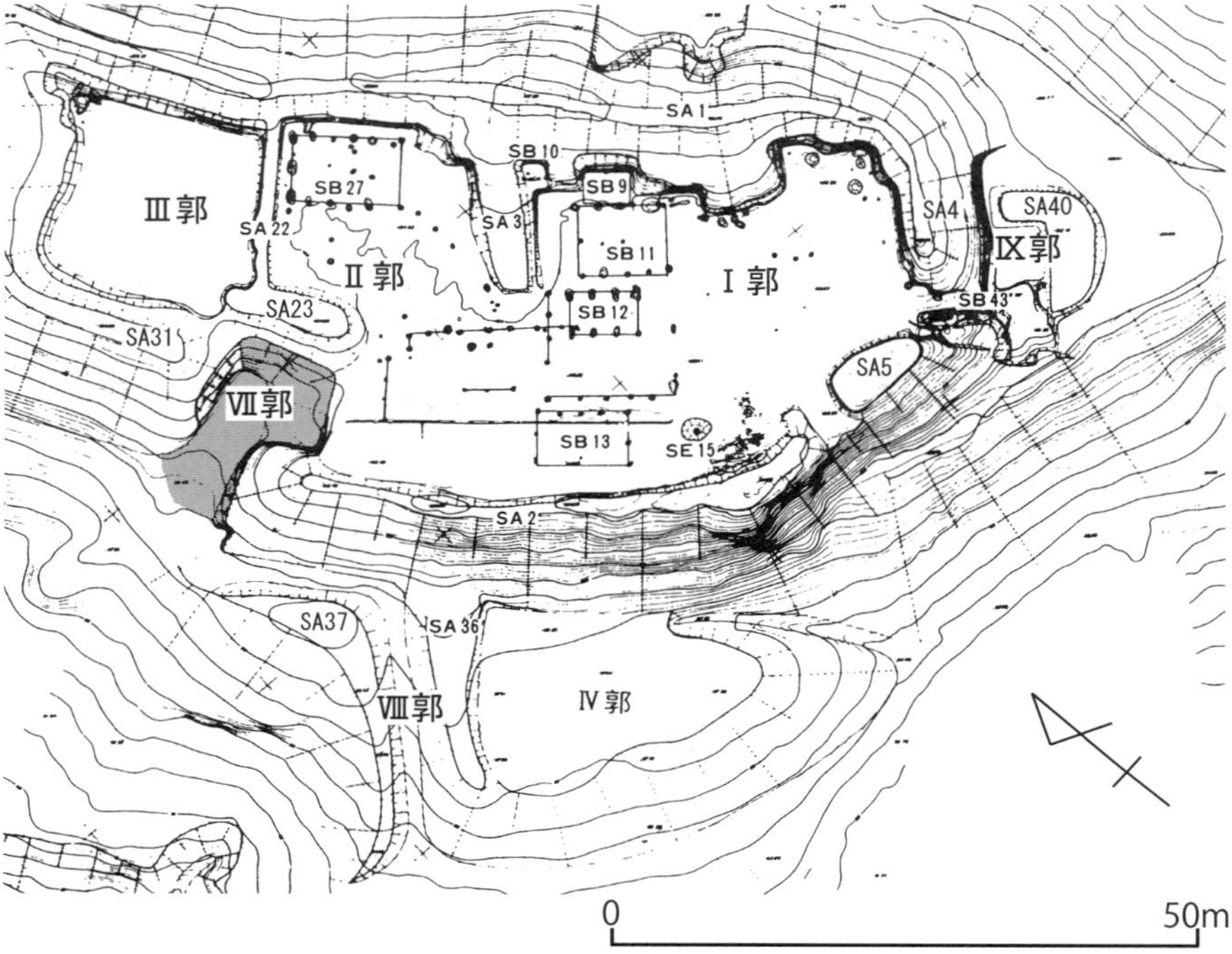

図1　山田城(松本他 1984)

山田城跡(三重県いなべ市)は一九八二年に発掘調査が実施された。ほぼ城域の全てが調査された貴重な事例である。調査された遺構図(図1)を見ると、方形に刳り込まれた平坦面を曲輪(Ⅶ郭)として報告されている。しかし、遺構全体を読み込むと、この曲輪直下にⅧ郭とされた登城道が設けられ、その両側には竪土塁が構えられており、縄張りの視点で見ると、ここが虎口であることは一目瞭然である。さらに方形区画の城内側正面(SA23)と左側(SA31)には土塁が構えられており、この虎口が右折れする枡形虎口であったことを示している。出土した遺物の年代は一六世紀前半のものであり、消費地における時間的ズレを考慮しても一六世紀前半から中頃までに機能していた城であったと考えられる。

Ⅶ郭の枡形虎口は従来の虎口編年では一五七〇年代以降に出現するタイプとされた。さらにその築城主体は織田・豊臣といった中央政権の城にのみ認められる枡形と理解されてきた。しかし、山田城跡は時間的ズレを考慮しても一五〇〇年から一五五〇年頃に存続した城であり、従来の虎口編年より少なくとも二〇年、大きくは七〇年も古く枡形虎口が出現していたことがわかった。さらにはその築城主体も中央の権力ではなく、在地土豪によるものであった可能性が高い。

　さらに城郭の東端で検出されたIX郭は、前面にL状を呈した土塁（SA40）を構えており、さらにIX郭の城内側にも土塁が設けられているのだが、城内への通路部分は土塁が切られ、そこからは門跡と見られる掘立柱建物が検出されている。つまりIX郭は外枡形として構えられた虎口であったことがわかる。

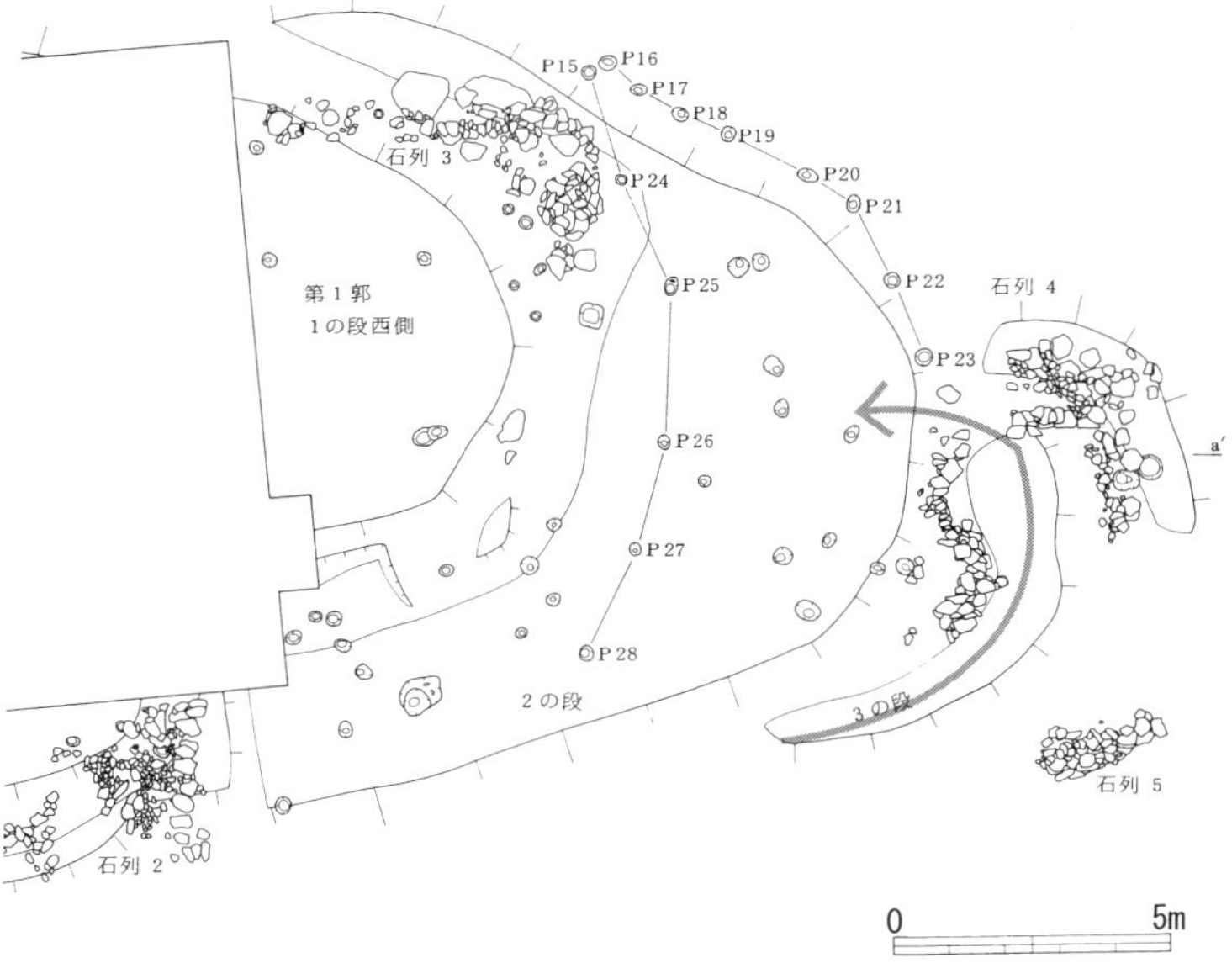

図2　伴東城（廣元他 1989）

　同様な事例であるが、伴東城（広島市）の発掘調査で、城郭の西端部でコの字に構えられた石組が検出された（図2）。発掘報告書では切岸面の補強に築かれた石列と報告されてしまっているが、そうではない。この遺構は石組の中央をL字状に3の段が帯曲輪状に取り付いており、石垣によって構えられた外枡形の虎口と考えられ、3の段は帯曲輪ではなく、この枡形への登城道であったと想定できる。伴東城の調査によって、外枡形の虎口の築城主体も在地の小領主であった可能性が高まった。

　このように検出された遺構を城郭施設として読み解く縄張り研究の視点がなければ、城郭にとって重要な施設を見落とす結果になりかねない。もちろんこうした縄張りの視点は城郭研究者だけが持つのではなく、発掘調査の担当者もぜひ備えておかねばならない。

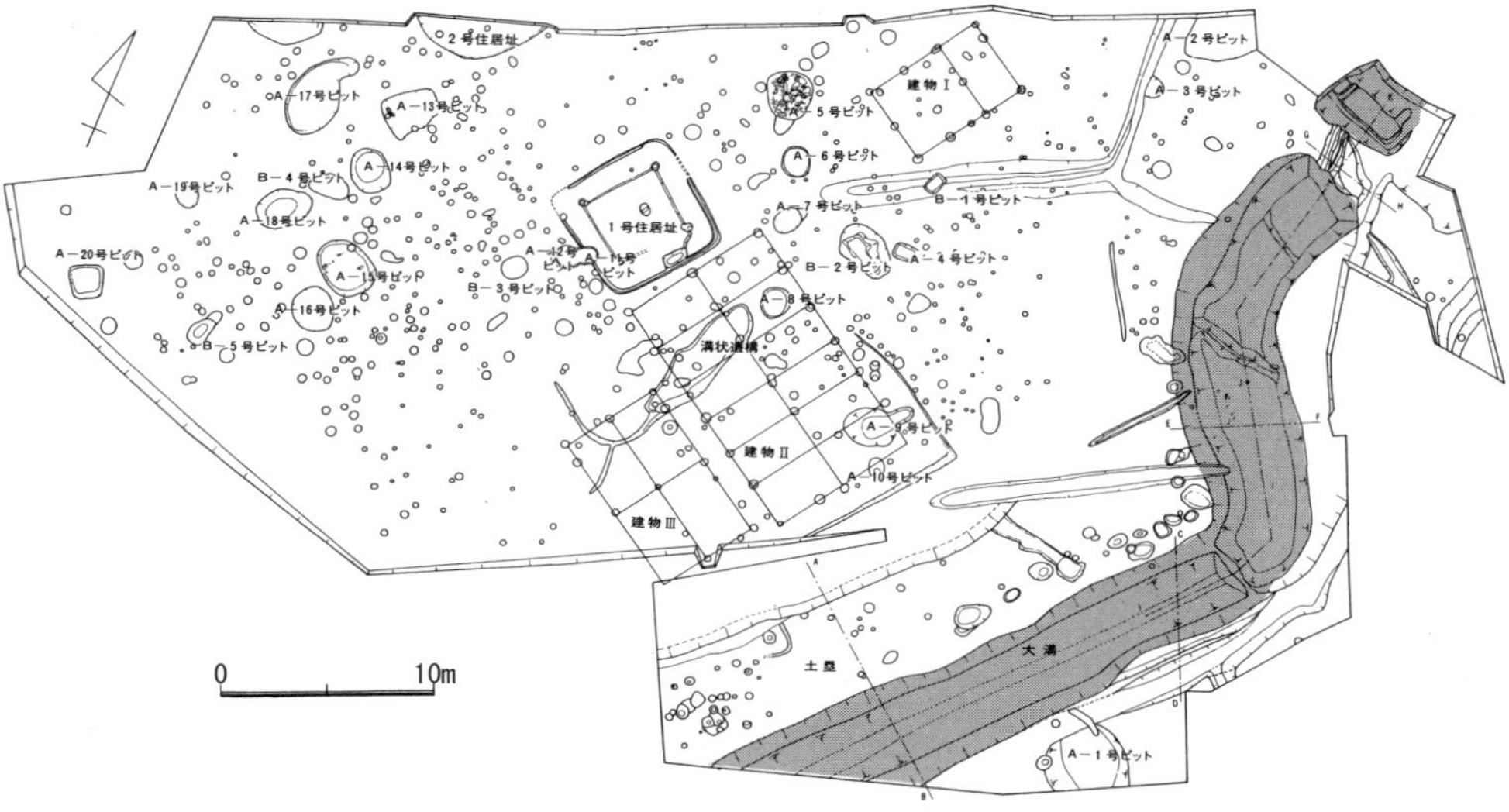

図3　赤野遺跡(橋本他 1973)

●塁線の折・横矢の意図を見定める

同じ視点で、塁線の折に注目してみたい。

赤野遺跡(岡山県真庭市)は一九七四年に中国縦貫自動車道建設に伴い調査が実施された。その結果、河内川を見下ろす丘陵先端部を切断するように、幅五メートルの大溝がS字状に屈曲していたと報告されている。この大溝は縄張りの視点で読み込むと、大溝は堀であり、S字は横矢であると評価できる。横矢、すなわち塁線の折は、見事に空堀を削り残した土橋に対して掛かるようになっている。調査当時、ようやく中世遺跡の調査が始まったばかりで、遺物の年代観もまだ確立していなかったため、赤野遺跡の詳細な年代決定はできていないが、鎌倉時代末から室町時代前期、つまり一四世紀の年代観が与えられている。従来、横矢は一六世紀に出現するといわれてきたが、少なくとも一四世紀まで遡ることが判明し、その築城主体に巨大な上位権力は介在せず、地元土豪の館として構えられたのである。

このように赤野遺跡のS字状に屈曲した堀は、自然に屈曲しているのではなく、人為的に屈曲させて横矢を構えたものと考えられる。こうした塁線の折も縄張りの視点がな

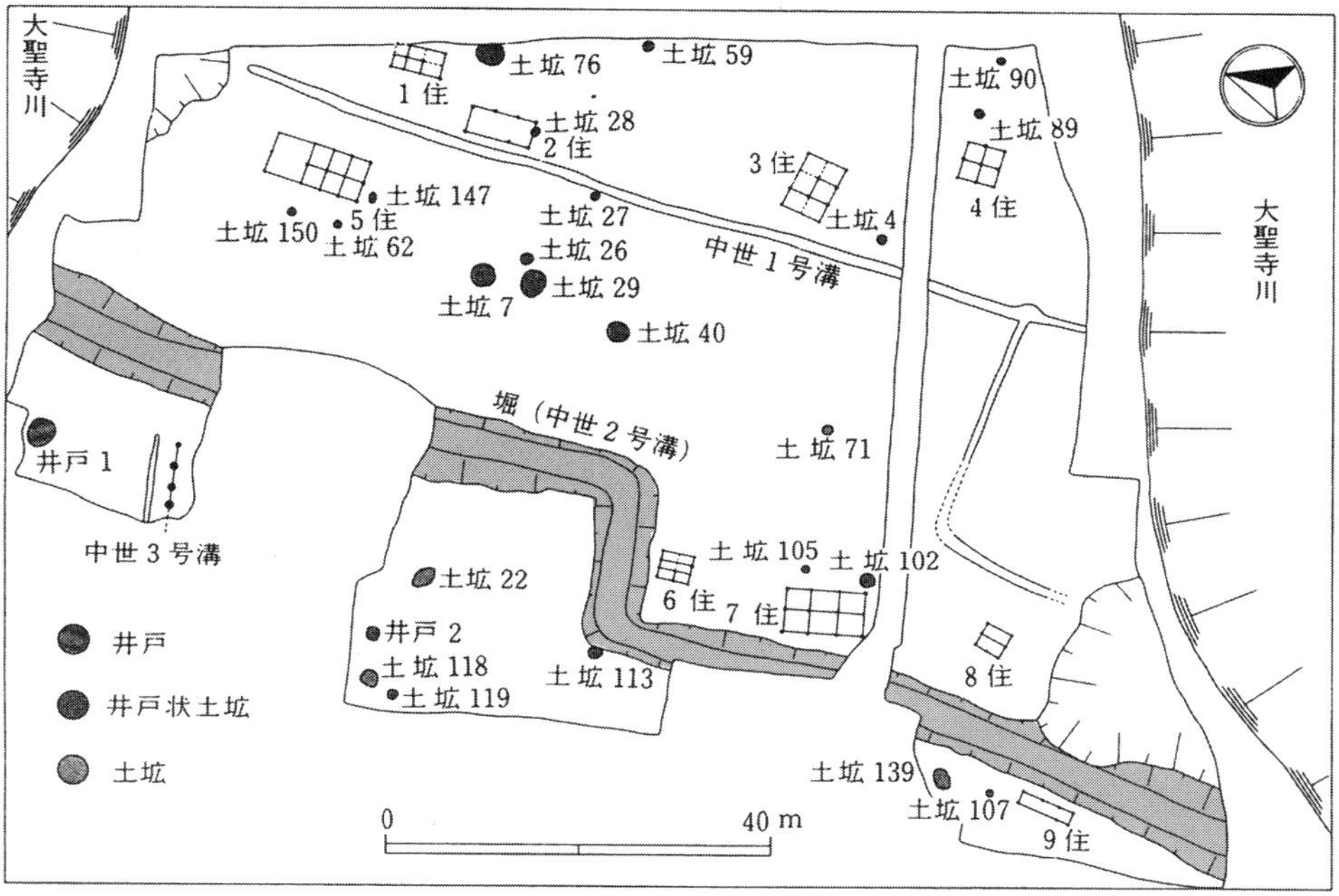

図４　永町ガマノマガリ遺跡(石川県立埋文 1984)

ければ見落としてしまう。

永町ガマノマガリ遺跡(石川県加賀市)は、大聖寺川が蛇行して半島状となった微高地に立地している。この微高地を切断するように幅六メートルの大溝が検出された。大溝は微高地のほぼ中央で大きくクランクしており、これが横矢であったことはまちがいない。ちょうど折からの横矢が効く位置には土橋が架かっていたものと考えられるが、残念ながらその位置は撹乱を受けており、土橋の有無は不明である。もちろん大溝といった評価ではなく、明らかに堀である。その堀からは大量に中世の遺物が出土しており、その年代は一五世紀後半から一六世紀初頭と考えられている。

飛山城(栃木県宇都宮市)は鬼怒川左岸の河岸段丘上に位置し、段丘面に幾重にも空堀を巡らせている。その堀は木橋に対して横矢が掛けられている。さらに外堀については、城内側の土塁が等間隔おきに凸状に出っ張って設けられているが、これは櫓台であるとともに、相横矢の掛かる構造となっている。関東地方の平地の居館と称されている遺跡は、決して全てが居館ではなく、平地に築かれた平城も数多く調査されている。たとえば屋代B遺跡(茨城県龍ヶ崎市）は大きく二重の堀が巡らされているが、この堀はいたるところで屈曲し、横矢を掛けている。また、小田城（茨城県つくば市）や江上館（新潟県胎内市）、古館館（同）などからは馬出も検出されている。

こうした遺構を城郭施設として理解しなければ、遺跡の調査とは呼べない。加えて発掘調査の大半は緊急調査であり、破壊を前提としている。保存が不可能な城跡については、「記録保存」と称する発掘調査で可能な限り情報を記録しなければならない。失われた城跡では再検証することはできないのである。だからこそ、発掘調査に縄張りの視点を持たねば、城郭遺跡の発掘調査とは呼べないのである。

2　遺構の性格・歴史を探る目

●城跡の火災痕跡

ところで城跡から出土する遺物に二次焼成の認められる場合は少ない。さらに発掘調査で焼土の認められる場合も少ない。城は軍事的な防御施設であり、合戦の場となり、そして城は炎上して落城となる、というのが落城のイメージだろう。ところが、発掘調査で炎上した痕跡の認められる城は少ないのである。城は軍事的防御施設として築かれたのであるが、実はほとんどの城で戦いは行われなかった。さらに落城に際して、火の放たれることもほとんどなかったのである。この火災痕が少ないという事実こそが、中世城館跡の発掘調査の最大の成果といっても過言ではないだろう。

その典型的な事例が小谷城（滋賀県長浜市）の発掘成果である。小谷城では桜馬場・大広間・本丸・中の丸で調査が実施され、桜馬場・大広間で広大な礎石建物を検出し、また三万七〇〇〇点におよぶ陶磁器の出土から、山上での居住が明らかになった。とりわけ注目されるのは、調査で焼土がまったく検出されず、出土遺物に二次焼成も認められなかった点であろう。小谷城は天正元年（一五七三）に織田信長によって攻め落とされ、落城に際しては焼き尽くされ、炎上したものと誰しもが思い込んでいたが、発掘調査によって炎上がまったく否定されたのである。

一方、諏訪原城（静岡県島田市、162頁・図11）では焼土層が確認され、その主郭では焼土を挟んで上下二層の遺構面が検出された。諏訪原城は天正元年（一五七三）に武田勝頼によって築かれたものだが、縄張りの特徴は何と言っても外郭の虎口の全てに丸馬出を設けている点である。これまでの城郭研究では丸馬出は武田氏築城の典型として評価されてきたが、主郭で検出された焼土は天正三年(一五七五)の徳川家康の猛攻によるものであることは明らかで、その焼土の上層遺構は天正三年以後の徳川家康による改修であると考えられる。おそらく外堀は家康の段階に設けられ、丸馬出も家康によって構えられた可能性が高い。

家康から築城の普請を任された松平家忠の『家忠日記』によると、天正六年(一五七八)には「三月十一日、牧野城普請」、「三月十八日、牧野原普請出来候て、浜松迄帰候」、「八月八日、牧野城堀普請候」、「九月七日、牧野普請出来候、掛川迄帰陣候」、天正七年には「十月一日、牧野城屏普請候とて、」と記されており、諏訪原城は家康の時代に牧野城と改称され、盛んに堀普請が実施されていたことがわかる。

縄張り研究の大きな成果として、現存する遺構は決して著名な城主のときのものではなく、最終年代しか示さないことを明らかにしたことがある。にもかかわらず、丸馬出は武田氏の築いたものであると一部の城郭研究者は譲らない。諏訪原城では遺構だけではなく、『家忠日記』という文献史料まであるにもかかわらず、である。もはや縄張り研究における武田神話と言わざるを得ない。

●パーツ論の危険性

本書第Ⅱ部でも触れているが、近年、縄張り研究で導き出された築城年代と、発掘調査によって出土した遺物の年代観にズレの生ずることが指摘されている。その典型的事例が杉山城(埼玉県嵐山町)であり、杉山城問題と称される所以である。ところでなぜ杉山城問題が生じたのであろうか。それは杉山城の縄張りが極めて発達した構造を示していたからにほかならない。縄張り研究では、城郭の全体テクニカルな縄張りを示すか、または虎口などに枡形や馬出などの特徴的な構造が認められる城でなければ、年代決定はできないのである。城跡の大半を占める小規模な、何の変哲もない城郭では、まず年代決定はできない。杉山城に関しては齋藤慎一氏と議論したように、今後も検証を深めていかねばならないと考えている。

ところで、虎口などのパーツによる年代観で、千田嘉博氏が提示した年代観はすでに成り立たなくなっている。特に千田氏は平虎口の下限を松平城の天文一〇年(一五四一)とし、城道一折〇空間の年代を品野城争奪戦の永禄元〜三年(一五五八〜六〇)とし、一線を画している。しかもその年代決定は文献史料に頼ったものである。本書で齋藤慎一氏が明らかにしているように、関東では馬出の出現が一五世紀にまで遡ることが確認されている。関西でも田辺城(京都府京田辺市)で枡形虎口が一五世紀後半から一六世紀前半に構えられたことが判明している。さらにひとつの城でさまざまな虎口構造が併存しているなかで、枡形などの虎口ではなく、平虎口部分のみを発掘した場合、城跡の年代決定に大きな誤りを生ずることとなる。このようにパーツだけに頼る年代決定は危険である。

●縄張り読解の成果と注意点

縄張り研究は築城年代を求めるだけではない。現在残された遺構を図化し、その構造からどのような機能が備わっていたのかを分析することが大切なのである。そうした分析にもとづいて城の構築年代を明らかにすることも可能である。一つの例をあげておこう。

戦国時代の甲賀郡(滋賀県)では、同名中と呼ばれる共和的な組織が生まれ、戦国時代後半には郡内で同名中同士が惣的結合をし、甲賀郡中惣が組織される。こうした惣国組織は郡内に一辺三〇〜五〇メートル規模の小規模な方形単郭の城ばかりを数多く築くこととなる。こうした甲賀の特徴は図化された縄張り図によって明らかとなったのだが、甲賀郡内にあって土山城の構造は特異であった。方形単郭の構造は変わらないが、注目されるのは虎口前面に構えられた角馬出と、さらに馬出の前方に茀(かざし)状の土塁が構えられていることだ。こうした構造は他の甲賀郡の城には認められず、土山城が単純な甲賀型の城でないことを示している。中心部が甲賀型であるということは、土山城は当初甲賀型の城として築かれた後に、改修を受けて馬出部分が加えられたと考えられる。甲賀郡内にはこうした構造の城が存在しないことから、この改修は甲賀の在地勢力によるものではなく、外部からの権力による改修である可能性が高い。

縄張り図による縄張り論ではここまで導き出すことができた。加えて土山城では、「甲賀与伊勢之間ニ城三ヶ所、為通路城申付、普請拵申候事」「今日至土山令着陣、明日者神戸面可相越候、然者各人数城々江悉召寄候而、番等儀無由断可被申付事肝要候、」と記された秀吉文書が残されており、史料上の「着陣」「城」が土山城であったと類推することができた。土山城は『甲賀郡誌』に土山氏の居城と記されているが、縄張り研究から改修は戦国時代後半と推定することができ、さらに文献史料によって年代を絞り込めた好例といえよう。縄張り研究の大きな成果である。

ところで、城郭は軍事的防御施設であるという本質を抜いては語れない。南九州に数多く分布する群郭式の縄張り構造を有する城は南九州型城郭と呼ばれているが、その構造はシラス台地を切り込み、深くて垂直に近い空堀を縦横無尽に構えている。このため曲輪は島状に点在する群郭式構造となる。こうした構造から南九州型城郭は求心性の乏しい城郭と評価されてきた。そしてその縄張りを政治的に解釈し、並列型の曲輪配置は城主と家臣との関係が極めて脆弱であるとした。

城郭構造から政治や社会を読み解くことは大切であるが、軍事的防御施設であることを抜きにして読み込むことは危険である。縄張りの視点から南九州型城郭を考えると、空堀を縦横無尽に構えるということは、侵入した敵にとっては迷路となり、垂直に切った切岸を登ることはできない。さらに空堀の両側、前面、背面のいずれにも群郭に構えられた曲輪群が頭上にそびえている。堀底に敵勢が入れば、これらの曲輪から挟撃が加えられることとなろう。一見すると、南九州型城郭は曲輪群を並列する単純な構造に見えるが、極めて軍事性の高い城郭であることがわかる。この本質を見逃してしまえば、南九州型城郭を評価することはできない。政治的求心性が乏しいとされる群郭式の曲輪配置であっても、防御施設としての工夫を十分にこらしていることを見過ごしてはならないのである。

ところで南九州に分布する中世城郭が全て群郭式の縄張りなのではなく、普遍的な山城はいくらでもある。その意味において群郭式の南九州型城郭はシラス台地にだけ築かれている点は見逃せない。深くて垂直に近い空堀が掘れる地質でなければ、南九州型城郭は築けないからである。シラスは火山灰であり、軟弱地盤である。しかし垂直に削り込むと、崩れにくいという。知覧城（鹿児島県南さつま市）の発掘調査では、本丸の空堀は曲輪面より二六メートルも掘り込まれていた。従来の縄張り研究は地形に注目することはあったが、地質という自然地理学に着目することはなかった。南九州型城郭は明らかにシラスの特性を活かして築いており、今後はこうした自然地形や地質学の成果に目を向けることも重要である。

3　城跡の保存と活用

●山城のビューポイントを確保する

二〇一六年現在、城跡で国指定史跡になっているのは二四六件におよび、その内訳は、古代の朝鮮式山城・神籠石・城柵が一三件、中世の城館が一八〇件、近世の城郭・陣屋が三三件、幕末の台場・砲台が二〇件となっている。こうした史跡指定を受けた城跡は史跡保存活用計画を策定しなければならない。ここでは私が関わった戦国時代の城郭跡の保存活用の現状を少し紹介しておきたい。

佐敷花岡城は戦国末期に加藤清正によって築かれた石垣の城跡である。この整備活用の基本姿勢が「佐敷城跡に登り、体験して、想像する国境の城」である。このテーマのもとに、①遺構の保存のための整備、②往時の姿をしのばせる整備、③城下の人々と城跡をつなぐ整備が進められている。佐敷花岡城跡では建物復元を行わず、史跡としての本質的価値である石垣について適切な保護、管理を継続して行うものとなっている。また、山城として眺めることのできる場所(ビューポイント)を設定し、そこからの眺望を確保することで、地域資源および象徴としての価値を高めることをうたっている。さらに注目されるのは、ガイダンス施設を整備し、佐敷城跡調査研究の情報発信のほか、住民協働型イベントや歴史学習のための場所を提供するなど、城と城下町の保護・活用を一体的に進めている点である。ここでいう城下町は、戦国時代の城下町だけを指すのではなく、現在も生活している地元の人々をも指しているのである。山城の保存と活用は、現代の城下の人々と疎遠であっては成り立たない。城下の人々と城跡をつなぐことが大切なのである。

近年、近世城郭では天守や櫓などの建物が木造によって復元されている。戦国時代の城郭では絵図や指図などは残されておらず、建物の復元はほとんど行われてこなかったが、それでも建物が求められるようで、発掘調査によって検出された遺構から建物復元も実施されるようになった。しかし、広大な史跡指定地のなかで掘立柱建物や門を一棟復元して、どれほど戦国時代の城が理解してもらえるのだろうか。逆に広大な敷地にぽつんと建つ姿は貧相なイメージを与えかねない。

　むしろ建物復元よりも眺望を良くすることによって城の選地を理解できるようにすべきである。山城の醍醐味はなんといっても、頂上からの眺望である。私のもっとも好きな山城のひとつに横山城（滋賀県長浜市）がある。元亀元年（一五七〇）から織田軍の小谷城攻めの前線基地として木下藤吉郎が入れ置かれた城である。最初に訪れた頃は、主郭周囲には樹木が生い茂り、まったく眺望が効かなかったのであるが、その後、地元の人たちの手によって北方の樹木が伐採された。そこからは監視すべき小谷城が真正面に見え、人の動きまで覗い知ることができるほどであった。また、東山麓には関ヶ原と木之本を結ぶ北国脇往還が、西山麓には長浜より北陸に至る北国街道を眼下に見ることができ、横山城がなぜこの場所に築かれたのかがよくわかる（写真1）。

　このように中世の山城にとっては復元した建物よりも、山上からの眺望を確保することが重要なのである。近世城郭では明治以後、まったく植生を維持管理してこなかった結果、天守すら見えなくなってしまっているところが少なくない。さらに石垣の天端に植林してしまい、そのために大きくなった樹木の根が石垣背面に深く入り込み、石垣を崩落される原因にすらなっている。

　そこで全国各地で植生の管理

写真１　横山城からの眺望

写真２　彦根城樹木伐採状況

が行われるようになった。彦根城（滋賀県彦根市・写真2）では、樹木伐採を検討するワーキンググループを組織して樹木の伐採を実施している。そのグループの構成は、城郭史だけではなく、希少種の樹木を伐採しないために植物の専門家、希少種鳥類の営巣を確認する鳥類の専門家で構成し、自然豊かな城山の植生を保護することも含めた樹木伐採とした。その伐採の結果、これまで樹木に隠されていた山上の石垣を眺望することができるようになった。

戦国時代の山城では月山富田城跡の整備がある。史跡富田城跡では昭和五〇年代の保存整備事業で花屋敷地区に掘立柱建物的施設が復元され、山上部では石垣の復元なども実施されてきた。しかし、今回の保存整備計画では建物復元ではなく、山上部の樹木伐採を行うこととなった。指定当時（昭和九年）の写真には山上の石垣や、千畳敷の石垣が写し出されており、そうした景観を取り戻すための樹木伐採が行われているのである。同様に近年国史跡に指定された烏帽子形城（大阪府富田林市）でも伐採した結果、眼下に東高野街道や石川を眺めることができるようになった。

今後の城跡保存は建物復元ではなく、樹木の伐採を行うことにより、なぜ城がそこに築かれたのかを体感できることこそが重要になってくるだろう。

●山城の「山」を考える

本書でも議論の対象となった、山城が選地する「山」そのものの分析も、保存と活用には重要となる。従来の研究では、城は軍事的防御施設であり、交通の要衝に築かれたと説明してきた。しかし、軍事的要衝の地とはとても思えないような立地の城も多く、軍事だけでは捉えられない側面がある。その大きな要因のひとつとして、信仰の山に選地した可能性が指摘できよう。考古学的にその可能性を立証する方法は未だ確立していないが、松岡進氏が「信仰の対象を城に取り込むことで民心の支配を容易にしようとした」と考えるのは「近代的すぎる軽快な合理化」を感じ「納得できない」と述べるような、城郭を軍事的な一面でしか見ないことに、現在の縄張り研究の限界があるように思えてならない。

城郭の本質に軍事性があるとしても、城郭が構えられた山は、単なる軍事的要衝や交通の要衝であるだけではなく、その山自体に築かれる意味があったと考えなければならない。それは宗教的空間や山容そのものである。信濃

写真３　虚空蔵山

写真４　観音正寺奥の院磨崖仏

の虚空蔵山城(長野県松本市)は、その山を見ると、山岳信仰の山であったことが一目瞭然の形状を示している(写真3)。山頂付近には岩屋神社が祀られ、山名も虚空蔵菩薩の名前そのものである。こうした地域の信仰対象である山だからこそ、城郭が構えられたのであろう。

近江守護佐々木六角氏の居城として有名な観音寺城(滋賀県東近江市)は、南北朝時代に北畠顕家の入洛に対して、六角氏頼が立て籠もり、以後居城とした城である。城は標高四三二・九メートルの繖山に築かれているが、その名の通り、山上には観音正寺が建立されていた。山頂付近には巨石が林立しており、その岩陰の一角には平安時代末頃の阿弥陀如来坐像の磨崖仏が祀られ、奥の院と称されている(写真4)。山頂付近の巨石群は山麓からも眺望でき、そうした景観は仏教以前からの信仰の山であったことを物語っている。そして仏教の伝来とともに寺院が建立されたのであろう。そうした山岳寺院を利用して六角氏は山城としたのであるが、観音正寺という宗教空間があるからこそ、この山に城を構えたとも考えられる。観音正寺の建つ平坦地(上御用屋敷か)に至る本谷筋は直線道路となり、左右に展開する石垣によって構えられた曲輪群は坊院そのものを利用したものと考えられる。こうした観音寺城のあり方は、山岳寺院の施設が利用できたという実利面だけではなく、その霊力自体を城に取り込む目的もあったに違いない。さらには信仰の山に城を築き、寺院を保護することで、信仰する地域の人々に安寧をもたらすことも重要であった。そのほか近江では、江北の守護京極氏が永正二年（一五〇五）に築いた上平寺城も、その名の示す通り上平寺という寺院の所在した位置に城を構えたようである。さらに浅井三代の居城として著名な小谷城も、築城以前には小谷寺が存在していた山である。

　こうした寺院の立地する山に城が築かれたのは決して偶然ではない。小谷城が位置する小谷山の山容は実に美しく、湖北の象徴的な山と言える。山麓に北国脇往還が通じているから、交通の要衝地に城が築かれたといわれているが、小谷城下の北国脇往還は城下で数度の屈曲を設けており、人工的に直線を避けて通した防御的な機能を持つ街道であることが読み取れる。つまり街道は後付けであり、交通の要衝として城が築かれたのではなく、その山容に惹かれて城が築かれたと考えられる。浅井氏は亮政以前より守護京極氏の根本被官として、丁野の村に館を構えていたが、その亮政が京極氏に代わって江北の戦国大名となった段階で小谷城が築かれるのである。小谷築城は戦国大名浅井氏の独立宣言そのものであった。そのためには領国のどこからでも見上げられる山でなければならなかった。また、山城からは領国の全てを見渡せる山でなければならなかった。そこで選ばれたのが近郊の信仰の山であり、かつ美しい山容を誇る小谷山だったのである。

　このように城郭が選地された場のもつ意味を軍事・交通だけでなく、宗教性や中世の信仰も踏まえて考えるのは、今後の城郭研究にとっても、また城跡の保存・整備にあたっても重要な視点となるであろう。小谷城のように領主の本城となる城郭では、軍事性を本質にもちながら、領主の権威を象徴するばかりでなく、領民の平和と安寧を守るための施設であることを現代人は見落としてはならないのである。

おわりに

さて、最後になぜ山城が好きなのかを述べてまとめとしたい。山城は歴史を体感できる遺跡である。都市にある遺跡からはなかなか遺跡の存在した時代は体感できない。たとえば難波宮を想像してほしい。遺跡として保存できたことは大きな成果ではあるが、日本では遺跡の景観というものをまったく考えてこなかった。高層ビルが林立し、目前に高速道路が幾重にも走っている景観の中で奈良時代を想像することは困難である。住宅の迫る古墳などでも同様である。

ところが山城の場合は、樹木こそ繁茂したとはいえ、景観は往時とほとんど変化していない。数少ない歴史を体感できる遺跡なのである。もちろん建物などは一切残されていないので、城本来の姿をイメージすることは困難だと言われるが、草木に埋もれた城跡で歴史を体感することによって、そこにどのような城が構えられていたのかを想像することが大切なのである。人間は想像することができる。安易に建物復元をするのではなく、城跡に立って想像してほしいのである。

さらに興味がわけば、自らの手で縄張り図を描いて欲しい。本書でも再三述べているように、縄張り図を描くということは、城跡を隅々まで見て歩かなければならない。漠然と歩くだけでは見落としていた遺構が縄張り図を描くことによって見えてくるのである。さらに土塁の屈曲や凹凸が、横矢や虎口であることが見えてくる。それまで単に山にしか見えなかった城跡が、急に城跡として見え始める。そうなればもう城跡歩きはやめられなくなる。

私は一人で山城に行くのが好きである。それは山城と対話ができるからだ。なぜここで土塁が曲がっているのか、なぜあそこで曲輪が窪んでいるのか。戦国人の知恵や工夫がブッシュのなかで理解できたときの喜びは何物にも変え難い。それは戦国人との知恵比べといってもよい。彼らの工夫を解き明かす喜びこそが私の山城歩きの楽しみなのである。縄張り図を描きながら山城を歩くと、山城の構造が一層理解しやすくなる。縄張り図はフィールドノートといってもよい。曲輪や土塁、堀切を図化するだけでなく、現地で考えたことなどを注記することも大切である。土器の実測図には製作技法・胎土・色調・焼成などをこと細かく注記するが、縄張り図もそうした土器実測と同じ作業なのである。

本書によってさまざまな視点から中世の城郭を見ていただくことができたのではないだろうか。そうした視点から、改めて山城を歩いていただければ幸いである。もちろん縄張り図を描きながら。

参考文献・図版出典一覧

阿山町教育委員会　一九八七『菊永氏城跡発掘調査報告』
安土城考古博物館　二〇一四『安土城への道―聖地から城郭へ―』
石川県立埋蔵文化財センター　一九八四『永町ガマノマガリ遺跡』
石川安司　二〇〇五「石造りの山城　小倉城」『戦国の城』高志書院
石塚三夫　二〇〇五「鉢形城跡」『戦国の城』高志書院
伊豆の国市　二〇一四『韮山城跡』
井上鋭夫　一九八一『山の民・川の民―日本中世の生活と信仰』平凡社
宇留野主税　二〇〇七「戦国期における真壁城と周辺の景観」『中世東国の内海世界』高志書院
押山雄三　二〇〇七「中世後期の館と「北の町」　荒井猫田遺跡の発掘調査2」『中世の宿と町』高志書院
小田原市　一九九五『小田原市史』別編城郭
小幡　晋　一九八九「鹿児島城」『探訪ブックス[日本の城9]九州の城』小学館
勝山市教育委員会　二〇〇八『史跡白山平泉寺旧境内発掘調査報告書』
加藤理文　二〇一二『織豊権力と城郭』高志書院
神岡町教育委員会　二〇〇一『江馬氏城館跡Ⅴ』
川越市立博物館　二〇一〇『よみがえる河越城跡』
川本慎自　二〇一六「禅僧の数学知識と経済活動」『十四世紀の歴史学』高志書院
感状山城跡調査委員会　一九八九『感状山城跡発掘調査報告書』相生市教育委員会
木島孝之　二〇〇一『城郭の縄張り構造と大名権力』九州大学出版会
木島孝之　二〇一二「城郭研究―「縄張り研究」の独自性を如何に構築するか―」『建築史学』59ほか
君津郡山市文化財センター　一九八八『金谷城跡』
呉座勇一　二〇一四「南北朝期の戦術と在地領主」『生活と文化の歴史学5　戦争と平和』竹林舎
小島道裕　二〇〇五『戦国・織豊期の都市と地域』青史出版
湖北町教育委員会　一九七六『史跡小谷城跡環境整備事業報告書』
小山彦逸　二〇〇三「発掘された七戸城」『中世糠部の世界と南部氏』高志書院
齋藤慎一　二〇〇一「戦国期『由井』の政治的位置」『東京都江戸東京博物館研究報告』6
齋藤慎一　二〇〇二「武田信玄の境界認識」『定本　武田信玄　21世紀の戦国大名論』高志書院
齋藤慎一　二〇〇二『中世東国の領域と城館』吉川弘文館
齋藤慎一　二〇〇三「戦国期城館論覚書」『戦国時代の考古学』高志書院
齋藤慎一　二〇〇八「戦国大名北条家と城館」『中世東国の世界3　戦国大名北条氏』高志書院
齋藤慎一　二〇一〇『中世東国の道と城館』東京大学出版会
齋藤慎一　二〇一四a「豊臣政権と小田原攻め」『二〇一四年NHK大河ドラマ特別展「軍師官兵衛」展図録』NHK・NHKプロモーション
齋藤慎一　二〇一四b「城館の構造から歴史を読む」『歴史評論』第七六八号
齋藤慎一　二〇一五「南北朝内乱と城館」『城館と中世史料』高志書院
佐々木満　二〇一四「甲斐武田氏の本拠」『中世城館の考古学』高志書院

滋賀県安土城郭調査研究所　二〇〇四『図説 安土城を掘る』サンライズ出版

静岡県古城研究会　二〇一二「賎機山城縄張図」『静岡県の城跡』中世城郭縄張図集成(中部駿河国版)

城郭談話会　二〇〇四『図説　近畿中世城郭事典』

角田　誠　一九八七「白幡山城」『図説中世城郭事典』第三巻　新人物往来社

千田嘉博　一九八七「織豊系城郭の構造―虎口プランによる縄張編年の試み―」『史林』七〇巻二号

千田嘉博　一九九一「中世城館研究の構想」『中世の城と考古学』新人物往来社

千田嘉博　二〇〇〇『織豊系城郭の形成』東京大学出版会

高槻市教育委員会　一九九四「芥川山城跡」『嶋上遺跡群18』

高屋茂男　二〇一三『出雲の山城』ハーベスト出版

竹井英文　二〇〇七「戦国前期東国の戦争と城郭―「杉山城問題」に寄せて―」『千葉史学』第51号

竹井英文　二〇〇九a「戦国前期東国の城郭に関する一考察―深大寺城を中心に―」『一橋研究』三四―一

竹井英文　二〇〇九b「縄張編年論に関する提言―その研究史整理と課題―」『城郭史研究』29

竹井英文　二〇一二「小田原合戦後の八王子城―中近世断絶論を越えて―」『八王子市史研究』2

竹井英文　二〇一五「城郭研究の現在」『歴史評論』七八七

千早赤阪村教育委員会　一九九五『誕生地遺跡発掘調査概要Ⅰ』

つくば市教育委員会　一九八九『小泉館跡』

津市教育委員会　二〇〇〇『垂水城跡発掘調査報告』

栃木県教育委員会他　一九九五『下古舘遺跡』

東京都教育委員会　二〇〇五『東京都の中世城館』城館一覧・分布編

東京都教育委員会　二〇〇六『東京都の中世城館』主要城館編

中井　均　二〇〇九「検出遺構よりみた城郭構造の年代観」『戦国時代の城』高志書院

中澤克昭　一九九九『中世の武力と城館』吉川弘文館

仁木宏他　二〇〇六『守護所と戦国城下町』高志書院

西尾孝昌　二〇一〇「秀吉本陣周辺の城郭遺構確認調査について」『鳥取城調査研究年報』第3号　鳥取市教育委員会

西股総生　二〇〇九a「縄張研究における遺構認識と年代観」『戦国時代の城』高志書院

西股総生　二〇〇九b「後北条氏系城郭以前」『城館史料学』第7号

西股総生　二〇一四『土の城指南』学研

日南市教育委員会　『歴史まちあるきマップ　中世城郭』

橋口定志　一九八六「一九八五年の動向　中・近世(東日本)」『考古学ジャーナル』二六三号

橋本惣司他　一九七三「赤野遺跡」『中国縦貫自動車道建設に伴う発掘調査Ⅰ』岡山県文化財保護会

畑　和良　二〇〇八「織田・毛利備中戦役と城館群」『愛城報告』第12号

八王子市　一九九七『八王子市埋蔵文化財年報　平成八年度』

八王子市教育委員会　二〇〇二『八王子城跡XⅢ　八王子城御主殿発掘調査報告書』

桧垣栄次他　一九七八『恵下城跡発掘調査概報』広島県教育委員会

彦根市教育委員会　二〇一四『彦根城』

兵庫県教育委員会　一九八九『中尾城跡』

兵庫県教育委員会　二〇一一『吉田住吉山遺跡群』

広瀬季一郎　二〇一四「南北朝・室町期の城館」『中世城館の考古学』

高志書院
弘田和司他　二〇〇五『久田堀ノ内遺跡　苫田ダム建設に伴う発掘調査』岡山県文化財保護協会
福井県教育委員会　一九八六『福井県の中・近世城館跡』
藤岡市教育委員会　二〇〇四『G２　東日野金井城（天屋城）跡』
藤岡市教育委員会　二〇〇五『藤岡市下日野金井窯址群　金山下遺跡　金山下古墳群　平井詰城』
藤岡市史編さん委員会　一九九三『藤岡市史』資料編　原始　古代中世
廣本喜稔他　一九八九『伴東城発掘調査報告』広島市教育委員会
本田　昇　一九八六「中世城郭の調査と図面表現」『日本城郭研究』創刊号　中世城郭研究会
本田　昇　二〇一五『全国城郭縄張図集成—阿波を中心とした中世城郭研究論集—』岩田書院
松岡　進　一九八八「戦国期城館遺構の史料的利用をめぐって」『中世城郭研究』第二号
松岡　進　二〇〇二『戦国期城館群の景観』校倉書房
松岡　進　二〇〇九ａ「軍事施設としての中世城郭」『戦国時代の城』高志書院
松岡　進　二〇〇九ｂ「『杉山城問題』追考　竹井英文・齋藤慎一両氏の近業によせて—」『城館史料学』第7号
松岡　進　二〇一五『中世城郭の縄張と空間　土の城が語るもの』吉川弘文館
松本覚他　一九八四『山田城跡発掘調査報告』東員町教育委員会
三木市教育委員会　二〇一〇『三木城跡及び付城跡群総合調査報告書』
溝口彰啓　二〇一四「遠江・駿河　室町期～戦国初期の城館」『中世城館の考古学』高志書院
峰岸純夫　二〇〇一『中世 災害・戦乱の社会史』吉川弘文館
峰岸純夫・齋藤慎一編　二〇一一『関東の名城を歩く　北関東編』吉川弘文館
村上伸二　二〇〇五「杉山城跡」『戦国の城』高志書院
村田修三　一九八〇「城跡調査と戦国史研究」『日本史研究』二一一号
村田修三　一九八七「中世の山城」『図説中世城郭事典』一　新人物往来社
山中城跡発掘調査団　一九九二『史跡山中城跡Ⅷ』三島市教育委員会
山方省吾　二〇一〇『美作国の山城』津山市教育委員会
八巻孝夫　一九八九「馬出を考える—その概念とことばの由来—」『中世城郭研究』第3号
大和村教育委員会　一九九二『尼子陣所跡発掘調査報告書』
吉田町教育委員会　一九八八『史跡毛利氏城跡（郡山城跡・多治比猿掛城跡）保存管理計画策定報告書』
夢前町教育委員会　二〇〇二『置塩城跡総合調査報告書』

あとがき

戦後の歴史学では長く城郭研究は忌諱され、沈黙されてきました。それは戦前において城郭の軍事的な面だけに焦点があてられ、皇国史観に迎合した結果であり、また陸軍が研究の一翼を担ったことにも起因します。ようやく一九八〇年に村田修三氏が中世の城郭遺跡を「地域史と在地構造分析の史料として活用することが必要」と提唱されたことにより、一気に研究は開花したのです。その研究の牽引役を果たしたのが縄張り研究でした。残された城跡の遺構を図化することにより、それまで城主の事績や合戦の歴史だけであった城郭研究が、現存する城跡の年代や築城者をも絞り込むことを可能としたのです。

私も齋藤さんも若い頃にお城に興味を覚え、城郭研究を志しました。学生時代より山城に分け入り、縄張り図を描いてきました。そして私は考古学から、齋藤さんは文献史学の立場から本格的に城郭研究に身を置くこととなったのです。振り返えれば、縄張り研究は城郭研究に多大な成果をもたらすとともに、城郭研究だけの独自の世界に閉じこもってしまうという課題も残しました。そこで、考古学や文献史学という「歴史学」の立場から城を歩いて、改めて城郭を考えてみようというのが本書のねらいです。

近年のお城はブームと呼ばれるほどの人気があります。私たちが若い頃は城跡で人に会うことなどありませんでしたが、今では草木に埋もれた戦国時代の城跡で若い女性と出会うことすらあります。ところが城の本といえば、最近の研究を踏まえたとはいえ、まだまだ同じような内容のものが多く、近年の成果や課題、縄張り研究を真正面から捉えた概説書はありません。本書でどれだけの課題が解決できたかは読者の皆さまの判断にお任せしますが、縄張り研究を歴史家の目で再検討できたのではないかと自負しています。

対談という読みやすい形で問題を提起し、二人の議論を読んでもらうというねらいでしたが、その最大の難関は二人で城を歩き、議論する日程でした。齋藤さんは博物館勤務で、かつ展覧会の業務を抱えておられ、私も平日は講義で、土日は講演会などがあり、ほとんど二日間連続で二回も空けられる日などありません。しかも山城は五月を過ぎれば踏査はほぼ不可能。せっかくの面白い企画も計画倒れとあきらめていたのですが、何と二〇一五年四月に、隔週の週末で日程を調整することができたのです。この本が刊行できた最大の原動力は、この奇跡的な日程調整といっても過言ではないでしょう。

私自身、これまで多くの書籍を著したり、論文を書いてきましたが、これまでで最も楽しい仕事となりました。一日中、早春の山城を古くからの学友である齋藤さんと議論しながらの踏査は、このうえない快感でした。また、一日が終わると温泉とお酒(私は下戸で、もっぱら飲んでいたのは齋藤さんと高志書院の濱さんでしたが…)が待っていてくれる。もう、至福の一日です。飲みながらまた城の話に花が咲く。そして翌日は朝から夕刻まで、縄張り研究を徹底的に議論しました。

ところで、実際には二人の話は、あっちに飛び、こっちに飛びという内容で、これはまとめきれないのではないかと危惧していたのですが、対談からわずか一ヶ月後には濱さんより書き起こしの原稿がメールで送られてきたのです。読んでみると実にうまくまとめられており、さすがは濱さんと唸らされました。しかも原稿を読んでみると、実に面白い。自分がしゃべっているのに原稿の中に引きずり込まれてしまい、校正するのを忘れてわずか一時間ほどで一気に読み上げてしまうほどでした。

本書では縄張り研究に問題提起はできましたが、まだまだ課題は山積しています。それらについてはこれから城郭研究を志す人たちに解決してもらいたいと思います。なお、多くの研究者に対して非礼を承知で苦言を述べたところもあります。これも城郭研究の新たな地平線を模索するがゆえの想いです。ご容赦下さい。

最後になりましたが、齋藤さん、濱さん、お疲れ様でした。また、別の城で続編をやりましょう。

二〇一六年三月

中井　均

【著者略歴】
中井　均（なかい ひとし）
1955年大阪府生れ
滋賀県立大学人間文化学部教授
専攻：中世考古学
〔主な著書論文〕
『中世城館の考古学』（編著・高志書院）、「残存遺構から見た丸子城の築城主体」（『戦国武将と城』サンライズ出版）、「大坂城の縄張り」（『秀吉と大坂』和泉書院）

齋藤 慎一（さいとう しんいち）
1961年東京都生れ
公益財団法人東京都歴史文化財団 江戸東京博物館 学芸員
専攻：文献史学（中世史）
〔主な著書〕
『中世東国の道と城館』（東京大学出版会）、『戦国時代の終焉』（中公新書）、『中世を道から読む』（講談社現代新書）、『中世武士の城』（吉川弘文館）、『中世東国の領域と城館』（吉川弘文館）、『城館と中世史料―機能論の探求』（編著・高志書院）

歴史家の城歩き

2016年5月25日第1刷発行
2016年7月10日第2刷発行

著　者　中井　均・齋藤慎一
発行者　濱　久年
発行所　高志書院

〒101-0051 東京都千代田区神田神保町2-28-201
TEL03(5275)5591　FAX03(5275)5592
振替口座　00140-5-170436
http://www.koshi-s.jp

印刷・製本／亜細亜印刷株式会社 カバー装丁：Bow Wow
ISBN978-4-86215-158-2